공존과
화해의
한국현대사

이 책은 2014년도 동의대학교 교내연구비에 의해 연구되었음(과제번호 : 2014AA211)

공존과
화해의
한국현대사

― 대한민국의 발전과 고민

김인호 저

국학자료원

공존과 화해의 한국현대사 머리말

『공존과 화해의 한국현대사』 제3판을 내는 지금 세상은 여전히 소용돌이치고 있다. 그런데 그 내용이 성장이던 퇴보이던 역사가는 변화하고 격동하는 세상에 기대가 크다. 물론 석기시대 이래로 뭔가 변해야 할 세상에 대한 기대치만큼은 변화가 이뤄진 적은 없지만 그래도 흥미롭다. 이 글을 쓰는 이 순간 세상은 어떻게 소용돌이 치는가?

푸틴 독재의 러시아가 우크라이나 크림반도를 병합한데 이어서 도네츠크의 친러 세력을 사주하여 우크라이나 내전을 도발하면서 서구의 제재를 받았다. 천연자원이 많은 러시아가 이를 무기로 저항했으나 탄탄한 유럽의 단결에 맥을 추지 못했고, 여기에 중국에게 밀려서 2등 국가로 전락할 것 같던 미국에서 수백 년을 쓰고 남을 무진장한 셰일가스와 오일 개발이 본격화되면서 자원수출국 가능성까지 점쳐지고 있다. 심심찮게 미국의 제2 전성기를 예측하는 사람들의 주장이 지지를 받고 있다. 궁지에 몰린 러시아 조만간에 서구에 굴복할 듯한 예감도 있지만 에너지 가격추락에 따른 심각한 경제위기로 어떤 정치적 변화가 도래할지 무척 걱정스럽다.

물론 수십 년 이어지는 중국 경제의 질주도 여전하지만 국내외에서 중국 공산당이 보였던 여러 가지 모습은 그들만의 도덕적 울타리에 여전히 안주하고 있다는 비판에서 자유로울 수 없다. 중동에서는 자스민 혁명의 사각지대에서 IS가 세력을 떨치면서 인질살해, 집단학살 등 비인간적인 만행이 이어지고 있다. 무엇보다도 북한에서는 세습 3대 김정은 정권이 언제 이완될지 모를 체제의 단속을 위해 핵과 미사일 개발에 진력하고, 지속적으로 전쟁 위험을 조장하고 있다. 거기에는 생존치 아래에 있는 북한 주민들의 동요를 잠재우려는 시도도 포함하고 있다.

이러한 변화하는 정세 속에서 지금 한참 박근혜 정부가 국제적인 경제 불황과 국내 경기의 침체 나아가 중세 문제 등으로 집권 초기의 대대적인 국민적 지지는 자취를 감추고 여러 곳에서 불평이 고조되고 있다. 아직도 대통령의 인사 스타일은 여전히 구시대(유신시대)적이라는 비판이 이어진다.

이런 상황에 대해서 역사학자는 어떤 자세로 관조해야 하는가? 사실 역사를 연구하는 사람에게 무엇이 옳고 그른 것인지는 일단 중요하지 않다. 오직 이들 상황들의 전후 맥락을 얼마나 정확하게 역사의 기록이라는 지면에 옮길 것인지 관심이다. 그렇다고 그저 피상적인 사회적 토픽이나 잡변을 즐기는 것도 아니다. 오로지 인간의 지속적인 미래를 억압하는 사회적 적폐와 사회적 고민들에 대한 충실한 이해를 바탕으로 하여 이 시대의 진짜 모습을 이해하고 분석하려는 노력을 즐기는 것이다.

그렇다고 역사는 사회과학이 될 수 없으며, 숫자로 설명될 수 있는 내용도 아니다. 어쩌면 오로지 맥락과 감성 그리고 합리적 추론으로 이 시대의 흐름을 기억하고 느껴야 비로소 그 진실의 내막을 이해할 수 있다. 그래서 어쩌면 역사는 사회과학도 아니고 인문학도 아닌 부단히 갈고 닦고 해서 얻어지는 사회적 성찰의 산물 즉, 예술적 견지의 학문이라고 정의하고 싶다.

제3판을 내면서 지난 판에서 필자가 자주 사용했던 '대한민국의 발전'이나 '영광'이라는 부제가 무색해진 사회적 변화를 바라보게 된다. 왜 그럴까? 필자의 주변에는 결혼한 젊은 부부들보다 미혼과 독신을 즐기거나 어쩔 수 없이 홀로 사는 외로운 청춘들이 이전보다 몇갑절 증가했다. 휴일 그렇게 싫었던 아파트의 놀이터에서 아이들의 시끄러운 소리가 이제는 아련한 추억인 듯 그립다.

그저 단풍나무 아래 손잡고 가는 노인들의 찬찬한 모습이 그나마 위안인 시절이다. 한 때 많은 인구를 자랑하던 1958년부터 63년까지 베이비부머 세대들이 대거 생산 현장에서 이탈하여 인력의 저수지 상태로 돌변하면서 이들 직장 잃은 가장의 가족들에게 당장 닥친 생계 문제는 공허한 복지 선전으로는 위안 받기 힘들 정도로 참담하다.

청년실업이 장기화되면서 20대 남자 젊은 이 중에서 번듯한 정규직을 잡은 이가 극히 모자라다보니 어제 오늘의 일이 아니었지만 갑자기 9급 공무원, 7급 공무원 시험을 치르려는 수험생이 마치 수능 시험인구만큼 증가하고 있다. 청년 실업이 장기화하면서 가정을 일구는 젊은이가 줄고, 자기 호구조차 못하는 청년이 길거리에서 번쩍번쩍하는 소비 향락 문화를 체험하면서 도저히 탈출할 수 없는 현실에 멍한 눈빛으로 바람 부는 거리를 이리저리 나부낀다.

게다가 요즘 역사학은 어떤가? 5,000년, 10,000년 전의 역사적 사실에는 큰소리치고 권위를 갖는 역사학이 어쩐지 현재라는 단어 앞에서 대단히 무력하다. 그동안 지나치게 거시적인 정치 문제, 경제 성장에만 마음을 두었던 결과인가? 혹은 그런 세상의 판짜기 가능성에 몰입한 후유증인가? 정작 하루하루 생계를 위해 아우성치는 수많은 사람들에 대한 진솔한 이야기를 엮는 데 무척 인색해진 필자 자신을 바라보게 된다. 뭔가 시대에 크게 도움이 되고, 세상의 역사인식을 바꿀 만한 역작을 기대하던 필자로선 자질구레한 노변잡담에 만족하지 못했다. 그런 글을 쓰는 것이 대중적 수요인 줄 알았다.

물론 대중적 수요에 부응한다는 것은 글쟁이인 이상 중요하다. 읽어주는 사람이 있어야 쓰는 재미도 있는 법. 따라서 종래와 같이 더 이상 엘리트만의 수요에 기생하고, 승자의 이념적 수단을 제공하던 역사에서 벗어나는 태도는 중요하다. 엘리트 역사의 청산은 사회의 민주화 수준을 반영한다. 즉, 요즘은 종래처럼 권력자나 특정한 체제의 이념적 수단을 제공하던 역사에서는 다행스럽게도 많이 벗어난 듯하다. 종래와 같이 역사가 누구를 위한 글 혹은 특정한 사회적 목적을 위한 글이 될 경우 결국 모든 사회 구성원을 선과 악 혹은 정의와 불의로 양분해야 한다. 그러면서 글자루를 쥔 사람은 상대를 배제하는데 기여하는 새로운 역사 만들기에 골몰하게 하였다. 반대의 경우도 마찬가지다. 진보와 발전을 명분으로 한 세상가르기는 도를 넘었다. 세상을 나누어서 설명하려는 의식이 역사는 반드시 누군가를 위한 역사가 되고, 그것이 그 무엇을 위한 역사라는 논리적 귀결은 역시 분열과 갈등뿐이었다. 다시금 말하지만 역사는 이념이나 이론이 아니라 사실이고 맥락이다.

요즈음 이런 류의 역사에서는 대행히 벗어났지만 새로운 변화가 역사적 진실을 대중적으로 확대하는 방향이 아니라는 점이 우려된다. 대중적 수요와 구미에 복종하는 사료의 재배열이나 특정한 흥미를 위한 사료 뒤틀기에 몰두한 역사 글쓰기의 현실은 참으로 참담하다. 영화 『명량』은 이순신을 영웅화하기 위해 배설이나 원균을 악인으로 만드는 비열한 역사는 이제 청산되어야 한다. 우리 현대사도 마찬가지다. 진보와 보수 중에 누가 옳은 역사인지가 아니라 누가 자신만으로 정당화된 이념으로 대중들을 수단화하고 상대를 모함하며, 진실을 왜곡하였는가를 바라보는 것이 중요하다.

이제 『공존과 화해의 한국현대사』 증보판을 내면서 오늘 우리 역사가 처한 현실을 찬찬히 돌아보게 된다. 더 이상 우리의 현대사가 과거의 역사를 현실을 위한 수단으로 이용하지 않기를 바라며, 목적을 위해 짜깁기 한 역사에서 벗어날 수 있는 좋은 기회가 되길 기대한다. 나아가 더 흥미로운 역사와 긴장을 위해서 왜곡을 즐겨하는 태도에서 벗어나기도 청해본다. 오로

지 왜 그런 일이 있었는지 그 내면의 속살과 참뜻에 대한 탐구욕으로 이 책을 즐겨주기 바란다.

아마도 그런 자세가 모인다면 새로운 시대에는 누군가를 위한 역사가 아니라 합리적으로 이해할 수 있는 역사가 넘치는 사회가 될 것이고, 그러다 보면 진지한 역사의 객관성을 지켜가는 지성들이 넘치는 시대가 될 것이다. 그런 지성이 있는 한에는 대한민국의 발전은 앞으로 영원할 것이다.

2015년 2월 9일

죽전 대지산을 바라보며　김인호

우리 세상이 아무런 근심거리가 없다면 역사란 그저 소설이나 드라마 만들 때 쓰는 이야기보따리정도라 한들 누가 탓하겠는가? 그래도 우리 국민의 역사사랑은 유난하다. 오랜 문화민족이라고 전통에 대한 자부심이 작동해서 그럴까. 주변 국가들이 독도, 간도, 고구려 문제로 역사 해석의 갈등을 촉발할 때도 국민들의 역사사랑은 주변 어느 나라보다 뜨거웠다. 그 안에는 황당한 역사나 추리 소설 같은 이야기도 있고 그래서 혹자는 왜곡된 민족주의의 흔적이라고 혹평하지만 한국인들이 가지는 독특한 역사사랑은 민주주의의 발전과 함께 오히려 커져왔다.

최근 일부에서는 우리나라의 달라진 국제적 위상에 걸맞게 대한민국의 놀라운 성취를 보여주는 역사도 편찬해야 한다고 주문한다. 또한 일부는 식민지나 독재 시절의 험난한 경험을 반추함으로써 현재 우리 모습을 반성하고 반성의 결과를 보람된 미래를 위해 투자해야 한다고 말한다. 양 주장이야 어찌되었건 우리가 내 삶의 오솔길이 흐릿하여 갈피잡지 못할 때, 역사라는 것이 있어 인류의 경험에서 축적된 삶의 지표를 제공함으로써 보다 나은 삶을 만들어가게 한다는 믿음은 공통적인 듯하다.

나아가 유사 개인주의 역사학이든 모든 것을 해체하고 싶은 포스트모던 역사학이든 역사란 일정하게 과거와 현실과 미래를 통합하고 그 속에서 삶의 원리나 교훈 등 나름의 의미를 추구하는 것도 마찬가지일 것이다. 실제로 역사책을 많이 읽는 사람이 현명하다는 말은 바로 현실을 사는 풍성한 선택의 기회와 근거를 역사책에서 얻을 수 있다는 믿음에 기초한 것이라 할 때, 역사는 역시 과거가 아니라 현재를 위한 것이다.

뉴 라이트 계열의 교과서포럼이 편찬한 『대안교과서 한국근현대사』(기파랑)나 공동저작인 『해방전후사의 재인식』(책세상)을 우려 반 호기심 반의 마음으로 읽었다. 열린 마음으로 들여다 본 것이기에 '어쩌면 우리 역사의 이해를 보다 풍성하게 할 만한 보물이 있을지도 모른다.' '과연 그들은 기존 우리 국사학이 미처 생각하지 못한 영역을 잘 지적하고 새로운 역사이해의 지평을 창출해냈을까?' '정말 "대한민국의 국격國格에 맞고 글로벌 스탠다드에 준하는 역사를 갈망하던 국민"의 기대에 부응한 현대사 서술을 했을까?' 등등 자못 기대되었다.

그러나 여러 면에서 그들의 현대사 이해는 오해와 편견이 작용하는 듯했다. 그들은 기존 국사학의 민중적 · 민족적 성격을 비판하고 싶었다. 그러나 그 의욕이 넘치다보니 초입에 주장했던 과학적 실증에 기초한 비판태도는 사라지고 영웅주의, 엘리트주의, 지역주의적 성격만 드러내고 말았다. 또한 그들은 이승만 박정희 등 권력자의 헌정파괴의 역사를 자유민주주의 사회로 이행하기 위한 역사적 결단으로 보고 싶었다. 그러니 민주화와 부정부패에 항거한 국민들의 항쟁은 '대한민국 반란세력의 폭동'일 뿐이었고, 반공주의에 기반 한 군부 파시스트 체제는 오히려 양심과 공존, 그리고 개별적 인격의 성숙에 토대를 둔 자유민주주의 수호세력이었다. 나아가 기존의 근현대사 교과서는 친북좌파의 교과서요, 미국과의 군건한 동맹에 해를 끼치는 남북화해와 공존의 노력은 김정일을 이롭게 하는 국가적 혹은 지식인 차원의 범죄였다. 요컨대, 그들의 역사 서술은 학문적 차원에서 '한국근현대사 다시보기' 수준을 넘어 새로운 보수정권의 대두에 조응하여 기존의 역사에서 비非역사, 헌정파괴의 역사, 권위주의 역사로 비판받던 것을 선진국 만들기의 역사로 변장하려는 특정 계층의 아우성으로 평가된다. 근현대사 전공자로서 이러한 교재를 가지고 학생들에게 가르칠 것이 두렵기만 하다.

그렇지만 아무리 뉴 라이트 역사학에 대한 인간적인 적의가 있다고 하더라도 역사학자는 비교秘敎의 승려나 사교邪敎의 주술사가 아니기 때문에 역사 인식을 마치 마법의 주문처럼 대중들에게 강요할 수는 없다. 역사가의 기본임무는 역시 '있는 그대로의 진실'을 밝히는 것이고, 그렇다면 주관이 이끄는 종교적 신념의 결정체로서 역사서가 아니라 과학적이고 냉정한 술이부작述而不作의 마음으로 쓴 글이어야 한다. 그러므로 본 저작은 국사학자 한 사람도 참가하지 않은 유사 교과서에 대한 멸시나 아마추어 역사가들의 페이퍼 수준의 감상문에 대한 전문 사가로서의 손봐주기 차원의 글은 아니다. 무엇보다도 중요한 것은 국사학자로서 좀 더 정확하고 진실성 있게 우리 현대사의 진로를 독자들에게 보여주어야 한다는 점이다.

그동안 우리 국사학도 그동안 일방적으로 민주 · 민족운동의 논리만 역사적으로 정당하다는 방식의 서술에서 자유롭지 못했다. 예를 들어 6 · 3민족운동을 주도한 세력이 한일협정으로 들어온 일본 돈이 우리 국민경제를 망칠 것이라는 해석이나, 경부고속도로 건설은 국민의 고혈을 짜내지만 쓸모없는 외화낭비일 뿐이라고 한 일. 나아가 80년대 학생운동에서 서울 올림픽은 망국적 스포츠대회라는 재야의 논리를 그대로 수용한 것 등이 그것이다. 이것은 명백한 반성과 자기비판이 필요한 잘못된 인식이었지만 민족 · 민주운동의 정통에 너무 경도하여 그것의 과오와 오류에 대한 심도있는 반성을 하지 않은 것이 사실이다. 그 결과 우리 국사가 마치 특정한 계급의 이해를 대변하는 좌파 역사학으로 오해받고, 그것을 비판하는 뉴 라이트의 왜곡이 일면 그럴 듯하게 여겨지는 원인을 제공한 것이다.

사실 뉴 라이트의 논의를 자세히 보면 그동안 우리 국사학계에서 생각하지 못했던 면을 적지 않게 건드렸다. 따라서 기존 국사학계의 연구 성과를 바탕으로 하면서 뉴 라이트의 입장과 같은 기존 현대사 체계에 반대하는 비역사전공 연구자들의 논의도 현대사 서술에서 함께 고려할 필요가 있다. 특히 경제사 분야는 국사학자들을 당혹하게 할 만큼 높은 실증과 연구사적 의의를 담은 저작물을 쏟아내었다. 그러므로 어떤 사고이든지 열려서 함께 고민하는 모습이 필자가 말한 것과 같이 과거의 축적에 겸손한 학문으로서 역사를 제대로 공부하는 길이라 생각한다.

그런 의미에서 이 저작의 제목을 『공존을 위한 한국 현대사』라고 했다. 공존의 의미를 강조하는 것은 더 이상 국사학이 뉴 라이트의 적이 아니라 그들이 밝혀낸 실증성 높은 부분에 대한 적극적으로 수용하겠다는 의미이다.

이 책을 쓰면서 기술적으로 몇 가지 사안에 주의하였다. 첫째, 가능한 지금의 현실을 통해서 과거의 의미 있는 그 무엇을 추적하는 방식을 택하였다. 그러다보니 찬찬히 해방 정국부터 서술하는 것이 아니라 현재 우리의 모습을 중심으로 과거에 대한 새로운 해석을 다는 방식을 취했다.

둘째, 사실과 사론이 함께 하는 역사를 기술했다. 즉, 책의 곳곳에 <생각하기>를 두어 해당되는 역사적 사실에 대한 나름의 고민을 담았다. 즉, '사실史實과 사론史論이 함께 하는 격동의 현대사'라는 느낌을 주려는 것이다. 사실 이 부분은 필자의 주관이 많이 개입된 것이어서 혹여 다른 생각을 가진 독자들의 매서운 눈초리가 걱정된다. 하지만 저자가 자신의 생각을 솔직히 밝히는 것도 중요하다고 보아 용기를 내었다.

셋째, 책의 말미에는 우리 현대사의 몇몇 사건과 관련된 사료를 실었다. 어마어마한 현대사 자료 중에서 특별히 몇 편만을 고른다는 자체가 허황된 것이지만 그래도 여러분이 꼭 한번 읽어봤으면 하는 내용을 선정한 것이니 마음의 선물로 생각하길 바란다.

마지막으로 책에서는 아직 대한민국의 문화적 발전추이나 대중 예술의 성장과 같은 사회 문화 분야는 아직 다루지 않았다. 정치 · 경제 · 통일 문제만큼 문화 · 예술 측면도 격렬한 변화의 시대였지만 본 저작의 속편을 기대해 본다.

이리 저리 부족함을 피하면서 『공존을 위한 한국현대사』를 탈고하고 이제 출간하려니 또다시 걱정이 밀려온다. 나름으로는 편향적 서술을 극복하겠다는 의지에 불탔지만 혹여 이 책에서 추구하는 시야와 다른 생각을 한 분들에게 마음을 아프게 할지도 모른다는 두려움이 있다. 그런 분에게는 이 책은 역사서이니 역사이야기로서 한번 즐겨주시길 바라는 것 이상의 위로는 어려울 것 같다. 아무쪼록 격동의 현대사를 생각하면서 우리 현대사를 어떻게 조명하고 재해석할 수 있을 것인지는 여러 독자들의 몫이라 본다.

세상에는 변하는 것과 변하지 않는 것이 있다. 부모의 사랑이나 우리 소중한 문화유산처럼 변하지 않아서 좋은 것이 있고, 노비제 혁파나 민족독립 등 변해서 좋은 것이 있다. 변하지 않아서 좋은 것도 많지만 역사에서는 변해서 좋은 것이 더 많은 것 같다. 이런 생각은 그 어떠한 이론에서도 가르쳐 주지 않는 역사학자로서 영감靈感이다. 그러니 여러분이 이 글을 읽고도 질서정연하게 정리되지 않는다면 여러분의 내면에 살아 움직이는 감성感性에게 자문하길 권한다. 우리는 너무 내 자신과 역사의 이면과 깊이 있게 대화하는 법을 잊은 채 역사를 이론화하고 일목요연하게 만드는데 혈안이 되어 왔다. 이제 이 저작을 통해 역사적 영감으로 피어나는 여러분 자신의 다양한 해석을 기대한다.

이 저작을 세상에 내 놓는데 많은 분들이 도움을 주었다. 금강산에서 불의의 변을 당해서 고인이 된 이기철 교수님께 먼저 이 책을 바친다. 그분은 법학자로서 '이 땅에서 정의正義가 무엇인지' 늘 고민하셨다. 나는 '역사의 진실眞實이 무엇인지'로 화답했다. 법으로 정의를 그리고 역사로서 진실을 논하면서 늘 동지와 같은 마음으로 이 사회를 바라보았던 바로 그 분이 이 순간 누구보다 먼저 떠오른다.

그 밖에 사이버 상에서 역사 교육의 새로운 지평을 열도록 말없는 눈치를 한껏 주신 서구원 교수님을 비롯하여 김광식, 임동일, 양재모, 윤현석, 김원열, 김중철, 유영준, 윤동건, 김광재, 김윤주 교수님 등께 평소 주신 편달에 감사드린다. 또한 우리 교양학부의 살림꾼 고혜경 선생도 감사하고 현대사에 유난히 관심 많은 내 제자 배진영, 김원도, 심현호와 고전 읽기 모임에 열성을 다한 문용호, 안환 선생님께도 마음의 정을 보낸다.

마지막으로 이 저작을 출간하는데 물심양면 지원한 도서출판 국학자료원 임직원 여러분에게도 깊은 감사를 드린다.

2008년 8월 9일 연구실에서

|목차

제1부 한국 현대사를 보는 시각| 21

1. 서로 다른 생각이 공존하는 역사|23
2. 뉴 라이트 역사, 진실을 버려서라도 지키고 싶은 기억|27
3. 조각 읽기에서 구조 읽기로|32

제2부 자유주의적 사회 민주화의 여정| 41

1. 전쟁으로 폭주하는 신념들|43
   8·15 해방, 공존의 교훈|43
   민족사 최악의 선택|52
   남북협상의 좌절|59
   친일청산의 좌절|68
   북한의 민주개혁과 단정 수립 음모|72
   6·25전쟁이냐 한국전쟁이냐|75
   학살이 자랑스러운 시절|78
   확대되는 전쟁|82

2. 민주주의의 고단한 여정|91
   반공(反共)만으로 밥이 되지 않을 때|91
   민주 개혁의 좌절|96
   5·16 군사정변, 그들은 새로운 정치세력인가?|98
   근대화의 밑천을 마련하라|103
   안보 논리로 3선 대통령이 되다|107
   지척도 알 수 없는 어둠에서|109
   타는 가슴 속 목마름의 기억|114
   화려한 휴가|117
   부패한 군사독재 정권|121

NLPDR 이론, 전위화의 기로 | 126
6·10 민주항쟁을 향하여 | 129
북방외교가 무르익다 | 134
복마전의 지방자치제 | 136
역사 바로 세우기 | 141
수평적 정권 교체 | 146
민주화 희생자들의 명예 회복의 길 | 153
노무현 정부 출범과 정치 개혁 | 155
대통령 탄핵과 진보의 열풍 | 162
친일 반민족 잔재의 청산 사업 | 168
강제동원 피해 규명과 정부 주도 포괄적 과거사 정리 | 172
개혁의 부진과 보수층의 역공 | 179
이명박 정부 출범과 보수층의 분열 | 188
촛불 시위와 미국산 쇠고기 파동 | 190
불통과 감시 | 194
등 돌린 시민 사회와 시국선언 | 196
MB 악법과 표적 수사 | 199
천안함 의혹 | 201
4대강 사업에 대한 계속된 의혹 | 204
권력형 비리와 무한경쟁 | 207
박근혜 정부와 유신 회귀 | 211

제3부 신화와 악몽 | 219

1. 자본주의의 황금시대를 따라잡다 | 221
식민지 경제의 종말과 후유증 | 221
엔블록 이탈과 분단이 낳은 경제 위기 | 223
농민적 토지소유의 길 | 226
부흥과 복구 | 230
계획적 경제개발의 추진 | 233
중화학 공업화의 전개 | 237
새마을 운동과 4대강 유역개발 | 239
경제개발의 성과와 과제 | 243

3저 호황과 거품 경제 | 247

정보화 시대의 개막 | 250

부동산 투기의 시대 | 252

2. 세계화와 자유주의의 늪에서 | 255

세계화와 IMF체제 | 255

중소기업정책, 보호에서 촉진으로 | 258

정보화 시대의 확장 | 261

IMF 극복과 경제회복 | 265

개방 농정 체제로의 전환 | 268

중소기업 정책, 보호·촉진에서 경쟁·자활로 | 272

부동산 가격의 폭등과 중산층의 좌절 | 276

정보화와 디지털로 하나 되기 | 283

FTA 시대 | 286

경제 위기의 시대 | 290

이명박 정부의 경제 동향 | 293

북측의 경제개발과 경제난 | 299

제4부 평화와 공존의 길 | 307

멸공통일에서 평화통일 노선으로 | 309

햇볕 정책과 6·15 남북 정상회담 | 316

제2차 북핵 위기와 대북 포용정책 | 320

남북경협을 통한 북한 지원 | 325

유무상통의 남북경협으로 전환 | 331

신뢰를 만들어가는 남과 북 | 335

돌이킬 수 없는 고개 길을 넘어 | 343

북측의 핵 실험 | 348

사회·문화 교류의 다양화 | 349

제2차 남북 정상의 만남 | 351

이명박 정부 출범과 남북대화 경색 | 359

천안함 사건과 연평도 포격 | 362

생각하기 | 37

1. 신자유주의 역사학의 함정 | 37
2. 뉴라이트, 38선은 다행이었다 | 49
3. 대한민국 헌법이 포함해야 할 바른 역사관은 무엇인가 | 65
4. 대한민국의 정체성은 무엇인가 | 70
5. 어느 독립운동가의 가슴 아픈 대한민국 살기 | 86
6. 국가보안법에 대하여 | 100
7. 역대 대통령의 발빠른 방미(訪美) 어떻게 볼 것인가 | 115
8. 5·18 정신의 계승은 우리 안의 파시즘을 이기는 데서… | 123
9. 지방자치제, 나라 망친 애향주의(愛鄕主義) | 138
10. 바른 보수주의의 길 | 151
11. 역사가 용서하지 않을 것이다 | 160
12. 민족주의는 친일청산의 기본이념이 아니다 | 165
13. 진정한 자유민주주의란? | 177
14. 전시작전권 문제 어떻게 볼 것인가 | 185
15. 과거를 묻지 마세요? | 215
16. 부동산 혁명은 민주주의의 기초 | 280
17. 21세기 한국 경제의 진로 | 296
18. 무기 수입 논란과 군축의 역사성 | 314
19. 싸우면 같은 민족이 못된다 | 323
20. 2005년 6·15 민족통일대축전을 생각한다 | 340

사료편 | 367

찾아보기 | 447

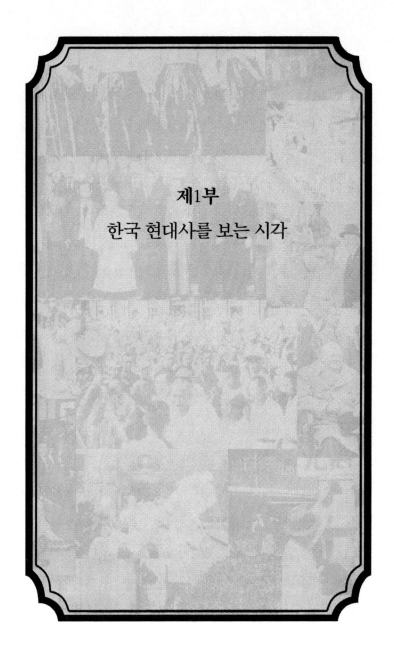

제1부
한국 현대사를 보는 시각

제1부 한국 현대사를 보는 시각

1. 서로 다른 생각이 공존하는 역사

21세기 초반 한국 지성의 화두는 신자유주의이다. 그런데 이 신자유주의를 외치는 모든 사람은 친미親美 사대주의자인 것일까? 필자는 한 때 친일 청산법이 통과되자 한 노인이 "저기 친일 청산하자는 놈들은 모두 공산당·빨갱이"라고 욕하는 모습을 본 적이 있다. 사실 그때 '도대체 저 분은 공산주의에 대해 뭘 잘 안다고 저런 험담이냐? 모두 박정희, 이승만의 이데올로기 공작에 세뇌당한 세대였을 거야!' 하면서 '꼴통' 보수의 무식함을 야유한 적이 있다. 하지만 연세 드신 분들의 사회인식에도 나름의 깊은 사회에 대한 연민이 묻어 있다는 점을 느낄 때 내 자신의 교만에 부끄럼을 느낀다.

우리 역사를 돌아보면, 민족주의이든 사회주의이든 자신의 신념을 서로 공유하여 반反민족 세력을 청산하지 못한 역사적 사건이 주는 아픔이 있다. 아울러 국제적인 협조를 주체적으로 이끌어 내어야 할 중요한 시점에서 공허한 자주니 민족이니 혹은 반탁이니 찬탁이니 하는 소모적인 논쟁에 휘말려 서로를 죽였다. 그들 간의 죽임이 마치 건국을 위한 어쩔 수 없는 액땜일 뿐이라는 그들의 신념은 요지부동이었고, 필경 살인조차 영광스러운 의거였다. 이승만이라는 단어만 보면 눈물이 나고, 태극기만 보면 가슴이 벅차야 애국자로 인정받았고, 민주주의를 외치면 빨갱이 소리를 들어야 했다. 자유란 멸공滅共과 반공反共이 만드는 우리 사회의 특수하게 개조된 권리였다.

그간의 민주화로 그런 역사를 어느 정도 청산하자니, 이제는 식민지 근대화론, 중진자본주의론하면서 민족해방이니, 민주주의적 신념의 공허함을 말하면서 일제와 협력하여 먹고 산 일이 정당하고, 나아가 우리 사회 발전은 일본의 근대화 노선에 적응한 친일 세력들의 덕분이라는 해괴한 이론을 들고 나오는 사람들도 만나게 되었다. 그들은 기존의 근현대사 교과서가 대한민국은 마치 태어나지 말았어야 할 나라로 묘사하고 있으며, 오늘날 우리의 번영이 어디서 출발했고, 그 근본은 무엇인지 인과관계를 이해하지 않은 채, 객관적인 '기억의 사회화'보다는 편향된 가치와 '기억의 정치화'를 꾀하고 말았다고 비판했다. 이에 대한민국 국민으로서의 정체성을 구성하는 도덕적 가치관이 어디에 있고, 우리 삶의 뿌리가 어디에 있는지 '올바로' 또 '정확하게' 알아야 한다고 피력했다.

이제 역사학자 그것도 우리 역사를 연구하는 국사학자로서 나름의 인내와 관용이라는 두 가지 대조적인 마음이 이들을 향해 교차하는 것을 느낀다. 즉, '도대체 어쩌다 저런 변론이 버젓이 주창되고 있을까?' 라는 경계심과 더불어 '그들의 생각에도 무언가 이유가 있지 않을까?'라는 기대감이 교차한다.

우리의 20세기는 우리가 꿈꾸었던 다양한 삶의 해방과 역사 진보의 이상을 총론적으로 선언하기에 참으로 바빴던 격동의 시절이었다. 사실 한국의 보수 세력들은 언제나 자신이 만든 질서 범위 내에서 제한적인 국민의 자유를 보장하는데 익숙했고, 자신과 다른 어떠한 논의도 빨갱이 신드롬을 유포하여 이기고자 했다. 문명충돌론과 반공주의와 같은 냉전적 사고를 숭앙했고, 자유민주주의의 형식을 수용하는 데 노력했다. 하지만 정작 그것의 근간이 되는 개인의 자립과 자율에 대한 충실한 국민교육은 그저 관념적으로 그쳤다.

반대로 좌파는 우파를 파시스트 · 민족지상주의자라고 비판했지만 그들 스스로 소수의 전위 집단만이 자신의 노블리스 오블리제를 독점하는데 주저하지 않았고, 고독하게 뜨거운 자신의 신념을 위해 희생했다. 끝없는 이념 논쟁이 좋은 행동강령을 만들어 줄 것이라는 믿음이 현란한 문구와 말풍선을 끊임없이 만들어 내었다. 그렇지만, 너무나 그들에게 당연한 사회주의 국가 건설의 신념은 자본주의 마력 즉, 미묘한 감성과 이해의 조율, 그리고 복잡한 심성에 파고들어 끊임없이 도전과 기회를 제공하는 그 마력을 이기거나 도려내는데 실패했다.

이처럼 좌든 우든 자기 신념에 대한 맹신이 부처님, 예수님에 대한 신앙보다도 컸기에 인간 생명은 초개와 같았다. 스스로 살인을 했을 때 느끼는 최소한의 부끄러움마저도 체제마다의 이념에 맹종하는 그들은 느끼지 못하였다. 그들의 죽음은 모두 나라 만들기와 국가 세우기라는 성스런 의례를 위한 어쩔 수 없는 희생으로 치부되었다. 반성은 없고 변명만 난무하며, 학살한 자의 당위론만 진정한 대한민국의 정체성을 대변한다는 언술에 어안이 벙벙하지만 그들도 그들만의 이유가 있으리라 믿어본다. 지난 60여 년의 한국현대사는 진보적인 지식인이나 엘리트는 실질적인 내용의 엄정함이나 객관적 탐구보다는 거대담론이 지정한 신념의 치열한 각축에 더 많이 골몰했다. 아울러 보수주의 역사학 또한 스스로 객관을 말하고 세계 수준의 학문성을 논하지만 정작 각론에서는 특정한 신념과 인물의 하수인 이상이길 거부한 듯하다.

그런데 조심해야 할 것이 있다. 그동안 많은 역사 논쟁에도 불구하고 정작 국민들이 피부로 느끼는 삶의 구체적인 해방 문제는 선언적으로만 이야기되고 말았다. 그 사이를 비집고 이른바 근대화를 외치는 세력들이 반공과 건설을 기치로 '잘살아 보세', '수출 입국!'을 외친 결과 풍성한 식탁을 꾸릴 수 있었고 오랜 배고픔에서 국민을 해방시켰다. 이에 정작 배고픔을 면하게 된 국민들은 말로만 잘하는 진보 진영의 풍성한 말잔치를 혐오하기 시작했다. 국민의 반反파쇼 및 반反군부 항쟁은 지극히 제한적인 영역에서만 드러났던 것도 국민들이 가지는 무서운 현실주의에 대한 제대로 된 해석이 없어서였다.

그저 배고프고 가족 먹여 살리는데 최선을 다하고 살아야 할 그들에게 당장 필요한 것이 밥이고 자식교육이었다면 먼저 삶의 본능적 영역에 머문 그들을 계몽할 것이 아니라 그 소중한 '각론'을 치밀하게 준비해야 했다. 그리고 국민 대중에 대한 연민이나 복지라는 계몽적 한계를 넘어 자유주의적 경쟁원리를 일정하게 수용하여 그들 스스로 현실에 존재하는 리스크를 용감하게 껴안고 자활의 길로 나갈 용기를 심어주는 것도 필요했다.

진보적 엘리트들은 바로 그 점이 대중동원의 기반이 됨을 생각해야 한다. 우리 지난 60여 년의 대한민국의 역사를 되돌아볼 때 국민 대중의 세계란 좌파가 보는 이상화된 '민중의 바다'도 아니었고, 우파가 보는 '교화와 계몽의 대상'도 아니었다. 그들은 스스로 그렇게 작은 집과 가족, 그리고 나름의 삶의 보람과 행복을 삶의 본위로 놓고 있으며, 새로운 상표에 열광하고 전기세·전세 값·휘발유 값 폭등에 불만을 토하는 삶의 현장속의 주인공이었다.

그들을 격동하게 한 것은 어쩌면 거대한 통일이나 민족적 문제가 아니라 바로 그런 삶의 보금자리가 위기에 처했을 때였다. 보금자리를 지키는 일이 나라를 지키는 만큼 소중했음에도 늘 엘리트들은 자신의 느껴온 거친 역사의 법칙들에서 귀납적으로 이해된 세상에 참가하는 원리와 방정식을 그들에게 이론적으로 설득하고자 했다. 그러나 정작 그들은 목사의 설교보다 성도 간의 교제를 더 소중히 여기는 현재를 더 깊은 신앙의 내면으로 삼고 있었다.

그러니 이제 대중에게 역사는 계몽이 아니라 구체적인 삶의 즐거움 획득에도 기여할 필요가 있다. 계몽이나 교훈의 영역을 넘어서 사람들의 창의력 경쟁을 촉진하고, 자신이 스스로 해석하고 만드는 역사 시대가 열려야 한다. 스스로 만들어 내고 역사를 재해석해 내는 사람들이 많아질수록 우리 사회는 전문 역사학자들이 보다 탄탄하고 공정한 역사이야기를 만들어낼 토양을 갖게 될 것이다. 아무런 대중의 사랑을 받지 못하는 메마른 역사가 왜곡 그 자체이지만 국민의 사랑을 받는 연속 사극의 매력을 이길 수 있을 런가. 이제 역사 해석의 능력과 권력을 독자들에게 돌려야 할 시대가 온 것 같다.

2. 뉴 라이트 역사, 진실을 버려서라도 지키고 싶은 기억

우리 사회에서는 불행한 과거를 잊고 싶어 하는 사람들이 참 많은 것 같다. 그런 부류의 인사들은 나름의 이유를 가지고 우리 현대사를 바라보았고,『대한민국 이야기』·『대한민국 역사의 기로에 서다』·『해방전후사의 재인식』등을 통해서 자신의 주장을 종합했다. 그들은 이런 저작물을 통하여 기존의 국사학자들이 폭력적인 민족지상주의와 국민혁명 필연론이라는 이념에 매몰되어 있다고 하고, 국사학계가 우리 현대사를 편협하게 재단함으로써 나라 만들기·국민 만들기에 애쓴 우리 선조들을 근거도 없이 폄훼하였다고 주장했다. 아울러 편파적인 좌파 민족주의자들의 역사는 결국 식민지 자본주의와 근대화로 인해 굴종과 저항을 반복했던 우리의 선조의 참모습을 돌아보기는커녕 남 탓하는 역사만 양산하였다고 보았다. 그러면서 국사학자는 추후로 균형 잡힌 역사, '실재하는' 역사를 밝혀야 한다고 강조했다.

그것을 위해선 대한민국의 건국과 이승만 대통령에 대한 적극적인 평가의 필요성, 그리고 기존의 민족 · 민주 운동 일변도의 역사관 탈피, 대한민국사의 독자성 확보, 민족주의 사관 탈피와 다각적인 근대사 이해 등이 필요하다고 했다. 나아가 남북이 분단된 것은 자유민주주의와 시장경제를 좋아하는 사람은 대한민국을 선택하고, 계급독재와 공산주의를 좋아하는 사람은 북측을 택해서 생긴 것 즉, 분단은 마치 서로 생각이 다른 사람이 따로 살림을 차린 결과이자, 체제 선택의 우연성의 결과로 보았다. 그러면서 '민주주의와 시장경제'를 선택한 것이 우월했다는 것이 경험적으로 결론이 났다고 하고, 이에 합당한 역사서술을 요구하였다. 이러한 입장에서 기존 국사학계를 국제 수준에 미달하는 미개한 역사, 세계에서 낙오된 민족주의 비교秘敎집단으로 매도하는 치기도 부렸다.

사실 나름의 과학을 표방한 연구인지라 한국현대사의 몇 장면에서 뉴 라이트 계열의 지적은 유의미하다. 특히 우리 근대 경제사 연구에서 그들이 주장하는 소농체제론은 나름의 의미가 각별하다. 또한 기존 국사학이 지나친 민족정기나 열광적 민족주의 투영, 나아가 민족해방운동사나 민주 · 민족운동 일변도의 서술 체계, 북한 사회의 내면 읽기(특히 인권이나 김일성 부자 세습의 비민주성, 고압적 자세, 핵문제)에 대한 외면 등에 대한 예리한 지적도 나름의 일리가 있다.

하지만 이들 역사학은 말로는 스스로 개별적 인간 해방(자유로운 인격의 주체로 자립하는 과정)과 자유민주주의 체제 및 시장경제의 가치를 지상가치인양 선포하고 있지만 그들이 열광한 것은 오히려 다른 것이었다. 그들의 열광과 감격은 자유민주주의 확립의 역사가 아니라 박정희식 국가지도 자본주의가 일구어낸 계량화된 경제성장 통계표였고, 계승자인 전두환의 '과단성'있는 경제 통제력과 물가안정의 지표였다. 그런 지표 속에서 시시각각 헌정 파괴자들을 영웅화하면서 그들의 일거수일투족을 미화할 방책을 수소문하였다.

그러다보니 이승만 · 박정희 · 전두환의 반反국가적 헌정파괴 행위마저도 빈곤탈출의 고육책 혹은 새로운 리더쉽 출현을 위한 순리적 결과로 해석했다. 즉, 이승만정권이 자행한 참혹한 양민학살조차도 '국민 만들기'였고, 박정희의 사조직인 정군파 영관장교 조직이나, 나아가 전두환의 하나회 조직조차도 국가혁신에 필요한 새로운 리더십을 가진 엘리트 결집체로 미화했다.

아울러 그들의 영웅들에게서 부정적인 인상을 줄만한 부분은 모두 배제하거나 왜곡하였다. 이승만의 정읍발언은 단정 수립 주장이 아닐 수 있다고 하고, 정전협정 당사국에서 한국이 배제된 것은 이승만의 정전협정 보이콧 때문으로 왜곡했다. 박정희의 사회주의 참가경력이나 2 · 8 불출마선언, 50년대 그와 미국간 갈등이나 숙군 문제는 전혀 언급도 없었다.

이처럼 국가 세우기, 국민 만들기 구호는 역사의 곳곳에 배인 모험주의자의 권력 지향의 과정과 헌정파괴자의 영웅 만들기를 위한 위장된 언술이었고, 그들에게 부정적인 인상을 줄 내용은 철저히 도려내어졌다. 마치 김일성 우상화를 위한 자서전 만들기와 유사한 형태이다. 거기는 김일성 한 사람이지만 여기는 이승만 · 박정희 · 전두환이라는 3사람이라는 점에서 다르다. 조만간에 이명박도 포함될지 여부는 미지수이긴 하지만 말이다.

또한 북한에 대한 서술도 북한 사회의 작동 시스템에 대한 분석이 아니라 개인화된 김일성 권력에 대한 비판으로 모아지고 있다. 남측 권력은 영웅이고 북측은 매국이라는 권위주의 시대의 이분법이 적나라하게 드러나고 있다.

또한 그들은 '균형'과 '진실'을 대안교과서 집필의 편집원칙으로 적시했지만 구체적인 사실에서도 그 원칙은 지켜지지 않았다. 예를 들어 좌우분열의 중대한 고비가 되고, 아직도 다수가 소련이 사주한 것처럼 국민에 알려진 한반도 신탁통치 방안을 미국이 먼저 제안했다는 사실 같은 부분은 의도적으로 그들의 『대안교과서』에는 기록하지 않았다. 또한 6·25학살에서 북한 측의 학살행위는 데이터로 보여주면서도 그보다 10배 정도 학살을 자행한 남측 군경 방첩대 및 우익집단의 학살극은 '반란 진압'으로 묘사하고 있었다. 박정희의 수출드라이브와 수출공업화의 실적을 알리는 수많은 통계표 제시에도 불구하고 거기서 발생한 제반 문제점이나 사회 갈등에 대한 언급은 전혀 없다. 따라서 이들은 균형과 진실의 역사서술을 스스로 거부하면서 권력자의 행태만을 미화하려는 영웅주의 역사서술의 전형이라는 비판에서 자유롭기 어려울 듯하다. 아울러 그들은 정읍발언의 반역사성을 은폐하고자 스탈린이 보낸 극동군 지령문(1945.9.20)의 몇몇 문구를 단장취의斷章取義하면서 그것을 마치 스탈린이 북한 단독정부 수립을 사주한 것처럼 왜곡하였다.1/ 이는 명백히 그들이 즐겨 말하는 '글로벌한 대한민국의 품격'에 어긋나는 왜곡의 전형이다. 이와 유사한 이루 헤아릴 수없는 왜곡이 이런 형태로 대안교과서를 수놓고 있다.

1/ 그러나 『대안교과서 한국근현대사』 내부에서도 이승만에 대한 평가는 전혀 다르다. 140쪽 설명 박스에서는 정읍발언이 단정 수립을 주장한 내용이 아닐 수 있다는 기술을 남겼지만 곧바로 158쪽에서는 "그의 반공주의는 건국과정에서 단정론으로 나타났다"라고 직술하여 대안교과서 자체에서도 다양한 이념편차가 나타나는 것을 확인할 수 있다. 또한 박정희 쿠데타의 경우도 제목은 쿠데타로 사용하여 일반의 우려를 은폐하면서도 내용에서는 쿠데타로 한국인의 물질생활과 정신생활에 혁명적인 변화를 가져왔다고 함으로써 종래 풍미했던 5·16혁명론과 하등의 차별을 두지 않은 수미불일치를 보여주고 있다.

또한 그들은 전통문화와 외래문명의 문명융합(본래는 문명충돌론을 주장했으나 그간의 비판으로 후퇴한 것)과 해양문명권으로 이동이라는 문명사의 대전환을 말하고 그 주체로서 개화파를 설정했다. 하지만 일부 개화파의 내면적 행각에서 나타나는 망국적 행각이나 기회주의적 성격에 대한 일말의 비판도 용납하지 않았다. 물론 개화파의 상당수는 우리 사회의 근대적 이행에 중요한 역할을 했다. 그럴 때 역사가는 두 가지 모습을 함께 보여주어야 한다. 그래야 그들이 주장하는 '균형과 진실'이라는 슬로건에도 합당하다.

결국 그러한 맹목적인 국사학계에 대한 '투정'은 이제 우리를 이만큼 먹게 하고 발전시키신 '그 분'에 대한 거룩한 충성심과 종교적인 숭앙을 신념으로 정착하기 시작했다. 즉, 특정한 자신만의 우상과 그들의 삶을 종교적 신념으로 감싸고 은폐하려 했고, 그들의 영웅이 만든 헌정파괴의 삶을 무언가 과학적 방법으로 정당화하기 위해 노력해왔다. 이러한 역사의식은 민족주의에 열광한 구시대 국사학의 오류 이상으로 특정한 계층의 신념과 일치하며, 늘 역사적 우연성과 함께 한데서 오는 불안을 서구적 가치체계를 우선적인 잣대를 가지고 극복하려 했다는 점에서 사대적이다.

아울러 대한민국을 마치 자유민주주의(=반공주의)를 선호하는 사람만의 나라라는 인상을 주어 한국사의 다원적 역사 구성을 원천 봉쇄하려고 했으며, 스스로 전통과 외래 문명의 융합을 말했지만 『대안교과서』 어디에도 외래문명이 한국의 전통이나 민족문화와 융합으로 나타난 특성을 정리한 것이 없다. 나아가 자유민주주의가 개별적 인격의 안정성을 보장하는 것이며 이를 통해서 대한민국의 역사가 지켜져 왔다고 했지만 어쩌면 개별적 인격의 성숙은 그저 개인적 해방이나 독립의식에만 있는 것이 아니다. 오히려 개인이 자유롭게 될 수 있는 공동체의 안정성을 기반으로 하는 경우가 많다. 왜냐하면 개별 정체성이 자유로워지려면 그것을 근원적으로 뒷받침하는 안정된 공동체가 필요하기 때문이다. 이는 든든한 부모의 뒷배가 있는 아이들이 오히려 자유분방하게 잘 놀고 공부하는 이치와 같은 것이다. 그런 의미에서 그들이 일방적으로 한국의 민족주의를 멸시하는 것은 공동체의 안정성을 바탕으로 개별 인격의 완성도를 높여가는 일반적인 자유민주주의 사회의 역사의식을 곡해한 것이다.

요컨대, 뉴 라이트는 특정한 몇 권력자가 자행한 헌정 파괴의 역사를 근대화를 이끈 영웅 혹은 새로운 시대의 엘리트의 국가중흥사로 치장하였다. 군인이나 경찰에게 무참히 학살당한 양민은 빨갱이 부류였고, 쿠데타 등 헌정파괴는 역사의 순리와 엘리트의 대두 과정이었다. 민주화를 고민하고 권위주의에 저항한 국민은 북한의 평화공세에 힘입은 국가반란 세력이었고, 통일운동은 비현실성을 현실화하려는 급진좌파의 친북 활동이었다. 따라서 이들의 생각은 특정한 계층을 위한 당파적 역사를 극우적 형태로 부활시키려는 비학문이며 비교秘敎 신앙적 내용을 담고 있다. 헌정파괴자들을 영웅주의 사관으로 미화하는 것은 마치 수십 년 전 사멸한 '현실 사회주의' 제국에서 주창되었던 특정 당파주의 역사학의 변종이나 북한식 권력자 전기류 이상의 평가를 받을 수 없을 것이다.

3. 조각 읽기에서 구조 읽기로

역사가는 '실재'의 역사를 밝히는 것이 본분이다. 그런데 그들이 말하는 실재의 역사란 역사 속에서 자신의 정적과 투쟁하여 승리한 자들의 우승소감이 많았다. 죽은 자는 말이 없고, 산 자들만 자신의 승리를 정당화하다 보니 언제나 자기 죄를 합리화해야 할 힘든 고역이 남았지만, 역사교과서는 대부분 그들을 부정적으로 보았다. 참으로 미웠을 것이다. 역사적 진실은

산 자만의 변명으로 이뤄질 수 없다. 죽은 자의 말을 밝혀서 살아있는 진실에 조금이나마 접근하려고 하는 것이 어쩌면 역사학자의 역할일 것이다.

그들은 인간 사회는 쉬 가게 되는 중층적 세계 혹은 회색지대가 있다고 믿으며, 역사란 그늘과 밝음 모두를 말해야 하고, 좌파에 치우치지 않는 역사 서술의 균형이 필요하다고 했다. 하지만 균형이란 진실에 접근하는 다양한 방법론을 서로 나누고 고민할 때 이뤄진다. 즉, 수십 년간 수천 편의 논문과 저작이 만들어 온 우리 현대사는 몇 권의 실증과 논문으로 허물어지는 것이 아니다. 오히려 기존의 이론과 축적이 가진 공과를 스스로 분석하고 계승하려는 자세가 더욱 의미 있다. 현재 그들의 역사인식은 국사학계를 "좌파" 민족주의 혹은 민중혁명 그룹으로 치부하려는 반동적 레지스탕스 이상의 평가를 받기 힘들 것이다.

결국 그들의 논의는 균형을 깨뜨린 역사의 가해자들이 보여주는 또 다른 열정이며, 이러한 부류의 인식이 계속되는 한 바꿔 말해 국사학계를 사교邪敎 집단의 비교秘敎적 신념이 맹목적으로 번창하는 좌파 그룹의 역사가 집단으로 매도하는 한, 그리고 좀 더 자신이 진실이라고 믿는 역사가 원죄와 자기 배반의 족쇄에서 이제는 편해지고 싶은 사람들의 변론으로 작동하는 한, 그들의 역사는 역사의 진실과도 멀어질 것이고 독자의 공감조차 획득하기 어려울 것이다.

그들의 이야기가 일면 인기를 끌지만 근본적으로 대중적인 동의를 받지 못하는 것은 그러한 이면의 '오만한' 의도 때문이다. 결국 그들은 서술의 균형과 반성적 평형을 말하지만 역시 철저한 상대주의자 혹은 슬픈 현실주의자의 넋두리 이상은 될 수 없었던 것이다. 최근 뉴 라이트니 탈근대니 하여 정작 국사학자들은 고스란히 빠진 그들만의 동아리가 그나마 서양이나 일본에서 배운 몇 가지 이론을 가지고 사료 분석이나 자료 축적 과정이 길지 않아도 한 마디 건넬 수 있는 현대사 분야를 중심으로 자기 전공과 연계하면서 몇 가지 주장을 들고 나왔다.

그리고 그동안 몇 번의 기발한 재치가 빛났고, 일부는 국사학계에 반향을 일으키니 이제는 어느 정도 자신감이 붙었나 보다. 그들은 이제 우리 현대사 서술조차도 자학사관이니 좌파적 시각이니 하면서 개편을 주장하고, 긍정적 대한민국의 역사상을 만드는데 매진할 것을 천명하기도 한다.

사실 그들의 자신감은 그들의 생각 그 자체가 기존의 국사학 경향이 건재할 때 그러면서 몇 가지 모순에 대한 비판자로서 의미가 각별할 때 발아한 것이다. 그러나 그들의 논의는 수십 년간 곰팡내 나는 사료를 찾고 시름하면서 쌓아올린 그 어떤 역사상 즉, 역사학자의 전문적인 영감靈感의 영역까지는 도달하지 못한 것인데, 아직 그들은 좁은 그들의 전공영역의 일천한 그 무엇에 기대어 전체의 역사를 재단하고 싶어 한다. 이 점과 관련하여 하원호 교수의 다음과 같은 지적은 새길 만하다.

> 거대 담론 속의 사회구조 읽기가 인간의 다양성과 중층성에 주목하지 못한 틈을 타서 그들은 역사를 조각내었다. 문화와 기억 등으로 수없이 많은 조각으로 나누어진 이들의 글쓰기는 역사를 조각냈다는 점에서 공통점이 있지만 아직 글이 하나의 경향성을 가진 것은 아니다. 더구나 조각난 역사만으로 역사의 전체 흐름을 읽을 수 있을지 의문이다. 문화나 기억으로 읽는 조각난 역사가 그동안의 역사 글쓰기를 반성하게 하더라도 그 조각만으로 역사를 전면적으로 형상화하기 어렵다. 역사는 종합학문이다. 한 분야의 역사쓰기 만으로 역사 전체를 재구성할 수 없다는 것은 너무나 당연하다. 장님 코끼리 만지기로는 코끼리가 보이지 않는다.2/

전체적 구조 읽기에서 조각내어 읽기로 몇 가지 발견에 흥분할지 몰라도 기본적으로 역사는 살아있는 유기체와 같은 법이다. 그러므로 그들의 논의

2/ 하원호, 「조각난 역사의 충격」, 『내일을 여는 역사』(30), 2007.12, 217쪽.

는 마치 사실 자본주의 모순에 그렇게 바락바락 대들었지만 스스로 독립하였을 때 부패하여 파멸하고 만 '현실 사회주의'처럼, 여전히 기존 국사학의 몇 가지 모순과 기생하는 숙주와 곰팡이 관계일 뿐이다. 실제로 교과서 포럼에서 펴낸 『대안교과서 한국근현대사』의 곳곳에서 서로의 논리가 접합되지 않아 인위적으로 땜질한 곳이 한둘이 아니라는 점에서 더욱 그러하다. 정말 스스로 독립하고 싶어서 정말 대안이 되고 싶은 역사라면 먼저 과거 국사학계가 축적해 온 부분에 대한 충실한 이해와 고민을 바탕으로 해야 한다. 백주의 싸움닭이 되어 창도한 뉴 라이트의 깃발은 결코 국사학의 주류로 성장하기 어려운 것이다.

그러니 그들은 사정이 여의치 않을 경우 깊이 있는 각론의 탐구를 그만두고 조만간 권력에 기생하여 그 힘을 빌어서 다양한 그들만의 시도를 감행할지도 모른다. 어쩌면 그들은 교과서를 바꾸려할 것이고, 국사학계의 몇 가지 문제를 부풀려서 그들의 냉전적 사고와 대결 조장의 학문관을 우리 역사의 진실인양 선전할지도 모른다. 그러나 언젠가 축적 없이 마구 커버린 스스로를 바라보며 뿌리 없이 헤매야 하는 자신의 얕음을 부끄러워할 날이 올 것이다. 왜냐하면 그들은 더러운 역사적 사실을 덮기 위해 흉터를 성형하려는 분장사 이상은 아니기 때문이다.

과거를 아름답게 치장하고 싶은 사람은 불운한 자신의 과거를 포장하고 싶어 하는 사람과 연분을 느낀다. 그렇지만 역사 공부의 가장 초보적인 경구 즉, "과거를 통해서 현재를 이해하고 현재를 이해함으로써 미래를 전망한다"고 하는 정말 초보적인 과거사 들추기의 이유를 생각해야 한다.

역사를 연구하다 보면 복잡한 역사 현상을 이런 구조로 진행되었다고 자신 있게 말할 수는 없다. 인간 삶을 특정한 학문 틀만으로 이해할 수 없는 부분이 많으며 그래서 역사란 학문은 정치 · 경제 · 사회 · 문화의 전 영역에서 다양한 변인을 고민하고 하나의 역사적 사실이 형성되기까지의 수많은 변수를 종합적으로 판단해야 한다. 그러면서도 사실의 역동성이 참으로 변화무쌍한 역사의 연구이기에 그 자체로 일목요연하게 완성된 그림을 그리기 어렵다.

아무리 깊어도 그 끝을 알 수 없는 불완전한 분석이기에 학문의 영역이며, 특히 도식만으로 알 수 없기에 인문학적 성격이 강하다. 그러므로 데이터나 공식이 아니라 깊은 철학적 성찰과 조심스러운 연구 실증의 축적으로 빙산의 일각에 불과한 당대의 삶을 복원함으로써 겸손하게 당대의 역사상에 접근하여야 한다. 한 주제 주제마다 심혈을 기울여 실제의 역사를 밝혀내야 한다. 그래서 역사학자는 늘 30년 전의 그 아저씨의 모습으로 오늘을 산다. 그만큼 역사학자의 고민은 깊은 것이고, 그렇게 해서 나온 여의주처럼 영롱한 보물이 바로 역사가의 해석이다. 그렇기에 역사학자는 흡사 청자를 구웠던 장인과 같은 것이다.

이러한 초보적인 역사공부의 자세를 다시금 말하는 것은 그들 뉴 라이트의 역사물이 기왕의 국사 영역에서 축적된 연구 성과는커녕 근현대사 전공 역사학도가 아무도 참가하지 않은 채 이뤄진 각 계의 기존 국사학에 대한 비판적 조각과 그 조각들을 모자이크한 역사인식이라는 점이다. 국민과 민족을 거세하고 나니 허전한 부분을 경제성장과 박정희 찬양으로 돌리고 싶은 그 충정을 뉘라서 모르겠는가. 정말 조각난 역사 읽기의 달인들이 열렬한 '그분'과 그의 나라에 대한 종교적 신념을 모아 스스로 대안임을 자처하는 것을 보면, 이 만큼 교만한 역사 연구가 없다는 생각이다. 그런 조각난 역사가 아무리 모여본들 살아있는 역사가 되겠는가.

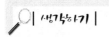

1. 신자유주의 역사학의 함정

'역사(歷史)란 무엇인가?' 이 질문은 '인간'이란 무엇인가? 혹은 '우주'란 무엇인가? 하는 심오한 철학적 의문처럼 무척 정의하기 어려운 질문이다. 그렇지만 그 동안 역사학에서 논의된 것은 대체로 '역사란 인류생활의 과거에 일어난 일' 혹은 '모든 역사는 현재의 역사'라는 두 가지 경향이다. 전자가 과거 사실의 복원 · 재구성을 강조하는 역사주의적 정의라면, 후자는 역사가 오늘날의 가치관과 역사적 과제해결을 위하여 구성된 가공의 과거라는 '현재주의'적 정의라 할 수 있다.

이 같은 양측의 경향을 종합하여 사회과학으로서 역사학을 뿌리내린 사람이 영국의 카아(E. H. Carr)였다. 그는 역사를 '과거와 현재의 끊임없는 대화'라고 하여 랑케식 역사주의적 이해를 비판하고, 역사의 현재성과 법칙성을 강조하여 20세기 문명사회의 구조적 왜곡에 대한 저항의 역사를 언급했다. 요컨대 20세기 역사학은 이른바 사회과학적 역사학이 정립되고 자본주의 사회의 비인간성과 구조적 모순을 파헤치는 수단으로 강조되었다.

그러나 이러한 역사의 현재성을 강조하는 학풍은 최근 포스트모더니즘 계열의 다원주의 역사학이나 사실 자체의 명확한 분석을 강조하는 자유주의 역사학이 대두하면서 큰 시련에 봉착하고 있다. 특히 자유주의를 표방한 역사학은 그 동안 풍미하던 과제지향적 역사학 혹은 법칙론적 · 일반론적 역사학 등은 지나치게 사회적 · 국가적 과제[중심이론 혹은 중심과제라 부른다]에만 관심을 기울임으로써 (1) 역사를 마치 시대적 과제 해결 수단인양 착각을 일으켰고, 다양한 인간의 다원적인 삶을 획일적으로 왜곡했으며, (2) '역사의 정치화' 혹은 역사를 특정 정치세력의 다른 정치세력에 대한 공격 수단화하는 가능성을 높였고, (3) '실제 있었던 사실'을 궁구하는 역사학의 기본 임무를 방기한 채 역사를 희망과 열망의 대상으로 전락시켜서 사실을 과잉 해석하였다고 비판한다. 이런 입장 아래서 특별히 포스트모더니즘 계열의 역사가들은 미시사(微視史)적인 관점의 역사학 정립을 요구하기도 했다.

물론 이러한 지적 속에는 기존의 우리 국사학이 특정한 역사적 사실에 대하여 실체적인 접근보다는 과잉해석을 통하여 현실적 의미 부여에 급급했던 오류에 대한 따끔한 충고도 포함된다.

하지만 이들의 이해는 몇 가지 문제점이 있다.

(1) 이들 '유사' 자유주의 역사학자들은 자유주의 사학의 본연의 가치와 다른 배타적이고 이분법적인 세계관을 자유주의라는 수사로 은폐하고 있다. 즉, 이들 논리는 "자유주의적이고 반공주의적인 대한민국의 정체를 옹호"하는 역사학을 바른 역사학이라고 하고, 반대로 진보나 통일을 표방하는 역사학을 '반(反)대한민국적 역사학'이라고 매도하고 있다. 그러면서 기존의 국사학이 구호와 명분에 편향된 만큼이나 남·북간 역사 이해도 편향적이라고 하면서 북한의 비리는 언급하지 않으면서 남한의 오류만 들추어낸다고 비판했다. 또한 대한민국은 미국의 지원 아래 자유와 반공의 토대 위에 건설된 것이고, 그것이 오늘 우리의 번영을 이끌었으며 반대로 친일청산과 역사 바로 세우기는 결국 그러한 우리 대한민국의 정체성을 부정하는 것으로 국가 혼란을 부추기는 좌경세력 준동의 결과로 파악한다.

(2) 이들 '유사' 자유주의 역사학자들은 자신들이 주장하는 자유주의는 유독 미국 공화당과 영국 보수당의 자유주의만을 진정한 자유주의로 파악한다. 그래서 이들 보수적 자유주의를 마치 한국의 자유주의 전통이라고 보며, 대신 한국의 양심적 역사학자들이 고민한 한국의 민족주의론은 정체불명의 사이비 민족주의론이며, 근거 없고 과학성이 떨어지는 종교적 신념의 부산물로 파악한다. 아울러 기존의 남한의 양심적 역사학자들이 통일과 진보를 표방한 이른바 여망과 아쉬움의 역사를 지속적으로 재생산함으로써 우리 국사를 신념의 학문, 종교화된 학풍으로 전락시키고, 나아가 역사를 '정치수단화'했다고 보았다. 그렇기에 앞으로 역사학은 문화유산의 전승이나 문구 해석에 전념하는 일제 강점기 이병도와 같은 관학자들의 모습으로 돌아가기를 간절히 요청한다고 했다.

(3) 이들 '유사' 자유주의자들의 이론적 근거는 냉전주의적 문명충돌론이었다. 즉, 이들은 문명충돌 혹은 문명사적으로 남북문제를 파악하면서 현재 남북은 각기 대륙과 해양문화권 영향 아래 놓임으로써 어쩔 수 없이 대한민국 중심의 역사인식이 불가피하다는 입장이다.

이상의 입장을 곰곰이 볼 때, 적어도 남북한의 이질성 심화 문제나 역사의 이념화 경향에 대한 지적은 일면 설득력이 있으나 전반적으로 이들 논리 자체가 가지는 냉전주의적, 문화충돌론적, 반공주의적 학풍으로 인해 오히려 역사의 이념화와 정치수단화 가능성을 높여간다는 우려를 낳고 있다. 무엇보다도 우려되는 것은 그러한 관점이 지나치게 시대착오적인 이분법적 세계관에 머물러 있다는 점으로 21세기적 미래지향적 사고와도 합당하지 않다는 점이다.

게다가 시대착오적 문화충돌론을 그대로 우리 역사에 적용할 경우 남북의 평화적 공존에 어느 정도 악영향을 줄 것인지 전혀 논의에 없다. 또한 이러한 문화충돌론은 우리 사회에서 전통 문화의 유산이 해양 자본주의 시스템과 얼마나 강하게 결합하고 있는지 모르고 하는 말이다. 정치나 기업 문화 속의 위계는 물론 한류(韓流)가 보여주는 우리 문화의 국제적 가치, '사극(史劇)'에 열광하는 국민정서, 장유유서 관계를 중시하고 감성적이고 인화를 인간관계의 으뜸으로 치는 우리 문화에는 '문화충돌'로만 설명할 수 없는 문화복합적 측면이 많다. 따라서 이들의 대륙문명권에 잔존한 북측과 해양문명화한 남측의 문명충돌이라는 도식은 흡사 '해양(=자유민주) 대 대륙(=전체주의)'라는 기존의 냉전시대의 적대적인 이분법적 발상과 크게 다르지 않다.

그렇다면 진정한 자유주의 역사학이란 무엇인가. 진정한 자유주의 역사학은 작의 혹은 인위적인 주의의 제창에 의해서 이룩되는 것이 아니라 수많은 이해관계를 달리하는 다양한 역사학적 방법과 실험이 존중되고, 비록 상호 인식이 중첩되거나 갈등을 빚어도 서로 타협도 하면서 공공의 이성을 회복하고 합의된 공리를 바탕으로 비로소 새로운 경향과 학풍을 만들어 가는 것이다.

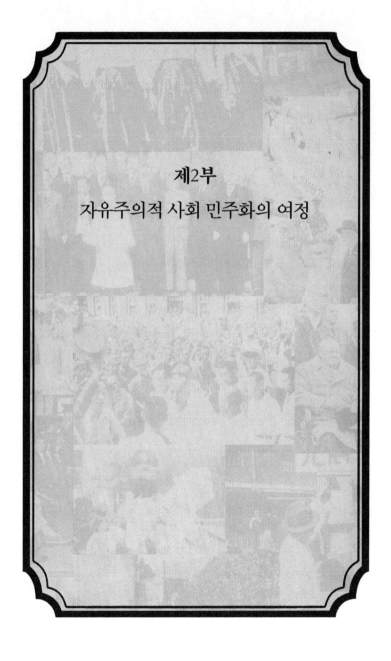

제2부
자유주의적 사회 민주화의 여정

제2부 자유주의적 사회 민주화의 여정

1. 전쟁으로 폭주하는 신념들

■ 8 · 15 해방, 공존의 교훈

1945년 8월 15일 일본이 연합군에게 패하고, 결과적으로 우리는 '해방'을 맞았다. 물론 이러한 해방의 이면에는 온 민족의 꾸준한 항일투쟁이 있었다. 하지만 해방은 완전한 민족해방이 아니었으며, 오히려 우리에게 노련하면서도 세련된 위기 극복의 필요성을 절감하게 했다.

그러한 과제는 다음과 같이 정리된다. 첫째는 복잡한 국제정세를 예의 주시하면서 강대국들이 한반도에서 겨냥한 현실적 이해관계를 냉정히 분석하고 그것을 적절히 우리의 국가 건설 운동과 연계하는 것이었다. 둘째는 일제가 문화와 역사, 그리고 민족적 정체성을 왜곡한 부분과 침략전쟁 및 각종의 제국주의 침략과 지배에 순응하여 만들어진 제 사회의 악폐를 청산하는 것이었다. 셋째는 일본이 조선에 남긴 근대적 기구와 산업시설을 효율적으로 관리하여 국민생활의 안전성을 높이고, 일제 강점기 형식적으로만 실시되거나 아예 실시되지 않았던 민주주의 개혁을 달성하는 한편, 마지막으로 배타적 민족경제 이론의 남발보다는 현실적으로 엔블록 이탈에서 발생하는 각종 사회경제적 문제를 효율적으로 치료할 자본가와 기업의 보호 육성이 필요했다. 그러나 이러한 과제는 '해방'의 역사적 한계와 각 정파들의 배타적인 신념으로 인해 제대로 실현되지 못했다.

이러한 인식의 출발점은 바로 해방으로 여겨지던 8·15가 우리 민족에게 물론 새로운 사회 건설의 기회였지만 현실적으로 미·소 양군의 군사 점령을 의미했기 때문이었다. 당시 미·소 양국은 카이로 선언(1943.12), 얄타 회담(1945.2), 포츠담 선언(1945.7) 등에서 한국 독립을 약속했지만, 우선 각기 확보된 지역에서 자국의 이해를 관철시키려는 의지를 확고히 하던 때였다.

〈얄타회담에 임하는 연합군 진영 수뇌〉

따라서 남·북 각각 미·소의 진주는 남북 모두 자주적인 움직임을 펼치는데 유리한 국면을 만든 것은 아니었다. 우선 정치권력 면에서 북에서는 소련군이 초기에는 행정권을 지방인민위원회에, 그리고 곧 이어 북조선임시인민위원회에 이관하였지만 소련의 입장도 북측에 친소 정권을 안정적으로 유지하길 바랐고 그것에 충실한 '동반자'를 찾았다. 또한 남에서도 미군이 군정을 선포하고 공식적으로는 어떠한 세력도 남한을 대표하는 것으로 인정하지 않았다. 따라서 남·북 모두 소민정이나 미군정의 역할이 결정적이었다. 다만 소민정과는 달리, 미군정은 치안의 유지를 위해, 그리고 행정의 효율을 위해 총독부의 각급 관서에 근무하던 조선인 경찰과 관리의 지위를 그대로 인정하였다. 친일 청산의 역사적 과제가 정시에 해결될 수 없는 상황이 된 것이다.

〈해방 다음날 8월 16일 휘문중학교에서 '건준' 여운
형 위원장을 환호하는 시민들〉
출처 : 역사학연구소 http://www.ihs21.org/

물론 외세의 영향 아래서 우리 사회 내부의 역량으로 민족문제를 해결하고자 하는 노력이 비등하였다. 8월 15일 전후로 하여 국내에서 가장 먼저 활동을 개시한 것은 여운형의 건국준비위원회(건준)였다. 건준은 건국동맹(1943)을 모태로 하여 결성된 '전국적인 민족 연합체' 조직이었고 대중적 기반도 광범위했다. 이에 1945년 8월 말까지 전국적으로 145개소의 지방 지부를 설치하여 치안유지 등 활동을 전개하고 8월 25일에는 '완전 독립'·'진정한 민주주의의 확립'·'대중생활의 확보' 등을 골자로 하는 선언과 강령을 발표하였다. 그러나 내부구성의 다양성과 입장 차이를 발전적으로 지향할 수 있는 계기를 확보하지 못했다. 즉, 부위원장이었던 안재홍 등 민족주의 계열이 좌익 주도에 불만을 품고 탈락했다. 그리고 나머지 좌익 중심의 잔류 세력들이 중심이 되어 1945년 9월 6일에 인민대표자대회를 개최하여 조선인민공화국을 선포하고 중앙인민위원 55명과 후보위원 20명, 고문 12명을 선출하였다. 그리고 9월 7일에는 내각을 발표하였는데, 여기서 주석 이승만, 부주석 여운형, 국무총리 허헌, 내무부장 김구, 외무부장 김규식, 재정부장 조만식, 군사부장 김원봉, 사법부장 김병로, 문교부장 김성수, 경제부장 하필원, 체신부장 신익희 등 국내외, 좌우를 망라한 인사들이 선임되었다. 그러나 이렇게 구성된 인공도 내분으로 인해 발족한 지 20일 만에 해산되었다.

뉴 라이트는 조선인민공화국은 기본적으로 회의의 대표성과 합법성이 처음부터 많은 의문이 있는 집단으로 좌파정치세력이 기득권을 확보하고 미군정과 협상하는 과정에서 발언권을 높이려는 의도에서 급조된 조직이라고 했다. 그러나 이렇게 어려움을 겪던 중앙의 건준이나 인공과는 달리 지방의 건국준비위원회는 각 지역마다 특수한 현장의 요구를 반영한 민주개혁에 매진하였고, 한때 145개에 달하는 인민위원회가 구성되기도 했다. 따라서 국민 본위로 전개된 지방과 복잡한 정파간 투쟁이 얽힌 중앙과는 일정하게 다른 양상의 운동이 전개되었다.

인공의 주석으로 이승만을 추대한 이유에 대한 정설은 없다. 다만 좌익이 이승만의 실체에 대해서 당시로는 잘 몰랐다는 점이 강조되기도 하고, 혹은 미군정이나 중경 임시정부를 염두에 둔 결정이었다는 점이 강조되기도 한다. 그러나 일부에서는 당시 가장 인기가 있던 한국인 정치인이 바로 이승만이었다는 견해도 있다. 인공이 사실상 미군정으로부터 인정을 받지 못하자 좌익은 분해되었고, 이때 여운형은 조선인민당(1945.11.11)을 결성하여 중도노선을 계속했고, 1946년 이후에는 좌우합작 활동에 전념하게 되었다.

또한, 조선공산당(재건파 중심)도 박헌영을 중심으로 재건을 꾀하면서 8월 20일과 9월 20일에 걸쳐 「일반 정치노선에 대한 결정」(조선공산당 재건위원회)와 「현 정세와 우리의 임무」(조선공산당 중앙위원회) 등 이른바 8월 테제를 발표하였다. 여기서 조선공산당은 "우리 조선공산당은 비합법 시대에서나 합법적으로 나올 때에서나 마찬가지로 부르주아 민주주의 계급과 진보적 민주주의 건설"을 주장한다고 하고, 이에 "세계 전체의 입장에서 문제를 해결한다는 정도로 국제정치는 발전"했다는 관점에서 국제협력 노선과 완전 독립, 그리고 민중생활 안정 및 각종 부르주아 민주주의 개혁을 강조하였다.

주목되는 것은 미국·중국(장개석 정부)·소련 등을 진보적 민주주의 국가로 설정하고, 조선의 현 단계는 그러한 '진보적 민주주의 국가'들이 인정하는 진보적 민주주의 국가를 건설하는 방향으로 나아가야 한다는 등 당시의 국제질서(얄타체제)에 대한 적극적인 수용 의사가 반영되어 있다. 이러한 입장이 나중에 조선공산당이 적극적으로 미국과 협조하고, 모스크바 삼상회의 결정에 대한 지지 표명, 미소공동위원회 지지 노선으로 나아가게 된 것이다.

하지만 8월 테제에 대한 그간의 평가는 혁명적 민중역량의 결집 시기에 오히려 '결집'을 저지하는 국제협력노선을 택함으로써 상황을 오판한 박헌영 등 조선공산당 지도부의 과오가 크다는 것이 대부분이었다. 따라서 조공의 이러한 노선은 결국 타력해방론이자 친미 개량주의로 민족운동을 몰아간 오류로 파악한다.[1] 반대로 당시는 얄타체제가 국제정세를 이끄는 주된 흐름으로써, 국제협력 노선은 피할 수 없는 것이고, 현실이었다는 주장도 있다. 그런데 8월 테제는 정작 다른 곳에 중요한 결함이 있었다. 즉, 8월 테제에 나타난 국제협력 노선은 종래 레닌의 두 가지 전술 및 부르주아 혁명론에서 제기하는 각종 변혁론을 크게 바꾸지 않은 채 선언적인 국제협력 노선을 덧칠하는 정도였다는 점이다.

따라서 국제협력 노선을 실질적으로 반영할 의회민주주의 수용 문제, 국제협력을 위한 기구 설치, 임시정부 수립 및 민족운동 진영의 결속을 위한 제 장치 마련 등의 각론은 지극히 제한적이었다. 무엇보다도 관념적 민중주의, 계급주의적 관점은 스스로를 대중에게서 격리시킨 채 전위화前衛化 하는데 기여했다. 결국 남로당과 같은 중도세력을 포함한 진보연합체를 구성했으나 다양한 채널에서 드러난 친소 사대주의적 행태는 다양한 민족주의

---

[1] 당시 국제협조노선은 재건파 조선공산당만이 아니라 조선공산당 북조선 분국의 방침이기도 했다 (안준범, 「해방직후 조선공산당 재건투쟁에서 제기되는 몇 가지 문제」(『史林』 6, 1990) 참조).

세력을 끌어안을 수 있는 기회를 놓치게 했다. 국제협조 노선을 표방하면서도 한민당을 반동세력으로 몰아감으로써 온건 세력을 흡수할 기회를 스스로 파괴한 점 등에서 과오가 컸다.

비록 노동운동 등 민중운동의 폭발로 인해 그들의 역할이 어느 정도 인정되는 시점이었지만 사실 공산당에 추종하는 세력이라기보다는 현실 문제에 고민한 국민들의 자주적 운동이었기에 그 또한 남로당의 역할을 높게 평가하기 힘들다. 요컨대, 남로당은 제대로 국민운동을 지도하지도 못한 채 지하화하거나 전위화하고 말았으며, 급진적 전위화 과정은 진보적 민족운동을 빨갱이 운동이라는 우익 측의 비난이 일리 있다는 생각을 확산시키는데 도움이 되었다.

한편, 우익계는 한국민주당(한민당)을 중심으로 활동하였다. 한민당은 건국준비위원회 참여를 거부하고 임정봉대臨政奉戴를 명분으로 국민대회준비위원회를 결성한 송진우 계열이 주축이 된 정파였다. 기본적으로 일제강점기 지주계급의 입장을 대변하였다.

이런 상황에서 독립촉성중앙협의회獨立促成中央協議會가 발족하였다(1945.10.23). 여기에 참가한 단체는 각정당행동통일위원회, 대한신민당, 신조선당, 대한민국국민당, 조선공산당, 귀일당歸一黨, 대한민국인민정치당, 대한민정당大韓民政黨, 학병동맹, 조선국민당, 한국민주당, 건국동맹 등이 참가하여 사실상 좌우분열 이전 전국적인 협의기구로 성장할 가능성도 있었다. 그러나 공산당, 학병동맹 등이 조선인민공화국 우선론을 제기하는 등 분열 조짐도 있었다. 1945년 11월 2일에 독립촉성중앙협의회는 천도교 대교당에서 이승만의 사회로 안재홍, 여운형, 박헌영, 이갑성 등 각 정당 단체들이 모여 조선의 즉시 독립, 38도선 철거, 신탁통치 절대반대 등을 선언하였다.2/

2/ 발족 초기 정당단체임을 부정했던 독립촉성중앙회는 1952년에 자유당으로 변신했다.

물론 인민공화국이나 한민당이나 초기에는 모두 통일전선 노선에 따를 것을 표방하였으나 각론에서는 큰 차이가 있었다. 그러나 미군정은 임정마저도 승인하지 않았고, 개인자격으로 귀국하도록 했다.3/

당대 국민적 인기가 높았던 이승만은 귀국하면서 '무조건 뭉치자'고 민족의 대단결을 주장했지만 좌익에 대해선 적대적인 모습을 보였다. 독립촉성회에 참가한 조선공산당을 벽

〈1945년 12월 2일에 귀국한 임정요인 제2진〉

안시했는가 하면 귀국하는 임정 요인 가운데 좌익은 봉대의 대열에서 제외시켜야 한다고 주장했다. 또한 공산주의자가 국민을 분열시킨다고 하는 등 처음부터 반공주의적 면모를 드러내었다.

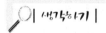
이 생각하기

2. 뉴라이트, 38선은 다행이었다

뉴라이트 교과서포럼이 발간한 『대안교과서 한국근현대사』(기파랑)에 따르면 이런 구절이 나온다.

"만약 미국이 38도선을 경계로 한반도를 분할 점령하자고 소련에 제안하지 않았더라면 한반도 전체가 소련군의 점령 하에 들어갔을 것이다. 전후 동유럽의 경험에서 명확히 알 수 있듯이 소련 점령 하에 들어가는 국가는 모두 공산화되고 말았다. 마찬가지로 한반도도 공산화의 운명을 면하기 어려웠을 것이다."

38도선의 획정을 미국이 먼저 주장했다는 것은 이미 잘 알려진 사실이다. 하지만 국

3/ 임정 1진은 1945년 11월 23일 귀국하였고, 제2진은 12월 2일 귀국하였다.

사학계에서는 그동안 일본이 연합군이 요구하는 포츠담선언을 미적거리고 받아들이지 않는 바람에 결국 급작스럽게 미소 열강이 아무런 준비 없이 한반도 분단을 재촉하게 만든 것이기에 분단의 책임은 일본에 있으며 미국은 나름의 급박한 사정에 의해 어쩔 수 없이 한 것이라 정리하고 있다. 따라서 그동안 국사학계는 분단 문제에서 미국책임론을 그다지 강조하지 않았다.

그런데 친미반공을 표방하는 뉴 라이트 교과서포럼의 집필진들은 대안교과서라는 책자를 통하여 앞서와 같이 '미국이 38도선 획정에 결정적으로 기여했다'고 주장하고 나섰다. 이들이 도대체 38도선 획정에서 미국의 역할이 크다는 점을 강조하는 이유는 무엇일까? 조국의 분단에 대한 반성의 결과로 참다운 역사인식이 발동해서 일까? 아니면 미국의 38도선 획정이 정말 우리 역사 발전을 위해 올바른 처사였다는 점을 강조하기 위해서일까? 결론은 바로 그 다음 줄에 나온다.

"그렇게 본다면 38도선은 단순히 한반도의 분단을 불러온 것이 아니라 자유, 인권, 시장 등 인류보편가치가 미국군을 따라 한반도에 상륙한 북방한계를 나타내는 선이었던 것이다."

그들은 기본적으로 38선 획정은 대한민국을 위해서 무척 다행스러운 일이라 본다. 즉, 38도선이 자유, 인권, 시장 등 인류보편가치를 우리에게 전달해준 미국군이 다행히 소련을 대신하여 우리를 점령하여 줌으로써 공산주의로부터 우리를 구원해주었기 때문이라는 것이다.

그렇다면 38선은 그동안 우리 대한민국에서 자유, 인권, 시장이라는 보편가치를 수호하는데 기여했는지 돌이켜 보아야 한다. 우리 대한민국에서 적어도 80년대까지 스스로 자유와 인권을 제대로 실험하고 국민주권의 의미를 제대로 국민이 각인하려 했던 정권을 발견할 수 없었다. 오히려 자유, 인권을 표방한 헌정질서를 파괴한 이승만, 박정희, 전두환과 같은 군사정권이 우리 사회의 자유민주주의의 성숙을 가로막았을 뿐이다. 독재자들은 자신들을 위효한 세력의 안정적인 사회적 직위 배분을 위해 다양한 언술로 자신의 독재를 정당화했고, 어떤 경우 국민의 불만을 막기 위해 과감한 개혁도 선택했다. 그리고 일부 개혁은 우리 사회의 변화 발전에 기여하였다.

그러나 그들에 대한 비역사가들이나 일반적인 평가는 늘 우리 경제사정이나 역사적 조건에 의해서 달리 해석되는 것일 뿐 궁극적으로 역사가의 평가는 민주주의와 헌정질서를 유린한 독재자 이상을 넘어갈 수는 없을 것이다. 나아가 교과서 포럼 집필진들이 제시하는 '독재자들의 업적'이란 것도 결국 정통성 결여를 위장하고자 하는 그들만의 농간이나 책동 이상의 평가는 불가능할 것이다. 이것은 역사적으로 그래왔고, 앞으로도 그런 해석에서 벗어날 가능성은 없는 것이다. 왜냐하면 정당한 권력의 존립은 당대가 요구하는 역사적인 과정에 부합하는 정치적 도덕성과 함께 할 필요가 있기 때문이다. 그래서 그들은 교과서 개정을 통해서 그들의 '결핍'을 해소해 보고자 한 것이다. 최근 국방부가 12·12쿠데타와 5·17 쿠데타로 집권한 전두환 군사정권 마저도 친북좌파로부터 민주주의를 수호하기 위한 노력을 다한 민주 정권인양으로 교과서를 개정하라는 요구를 하고 있다.

초등학생도 자유민주주의의 적은 파시즘이나 독재라고 배우고, 대화와 타협이 민주주의의 최선이라는 도덕적 원칙을 배운다. 자유민주주의의 진정한 적이 그것이었기에 1940년대 태평양전쟁은 바로 자유주의 진영인 미국과 공산주의 진영인 소련이 손잡고 파시즘과 전체주의 국가인 독일과 전쟁을 벌인 사건이었다. 혹자는 우리 헌법만이 자유와 평등, 집회결사, 종교의 자유를 보장하는 줄 알고 우리 헌법만이 자유민주주의를 표방하는 줄 알지만 말로만 보면 1972년의 북한 사회주의 헌법에서도 자유와 평등, 집회결사, 종교의 자유가 명문화되어 있다. 대한민국의 실제적인 자유민주주의 나아가 자유와 평등의 역사를 만들어가는 길에 박정희와 전두환은 정상적인 진로를 방해하였던 파시스트였고, 독재자였다. 그런 그들에게 민주주의를 지킨 열사와 같은 대접을 요구하는 일은 과연 무엇을 말하는 것일까?

결국 그들 독재파시즘 세력들은 그들의 정통성을 다시 대한민국 건국단계로 되돌려서 정당화하고자 한 것이 바로 작금의 교과서 개정요구이다. 교과서포럼은 38선 분단이 그나마 다행이라는 입장이지만 진정한 역사학자는 이후의 역사를 돌아볼 때 38선 분단이 민족의 거대한 시련과 아픔을 가져왔다. 38선이 그토록 다행스러웠다면 우리가 왜 그렇게 "우리의 소원은 통일"이라고 목매였겠으며, 과거의 그 많은 독재정권조차도 조국의 평화적 통일의 필요성을 그렇게 강조한 이유를 도대체 알 수 없을 것이다. 나아가 남한자본주의 방식으로 통일하려했다면 왜 그렇게 북한과의 대화를 기대하고 추진하려 했을까? 그것은 다름 아니라 38선 분단이 우리에게 그나마 다행이었다는 생각보다는 너무나 참혹한 불행이었다는 생각을 우리 마음뿐만 아니라 독재자조차도 하고 있었던 결과가 아닐까.

요컨대, 교과서포럼의 집필진들이 벌이는 이런 교과서 개정 공방은 바로 그간 독재 세력이 보여준 자유민주주의적 정통성 결여를 이런 방식으로 만회하려는 친일 독재자의 음흉한 반란음모이다.

■ 민족사 최악의 선택

1945년 12월 27일 모스크바 3상회의에서 한반도 문제에 관한 3개국의 공식 입장이 정리되고 그 결과가 28일 워싱턴·런던·모스크바에서 동시에 발표되었다. 그러나 결정내용은 국내에 커다란 파문을 일으켰고, 결과적으로 민족통일전선 형성에 악영향을 주었다.

미국의 한반도 신탁통치 방안은 이미 1942년경 제시되었는데 이후 카이로선언이나 포츠담회담에서도 신탁통치 계획이 은연중 드러나고 있었다. 그리고 1945년 12월 26일 모스크바 미·영·소 3국 외상회담에서 결정을 보았다. 여기서 결정된 내용은 임시정부를 구성하기 위한 방안으로 신탁통치를 최장 5년간 실시하면서 실무기구인 미소공동위원회를 설치한다는 것이었다. 핵심내용은 임시정부 수립문제였는데 12월 28일부터 국내에는 신탁통치 문제만 특화되어 알려졌다. 당시『동아일보』는 '미국은 신탁통치를 반대하여 조선의 즉각적인 독립을 주장했지만 소련이 신탁통치를 주장하여 어쩔 수 없이 신탁통치안이 결정되었다'고 왜곡했다. 이로 인해 좌우를 막론하고 처음부터 전국적인 반탁열기를 불러왔다. 그렇게 된 것은 당시 오랜 식민지배에서 벗어난 조선인들의 절대독립에 대한 간절하면서도 조급한 마음에도 원인이 있었지만, 국제정세의 변동에 어두웠던 당시 우리 지도

층의 현실인식에도 원인이 있었다.[4]

　당시 반탁 주도세력은 김구와 이승만 세력이었다. 특히 김구 세력은 대한민국임시정부의 법통을 내세우면서 신탁통치반대국민총동원위원회를 열고 전국적인 운동으로 비화하고자 했으며, 미군정에게 임정 승인과 임정의 중

요 관부 접수를 선언하기도 했다. 아울러 이승만은 1946년 2월 비상국민회의를 계기로 반탁운동의 전면에 등장하였고, 이 기구의 최고 정무위원회가 나중에 미군정의 자문기구인 남조선대표민주의원(1946.2.14)으로 바뀌는 등 미국에 의해 반탁운동은 반공논리와 연계되어 음으로 양으로 고무되었다.

　반면, 좌익은 비상국민회의에 대응한 민주주의민족전선(1946.2.15)을 결성하고 임시정부 수립과 그 과정에서의 신탁통치를 적극 찬성하는 노선을 분명히 했다. 조선공산당 등 좌파 진영의 찬탁贊託운동은 그동안 쌓았

〈서울 시내로 들어오고 있는 미 7사단 32보병 연대〉
출처: 역사학연구소 http://www.ihs21.org/

던 사회주의자에 대한 신뢰를 손상시키고 친일 · 매국세력보다 훨씬 큰 국민적 불만을 느끼게 했다. 물론 좌익 지도부가 찬탁 일변도의 논리가 아니라 임시정부의 수립을 위한 한시적 의미의 지지였지만 결과적으로 국민에게서 급격하게 유리되는 계기가 되었다. 이후 민족운동은 민족과 반민족의

4/ 뉴 라이트 역사학계는 그들의『대안교과서 한국근현대사』(기파랑, 2008)에서 이러한 좌우분열 및
　민족분열의 중대한 고비가 되었던, 그리고 아직도 다수가 소련이 사주한 것처럼 조작된 한반도 신
　탁통치 방안을 미국이 먼저 제안했다는 진실을 의도적으로 기록하지 않았다. 그들은 대안교과서
　서문에서 스스로 균형과 진실을 주장했지만 이처럼 곳곳에 자신들의 논거에 불리한 사실은 인위
　적으로 누락시켰다. 대신 스탈린 지시 부분을 강조하여 마치 스탈린과 찬탁과의 연관성을 은연중
　왜곡시켜서 보여주고자 한다.

구도가 아닌 찬탁진영[좌익]과 반탁진영[우익]의 대립구도로 급선회하였다. 그 통에 지하에 잠적했던 많은 친일·매국세력이 반공과 반탁을 명분으로 지상에 드러나 애국자인 체하는 현상이 만연하였다. 무엇보다도 경찰, 군 등에 암약하던 친일세력은 자신의 기득권을 지키기 위해 독립운동세력을 탄압하기위한 반공메카시즘적인 조작사건을 자주 들추었다. 이후 내내 민족세력에 대한 집요한 정치적 탄압이 이어졌다.

결국 임시정부 수립을 위해 열린 미소공동위원회(1946.3.20~5.8)는 협의대상 단체의 선정 문제를 두고 미·소간의 이견으로 휴회되고 말았다. 이렇게 미소공동위원회가 지지부진하자 이승만 등은 국제정세에 대한 적극적인 대응을 강조하는 정읍발언(1946.6.3)을 통해 은근히 '남한만의 단독정부 불가피론'을 주창했다.5/ 즉 (1) 한반도가 통일될 때까지 남한에 과도정부를 설치하고, (2) 소련을 북한에서 몰아내며, (3) 과도정부의 유엔가입을 허용하며, (4) 남한의 미군은 계속 주둔하여 소련의 침략을 막도록 한다는 등의 내용이었다. 그의 발언은 사실상 미소간의 타협을 통한 국제질서 즉 얄타체제가 조만간 종말을 맞으리라는 예측에 기초하였고, 실제 이듬해 발표된 트루먼 독트린은 그의 예측이 얼마나 정확한지 보여주었다.

이 같은 민족전선의 분열 가운데서도 1946년 1월에 공산당·한민당·인민당·국민당 등 4당 대표가 정당 통일운동을 전개하는 등의 노력이 전개되었다. 물론 전선 통일의 노력은 수포로 돌아갔고, 미소의 타협에 의한 임시정부 수립전망도 흐려졌다. 이에 김규식·여운형 등은 미군정의 지원 아래서 좌우합작운동을 전개하였다.

5/ 그런데 뉴 라이트는 대안교과서에서 이러한 이승만의 발언이 진정 단독정부 수립을 말하는 것인지 애매하다고 하면서 위원회설치 등의 논의가 혹시 다른 의도는 아니었을까 의문만 제시함으로써 의도적으로 정읍발언의 역사적 오류를 가리기 이승만 감싸기 하려는 의도를 보여주었다(교과서포럼, 『대안교과서 한국근현대사』, 기파랑, 140쪽 참조).

여기에 미군정도 한몫을 했다. 이승만의 단독정부 책동에도 불구하고 처음 미군정은 좌우합작운동을 지원하고 이 세력을 중심으로 한 임시정부 수립을 구상하기도 하였다. 좌우합작에 의한 친미 자유주의 정부를 수립하려는 것이 궁극의 목표이기도 했다. 이를 위하여 1946년 7월 말 좌우합작의 입법기구를 만들고자 김규식 등 우익 5명과 여운형 등 좌익 5명이 좌우합작위원회를 구성하도록 했다.

좌우합작위원회는 미소공위 재개, 친일파 민족반역자 배제 등을 합의했다(1946.7.25). 이에 대해 민주주의민족전선民戰은 북측의 민주개혁에 영향을 받아 무상몰수·무상분배의 토지개혁 실시, 친일파 처단, 인민위원회로의 정권이양 등을 요구하는 '좌우합작 5원칙'을 제시했다. 우익에서도 임시정부 수립 뒤 특별법 제정에 의한 친일파 처단, 신탁통치 문제에 유보적인 입장 등을 담은 '좌우합작 8원칙'을 제시했다. 이에 마침내 선임정·후신탁의 원칙과 토지개혁 시행과 입법의원 설치 등을 내용으로 한 '좌우합작 7원칙'(1946.10.7)이 합의되었다.6/ 그러나 이러한 좌우합작운동은 트루먼 독트린 이후 냉전이 본격화되면서 힘을 잃고 말았다.

이렇게 좌우합작의 분위기가 무르익어 갈 무렵 조선공산당은 1946년 7월 26일 지금의 좌우합작 움직임에 반대하는 성명서를 내는 한편, 이른바 신전술을 표방하여 강력한 대중투쟁을 전개하기 시작했다. 이에 조선노동종합전국평의회 주도로 전국 각 지역에서 철도 총파업 전기, 전차 파업이 발생하였다(9월 총파업). 파업에 참가한 인원은 노동자의 경우 서울에서만 295개 기업 3만 명에 달했고 1만 6천여 명의 학생들도 동맹휴학에 가담했으며, 남한

6/ 내용은 (1) 모스크바 3상회의 결정에 따른 좌우합작의 임시정부 수립 (2) 미소공동위원회 속개 (3) 토지개혁(몰수는 유상몰수 체감매상에 의한 무상분배)과 중요산업 국유화 (4) 친일파 및 민족반역자 처벌조례 성안 (5) 정치범 석방과 테러행위 중단 (6) 언론집회 결사 등 모든 자유 보장 (7) 합작위원회에 의한 입법기구의 구성 등이었다.

전체로 보면 25만 1,000여 명의 노동자가 파업에 참가했다. 일부에서는 서울에서만 6만 5천 명에 달했고 남한 전체에서 26만 4,000명이 파업에 참가했다고 한다.

9월 총파업의 도화선은 철도노동자였다. 그들은 이미 1946년 7~8월부터 쌀 배급과 임금인상을 요구하면서 파업을 전개했으나 미군정은 '적자 타개와 노동자 관리의 합리화'라는 이유로 운수부 종업원을 25% 감원하고 월급제를 일급제로 바꾸려고 했다. 그러자 9월 13일부터 경성공장 노동자 3천 700여 명이 태업에 들어갔고, 23일 오후 1시부터 부산철도공장 노동자 약 7천 명이 파업에 들어갔다. 이어서 24일에는 서울의 1만 5천 명의 철도노동자들이 부산노동자들에 호응하여 파업에 들어갔다. 이후 파업은 곧 전국 철도노동자들로 번져 4만 명이 참가했고, 9월 26일 전평은 "조국의 완전한 자주독립을 위하여 남조선의 4만 철도노동자를 선두로 일대 민족투쟁을 전개한다"는 총파업선언서를 발표했다. 그리고 노동자들의 경제적 요구와 함께 정치범 석방, 반동테러 배격, 정간된 신문의 복간과 구속된 사원 석방, 지명수배와 체포령 철회 등을 요구했다. 이어서 9월 28일부터 10월 초까지 서울의 중앙전신전화국·우체국·경성전기주식회사, 부산전신국 등의 노동자들이 파업을 벌였다. 이러한 파업사태로 남한 일대의 운수와 통신기관은 대부분 정지하였다.

뉴 라이트는 이들 노동운동 세력은 자유주의적 관용이 넘치는 남한 사회의 허용된 공간을 제대로 이용하지 못한 채 도식적이고 이념편향적인 정책만을 추구한 전평과 같은 조직이 주도한 것으로 이후 노동운동의 진로를 왜곡하고 운동 그 자체마저 어렵게 했다고 한다. 또한 이런 극단적 행위는 시민사회가 결여된 데서 오는 한계와 방종과 무질서의 결과였다고 보았다. 실제로 남로당 지도부의 급진화·전위화는 진보세력의 위상을 격렬하게 요동치게 했다. 이에 공산주의자 중에서 조봉암 등은 전향하여 좌우합작운동에 나서기도 했고, 5 · 10선거에 참여하는 등 의회제를 수용하는 모습도 보였다.

또한 이해 10월 1일에는 대구민중봉기가 일어났다. 즉, 경찰과 테러단의 탄압에 항의하고 쌀을 요구하던 대구시민들에게 경찰이 총을 난사함으로써 경찰과 시민 사이에 대규모 유혈충돌이 발생한 것이다. 이윽고 사건은 다른 지역으로 확산되어 10월 한 달 동안 전국 각지에서 쌀 공출 폐지, 토지개혁

〈'대구민중봉기' 이후 각 지역별로 청년단원을 동원, 의용경찰대를 동원하여 쌀을 지키는 모습〉

실시, 극우테러 반대 등을 요구하는 시위가 일어났다. 나아가 지방 인민위원회를 중심으로 농민들의 소작료 인하투쟁이라든가 토지개혁 요구, 자생적 노동자 조직의 적산공장에 대한 자주관리운동 등이 전개되었고, 미군정은 이를 사회주의자들이 조종한 것으로 보아 적극 저지하는 자세를 취하였다. 미군정과 친일 전력의 경찰들에 의해 무자비하게 국민운동이 진압되면서 범좌파(좌익계 정당)인 남조선신민당 · 조선인민당이 조선정판사위조지폐사건(1946.5)[7] 이후에도 잔류한 조선공산당 세력과 합당하여 남조선노동당(남로당)을 조직하였다(1946.11).[8]

_____

7/ 1946년 5월 미군정은 지난해 10월부터 조선공산당 김창선 등이 조공당 재정부장 이관술과 해방일보 사장 권오직의 지시로 조선정판사에서 조선은행권 100원권으로 약 1,200만원의 위폐를 발행하여 남한을 경제적으로 교란시키려 했다고 발표했다. 당시 조선공산당은 '날조'라고 항변했지만 미군정은 이 사건을 기화로 조공 지도부에 대한 검속과 해방일보를 폐간하는 조치를 취했다.

8/ 조선정판사위폐사건으로 미군정청이 공산주의자에 대한 유화정책을 포기하자 많은 조선공산당 계열의 좌익이 월북하였다. 따라서 남조선노동당 창건 때에는 남조선신민당이나 근로인민당(조선인민당의 후신, 당수 여운형) 당원이 다수 참가하였다. 따라서 남로당은 일방적인 조선공산당

대구 10월 항쟁은 강고한 두 달간의 투쟁에도 불구하고 사실상 지방의 잔존하는 인민위원회 체제가 분쇄되고, 친일과 부일협력의 전과로 인해 중앙에 겨우 잔존하던 우익 세력이 지방으로 세력을 넓히는 계기가 되었다. 이것은 명백하게 미군정과 우익이 결탁하여 국민과 좌익에

〈조선정판사 위조지폐사건의 담당검사 조재천 제11대법무부장관, 김흥섭 제9대 서울 고등법원장 역임〉
출처 : 대검찰청

벌인 '국가 테러'의 일종이었다.9/ 여기서 반공주의는 그러한 국가 테러의 이론적 기반이자 우익을 남한에서 승리자로 만든 지상의 이념으로 정착되기 시작했다.

좌측 합작인사들의 좌경화와 함께 우측 합작인사의 우경화 경향도 두드러졌다. 즉, 우익 측 좌우합작위원회와 한민당계가 김규식을 의장으로 남조선과도입법의원을 구성하자(1946.12.12) 여운형 등이 위원회를 탈퇴하였다. 남조선과도입법의원 선출에 이어 1947년 2월 5일에는 민정장관에 안재홍이 임명되었고 5월 17일 남조선과도정부가 설치되었다. 이때 미소공위도 재개되었으며, 북측도 2월 8일 인민군을 창설하고, 2월에 북조선 인민위원회를 수립하였다.

여운형이 좌우합작위원회에서 빠진 상황에서 김규식 등 중도 우파가 좌우합작을 계속 유지하고자 했지만 트루먼 독트린으로 냉전이 본격화되면

집단이 아니라 중도좌파 계열의 진보적 혹은 민족주의적 인사들도 포함되어 있었다. 무조건 남로당을 빨갱이, 공산당으로 파악하는 항간의 이해를 경계한다. 이 부분의 추후 많은 연구가 있어야 할 것이다.

9/ 정해구, 「한국반공주의 부침의 역사」 『20세기 한국을 돌아보며』(참여연대 참여사회아카데미), 2001. 30쪽.

서 좌우합작 세력은 수세에 몰렸다. 그나마 여운형마저 암살(1947.7.19)되면서 좌우합작운동은 사실상 종언을 고했다(1947.12).

■ 남북협상의 좌절

좌우합작의 실패는 남측에서 활동하는 여러 민족 · 민주 세력이 급속히 위축되는 결과를 가져왔고 반대로 극우 세력은 '반탁'이라는 명분으로 입지를 강화하면서 그 동안의 열세에서 벗어나 각종 권력기관을 장악하고 단독정부 수립의 기반을 구축하였다. 특히 미국의 대소봉쇄를 위한 트루먼 독트린으로 냉전이 표면화되면서 이에 따른 미국도 '단정 수립' 쪽으로 가닥을 잡아갔다. 아울러 제2차 미소공동위원회마저 원활히 운영되지 못하자, 미국은 수적 우세를 기반으로 한 유엔에 한국문제를 이관했고, 유엔은 인구비례에 따른 남북총선거를 결정하여 유엔한국임시위원단을 파견했다(1948. 1.8).

〈김일성과 박헌영 – 박헌영은 남로당 50만의 봉기를 장담했다.〉출처:『대한민국 50년』한국사진기자회.

이러한 단독정부 수립 움직임에 대해 김구와 김규식은 격렬히 반대했다. 일단 두 사람은 5 · 10선거 불참을 비롯하여, 미소 양군철수와 남북협상에 의한 총선거를 주장하였고, 북측에는 남북협상을 제안하였다. 남북협상 요구는 곧바로 북측의 화답을 받게 되어 두 사람은 평양에서 열리는 전조선정당사회단체대표자연석회의(1948.4.19~26)에 참가하였다. 이 회의는 남북 56개 정당과 사회단체의 대표 659명이 모인 전민족대회 형태였으나 사실상 북측의 논리와 입김이 강한 반쪽의 대회에 그쳤다. 이런 정황에서 미소 양군철수, 외국군 철수 뒤 내전 발생 부인, 남북 총선거와 정부수립, 남한 단독선거 반대 등 공동성명서가 채택되었다. 그러나 곧바로 남측에서 5·10선거로 대한민국 정부가 구성되면서 김구·김규식 등이 남북협상에서 선언한 남북불가침 약속은 사문화되고 말았다. 뉴 라이트는 이러한 김구·김규식의 노력에도 불구하고 이미 북측이 북한에 별개의 공산주의 정부를 수립하기 위한 준비를 마친 상태였기에 실효가 없었다고 보았다.

다시 김구·김규식은 7월 21일 통일독립촉성회를 결성하였고, 1948년 6월 하순 김일성을 중심으로 제2차 남북제정당사회단체지도자협의회를 개최하여 최고인민회의를 구성하였다. 이때 상당수 남측 인사들이 이 회의에 참가하여 북한정권의 정통성을 대변하였다. 그들은 9월 8일 북한 정권 수립 때에도 같은 행태를 보였다.[10]

단독정부 수립방침이 굳어지자 좌익전선도 격렬히 반대했고, 국민들의 단독정부 수립 반대투쟁도 고양되었다. 2·7구국투쟁,[11] 3·22총파업,[12] 제주도 4·3항쟁, 5·10단선단정반대투쟁, 메이데이 투쟁, 5·8총파업[13]

---

[10] 이런 남측 인사들의 기회주의적 행각에 대한 역사적 평가가 필요하다.

[11] 1946년 9월 총파업 이후 붕괴된 전평 조직이 재건하여 1947년 2월 7일을 기해 단독정부 수립과 민족 분단에 대한 우려에 기반하여 총파업을 선언하면서 발생하였다. 전평 소속 노동자뿐만 아니라 민주주의민족전선에 참가한 정당 사회단체도 가세하였고, '단독정부 수립 반대, 조국분단 절대 반대, 미군은 즉시 물러가라' 등의 슬로건을 내걸었다. 파업투쟁은 2월 7일부터 20일경까지 계속되었다. 이 과정에서 많은 노동자들이 살해되자 민주주의민족전선은 3월 10일 테러·폭압반대대책위원회를 조직하여 항의투쟁을 전개하였다.

[12] 1948년 3월 22일 전평이 남조선총파업위원회를 조직하여 남한만의 단독선거를 반대하면서 24시간 동안 남조선 전역에서 총파업을 선언하면서 발생하였다. 이 파업에는 50여 만 명의 노동자와 17만 농민, 8만여 시민·학생들이 참가하였고, 전평 중앙간부를 비롯한 노동자 2,000여 명이 검거 및 투옥되었으며, 파업에 참가하였다는 이유로 각 공장의 노동자들이 대량으로 해고되기도 했다.

[13] 미군정이 1948년 5월 1일 메이데이 기념식에 대한 탄압을 가하면서 촉발한 사건으로 미군정이

등은 처절한 투쟁이었다. 특히 4 · 3항쟁은 1948년 11월 중순부터 약 4개월 간 전개된 '초토화 작전'으로 수만 명의 희생자를 내었는데, 그로 인해 제주 지역에서는 5 · 10선거가 실시되지 못했다.14/ 강경진압은 송요찬(9연대장) 에 의해 자행되었다. 10월 17일, 송요찬 중령은 해안선에서 5km 이상 떨어 진 중산간지대를 통행하는 자는 폭도배로 인정, 이유 여하를 불문하고 총살 하겠다는 포고문을 발표했다. 대체로 해안선에서 5km 이외의 지점은 대부 분이 중산간마을로서 강경 진압작전으로 중산간마을 37,000여 초가가 불 에 탔다. 이른바 삼진三盡작전이라고 해서 태워 없애고, 굶겨 없애고, 죽여 없애는 상황이 연출되었다. 중산간마을이 초토화되자 생활의 터전을 잃은 주민 2만여 명은 토벌을 피해 입산하면서 또다시 입산자에 대한 학살이 자 행되었다. 입산자 가족은 다시 '빨갱이 가족'으로 대신 학살을 당했다. 특히 1948년 11월 13일(음력 10월 13일) 조천면 교래리 · 와흘리 2구 · 신흥리, 애월면 소길리 원동마을, 안덕면 상천리 · 상창리 · 창천리 마을 등에서 자 행된 학살은 악명 높기로 유명하다.

　뉴 라이트는 이러한 국민항쟁을 좌파의 무장반란으로 규정하고 좌파에 대한 적절한 조치로서 비교적 평온한 분위기에서 제주도를 제외한 전국에 서 5 · 10선거가 치러졌다고 왜곡하였다. 또한 미군정 하에서 조선인 대중 이 제기한 급진적인 개혁요구라는 내용은 공산주의 혁명을 지향한 남로당 세력의 정치적 선동과 폭력적 투쟁에 불과하였고, 미군정에 협력한 인사는 공산주의에 저항했다는 점에서 자유 인권 사유재산과 같은 가치를 신봉한 사람들이라 했다. 이리하여 거대담론으로서 단정 반대, 자주 국가 건설, 그

　전평을 부정하면서 촉발했고, 각지에서 군경과 충돌하였다. 이어서 전평은 5월 8일에는 단독선 거 반대를 위한 총파업을 단행하였다.

14/ 여기서 4 · 3은 제주도 무장대가 단선단정의 반대와 조국의 자주통일, 극우 세력의 탄압에 저항 한다는 기치를 내걸고 미군정 경찰과 서북청년단 등을 향해 본격적으로 공격을 개시했던 1948 년 4월 3일을 말한다.

리고 그 저변에서의 삶의 질 개선을 향한 투쟁에 나선 민중 세계는 이 땅의 주인이 아니라 결국 공산혁명에 선동당한 미몽迷夢한 폭력집단일 뿐이라는 해석이 나온다.

5·10선거는 그날이 부분일식이라는 특이함과 더불어 공포분위기 속에서 진행되었다. 당시 선거를 시찰한 UPI통신사 특파원은 "미군 정찰기는 상공을 비행했으며, 선거장이 있는 곳에는 야구용 타봉을 든 '향보단' 단원들에 의해 엄중히 경호되고 있었다. 민간 경비대원은 도끼자루·야구용 타봉·곤봉 등을 휴대했고, '조선경비대'는 미제 칼빈총으로 무장했다. 분위기는 마치 계엄 하의 도시 같았다"고 했다.

뉴 라이트는 그럼에도 5·10선거는 만 25세의 모든 국민이 피선거권을 가졌지만 일본 정부로부터 작위를 받은 자, 제국의회 의원, 관리로서 판임관 이상 직위에 있던 자, 경찰관 헌병 헌병보로서 고등관 이상 직위에 있던 자, 훈 7등 이상을 받은 자, 중추원 부의장·고문·참의 등 친일 경력이 뚜렷한 인사들에게는 피선거권이 없었고, 대체로 피선된 국회의원도 민족운동자는 68명이며 나머지는 식민지시기 고등교육을 받은 중간층, 전문직인 상공업자·지주·하급관료·교원·의사·변호사 등으로 대체로 건국의 주역은 이들 개화의 영향을 받은 중간층으로 파악하고 있다.15/

결국 5·10선거로 소집된 제헌국회는 그러한 민족 세력과 좌익, 그리고 국민적 요구에 어느 정도 타협하지 않을 수 없었다. 그리하여 「제헌헌법」

15/ (교과서포럼, 『대안교과서 한국근현대사』, 기파랑, 142쪽 참조) 바로 이 부분이 뉴 라이트적 인식의 중요한 결함을 보여주는 핵심적 부분이다. 뉴 라이트는 자신이 주장하는 조선후기 이래 소농적 발전 코스나 소농사회론과 이러한 전문가 집단의 형성 간의 어떠한 역사적이면서도 실제적인 정합관계에 대한 설명을 하지 않는다. 당시 구술이나 기록을 보아도 일부 뛰어난 인재를 제외하고 전문가 계층이 당대의 가난한 소농의 자제였다는 그 어떤 증좌도 드러나지 않는다. 오히려 교육비를 제공할 수 있는 중농층 이상의 자제가 전문가 계층에 접근한 것이 실제의 역사상이 아닐까? 실제의 역사상을 제대로 이해하지 않은 채 이론적 재단에 급급했던 뉴 라이트 교과서 포럼의 급조된, 그리고 조각 읽기로 왜곡된 역사서술의 전형을 볼 수 있다.

을 기초할 때 중요 산업국유화 및 의무교육 혹은 집회 · 결사 · 사상의 자유 항목 등을 심도있게 고려하였다. 하지만, 결국 국회가 초대 대통령으로 이승만을 선출하면서 분단 고착화 가능성은 높아만 갔다.

이승만은 1946년 6월의 '정읍발언'에서 확인되듯이 초기부터 좌우합작에 의한 임시정부 구상과 통일정부의 수립에 대하여 부정적인 입장을 견지했다. 더욱이 이승만 정권은 북조선 임시인민위원회에 우익의 입장이 거의 배제되었던 것과 대조적으로, 좌익은 물론 기왕의 중도좌파마저도 배제한 극우정권이었다. 그것은 미군정으로부터 물려받은 경찰 · 관료 · 군대조직에서 그대로 반영되고 있었지만, 역시 미군정의 적산불하 과정에서도 관철되고 있었다. 그리고 그러한 반공국가의 법적 보호를 위하여 1948년 12월 1일 「국가보안법」이 제정되었다. 이 법은 그해 4 · 3항쟁 진

〈이승만대통령〉

압을 위해 여순 지역 군대를 동원하면서 발생한 여순(여수 · 순천)군반란 사건(10 · 19사건) 때문에 제정된 것이었다. 실제로 1949년 한 해에만 무려 11만 8,621명이 이 법에 의하여 검거 또는 입건되었고, 같은 해 9~10월 사이에 132개의 정당과 사회단체가 이 법에 의하여 해체되었다. 또한 방첩대 및 군수사기관은 약 8~9천 명의 군인들을 입건 또는 구속하거나 숙청하였다. 또한 국회에서도 이른바 국회프락치사건을 조작하여 진보적 인사를 숙청하였다.[16]

16/ 즉, 1949년 3월경, 동성회 · 일민두락부 소속 국회의원들의 동태를 의심한 서울지검(장재갑 · 오제도 검사)과 서울시경 최운하 사찰과장 등이 남로당원 전우겸의 진술을 받아 국회의원 이문원 · 이구수 · 최태규를 구속하고 이어서 개성 여간첩 정재한의 비밀지령문을 증거로 6월 21일 국회의원 노일환 · 김옥주 · 강욱중 · 박윤원 · 황윤호 · 김병회, 6월 25일 국회부의장 김약수, 8

뉴 라이트는 4 · 3사건 이후 여순 군반란 사건 등 일련의 항쟁을 좌파의 반란으로 이해하고 이는 북한 김일성이 "북한에 먼저 민주적인 정권을 수립하고" 그것을 "민주기지"로 삼아 "남한을 미국의 지배에서 해방시켜 국토를 완정하겠다"고 하는 국토완정론을 전달받은 남한 내 공산 세력이 준동하여 일으킨 공산주의 통일국가 수립운동으로 파악한다. 그리고 이것이 현실화된 것이 6 · 25전쟁이었다는 것이다.

어쨌든 이러한 상황에서 유엔은 1948년 12월 제3차 총회에서 한국을 "선거 감시가 가능했던 지역에서 합법적으로 수립된 정부"임을 승인하였다. 그리고 1950년 3월까지 미국을 비롯하여 26개국이 한국을 승인하였다. 이는 남한 내 우파 세력의 부족한 정통성을 국제적으로 만회하는 계기가 되었고, 대부분의 우익 저작에서 유엔의 승인 부분을 대한민국 정부의 정통성을 뒷받침하는 근거로 예증하게 되었다.

요컨대, 미소공동위원회의 좌절, 좌우합작운동의 좌절, 남북협상의 좌절과 같은 민족 내부의 조건과 세계사적인 차원에서의 동서 냉전 등 국제적 조건이 어우러져 이제 남북 합의에 의해 통일국가를 추구하는 것은 불가능하게 되었으며 그 결과는 남과 북에 두 개의 정부가 수립되는 비극으로 나타났다. 이후 남한에서는 반공의 기치 아래 지방까지 우익이 침투하고, 「국가보안법」과 같은 국가테러를 용인한 악법이 제정되어 수많은 양민이 억울하게 학살되는 참변을 겪었다.

월 10일과 16일에 서용길 · 신성균 · 배중혁 · 오택관 등을 국가보안법 위반으로 기소한 사건이다. 이 사건으로 1950년 3월 14일 이문원 · 노일환 징역 10년, 김약수 · 박윤원 징역 8년, 김옥주 · 강욱중 · 황윤호 · 김병회 징역 6년, 오택관 징역 4년, 이구수 · 최태규 · 신성균 · 서용길 · 배중혁 징역 3년의 실형을 선고받았다. 이후 전쟁으로 이들의 행방이 묘연하게 되었다. 그런데 뉴 라이트는 이승만 정권이 국회프락치사건 등 각종의 날조와 용공조작에 따른 정치 테러에 대해선 일체 함구하고 있다.

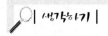

3. 대한민국 헌법이 포함해야 할 바른 역사관은 무엇인가

일제 강점 말기 일본이 대동아공영권을 외치면서 침략전쟁을 벌일 때 일부 친일 조선인들은 묘한 공상을 했다. 그들은 아시아 일등 국민이 되고 북방엔블록의 맹주가 되기 위해선 일본 제국헌법(帝國憲法)이 한시라도 빨리 조선에도 효력이 미쳐야 한다고 믿었다. 그리고 그것을 위해서 조선의 뜻있는 사람들은 일본의 침략전쟁을 적극 도와야 한다는 논리였다. 그래서 징용과 종군위안부, 징병 등은 그것을 위한 투자이자 보답이라고 보았다. 내선일체(內鮮一體)라는 이름으로 자행된 전시하 물자 및 노동력 동원은 친일세력의 뇌리에는 조선인들의 헌법 적용과 보호를 위해서 치러야 할 희생으로 보게 되었다.

일본은 그러한 염원을 교묘히 이용해 조선인들을 지배하였다. 해방이 되고 동서 냉전체제가 심화되는 상황은 한반도의 통일적 임시정부 수립을 어렵게 했다. 마침내 이승만을 위시한 우경적 친일·친미 집단들은 남한만의 단독정부를 획책하고 결국 노력의 결실로 1948년 5월 10일, 부분 일식이 있던 날, 남한만의 단독정부 구성을 위한 총선거가 실시되었다. 여기서 선출된 제헌의원들이 7월 12일 국회를 열어 제헌헌법(制憲憲法)을 의결하고 7월 17일 이승만 국회의장이 이를 공포하면서 마침내 대한민국 헌법으로서 효력을 발생하였다.

친일 조선인이 그토록 염원하던 헌법을 얻기 위한 두 차례의 노력은 모두 제한적인 범위에서 기대를 만족시킬 뿐이었다. 먼저 일제 말 친일파의 제국헌법 획득운동은 침략전쟁 종군이라는 반역사적·반민족적 손실을 담보했고, 해방 이후 제정된 제헌헌법은 분단과 통일염원의 다수 세력을 배제한 채 이승만을 비롯한 미국식 민주주의자와 일본 제국헌법의 국가주의적 정신에 투철한 친일 문관과 관료들의 냉전적 세계관이 크게 스며든 한계를 보였다.

무엇보다도 당장 민족분단과 좌우대립 빈부격차의 가혹한 현실에서 국가 통합이 어려웠음에도 불구하고 제헌헌법 전문을 보면 "유구한 역사와 전통에 빛나는 대한국민은 기미 삼일운동으로 대한민국을 건립하여 … 정의 인도와 동포애로써 민족의 단결을 공고히 하며 모든 사회적 폐습을 타파하고" 등등 대단히 추상적인 원칙만 나열하고 말

왔다. 그만큼 제헌헌법 수립과정에는 역사의 현실과 유리된 관념적 법철학 적용에 급급한 흔적이 나타난다.

　모름지기 헌법이란 한 나라의 통치 체제의 기본 원칙을 정하는 법이자 국민의 권리와 의무, 통치 기구의 조직 등에 관해 규정하는 최고의 법이라는 것이 일반적인 정의이다. 그럼에도 오늘날까지 '대한민국의 영토는 한반도와 부속도서(제헌헌법 제4조)'처럼 당시 권력자들의 관념적인 흡수통일 의식을 묘하게 반영되고 있지만 통일과 민족적 통합에 관해 그 어떠한 조항도 없다. 결국 이러한 태도는 이후 제헌헌법을 대한민국만의 역사를 정통으로 강조하는 도구로 악용하는 계기가 되었다.

　물론 제헌헌법에는 합리적인 국가체계와 국민의 기본권에는 선진적인 의미가 담겨 있기도 했다. 예를 들어 제헌헌법의 정신에서 발현된 지방자치제(제헌헌법 제8장), 근로기준법, 중요산업국유화(제6장 85조), 경자유전(제86조) 등은 당시 세계적 추세를 반영한 선진적 입법이었고, 그해 12월 회기에서 제안된 「반민법」과 같은 특수한 민족법도 헌법이 규정한 사회적 정의 조항에 합당하다는 이해 속에서 1949년에 효력을 발휘할 수 있었다. 뿐만 아니라 제6조에서 "모든 국민은 법률 앞에 평등이며 성별, 신앙 또는 사회적 신분에 의하여 정치적, 경제적, 사회적 생활의 모든 영역에 있어서 차별을 받지 아니 한다"라고 함으로써 역사상 최초로 혈연주의적 신분적 인간관계에 대한 법적 제재가 가능해지고, 우리 안에 갇혔던 '자아'를 해방시키는 계기가 되었다.

　하지만 4 · 19 혁명 이후 국민들은 더 이상 제헌헌법을 인정할 수 없는 상황에 다다랐다. 왜 구구절절 인류 보편가치인 자유와 정의를 반영한 제헌헌법이 냉대를 받게 된 것일까. 그 이유는 자명하다. 바로 합당한 국민적 이해들을 포괄하는 정치적 사회적 베이스가 취약한 채 특정한 사람들만의 합의에 기초했기 때문이다. 사회적 공감과 신뢰에 바탕을 둔 우리 모두가 서로 양해를 해야 할 공공의 이성으로 본 것이 아니라 권력, 그리고 출생과 혈연에 의해서 늘 무참히 짓밟힐 수 있다는 이른바 불신(不信) 헌법이었기 때문이다.

　다시 말하지만 그러한 헌법에 대한 국민적 불신감은 법보다 주먹이 먼저라는 구체적인 인간질서를 만들었고, 민족분단 문제 해결에 전혀 기여할 수 없는 서구 보편주의적 헌법 내용의 복사판으로 존재함으로써 현실과 전통, 그리고 민족적 과제를 망각하고 말았다. 나아가 다양한 계층들 간의 상이한 이해의 갈등을 봉합하는 중첩적 합의 능력을 훈련시키기 보다는 반공주의의 보루와 행동지침으로 오히려 반민주 진영에 의해서 악용되었다는 점 등이다.

무릇 인간 사회란 다양한 상징과 표상들이 염원과 신념의 이름으로 활발하게 움직이는 이념 지향의 축과 구체적인 생활과 의식주 생존이라는 현실 지향의 축이 복잡하게 교차하는 이른바 흔들리는 시공간의 좌표이다. 인간들은 흔들리는 좌표 위의 수학적으로 표현할 수 없는 어느 한 지점에 존재한다. 그래서 인간은 다양할 수밖에 없으며 그러한 사람들이 모여 사는 나라의 헌법은 역사적 조건이나 사회적 현실과 조응할 수밖에 없다. 따라서 진정한 헌법정신이란 그 흔들리는 시공간의 축과 사회적 격동을 포괄하면서 서로 다른 합당한 이해 간의 중첩적 합의를 이끌어 내는데 인색하지 않은 정신이다.

바로 거기에 진정한 헌법의 이상이 존재한다. 즉, 헌법이란 새로운 변화를 저지하거나 기초 질서에 대한 대변을 표방하는 수구적 규범으로 존재하는 것이 아니라 인간의 다양성과 이해의 다원성을 함께 포용하는 삶의 저수지가 될 필요가 있다. 이른바 자유민주주의는 사람들이 서로 다른 합당한 정의관과 신념, 그리고 이해관계를 가지고 산다는 것을 인정하는 것이다. 그리고 다른 어떤 법적 강제력에 의해서 무조건 통일되거나 합의되는 것이 아니라 그 다른 것이 서로 중첩되고 공존하면서 합의될 수 있다는 정의관을 구현하는 것이다.

요컨대, 일제 말 제국헌법을 얻기 위하여 민족을 해체하려 했던 노력이나 단독정부를 얻기 위해 자유주의 헌법을 서둘렀던 노력은 모두 일부의 긍정성에도 불구하고 우리 대한민국 구성원의 다양한 삶을 포괄하는 저수지 역할을 할 수 없었다. 국민의 합의를 얻기에 소홀했고, 큰 이상을 관념화하여 헌정의 끝단에는 늘 반공과 반민족, 그리고 사회적 독점을 용인하는 허점을 보였다.

21세기 대한민국 헌법은 미시적으로 우리 안에서 소외되었던 '나'의 자유로운 해방 공간을 확장하는데 기여할 필요가 있으며, 거시적으로 우리 자체를 왜곡했던 출생과 혈연, 그리고 지연에 기초한 사회적 기득권 독점의 발판에서 벗어나 국민들에게 공정한 사회적 기회를 배당하는데 기여해야 한다.

■ 친일청산의 좌절

1948년 8월 5일 제헌국회는 '반민족행위처벌법 기초특별위원회'(반민특위)의 구성을 가결시키고, 국회 본회의에서 「반민족행위처벌법」을 통과시켰다(1948.9.7 통과, 9 · 22 공포). '인적 청산'을 중심으로 하는 식민지 지배의 과거사 정리가 비로소 시도된 것이다.

그러나 반민특위 활동은 이승만 대통령과 친일세력들의 견제 및 방해에 시달려야 했다. 반민특위에서 친일행위자들을 검거하기 시작하자, 이승만 대통령은 공정하고 냉정하게 처리할 것을 요청하는 담화문을 발표하였고, 1949년 2월 2일에는 반민특위의 활동을 위헌이라고 하였다. 이승만 대통령은 반민특위의 활동을 3권 분립에 위반되는 행위로 여겼다. 이승만 대통

〈1948년 10월 전남 광주, 반민족행위특별조사위원회 전라남도 조사부에 설치한 투서함에 투서하는 모습〉

령의 이러한 태도를 앞세워, 친일세력들은 반민특위 위원들에 대한 중상모략, 군중들을 동원한 시위, 선전선동, 삐라 살포, 테러 등의 방해활동을 전개하였다. 특히 5월 20일에는 반민족행위자 처단 사업을 추진하던 이석원 의원 등 세 명이 「보안법」 위반 혐의로 구속되었는데, 「반민법」 반대 세력들은 5월 31일 파고다 공원에서 민중대회를 개최하면서 구속 의원의 석방 결의안에 찬성한 88명의 국회의원을 공산당으로 매도하였다.

급기야 반민특위가 1949년 6월 4일 서울시 경찰국 사찰과장과 종로서 사찰과 주임 등을 반민 피의자로 체포하자 6월 6일 서울시내 경찰서에서 동원된 경찰들은 특위 사무실을 급습, 특경대원 40여 명을 체포하는 등 격

랑이 일었다. 이러한 상황에서
각계의 반발과 비난 여론이 일자
정부는 7월 2일 「반민법」 개정안
을 국회에 제출했고, 1949년 7월
6일 국회는 「반민법」 공소 시효
를 1950년 6월 20일에서 1949년
8월 31일로 단축하는 개정안을
114 대 9의 압도적인 표차로 가

〈반민특위 위원들의 기념사진〉
출처 : 친일반민족행위자재산조사위원회 영상자료실, 2008.

결시켰다. 이후 7월 7일 반민특위 전원의 사임서가 제출되었으며, 「반민법」
에 반대해온 법무장관 이인이 반민특위 위원장이 되면서 친일파 청산에 대
한 국민적 지지에도 불구하고 활동은 실패하고 말았다(1949.9.22). 반민특
위는 채 1년의 짧은 기간 동안 682건의 반민족 행위 조사를 벌여 221건을
기소, 사형 1건을 비롯하여, 징역형 12명을 선고했지만 반민특위가 해산되
면서 흐지부지되어 실제 처벌을 받은 사람은 7명뿐이었다.

　뉴 라이트측은 이렇게 반민특위를 친일 경찰이 공개적으로 공격할 수 있
었던 것은 당시 여순 10 · 19사건 및 제주 4 · 3사건의 여파로 공산주의 세력
이 준동하고, 이에 이들 잔당을 제거하는데 이들의 역할이 전에 없이 중요했
기 때문이며, 야당의 신익희조차도 그런 필요성에 동감하고 있다는 점을 강
조하고 있다. 그것은 당시 민족 통합 여론이 친일세력 청산론보다 앞섰다는
점을 강조하려는 것인데, 실제의 국민감정과 배치되는 왜곡된 분석으로 볼
수 있다. 왜냐하면 당시는 우파가 민족적 해결보단 국제주의적 해결을 강조
하던 시절이었기 때문이다.

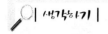 생각하기

4. 대한민국의 정체성은 무엇인가

'6·25는 통일전쟁'이라는 모 대학교수의 발언을 계기로 번진 대한민국 정체성 논란
은 우리 사회에서 얼마나 자유와 민주에 대한 이해가 정치집단이나 개별적인 취향에
맞춰서 말해지는지 잘 보여준다. 역사적으로 볼 때 그러한 인식은 분명히 객관적인 자
세나 분석의 깊이 면에서 실제의 역사와 거리가 먼 판단이다. 예를 들어 해방 당시 국
민의 70%가 사회주의를 선호했다는 주장은 액면만 보면 마치 당시 국민이 대부분 사
회주의 체제를 지향하려고 했다고 하지만 실제로는 자본주의와 공산주의와 다른 별개
의 사회 민주주의적 견해 혹은 전통적인 조선인들의 균산주의 의식을 반영한 것이다.
공산주의 지지 응답 또한 자본주의처럼 10%이하였다는 점도 그렇다. 당시 사회주의
지지 응답자의 대부분은 좀 더 계급적 불평등을 해소할 수 있는 체제에 대한 기대감과
일제 강점하에서 망각된 전통적인 한국적 공동체주의에 대한 희구가 복잡하게 결합된
것이라서 지금 생각하는 사회주의체제를 지지했다고 할 수 없다.

그럼에도 '통일전쟁 발언'에서 유의미한 것은 작금의 수구적 반공분위기 속에서 그
사실을 용감하게 자신의 견해로 만들어 표현할 수 있었다는 점이다. 사실 '6·25전쟁
은 통일을 위한 것'이라는 미사여구는 그동안 남이든 북이든 마찬가지였다. 전쟁에 대
하여 그동안 남측은 북진통일의 기회로 보았고, 북측은 남반부 해방의 기회로 보았다.
우리가 분단 상황에서 6·25는 통일전쟁이고 김일성은 '위대한 근대적 지도자'라는 말
을 가슴 쓰라린 전쟁과 분단 이데올로기 속에서 도저히 용납할 수 없을지라도 먼 훗날
역사가는 그와 다른 평가도 가능할 것이다.

어쩌면 통일전쟁 발언에서 유의미한 것은 우리가 너무 관념적으로 통일지상주의 분
위기에 살고 있다는 점이고, 실제 삶과 통일을 그다지 깊이 있게 연결해보지 않았다는
점이다. 그래서 통일이라는 개념이 추상화되고 미화된 결과, 통일전쟁론에 대한 바람
직한 평가조차 어렵게 했다. 이에 그러한 '발언'은 우리 사회의 말 못하는 분위기에 큰
화두를 제공한 의미는 있다.

그런데 중요한 것은 통일전쟁 발언이 역사가의 종합적 판단을 뒤로한 채 지나치게
개인적이고 선언적으로 주장됨으로써 보수 우익에게서 '북한 손들어주기'라는 비판을

온 몸에 받아야 하는 상황은 참으로 유감스럽다. 무엇보다도 그가 역사를 학문적인 엄밀한 태도에서 실제적 사실을 추구하는 것이 아니라 마치 '사회운동의 수단화'하는 것을 느끼게 되면서 무척 우려를 더한다.

한편 이러한 움직임에 대해 보수단체가 시국선언을 하는 등 여러 가지 대응을 하고 나섰다. 이것은 사회전반에 걸친 기득권 수호 세력들의 그간의 고민이 얼마나 컸는지 말한다. 어떤 법조인은 우리 사회는 통일과 민족의 열망이 너무 커서 자유 민주주의의 기본 법질서를 무너뜨리고 있다고 보았고, 모 당의 당수는 대한민국의 정체성이 좌파적 지식인이나 정부에 의해서 무너지는 상황에서 구국운동을 추진해야 한다고 소리 높인다.

도대체 무엇이 대한민국의 정체성이고 자유 민주주의일까. 민족주의만큼이나 자유 민주주의도 다양한 왜곡 가능성이 존재한다. 즉 수구 집단이 주장하는 대한민국 정체성은 자유 민주주의라는 수사에 대하여 그들 스스로 자유와 민주라는 명찰에 자신만의 반공주의적이고 이분법적인 냉전논리 혹은 적대논리를 위장하고 있다는 점에서 우려된다. 본래 자유 민주주의는 서구에서 부르주아 혁명을 주도한 혁명가들이 중세 가톨릭과 봉건적 공동체 규제를 벗어나기 위해 주창한 것으로 개인주의와 공화주의 정체를 중시하고, 일체의 종교적 도그마와 집단주의를 거부하는 등 역사적으로 의미가 있는 주장이었다.

오늘날 우리 대한민국이 자유 민주주의 체제를 지향하는 것도 어쩌면 그러한 중세적, 일본식 집단주의와 군국주의에 저항하는 의미를 가진다. 따라서 친일 매국 세력의 국가주의나 사회주의에 대한 저항도 포함하고 있다. 그런데 정작 자유주의가 여타의 관념론보다 자본주의와 결합하여 오랫동안 생명을 유지하게 된 데는 반공주의, 반사회주의 같은 적대적인 논의를 자유주의가 지켜온 결과는 아니었다.

진정한 의미의 자유주의는 대한민국의 정체성을 제대로 구현할 수 있는 바람직한 자유주의일 것이다. 적어도 바람직한 자유주의란 '적대적인 논의 간에 중첩적 합의'를 도출하고 '이질적인 논의 간의 공존'의 가능성을 타진하면서, 그러한 대립적 이해관계들이 다양한 연구 시각과 다원적인 연구방법을 통하여 공리적으로 합의되거나 그들의 차이를 공공의 이성 안으로 복귀시키는데 기여하는 논리이다. 그래서 역사학자들은 자유주의를 진보로 이해하는 경우가 많다. 진정 그런 자유주의가 오랜 생명을 유지했던 신선한 공기인 '공존의 가치관'이 과연 지금 대한민국의 정체성 회복을 주장하는 사람들에게 있는지 의문이다.

그들은 자유주의를 마치 "반공주의적인 대한민국의 정체를 옹호하는 것"으로 상정하고 '공존과 역사적 진실의 추구'를 목표로 전개되는 작금의 역사바로세우기나 친일청산 혹은 국가보안법 폐지 문제를 마치 "대한민국 정체성을 유린하는 것"으로 배격하는 방편으로 이해한다. 어쩌면 이러한 주장들은 대한민국의 반공주의 정체성 확립과 반공주의적 성과를 높이려는 주장이 이분법적 냉전적 세계관을 용납하지 않는 상황에서 대한민국 정체성 논의 속에 그들의 반역사적인 모습을 은폐하려는 것은 아닌지 고민된다.

진정한 개인주의를 말하고자 한다면 '공존과 평화의 가치'를 먼저 깨달아야 한다. 자유 민주주의가 하나의 반공과 냉전의 도그마로 작용하기 때문에 엄밀한 의미에서 본래 근대 민주주의의 선각자들이 말한 자유주의와는 질적으로 다르며, 오히려 자유 민주주의의 적이다. 그리고 모 교수의 통일전쟁 발언이나 보수 세력의 대한민국 정체성 주장은 결국 우리 사회의 자유 민주주의에 대한 이해가 지나치게 자기 기득권과 계급적 이해를 바탕으로 하거나 통일에 대한 이해가 너무 추상적으로 미화될 경우에 나타나는 현상이다.

따라서 좀 더 공존과 평화의 눈으로 자유 민주주의를 바라본다면 새로운 역사적 진실을 발견하게 될 것이다. 그리고 자기만의 독점적 세상에 길들여져서 숨어 지내려는 기득권 계급의 자기 보존의 미학인 사이비 자유 민주주의가 더 이상 그들의 방파제가 아니길 바란다. 바로 진정한 공존의 자유 민주주의를 지지하는 것이 우리 역사 5000년 이래 가장 국운을 높인 대한민국의 자존심을 지켜가는 길이며 대한민국의 정체성 그 자체이다.

■ 북한의 민주개혁과 단정 수립 음모

1945년 소민정이 구성되면서 북측에서는 인민위원회가 정식 행정기구로 승격되기 시작했다.[17] 그리고 대중적 지지를 받고 있던 조만식曺晩植이

17/ 뉴 라이트는 이러한 인민위원회가 마치 1945년 8월 말부터 소련이 급조한 것으로 보고 있는데

신탁통치를 반대함에 따라 모든 공직에서 물러나고, 1946년 2월에 결성된 북조선임시위원회에서도 제외되었을 뿐만 아니라 그가 당수로 있던 조선민주당의 임원들은 공산주의 계열을 제외하고는 전원 월남했다. 이후 북측은 소련군의 지원 아래서 북조선임시인민위원회[위원장 김일성]를 중심으로 도 위원회가 제기한 문제들을 처리해 나갔다. 인민 민주주의 노선에 입각하여 북한 지역을 '혁명적 민주기지'로 만들기 위한 「토지개혁에 대한 법령」(1946.3.5), 「노동법령」(1946.6.24), 「산업·교통·운수·체신·은행 등의 국유화에 관한 법령」(1946.8.10) 등이 추진되었다.

급속한 민주개혁은 많은 무산계급의 지위를 향상시키는데 일부 성공하였다. 이에 수많은 지주·자산가·종교인·지식인들이 남측으로 내려와 대규모 월남민이 발생했다. 1947년 말까지 월남민은 80만 명을 넘었으며 6·25전쟁 중 월남을 비롯하여 약 200만 명이 한국으로 넘어왔다. 이들은 반공 탄압에 기수가 된 악명 높은 서북청년단 등 반공핵심 세력으로 자리잡았다. 이처럼 북측은 이미 북조선 임시인민위원회 시기부터 제반개혁을 추진하여 남측과 다른 체제 구축에 노력하는 등 분단의 내용을 강화하는 모습을 보이면서도 겉으로는 남북총선거에 기초한 조국통일 노선을 주장하였다.

뉴 라이트는 이러한 북측의 '때 이른' 개혁은 사유재산제도를 중심으로 한 남한의 자유주의 질서와 정면 배치되는 것으로 이러한 개혁 자체가 북한이 먼저 단정을 수립하여 분단을 선도하려 한 증좌로 보고 있다. 또한 소련이 1945년 8월 말에서 9월 초에 남북을 잇는 철도·도로·우편·전화 등을 차단한 것도 실질적인 분단조치로 보고 있다. 이어서 1945년 9월 20일

(대안교과서) 지금까지 연구 성과를 보면 남한과 마찬가지로 자발적으로 구성된 경우가 많았다는 것이 진실에 가깝다.

에는 소련 스탈린이 제1 극동군 사령관에게 내린 7개항으로 이뤄진 지령 중 제2항에서 "북한에 반일적 민주주의 정당, 조직의 광범한 블록을 기초로 하는 부르주아 민주주의 정권을 확립할 것"이라는 내용은 소련 군정이 북한에 독자적 행정기구를 구축하라는 비밀지령이었다는 평가이다.[18] 실제로 그러한 책동은 거기에 그치지 않았다.

하다못해 남측에서 국립대학 설치안(1946.2.6)이 발표되고 서울대학교가 설치되자 곧바로 북측은 김일성 종합대학 설치공고(1946.7.8)를 내고 학교를 설립한 것도 같은 맥락이다. 이러한 분위기에서 남측에서 5·10선거로 단독정부를 구성하자 북조선 인민회의도 8월 25일에 대의원 선거를 실시하여 211명을, 그리고 해주에서 남한지역 대표자로 360명을 선출하는 등 총 572명의 대의원으로 최고인민회의를 구성하였다. 최고인민회의는 1948년 9월 8일에 조선민주주의인민공화국 창건을 선포한 다음 김일성을 국가 및 내각 수반으로 삼아 정부를 구성하도록 했다. 이처럼 뉴 라이트 측의 과잉해석 정도는 아니었지만 일정하게 북측이 분단정권 수립에 나름의 역할을 하고 있었다는 사실은 부정할 수 없다.

18/ 그런데 이러한 뉴 라이트의 논지는 역사적 사실을 곡해한 억측이고 이승만 감싸기를 위한 과잉해석이다. 이미 조선공산당이 「8월 테제」 등에서 부르주아 혁명 단계론을 주장했는데 이는 사회주의 운동 상 일반적 정세 인식 방법이다. 물론 내면에서는 일정하게 친소정권 구성의 의도가 반영된 것을 부정할 수 없지만 남한에서도 미군정은 마찬가지 수준이었다. 이에 소련 측의 부르주아 혁명 단계론이라는 수사(修辭)를 무조건 북한 단독정부 수립책동으로 몰아가는 것은 과잉해석으로 봐야 한다. 당시 한반도의 국가건설 문제는 복잡한 국제적 이해관계에 의해 가능한 상황이었다는 점에서 이후 모스크바 3상회의는 협의를 통한 한반도 임시정부 수립론이 일반적인 소련과 미국의 입장이었다. 그러나 냉전의 가능성이 점쳐지는 1946년 이후는 사정이 달라졌다. 따라서 대안교과서에 제시된 뉴 라이트의 스탈린 음모설 주장은 의도적으로 이승만의 정읍발언의 과오를 감싸려는 잘못된 역사인식에 기초한다.

■ 6·25전쟁이냐 한국전쟁이냐

6·25전쟁은 누가 일으켰을까. 그동안 김일성 남침설이 부동의 논거로 인정되었는데, 유력한 근거로 김일성이 소련과 경제 문화 협정을 체결하고

(1949.3.17), 직접 스탈린에게서 남침 계획을 승인받았다는 점(1950.1. 30) 그리고 중국과 군사비밀협정(1949.3.18)을 맺어 중공군 소속 5만 명의 조선인을 인민군에 편성하고, 마오쩌둥에게서도 '미군이 개입할 때 중국의 자동개입'을 승인받았다는 점(1950.5.13) 등이 제시되었다. 이에 대하여 6·25는 일방적으로 김일성

〈1948년 9월 조선민주주의인민공화국 성립 후 정부 각료들의 사진 앞줄 오른쪽 세번 째 홍명희, 네번 째 김일성 수상, 다음이 박헌영(부수상 겸 외상)〉

의 남침 측면만 강조할 수 없으며, 이전부터도 소규모 남북간 전투가 빈번했고, 국민들의 혁명적 요구가 고조되면서 사실상 내전상태에 처했던 점을 강조하는 이른바 내전설이 있다.

뉴 라이트는 '한국전쟁은 만주라는 광활한 지역을 덫으로 놓고 미국을 그곳으로 유인한 소련과 중공의 무시무시한 국제음모로 기획된 것'으로 파악하고, 결국 얄타 체제를 붕괴하려 한 소련과 중공의 음모에 김일성이 편승한 데서 전쟁의 기원이 있다고 본다.

마지막으로 전후 미국의 경제 불안으로 인해 주한 미군의 철수를 추진하고 애치슨라인 등 남침을 유도할 만한 정국을 미국이 스스로 만들어졌다는 이른바 남침 유도설이 그것이다. 실제로 유엔이 한반도에서 외국군 철수를 결의하자(1948.12.12) 미국은 1949년 6월 말까지 전투부대를 완전히 철수하고 500명의 군사고문단만 남겨놓았다. 또한 미국 국무장관 애치슨Acheson은 태평양 지역 방위선에서 한국을 제외한다는 애치슨라인을 발표하였다(1950.1.12).

그러나 1950년 1월 25일자 북측의 『노동신문』은 애치슨 라인에 한국을 포함하고 있다고 『뉴욕 타임즈』의 오보를 그대로 싣고 있다는 점, 철군 이후 미국이 곧장 한국에 연간 1천 만 달러의 군사원조 제공을 약속한 한미 상호방위원조협정을 체결한 점(1950. 1.26), 트루먼 대통령이 군사 원조로 '북한이 침략의 엄두를 내지 못할 만

〈1950.6.18, 6.25 전쟁 발발 1주일 전 의정부 북방 38선 접경에서 미 국무장관 덜레스(가운데) 일행이 38선 너머 북쪽을 살피고 있다(덜레스, 오른쪽 신성모 국방장관)〉

큼 이승만 정부는 강해질 것'(1950.6.1)을 주장하거나 애치슨 국무장관의 특사 덜레스Dulles가 38선을 시찰(1950. 6.17)하고 국회에서 "만약 공격을 받는다면 미국은 한국을 방위할 것"(덜레스 공약)이라 공언한 사실 등을 종합할 때, 북측은 미국의 개입이 가장 취약하고 혼란스러운 시점을 포착하여 남침을 감행한 것으로 추측된다.

단독정부 수립 이후 북측은 민주기지 노선을 표방하고 북조선을 해방구로 하여 혁명을 남측까지 확장시키는 전략과 더불어 무력에 의한 통일을 구상했다. 물론 월북 국내파 공산주의자들에 의해서 총선거론이 제시되기도 했지만, 기본적인 통일방향은 무력통일안이었다. 이에 따라 오대산 · 태백산 · 지리산 등지에 활동하는 빨치산 편제를 일신하고,[19] 1949년에는 소련과 경제 문화 협정을 체결하는 한편 1950년 4월에는 중국군에 속해 있던

19/ 여순군반란 사건으로 활성화된 남한 빨치산은 1949년에는 영월 · 제천 · 단양 · 영주의 일부에 걸치는 오대산 유격전구와 영광 · 함평 · 장흥 등지를 중심으로 하는 호남 유격전구 그리고 태백산과 소백산 안동, 청송에 걸치는 태백산유격전구, 경북의 경주 · 영천 · 영일 · 청도 · 경산과 경남의 양산 · 울산 · 동래 일대를 포함하는 영남 유격전구와 제주도 유격전구가 형성되었다(강만길, 『고쳐 쓴 한국현대사』, 창작과 비평, 1992, 217쪽).

〈1950년 3월 뉴욕타임즈에 나온 21세
의 남한 빨치산〉

조선의용군을 인민군에 편입시켰다.

한편, 남측의 정치적 혼란과 경제적 불안은 이승만 정권에 대한 비판으로 나타났다. 즉, 1950년 5월 30일에 실시된 제2대 국회위원 선거에서 이승만 지지 세력이 참패를 당하고, 무소속 후보들이 대거 당선된 것은 이러한 상황에서 기인했다. 아울러 경제적으로 1949년의 경우 정부세출의 60%가 적자세출이었고, 통화량이 미군정 말기보다 2배, 물가도 2배 이상 올랐다. 공업생산 실적은 1944년의 18.6%에 불과하였다.

그럼에도 정부는 '반공'과 좌익척결에 촉각을 곤두세우고 일반 대중의 욕구 분출을 억누르는데 온 힘을 쏟았다. 북측에 대해서도 북진통일론을 내세우며 "점심은 평양에서 저녁은 신의주에서"를 호언하고 있었다. 더구나 난립하던 각 정파들은 대립과 분열을 거듭하고 있었다. 이승만 옹립에 결정적인 역할을 했던 한민당 계열과 이승만 계열 간의 대립은 그 단적인 예였다. 이러한 내외정세와 함께 이미 1949년부터 북위 38도선을 경계로 전운이 감돌고 있었다.

〈白性郁 6 · 25 당시 내무장관─그는 스님으로 각종 민간인 학살이 발생할 때 한국 내무의 수장이었다.〉

1949년만 해도 약 874회에 달하는 무력충돌이 있었고, 마침내 1950년 6월 25일 인민군의 남침으로 본격적인 전쟁이 발발하였다. 당시 무쵸 주한 미국대사는 "6월 25일 6시경에 인민군이 옹진 · 개성 · 춘천에서 38선을 돌파하였고, 일부가 동해안의 강릉 남쪽에 상륙하였다"고 보고했으며, 6월

26일 김일성은 평양방송을 통해 "이승만 군대가 38선 이북으로 진공을 감행하였으므로, 그것을 막아내고 결정적인 작전을 개시하여 적의 무장력을 소탕하라"는 명령을 내렸다고 발표하였다. 급속히 남하한 인민군은 6월 28일 서울을 점령하고 7월 말까지 낙동강까지 내려왔다. 믿었던 미군마저 연이어 뚫리고 천혜의 소백산맥조차 방어하기 힘들었던 국군은 낙동강 전선에서 배수진을 쳤다. 정규 보급로가 붕괴되면서 피복 공급이 어려웠다. 그 결과 군복만으로 피아를 구분할 수 없어 오폭의 피해도 컸다. 주먹밥조차 제때 보급되지 않아서 전투의욕이 상실되었다. 일본군 출신이었던 지휘관들은 옛날 일본군이 그랬듯이 인명을 아끼면서 전투를 하는 데 소홀하였다. 특히 지형적으로 불리한 다부동 지역에서는 무리한 작전 명령으로 수많은 희생이 따랐다. 희생이 예고된 보급로에는 어김없이 노무자들이나 신병들이 죽음을 무릅쓰며 기어올랐다. 한국판 인해전술이라고 할 참담한 희생이 바탕이 된 위에야 비로소 인민군을 격파하고 북상할 수 있었다. 인천상륙작전으로 전쟁이 반전되었다고 하지만 이들 노무자들과 신병들의 불굴의 투지도 전쟁을 반전하는 중요한 힘이었다.

■ 학살이 자랑스러운 시절

후퇴하는 남한정부는 전국 각 경찰서·군부대에 명령을 내려 그동안 보도연맹에 가입된 좌익 경력자에 대한 무차별적 학살을 지시하여 수십만의 좌익 전향자를 학살했다. 그 과정에서 양민과 좌익을 가리지 않은 비인간적인 학살행위가 자행되었고, 거기에서 피해를 입은 양민이 좌익 전향자보다 훨씬 많았다. 실제로 보도연맹 가입자 중에는 공산주의가 무엇인지도 모르는 사람들이 친지나 친구의 권유로 인정상 남로당에 가입했다가 발각되어

〈6·25 발발하자 보도연맹원을 학살하는 국군〉

〈의용군 결단 모습-서울-〉

보도연맹에 강제로 입회한 경우가 많았다.[20] 북측 당국자들은 이들의 비극을 이용하여 이승만에 대한 적개심을 유포함으로써 많은 청년들을 전선의 총알받이인 의용군에 가입하도록 했다. 이처럼 보도연맹원의 비극은 남북 양측 정부로부터 이용당하고 있었다.

보도연맹 학살은 다시 유가족에 의한 우익 세력에 대한 보복으로 이어졌고, 다시 보복에 보복을 불러와 한반도를 거대한 민간인 학살터로 만들었다.[21] 즉, 인민군 치하 제1차 보복학살에는 인민군과 지방 좌익, 보도연맹원 및 그 유가족이 자행했고, 다시 국군이 온 다음의 제2차 보복 학살은 한국 경찰과 그 유가족이 자행했다. 그리하여 전쟁 초기 주로 보도연맹원 등 주로 좌익 혐의자에 대한 정치적 학살이 중심이었으나 점차 개인의 사적 감정에 근거한 보복학살로 확대되었다.

20/ 국민보도연맹은 1949년 6월 5일 정백(鄭栢)을 이사장으로 하여 결성되었고 다음과 같은 강령을 표방하였다. 1. 우리는 대한민국정부를 절대지지·육성을 기함 1. 북한괴뢰 정부를 절대반대·타도를 기함 1. 인류의 자유와 민족성을 무시하는 공산주의 사상을 배격·분쇄를 기함 1. 이론 무장을 강화하여 남북로당의 멸족파괴 정책을 폭로 분쇄를 기함 1. 민족진영 각 정당·사회단체 와는 보조를 일치하여 총력결집을 기함.

21/ 이에 대한 뉴-라이트 계열의 역사인식은 살벌한 나라세우기 시대에 벌어진 특별한 현상으로, 실제로 양민 학살은 없었으며, 좌익 진압에 부수한 어쩔 수 없는 실책이라고 봐야 한다고 했다.

또한 전쟁이 남북으로 밀고 밀리면서 자연적으로 중간지역에 거주하던 주민들이 본인의 의도와 상관없이 '부역자'로 전락하는 경우가 많았다. 당시 부역자는 일반법인 형법과 「국가보안법」과 더불어 특별법인 「비상사태하의 범죄처벌에 관한 특별조치령」(1950.6.25. 대통령 긴급명령 제1호)에 의해 즉결처분까지 가능하였다. 이에 1950년 10월 4일에 군·검·경 합동수사본부가 발족되어 무자비한 부역자 색출과 학살이 자행되었다.

천주교 인권위원회 조사에 의하면 전쟁기간 동안 부역자 총수는 550,915

명이었고, 이중 자수자는 397,090명, 검거자는 153,825명이었다고 한다. 부역 혐의를 받은 대부분은 빨갱이로 처형당한 것으로 보인다. 게다가 일반 양민에게도 공산 게릴라라는 혐의로 거창 등에서 학살사건이 자행되었다(1951.2.11).[22] 그들은 오늘날까지도 '이유 없는 공산당'이 되

〈1950년 12월 16일에 찍은 태백산지구 전투경찰대 모습〉출처 : 사진으로 보는 경찰역사, 사이버경찰청, 2006

어 자손과 후손에 큰 짐처럼 취급되고 있다. 게다가 백만의 제2 국민병을 굶주림으로 몰아넣은 이른바 국민방위군사건으로 후방에서의 국민피해도 막대하였다.

남침 이후 김일성 정권은 당과 인민위원회가 조직되어 반혁명분자에 대한 처형이 시작되었다. 현재까지 약 10만 명 정도의 지주 및 반공인사가 인민재판을 받고 처형되거나 학살된 것으로 나타난다.[23] 또한 「공화국 남반

22/ 이들 6·25전쟁 당시의 양민학살 진상은 허정 과도정부 치하에서 조사단이 발족되어 조사에 착수되었는데, 조사결과 거창·거제·함양·마산·대구 등지에서 8,500여 명의 양민이 군과 경찰에 의해 학살되었음이 드러났다. 이에 조사단은 입법·사법·행정의 3부 합동 재조사와 「양민학살사건처리특별조치법」의 제정을 촉구하였다.

부 지역에 토지개혁을 실시함에 관한 정령 시행세칙」(1950.7.4)을 발표하여 경상도 및 전라남도 일부를 제외한 전국에 걸친 토지개혁을 실시했다. 그 결과 38선 이남의 1,526개 면 중에서 1,198개 면에서 토지개혁이 시행

되었고, 점령지 몰수토지의 약 38%가 국유화되는 한편, 점령지역 농가 66%가 몰수토지를 분배받았다. 그러나 북한에 의한 토지개혁의 실효성은 의심스럽다. 일단 이미 1950년 3월까지 남한에서 농지개혁이 실시되어 대부분의 소작지가 해소된 상황이었고, 북의 점령 당시 지방 인민

〈학살된 가족 앞에서 오열하는 여성〉

위원회에 소속되어 남한의 토지개혁을 실무한 사람의 각종 증언에서도 정확한 측량이나 내용 없이 기존의 토지대장을 일견하여 분배하는 등 문서상의 일률적인 토지 분배에 그쳤던 것으로 나타난다.[24]

한편 남한 점령지에서 현물세를 공출하였다. 당시 남한의 공출은 할당에 따라 진행되고 예상수확고 조사로 이뤄지지만 과일수나 좁쌀 한 톨까지 세어서 총량의 30%를 '인민의 것'이라는 명분으로 수취하고자 했다. 그러나 전체적으로 전황이 불리해지면서 수취가 원활하지 않았다.

23/ 뉴 라이트는 대안교과서에서 북한이 자행한 대전교도소 6,000명 학살사건, 전주교도소 1,000명 학살사건, 남측인사 8만 명 납치라는 구체적인 인민군의 학살데이타를 제시하였고, 1952년에 작성한 공보처 통계국의 《6·25사변 피살자 명부》를 통하여 5만 9,964명의 민간인 학살 내역을 제시하면서 마치 6·25 당시 학살은 모두 북측이 자행한 것처럼 서술하고 있다. 물론 한국 경찰 및 군의 민간인 학살은 물경 수십만에 달하는 보도연맹에 대한 기술은 축약하고, 거창군 신원면의 거창양민학살사건으로 희생된 653명만을 부각하여 상대적으로 한국 측이 인권 상의 우위를 점한 듯 왜곡하고 있다.(교과서포럼, 『대안교과서 한국근현대사』, 기파랑, 160~161쪽 참조). 이는 엄연한 역사의 진실과는 거리가 먼 서술이다.

24/ 우창환, 김인호, 『역사의 경계를 넘는 격정의 기억』 2006.9.1, 국학자료원, 144~145쪽.

■ 확대되는 전쟁

한반도에서의 전쟁 발발 보고를 접한 트루먼 정부는 즉시 유엔의 안전보장이사회를 소집하였다. 안전보장이사회는 공산군의 철퇴를 명령하는 동시에 군사제재를 결의(1950.6.28)하는가 하면, 일본 큐슈에 주둔 중인 미 공군을 한반도로 투입하고, 군사원조와 유엔군 파견을 주도했다. 이어서 7월 7일 통합군사령부설치안이 가결되어 역사상 초유의 '유엔군'이 형성되고,

유엔군은 9월 15일 인천상륙작전을 시도하였다. 이미 7월 2일 미 지상군이 전선에 출동했는데 인천 상륙작전을 계기로 전세는 급격히 역전되었다. 유엔군이 38선을 넘어 북진을 계속하였고, 10월 말에는 압록강까지 진격하였다.

〈끊어진 한강다리〉

이승만은 독자적으로 38선 이북에 계엄령을 선포하고(1950.10. 10) 계엄민사부를 설치하는 한편, 김병연金炳淵을 평남지사로 삼았다. 그리고 서북청년단을 파견하여 치안을 유지하도록 했다. 그러나 유엔군은 평양에 군정부와 민사처를 설치하고 김성주金聖柱를 평남지사대리로 임명하는 등 유엔군과 이승만 정부 간 갈등이 있었다. 북측도 각 지역별로 남측이 보도연맹원에게 자행한 것처럼 많은 반공인사를 학살하면서 후퇴하였다.

그런데 중국군의 참전(1950.10.8)으로 6 · 25전쟁은 자본주의 진영과 사회주의 진영 사이의 전쟁으로 비화하는 등 국제전 양상이 되었다. 실제로 전쟁 초반 내전 단계에는 급박한 후퇴와 반전이 거듭되는 상황에서 물적 · 인적 피해는 오히려 경미했지만 미국과 중국 군대가 참전한 이후 우리 동포

의 피해는 커졌다. 이에 중국군의 참전에 따른 맥아더의 만주폭격이나 장개석 군 참전 등 이른바 확전론이 힘을 얻었고, 일부에서는 소련 군대와 일본군이 비밀스럽게 전쟁에 참가하는 등 점차 '세계대전'의 경향마저 보였다. 그 와중에 중국군의 제2차 공세(11월), 제3차 공세(1월)로 서울을 다시 빼앗기고 말았으며, 북진했던 수십 만 군대가 흥남에 고립된 채 수로로 후퇴하는 흥남철수작전이 펼쳐졌다. 유엔의 결의를 무시한 맥아더가 만주 핵폭 파

〈1951년 4월 어느 날 대구에서 부역한 혐의로 끌고 온 사람들과 국군 장교가 함께 사진을 찍었다. 양민 중에 한 사람은 오른 손에 삽을 들고 나왔는데 스스로 판 무덤에 이들은 총살되어 묻혔다. 출처 : 민간인 학살문제 해결을 위한 경남지역모임〉

문과 북진 책임 때문에 해임되었다. 우세한 공군력을 바탕으로 다시 전열을 정비한 유엔군은 제공권을 확보하여 중국군의 후방을 교란하고 보급로를 차단하는데 성공하였다. 1951년 2월경에는 다시 북진을 시작했고 이윽고 서울을 재탈환하였다.

이미 1951년 6월부터 소련에 의해 휴전협상안이 제기되고 7월부터 휴전회담이 열렸다. 총 159회의 본회담과 765회의 부속회담이 있었지만 작전권이 없는 남측은 참여하지 못하고 이승만 대통령의 휴전 반대 주장도 무시되었다. 휴전회담은 포로 송환문제가 쟁점이 되어 2년여를 지지부진하게 끌었다. 그러다 스탈린 사망, 미국 공화당 정권의 등장으로 1953년 4월 재개되었다. 이승만은 계속해서 북진통일을 주장하였고, 반공포로 2만 5천 명을 석방(1953.6.18)하는 등 휴전을 방해하였으나 1953년 7월 27일 휴전협정이 체결되었다.[25]

25/ 대안교과서는 양측의 포로의 경우 쌍방이 합의하여 중립국송환위원회가 심사하여 송환결정을 하기로 했으나 이승만은 그 경우 일부 반공포로가 자유진영에 남지 못할 것이 우려되어 석방하였다고 보았다(『대안교과서 한국근현대사』, 156쪽).

뉴 라이트는 한국군의 전시작전권을 미군에 이양한 것은 전쟁의 효율성을 높이기 위한 조치였다고 보고 있다. 그러나 작전권이 없는 남측이 정전회담의 주체로 나가지 못한 실재 역사를 기술하지 않고, 이승만 대통령이 정전을 반대했기에 정전협정에 서명하지 않아 당사자가 안 되었다고 왜곡하고 있다. 또한 맥아더의 실각 이유나 유엔 결의를 어기고 38선을 돌파한 사실, 평양 지역에서 자행한 각종 폭력 등에 대한 기술은 하지 않고, 단지 이승만 대통령이 '환영받았다'는 기술만 하였다.

휴전에 반대하는 한국 정부에게 미국은 전쟁 발발시 미군의 자동개입 조항을 빼는 대신 미군의 2개 사단의 계속 주둔과 더불어 한미상호방위조약을 체결(1953.10.1, 미국 워싱턴)하여 경제원조, 그리고 한국군 증강을 약속함으로써 마침내 이승만의 동의를 얻어냈다.26/ 어쨌든 휴전협정은 유엔군 대표 해리슨 해군준장과 공산군 대표 남일 사이에 조인되었고, 여기에 유엔군 총사령관 클라크 대장과 조선인민군 총사령관 김일성, 중화인민해방군 사령관 펑더화이가 각각 서명하였다. 휴전선에는 스웨덴 · 스위스 · 폴란드 · 체코 등 중립국 감시위원회가 설치되어 불의의 충돌을 감시하도록 했다.

1950년 6월 25일을 계기로 하여 전면적으로 확대된 3년간의 '6 · 25전쟁'은 우리 민족에게 엄청난 희생을 강요하였다. 6 · 25 당시 남측 사상자는 국군 99만 명, 미군 40만 명, 유엔군 3만 명이었으며, 북측 사망자로는 인민군 51만 명, 중공군 50만 명, 부상자 수십만 명에 달했다. 남측의 경우 전황에 따라 피점령지와 점령지가 교차되면서 이념 차이를 평계로 한 양민학살

26/ 이는 뉴 라이트의 언급처럼 명확히 미국의 일방적 한반도 정책에 대한 이승만의 견제와 정치적 승리로서 볼 수 있다. 이러한 한미상호방위조약이 지금까지 한반도 및 동북아 지역의 군사적 안정에 기여했다고 하더라도 이후 어떤 형태로 합리적인 관계로 전환해야 할 것인지 많은 논의가 필요하다.

이 대규모 그리고 조직적으로 군이나 민병들에 의해서 자행되었다.

남측은 생산기반의 절반 이상이 파괴되었고, 정부가 집계한 총 피해액 30억 32백만 달러는 전쟁 전 국민소득의 2배가 넘는 규모였다. 월남자 수는 2백만 명을 넘었고, 3백여 만 명의 사상자가 발생했다. 전쟁 이후 공업생산력은 전쟁 이전의 절반, 농업생산력은 1/4로 주는 등 이후 재건에 심각한 타격을 가했다. 수백만 명 이상의 인명피해를 포함하여 전 국토의 황폐화를 가져온 것은 말할 것도 없거니와 전쟁을 겪고 살아남은 많은 사람들 사이에 서로 화해할 수 없는 적대감이 형성된 것은 이후 민족화해에 크나큰 굴레로 작용하였다.

해방 이후 민족이 그토록 열렬히 원해 왔던 통일독립국가의 수립은 더욱 요원해졌다. 6·25전쟁을 계기로 하여 남·북 내부의 역학관계는 현저하게 변하였고, 남측의 '반공 이데올로기' 정국은 당분간 그 누구도 깨뜨리지 못할 성역으로 간주되었다. 결국 6·25전쟁은 '분단'을 고착하는 결정적인 계기였다.

6·25전쟁을 어떻게 볼 것인지에 관해서는 여러 가지 입장이 있으나 적어도 이 전쟁이 한반도의 '내전론'만으로는 설명할 수 없다. 이 전쟁은 태평양전쟁 이후 동북아의 동서 진영간 세력균형이 일시적으로 와해되는 과정에서 체제 모순이 한반도에 집중된 결과였다. 당시 미국의 동북아 정책과 소련의 아시아·태평양 정책이 교차하는 복잡한 한반도 현실을 생각할 때, 우리가 민족 자주화보다는 우익인가 좌익인가에 골몰함으로써 동족상잔의 비극을 키워갔고 결국 일대 전쟁을 벌였다는 것은 후손에게 두고두고 아픈 상처가 되고, 역사에 씻지 못할 우리의 과오로 기록될 것이다.

아울러 남과 북 각각 반공주의적 국가주의와 반제국주의적 국가주의를 창궐하게 하여 독재정권이 들어서는 빌미를 주었을 뿐 아니라 각종 군사력의 무한 팽창을 초래하여 국민의 고혈을 전쟁 준비에 쏟게 했다. 실제로 한 국전쟁 이전 군대는 11만 3천 명, 경찰은 4만 8천 명이었으나 전쟁 후에는 군은 65만 명, 경찰 5만 명 등 총 70만으로 팽창하였다. 급격한 군비팽창은 주한미군 전력에 대한 의존도를 높이고, 국가의 안위를 외국군대가 장악하 게 하는 결과도 초래했다.

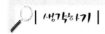 | 생각하기 |

5. 어느 독립운동가의 가슴 아픈 대한민국 살기

해마다 찾아오는 광복절 날, 아직 살아남은 독립운동자라며 나를 경축식에 초대하지만 나는 한 번도 참석해본 적이 없다. 그 날, 나는 산이나 바닷가로 경축 현수막과 펄럭이는 태극기가 안 보이는 곳을 찾아 피신을 간다. 거기에는 분명한 이유가 있다. 8·15는 거짓과 위선으로 가득 찬 날이기 때문이다. 엄밀히 말하면 8·15는 우리 민족이 해방된 날이 아니라 친일파가 해방된 날이다. 일제를 주인으로 떠받들며 충성을 바치던 친일 주구들이 제 주인에게서 벗어나 이 땅의 주인으로 우뚝 선 날이다.

일제가 물러가고 미군이 진주하자 친일 주구들은 새로운 권력자 미국을 등에 업고 재빠르게 반공 세력으로 변신했다. 그리고 독립운동 세력을 빨갱이로 몰아 무력화시켜 놓고 정관계·군·경찰·언론·문화·교육·종교 등 모든 분야에서 요직을 차지하고 이 나라의 지배세력으로 둔갑했다. 날마다 궁성요배를 하고, 황국신민의 서사를 소리 높여 외치며 민족을 전쟁터로 몰던 친일 관리들이 해방 후에는 이 나라 정관계의 요직을 차지했다.

일제의 하수인으로 독립지사를 고문하던 친일 경찰들이 모조리 국립 경찰의 간부가 되어 많은 애국지사들이 다시금 그자들의 손에 구금되어 고초를 당해야만 했다. 항일 세력을 토벌하던 친일 장교들이 국군의 최고 장성으로 변신했고 쿠데타를 일으켜 군사 정권의 주축이 되었다. 식민지 민족말살 교육의 첨병이었던 훈도들은 이 나라 교육의 책임자가 되었고, 민족을 배신하는데 앞장섰던 성직자들은 대형교단의 지도자로 군림했다.

개별 인물들의 구체적인 예를 들자면 수백 권의 책으로도 부족하다. 민족문제연구소에서 발간한 친일파 관련 서적만 뒤져보아도 해방 후 이 땅에서 부와 권력을 행사한 자 치고 친일파가 아닌 이들이 드물다는 것을 알 수 있다. 김구의 지시로 김승학이 작성했다는 반드시 처벌해야할 친일파 명단이나, 광복회 · 민족문제연구소 · 민족정기를 세우는 국회의원 모임에서 발표한 친일파 명단만 보더라도 그동안 이 나라를 지배해 왔던 자들이 누구인지를 알 수 있다. 단적인 예로 그 명단에 포함된 조선일보 · 동아일보가 아직도 이 나라를 지배하는 주요 언론이 되어 언론권력을 휘두르며 온갖 궤변으로 친일청산 작업을 방해하고 있지 않는가. 일제 침략과 식민지 지배 과정에서 우리 민족 수십 만 명이 학살을 당하고, 수백 만 명이 전쟁터에 끌려가 고통을 겪고 죽음을 당했지만, 그 일에 앞장섰던 친일 주구들은 단 한 명도 처벌되지 않았다. 오히려 숙청된 것은 친일파들이 아니라 독립운동자들과 민족운동 세력이었다.

해방 직후 잠시 동안, 나는 유명인사가 되어 세인들의 주목을 받고, 분에 넘치는 대우를 받았다. 그러나 미군정이 노골적으로 친일파들을 우대하고 독립운동 세력을 탄압한 이후, 나는 일제 때도 겪어보지 못한 고초를 겪어야만 했다. 해방 후, 친일파가 판을 치고 애국인사들이 암살당하는 혼란 속에서 나는 계룡산에 칩거하고 있었다. 그러다 미군정과 이승만이 남쪽만의 단독정부 수립을 위한 제헌의회 선거를 실시한다는 소식을 듣고 더 이상 좌시할 수 없었다. 당시 미군정과 이승만은 친일 경찰을 앞세워 남북 협상파 인사들을 체포, 고문하는 등 남북협상을 노골적으로 방해하고 있었다. 단독정부 수립은 민족을 영원히 두 동강 내겠다는 발상이므로 독립운동을 한 사람으로서 이를 방관하면 씻을 수 없는 큰 죄를 짓는 것이란 생각에 이를 저지하려 했다.

나는 옛 동지들을 규합해 미군정과 친일파들이 남북협상을 노골적으로 방해하지 못하도록 경고를 하기 위해 평화적인 시위를 계획했다. 그러나 내부에 침투한 프락치에 의해 거사 직후에 경찰에 체포되었다. 그런데 경찰서 취조실에 들어선 자는 놀랍게도 일제 때 악명 높던 일제 군인 김종원이었다. 내가 김종원으로부터 당한 고문은 상상을 초월한다. 그 자는 들어서자 마자 곡괭이 자루로 내 머리를 내리쳐 정수리에서 삽시간에 피가 솟구쳐 올랐다. 거기다 재 한줌을 뿌리고 붕대로 칭칭 감아놓고는 대못이 수북하게 박힌 각목으로 내리치기 시작했다. 대못이 몸속에 쑥쑥 박히는 느낌은 지금 생각해도 소름이 끼친다.

온몸에서 피가 쏟아져 바닥이 피범벅으로 흥건해졌다. 일본 경찰도 그토록 악랄하지는 않았을 것이다. 무엇보다 해방이 되었다는 조국에서 악랄한 친일 경찰에게 고문을 당하는 현실이 분통 터지고 혀를 깨물고 죽고 싶은 심정이었다. 나의 배후가 남로당임을 인정하라는 것이었다. 끝내 인정하지 않았고, 결국 법정에서 우리들 중에 공산주의자는 한 사람도 없다는 것이 인정되어, 1년 6개월의 옥고를 치르는 것으로 끝났다.

나는 더러운 현실을 떠나 10년간 연극배우로 활동했다. 그러던 중에 또 한 번의 고초를 겪어야만 했다. 1959년, 나는 이승만 암살과 정부 전복을 꾀한 내란음모 조직사건의 수괴로 조작되어 오랜 기간 모진 고문을 당해야만 했다. 내가 월북하여 밀봉교육을 받고 김일성의 지령을 받아 남파된 간첩이라고 실토하라는 것이었다. 모진 구타에 하루에도 서너 번씩 까무러치고 깨어나기를 반복했다. 지겹도록 오랜 기간 물고문을 받았고, 나중에는 대바늘로 손톱 밑을 쑤셔대더니 그래도 안 되자 이번에는 대못으로 쑤셔댔다. 손톱이 까맣게 죽더니 조각조각 떨어져 나갔다. 다행히 양심적인 강서룡 검사의 무혐의 처분으로 지금껏 목숨을 부지할 수가 있었다.

나는 좌익과는 아무런 관련이 없는 사람이다. 전쟁 때 북쪽 사람들이 나를 데려 갈 때 도망쳐 나오기도 했다. 그런 내가 이런 고초를 당했으니 좌파 성향의 많은 독립운동 지사들이 어떤 고초를 당하고 어떻게 죽임을 당했는지는 미루어 짐작할 수 있을 것이다.

제주4·3사건이나 여순사건, 그리고 전쟁 시기에 자행되었던 숱한 양민학살도 친일파 문제와 결코 떼어 생각할 수 없다. 여수·순천사건 진압 당시 손가락질로 가려낸 무고한 양민들을 일본군용도로 목을 쳐 죽였다는 김종원이 바로 악명 높은 일제 오장이었다. 이 자가 나중에 경남 계엄사령관이 되어 거창·산청·함양 양민학살을 저질렀다.

지리산 일대에서 벌어진 수많은 양민학살도 친일파 군인들이 독립군을 토벌할 때 쓰던 작전을 그대로 답습해 저지른 것이다. 일제가 만주에서 전개된 항일무장투쟁을 소탕하기 위해 비민분리(匪民分離)라 하여 항일군의 지원지가 되는 부락을 불사르고 부락민들을 집단학살하였는데 당시 일제 주구 노릇을 하던 친일 군인들이 빨치산을 소탕하면서도 똑같은 짓을 저지른 것이다.

일본군 소좌 채병덕이 참모총장이 되고 항일군 토벌의 혁혁한 전과로 일본인들마저 감탄한 일본군 대좌 김석원이 사단장이 되고, 일제의 밀정으로 수많은 항일비밀조직을 적발한 오장 김창룡이 무소불위의 권력이라는 특무대장이 되는 등 군경의 지도

부가 일제의 주구들로 채워졌으니 이러한 일은 예정된 것이나 마찬가지였다. 이것은 흔히들 말하는 것처럼 결코 이념대립의 결과가 아니다. 우파든 좌파든 제 민족에 대한 애정이 눈곱만치라도 있는 자라면 무고한 제 민족의 양민들을 그토록 무참하게 학살할 수가 있겠는가. 수십 만 명에 이른다는 보도연맹원 학살도 당시 군경 지도부가 친일주구들이 아니었다면 그러한 일은 벌어지지 않았을 것이다.

세월이 흘러 당사자들이 모두 저승으로 갔는데 이제 와서 무슨 친일 청산이냐고 하는 소리는 그야말로 어불성설이고 현실을 외면하는 궤변이다. 친일 민족반역자들은 해방 후에도 권력자가 되어 온갖 악행을 저지르고도 죽어서는 민족 지도자로 둔갑해 그자들의 동상이 전국 곳곳에 우뚝 서 있다. 추종하는 무리들이 기념관을 세우고 각종 기념사업을 한창 벌이고 있는 현실이다.

몇 해 전까지만 해도 학생들을 가르치는 곳에 반민특위 체포 1호 박흥식의 동상과 항일군 토벌에 혁혁한 공을 세운 일본군 대좌 김석원의 동상이 민족지도자로 둔갑해 버젓이 서 있었다. 민족문제연구소 회원들이 위법을 감수하고 끌어내렸는데, 막아서는 교직원들이 여전히 그자를 '장군님'이라고 부르며 높이 떠받들고 있었다. 그동안 교과서에는 친일파 필진들이 주를 이뤘고, 아직도 여전히 지면의 상당을 차지하고 학생들의 의식을 왜곡하고 있다. 서울대 미대 교수들의 친일행위를 밝혔다 하여 쫓겨난 김민수 교수 사건만 보아도 친일파들의 철옹성이 얼마나 견고한지를 알 수 있다. 그동안 친일파들은 부와 권력을 구축했고, 그것을 대물림하여 후손들과 후예들, 거기에 기생하는 인맥들이 아직도 이 나라를 좌지우지하고 있는 것이다.

내가 처단하려 했던 박춘금은 역사학자들이 친일파 중에서도 그 죄상이 최악이라고 평하는 자이다. 깡패 출신으로 관동대지진 때 조선인 학살에 앞장선 자이고, 일본 국회의원까지 오른 자이고, 일제 패망을 앞두고는 대의당을 만들어 다시 한 번 민족학살의 음모를 꾸민 자이다. 일제가 패망하자 이 자가 재산을 싸들고 일본으로 도망쳤는데, 언제부턴가 당당히 이 땅을 들락거리더니 마침내는 신문에 칼럼을 연재하고, 추종하는 무리들이 그자를 민족 지도자로 둔갑시켜 고향 밀양에다 커다란 송덕비를 세워놓았다. 참으로 기막힌 일이 아닌가. 가히 이 나라는 친일파들의 낙원이라 부를 만하지 않은가.

이제 새로운 집권 세력이 뒤늦게나마 잘못된 역사를 바로 세워보겠다고 나섰지만 이를 가로막는 친일 세력의 벽이 얼마나 두터운지를 실감하고 있는 중이다. 친일파 청산은 한풀이나 과거사 들추기가 아니라, 진실을 밝혀 거짓과 왜곡을 바로잡는 일이다. 그동안 친일 세력이 주축이 된 권력들은 친일 문제에 관해서는 입도 뻥긋하지 못하게 해놓고 저희들끼리 심사위원이 되어 친일 주구가 독립운동 유공자로 둔갑하고, 그자가 광복회장을 지내고, 3·1문화상 등 독립운동 유공자에게 줘야할 상훈을 저희들끼리 나눠 가졌다.

국회의원을 지낸 어떤 자는 악질 친일파였던 제 아비를 독립운동 지사로 둔갑시켜 놓고 역사를 조작하고 기념비를 세우고 요란을 떨었다. 일제 때 밀정 짓과 항일군토벌로 공을 세운 자들이 죽어서도 국립묘지 장군 묘역을 버젓이 차지하고 있다. 전국 곳곳에 친일파들이 민족지도자나 공헌자로 둔갑하여 동상이 우뚝 서 있고, 기념관이 산재해 있다.

친일파 청산은 우리 민족이 바르게 사느냐 못 사느냐의 문제다. 이런 엄청난 민족사의 불의를 방치한다면 아무리 경제가 발전하여 잘산다 한들 배부른 개돼지 같은 민족이란 소리밖에 더 듣겠는가.

친일 청산은 과거가 아니라 현재의 문제이다. 이 나라의 주류와 기득권자들이 대개 친일파의 후손이고 후예들이란 말은 결코 과언이 아니다. 그동안 얼토당토않은 궤변과 평계로 과거사 청산 작업에 훼방을 놓고 있는 세력이 바로 그들이다. 고로 과거사 청산 작업은 저절로 되는 것이 아니라, 방해 세력과 힘겨운 싸움을 해야만 가능한 것이다.

독립운동자들이 목숨 걸고 싸워 찾으려 했던 건 친일파 천국이나 분단된 조국이 아니다. 친일파가 청산되고 민족정기가 우뚝 선 조국을 찾으려 한 건데, 애써 독립운동을 하여 친일파한테 진상한 꼴이 되고 말았다. 내가 굳이 흔히 쓰는 독립운동가 대신 독립운동자라고 칭하는 것도 그 이유다. 가(家)는 무엇을 이루어낸 사람을 뜻하는데 독립은 아직 미완의 과제이기 때문이다. 그러기에 친일파 청산이 곧 이 시대의 독립운동이고 남북통일이 이뤄져야 진정한 우리 민족의 해방이라 할 수 있지 않은가(참여정부 정책 보고서 1−05, 『포괄적 과거사 정리』, 2008, 13~17쪽).

2. 민주주의의 고단한 여정

■ 반공(反共)만으로 밥이 되지 않을 때

1950년 '5 · 30선거'에서 결정적으로 패배한 이승만은 임시정부 출신의 이범석이 결성한 민족청년당을 중심으로 자유당을 조직하고(1951.11), 이를 이용하여 재집권을 획책하였다. 6 · 25를 겪은 국회는 이승만의 독주를 막기 위해 내각책임제 개헌을 논의했다. 국회의 동향을 알아차린 이승만은 국회 간선에 의한 재집권을 포기하고 직선제 개헌안을 시도했으나 부결되었다. 임시정부는 1952년 5월 25일 경남 · 전남북에 비상계엄령을 선포했고 이튿날에는 대통령 직선제로 헌법 개정을 겨냥하여 깡패 등을 동원하여 야당의원들을 위협하는가 하면, 야당의원 47명을 국제공산당 자금을 받았다는 혐의로 체포 · 감금하는 등 정치파동을 일으켰다[5 · 26정치파동].

〈발췌개헌 표결 장면〉

결국 공포 분위기 속에서 직선제에 야당의 내각책임제를 섞은 발췌개헌안이 국회에 상정되었고(1952.7.4)재적 의원 1백 83명 중 1백 66명이 출석, 1백 63명이 찬성하여 통과되었다. 의사당 주변에는 사복의 군경요원들과 무장 기동경찰 2개 중대가 배치되었다. 발췌개헌안은 양원제 국회 구성, 정 · 부통령의 직선제, 국회의 국무위원에 대한 불신임제 수용이 골자였다. 1952년 8월에는 새로운 헌법에 따라 이승만이 대통령에 당선되었다.

이러한 부산정치파동에 대해선 그동안 반대파 숙청을 통한 이승만 독재의 시작을 알리는 사건으로 이해되었다. 그러나 뉴 라이트는 미국에 양순한 국회 세력을 제거하고 약소국 대한민국의 생존을 확보할 가장 확실한 길인 미국과의 방위조약을 체결하려는 전략을 포함하여 자신과 생각이 다른 미국의 정책과 벌인 한판 승부의 결과라는 관점에서 부산정치파동을 보아야 한다고 했다. 반공포로 석방도 같은 맥락이라는 것이다.

또한 이시기 이승만 정권이 저지른 국민방위군 사건이나 발췌개헌, 원조 자금 부정사용 등의 문제는 그냥 이승만 정권의 부도덕으로만 치부하지 말고, 절대 가난으로 빚어진 우리 정치 문화의 한계에서 비롯된 것이기에 특별히 누가 누굴 욕할 수 있는 그런 상황에서 생긴 것이 아니라는 점을 강조하였다. 또한 이러한 '한계'에도 불구하고 이승만 정부는 끝까지 대의 민주주의를 지켰다는 점에서 의미가 있으며, 이런 노력이 있었기에 그것을 부정한 부정선거 문제가 역사적으로 유의미한 것으로 나타났다고 했다. 요컨대, 이시기의 여러 가지 사건에 대한 기본적인 인식은 민주주의 그 자체의 '시련'이 아니라 민주주의 과정에서의 '진통'으로 보자는 입장이다. 하지만 이러한 사건이 친일 기득권 경찰의 독립운동출신 정치가에 대한 모략과 탄압이라는 사실은 불변이다.

〈표〉 역대 헌법 개정

개헌 차수	연도	내용상의 특징
1차 개헌	1952년	발췌 개헌-대통령 직선제
2차 개헌	1954년	사사오입 개헌
3차 개헌	1960년	4·19혁명 뒤 의원내각제로 변경
4차 개헌	1960년	반민주 행위자 처벌에 관한 부칙 삽입
5차 개헌	1962년	의원 내각제를 다시 대통령제로
6차 개헌	1969년	3선 개헌 목적
7차 개헌	1972년	유신 헌법
8차 개헌	1980년	선거인단에 의한 대통령 간선제
9차 개헌	1987년	대통령 직선제

이승만 정권은 이후 '사사오입 개헌'(1954.11.28)을 자행했다. 부산정치
파동 이후 독재체제를 강화한 이승만 정권은 자신의 권력독점을 유지하려
면 종신집권 체제의 구축이 긴요했다. 그러기 위해선 먼저 3선연임 금지를
명시한 헌법을 개정해야 했다. 그런데 제3대 국회의원 선거(1954.5.20)에
서는 그 지지 세력이 114명이 당선되는데 그쳐 개헌선인 136명에 크게 못
미쳤다. 자유당은 개헌을 밀어 붙이고자 무소속을 포섭하여 개헌안을 표결

처리한 결과 가결선에서 1표 부족한 135표가 나
왔다. 일단 개헌안은 부결되었다. 그러나 자유당
정권은 「사사오입법」을 근거로 2/3선이 135표
도 포함된다고 억지를 부려 부결된 개헌안을 통
과된 것으로 번복하게 했다(1954.11.19).

결국 이승만의 3선 연임이 가능해졌고 이에
제3대 대통령 선거(1956.5.15)에서도 야당 신익
희 후보가 돌연 사망(5.5)함으로써 이승만이 다
시 대통령에 취임하였다. 다만 민주당에서 낸 장

〈제3대 대통령 선거에 나선 신익
희·장면 후보〉

면이 부통령에 당선되면서 권력누수를 우려한 자유당은 독재를 강화하기
위한 여러 가지 정치적 무리수를 획책하였다. 이러한 독재 연장은 미국의
동북아 정책에 불안 요인이었고, 이를 감지한 미국은 원조를 감소하고 이승
만 정권의 퇴진을 기획하기도 했다. 한편으로 대내적으로 실업급증, 생활고
등 사회적·경제적 불안이 가중되었다.

먼저 자유당은 1958년 1월에 '진보당 사건'을 일으켜 당수인 조봉암[27]을

27/ 진보당은 1956년 11월 10일에 창당되었고, 조봉암은 그 위원장이었다. 총선거 당시 서울
시경은 남파공작원들을 대상으로 진보당의 정강정책, 특히 평화통일론 노선의 이적성에 대한
내사를 벌인 다음 조봉암 등 진보당 간부를 체포하였다(1958.1.13). 한편 육군 특무대는 HID 공
작요원으로 남북교역을 하던 양이섭을 연행하여 북한의 지령 및 자금을 조봉암에게 전달했다는

처형하고, 경향신문을 폐간했으며(1959.4) 반공청년단을 조직하는가 하면 (1959.7), 언론과 지식인을 탄압하기 위해「국가보안법」개정안을 야당의 원들을 국회 지하실에 감금한 가운데 전격적으로 통과시켰다(24파동 : 1958.12.24). 민주주의를 포기한 이상 이제는 신격화 이외에는 권력의 안정을 보증할 길이 없자 이승만 개인에 대한 우상적 숭배가 확대되었고, 그 일환으로 초등학생들은 조회 시간에 대통령 찬가를 불렀으며, 대통령의 업적을 찬양하는 편지쓰기 같은 행사가 강요되었다. 열렬한 반공주의와 메카시 시대의 광증은 공산혁명이 아닌 것도 공산혁명으로 만들 정도였다.

결국 1960년 3월에 실시된 제4대 정·부통령 선거에서 야당후보였던 조병옥도 급서하면서 이승만은 무난히 당선될 수 있었다. 그런데 자유당은 부통령조차도 이기붕을 당선시키려고 극심한 부정선거를 자행하였으니, 이

〈공판장의 조봉암〉

것이 바로 '3·15부정선거'였다. 이때 내무장관 최인규는 사전 투표에서 약 40%를 확보하고 정식투표에서도 3인조, 9인조 투표를 조장의 감시 아래 감행하여 다시 40%를 확보하도록 각 행정기관에 비밀 지령했다. 결국 이기붕이 72%를 얻어 민주당의 장면을 누르고 당선되었다.

이에 각지에서 부정선거 규탄 시위가 촉발되었고, 급기야 마산 학생·시민들의 시위과

내용을 자백받았다(1958.2.8). 조봉암은 혐의를 완강히 부인했지만 특무대는 자백을 근거로 양이섭과 조봉암을 간첩죄로 검찰에 송치하였다. 검찰은 조봉암 등 진보당 간부들에 대하여 국가변란 혐의로 기소하였고, 양이섭과 조봉암에 대해 간첩 혐의로 기소하였다. 1심에서는 조봉암 등에게 국가변란죄에 대해선 무죄를 선고하고, 간첩죄에 대해선 국가보안법을 적용하여 징역 5년이 선고되었다(1958.7.2). 2심에서는 양 사건 모두 유죄로 바뀌었다(1958.10.25). 이에 조봉암, 양이섭에게 각 사형이 선고되음 날 조봉암에 대한 사형을 집행하였다.

정에서 눈에 최루탄이 박힌 김주열의 처참한 죽음이 발견되어 4 · 19혁명의 도화선이 당겨졌다. 이승만 정권은 공산당의 선동에 의한 시위라 하여 무력진압을 주장했지만 시위는 점차 가열되었다. 결국 4월 18일 고려대 학생들이 시위를 촉발시켰고, 그날 밤 깡패들의 습격에 이어 격분한 학생들이 4월 19일에 전국적인 시위를 전개하였다. 4 · 19시위 이후 학생의 피에 보답하라는 대학교수들의 시위(4 · 25)를 계기로 이승만은 하야성명을 발표했다(1960.4.27).

이승만 정권의 몰락은 3 · 15부정선거에 대한 '민심' 이반 때문으로 볼 수도 있지만, 관료 · 경찰 · 군대로 무장하고 부정축재로 부를 축적한 관료재벌과 그것에 물적 토대를 둔 이승만 체제에 대한 국민적 저항이 주원인이었다. 그것은 4 · 19혁명에 적극 참가한 계층이 학생과 더불어 광범한 도시빈민층이었던 점에서도 그러하다. 실제로 희생자 총 186명 가운데 절반을 넘는 94명이 하층노동자 또는 무직자였다. 이처럼 '4 · 19'가 젊은 학생들의 주도하에 부분적인 성공을 거두었다고 평가되고 있지만 이들 사회 기층계급의 현실인식과 저항감이 혁명을 성공으로 이끈 또 다른 힘이었다.

뉴 라이트는 한국의 1950년대는 이승만 대통령이 중심이 되어 의회정치와 정당정치를 확립하고 국민 교육을 확대하는 등 비록 만족스럽지 못해도 나라 만들기의 첫 삽을 뜬 기간이었다고 본다. 그 증거로 80% 이상에 이르는 국민투표율, 여당을 견제할 수 있는 야당의 성장과 양당제 정착, 여촌 · 야도 성향의 지지성향, 대통령 비판의 자유 등을 들었다. 아울러 이승만은 확고한 반공 · 반일주의자였으며 북진통일 주장과 한미방위조약 체결, 수입대체 산업화 추진이라는 목적을 설정하고 그 목표를 위해 모든 기회와 주어진 자원을 최대한 활용하고자 한 한국판 마키아벨리였다고 평가한다.[28]

28/ 박지향,『해방 전후사의 재인식』1, 서문 참조, 교과서포럼,『대안교과서 한국근현대사』, 기파랑,

아울러 50년대 이승만 독재는 "동시대 누구와도 나눌 수 없는 큰 건국의 공훈"을 세운 이승만의 책임이 아니라 빈약한 민주주의적 토대에 서 있던 왜소하고 암울한 사회 상황에서 비롯된 것으로 본다. 실제로 1955년까지 1인당 국민소득은 65달러로 실업과 빈곤한 사람들로 넘쳐나는 대단히 낙후되고 빈곤한 국가였다. 그렇기에 독재를 견제할 도시의 시민공동체가 성숙하지 않았던 것은 사실이다. 그러나 권력 누수에 대한 이승만 세력의 공포심이 종국적으로 그 어떠한 형식의 자유주의 질서도 용납하지 못한 채 개인 우상화로 귀결되고 있었던 점은 이후 군사정권의 파쇼적 강압통치의 선례로서 주목할 필요가 있다.

■ 민주 개혁의 좌절

이승만의 하야로 수석 국무위원인 외무장관 허정의 과도내각이 구성되었다. 허정은 반공주의 강화, 부정선거 사범 처벌, 혁명적 정치개혁의 비非혁명적 성취, 반미 활동 금지, 한일관계 정상화 등 과도정부 5대 시책을 발표하였다. 이어 이승만을 해외 망명하게 하고(1960.5.29), 이승만 정권의 각료 및 자유당 간부를 구속하는 한편, 부정축재자 자수기간을 설정하는 조치를 취했다.

또한 이승만 하야 성명 직후 국회에서는 비상시국대책위원회를 구성하여 과도내각 아래서 완전한 내각책임제 개헌을 단행하고, 개헌 통과 후 민의원 총선거를 실시하기로 했다(1960.4.26). 이후 개혁을 추진하여「국가보안법」·「신문·정당등록법」·「집회에 관한 법」 등을 개정하는 한편, 내각책임제 개헌안을 통과시켰다(1960.6.15) 새로운 헌법에 따라 시·읍·

164쪽 참조.

면장을 직접 선거하는 「지방자치제법」 개정안 및 「경찰중립화법」의 기초 위원회 등을 구성하였다. 내각책임제 개헌과 더불어 7·29총선이 있었고, 민주당 후보가 대중의 지지를 등에 업고 대거 당선되었으며, 조봉암 처형으로 위축되었던 혁신계도 대거 정계에 복귀했다. 「민주 반역자에 대한 형사사건 임시처리법」(1960.10.13)이 통과되고 「특별재판소 및 특별검찰부 조직법」(1960.12.30)·「부정선거처리법」(1960.12.31)·「반민주행위자 공민권 제한법」(1960.12.31)·「부정축재자 처리법안」(1961.4.17) 등이 공포되는 등 민주개혁은 지속되었다. 물론 「데모규제법」이나 「반공법」 등 보수로 회귀하는 법안이 제정되기도 했다.

그렇지만 당시 민족·민주세력의 힘은 여전히 취약한 상태였다. 훗날 노무현 정부시기 한나라당과 민주당의 대통령 탄핵 역풍으로 검증받지 못한 열린우리당 후보에 대한 국민들의 맹목적 지지가 있은 다음 곧바로 지리멸렬해진 것처럼 당시 민주당 세력도 곧바로 구심점을 잃고 분열상을 보였다. 자유당에 이어 집권한 민주당은 본래 1954년 사사오입 개헌에 반대하여 결성된 호헌동지회를 모체로 해서 결성된 정당이었다. 민주당이 집권하자 당내에는 한민당에서 민주국민당으로 이어지는 보수 계열과 흥사단·원내자유당 계열이 섞여서 정쟁을 벌이기 시작했다. 전자가 김성수金性洙·신익희申翼熙·조병옥趙炳玉·윤보선尹潽善·김도연金度演 등으로 대표되는 구파[김도연 등의 일부가 신민당을 결성하여 탈당]였고, 후자가 장면張勉으로 대표되는 신파였다. 결국 대통령은 구파인 윤보선이, 총리는 신파인 장면이 당선되어(1960.6.23) 신파의 승리로 끝났다. 이에 구파는 신민당을 결성하여 장면 정권에 저항하였다. 남은 신파도 결국 소장파와 노장파로 나뉘었다. 고비마다 장면 정권은 내각을 개편하여 분열을 극복하려 했으나 결국 당내 불만을 해소하지 못했다.

사실상 민주당 정권은 이승만의 사당화한 자유당 정권이 남긴 파행적 경제구조를 바로잡는 것도 문제이거니와 현실적으로 대중생활을 압박하는 물가고와 실업자 문제를 처리하는 것이 시급한 과제였다. 따라서 민주당 정권은 경제제일주의를 표방하고 국토건설계획을 통해 실업자 대책에 제일 먼저 착수했다. 그러나 이를 추진할 수 있는 정치·사회적 기반의 취약성으로 인하여 발표된 어떠한 계획도 구체적으로 집행을 보지 못하고 5·16 군사정변으로 8개월의 단명으로 끝났다.

뉴 라이트는 제2공화국의 붕괴는 스스로 집권 민주당이 분열한 위에 좌파이념정당 등이 모인 민족자주통일중앙협의회가 민족주의 남북협상을 주장하고, 대학생을 중심으로 한 민족통일연맹 등이 남북대화를 주장하는 등 좌파 성향의 사회운동이 폭발하여 이들이 민주당의 국가보안체제를 허물고 반미운동을 전개하려 했기 때문이라고 보았다. 또한 이들 좌파세력들은 북한 김일성의 남북연방제 주장 등 북한의 평화공세에 힘입은 바가 크며 결국 장면 정부의 통제의 범위를 넘어서는 급진운동 단계로 나아감으로써 군부의 개입을 불렀다고 보았다.

■ 5·16 군사정변, 그들은 새로운 정치세력인가?

20세기 후반 제국주의의 세계 지배질서가 끝나면서 제3세계는 너나없이 급속히 자국의 경제적 독립과 효율적인 국가 개조에 박차를 가하게 되었다. 이런 상황은 안정적이면서 효율적인 정책을 추진할 강력한 국가를 필요로 하였다. 이러한 상황은 군부의 개입에 유리한 조건을 만들었다.

뉴 라이트는 급진좌파에 휘둘려 통제권을 잃은 장면 정부의 무능으로 말미암아 "6·25 이후 급속히 조직을 키우면서 우수한 인재를 집중해 온 군부"가 그러한 혼란과 정치적 불안을 해소하는 새로운 리더십을 보일 기회를 얻게 된 것으로 보았다. 그리고 4 · 19 이후 김종필 등 군내 영관급 장교를 중심으로 한 정군운동과정에서 평소 청렴한 이미지의 박정희 육군소장을 중심으로 군부 세력이 집중하면서 박정희가 부상했다고 보았다.

군사정변으로 실권을 장악한 장도영 · 박정희는 윤보선 대통령의 추인을 받아 계엄령을 발동하였고, 처음 군사혁명위원회를 개설했다가 곧바로 국가재건최고회의로 바꾸었다(1960.5.19). 이어서 4 · 19혁명 이후 드러난 혁신세력 · 학생들을 검거하는 한편, 반혁명사건을 빌미로 참모총장인 장도영을 제거하고 박정희가 실권을 잡았다.

이후 「국가재건비상조치법」(1961.6.6) · 「반공법」(7.3) · 「노동자 단체 활동에 관한 임시조치법」(8.3) · 「중앙정보부법」(6. 10) · 「농어촌 고리채 정리법」 · 「재건 국민운동에 관한 법률」(6.11) · 「혁명재판소 및 혁명검찰부조직법」(7.7) 등을 공포하여 박정희 군사정권의 기반을 다졌다. 특히 종래 자유당과 연관을 맺은 정경유착 기업인들을 구속하고 「부정축재처리법」(1961. 7.14)을 제정하여 부정축재 기업가 27명에

⟨기자회견 중인 박정희 국가재건 최고회의 의장(1961.10.18)⟩

475억 환에 달하는 거액의 벌과금을 부과하였다. 뉴 라이트는 이러한 기업가 처벌조치는 국가경제에 악영향을 주었으며, 이를 반성한 군사정권이 전경련(전국경제인연합회)과 밀착함으로써 공업화가 가능해졌다고 보았다.29/

29/ 이는 뉴 라이트가 한국경제의 고질병인 정경유착을 모순이나 문제점이 아니라 공업화 촉진의 요

쿠데타 당시 미국은 군부를 인정하지 않았지만 곧바로 현실주의로 회귀하여 박정희를 인정하고 그를 미국으로 초청했다(1961.11). 박정희도 미국의 지지를 얻기 위해 기존 이승만 정권의 '멸공통일론'을 계승하고자 했다. 일단 미국의 지지를 획득한 박정희는 「정치활동정화법」(1962.3.16)을 통하여 정치인 4,374명의 정치활동을 금지하고, 대통령중심제 헌법을 입안하여 국민투표에 부쳤다(1962.12.17).

이어서 그는 공화당을 창당하고(1963.2) '2·18 선언'을 통하여 대통령 불출마를 약속하였다. 이에 국방장관이 군대의 중립을 약속하기도 했다. 그러나 군정 연장을 요구하는 지휘관들의 차량시위와 수도 경비사령부 소속 군인들의 시위가 있자 박정희는 군정을 4년간 연장하는 문제를 국민투표에 붙이겠다고 선언했다. 그것은 출마를 위한 수순이었다. 이에 군정 연장 보류 성명을 내고는 대통령 출마를 번복한 다음, 공화당 전당대회를 거쳐서 대통령 후보가 되었다. 당시 야당은 민주당 신구파가 분립된 상황에서 구파 윤보선의 민정당과 신파 허정의 신정당이 분립되어 있었고, 여기에 결국 윤보선이 후보로 나서면서 박정희와 대결했다. 그 결과 매우 근소한 차이로 박정희 후보가 제5대 대통령으로 당선(1963.10.15)되었는데 주로 영·호남의 단결된 표와 농촌 지역의 지지가 큰 힘이 되었다.

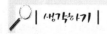 | 생각하기 |

6. 국가보안법에 대하여

역사학자는 어쩌면 파시스트일지도 모른다. 역사학자는 현실과의 타협 속에서 관념을 추구하는 것이 아니라 인간 삶의 당위와 진정한 세계의 구성을 위해 당위적으로 현재를 바라본다. 파시스트 또한 세상을 조직되고, 빈틈없는 상하관계와 위계로서 위기

소로 인식하고 있음을 반영한다(교과서 포럼, 『대안교과서 한국근현대사』 183~4쪽 참조).

에 찬 자본주의적 사회관계의 재조정하고 위험에서 구하려 한다. 그래서 역사학자는 파시스트들이 하는 말을 자주 하기도 하며 인류 공영의 도덕적 세계 구현을 인류에게 요청하기도 한다. 특히 식민지를 겪은 우리나라의 역사학자는 민족이니 통일이니 하는 자유, 평등 등의 개념으로 세상을 당위적으로 보는 것에 익숙하다. 어떤 학자는 뜬금없이 계급과 빈부의 차별이 없는 천년왕국을 기대해 이론을 만들기도 하며, 어떤 사람은 독점세력과 결탁하여 자기들만의 세상을 합리화하고 찬양하기도 한다.

파시스트는 일원화된 사회체계와 강력한 국가기강을 바탕으로 독점체제를 견제하고 철저한 군국주의적 사회질서를 통해 후진 경제를 개발한다는 당위 아래 모든 자유와 민주적 질서를 유린하기도 했다. 그래도 그들은 신념이 있었다. 그런데 이 두 가지 당위적 세계를 보면서 파시스트에게 협조한 역사학자들을 위한 변명도 생각나고, 조선의 근대화를 위해 봉건 조선의 악폐를 시정하려는 생각으로 한일합방의 당위성을 주장한 이완용도 일면 이해된다.

그러나 당위적 세상은 하나의 꿈이며, 꿈을 꾸는 것만으로도 행복할지 모르지만 결국 꿈에 대한 과도한 집착은 현재를 하잘 것 없이 만든다. 이완용만 봐도 그렇다. 그는 나라를 근대화라는 명분으로 쉽사리 일본에 팔아넘긴 것처럼 보이며 조만간에 닥쳐올 처절한 민족의 고난을 미처 생각하지 못했다. 반대로 사람이 꿈이 없다면 그 무엇으로 세상을 새롭게 창조하겠는가. 국가와 민족의 소멸은 어쩌면 먼 인간의 이상이요, 꿈이다. 그 꿈을 이 땅에 실현하려 한다면 그만한 역사의 진전이 요구되는 것이기에 이상은 현실 속에서 항상 견제를 받아야 한다. 예언하건대, 언젠가 모든 인간들이 하나의 공동체가 되는 날, 야만적인 민족과 국가주의가 남긴 그 많은 과오를 후손들은 똑똑히 배울 것이고 거기에 편승한 역사학자 또한 심판의 날을 맞게 될 것이다. 그러나 그 심판이 무엇이 되던 간에 역사학자 중에서 인간이 진정 해방될 당위적 세상을 추구한 자가 있다면 그 역사적 업적은 길이 남을 것이다.

우리는 마치 자유민주주의 사회란 모름지기 도덕교과서에 나오는 여러 가지 삶의 처세로 가히 생존할 수 있는 자유로운 사회이고, 그 도덕적 규율을 통해 그러한 세상에 충실하도록 적응하고 자신이 도야하는 것을 민주주의 교육의 최고 목표인 줄 안다. 그러나 알고 보면 법과 도덕의 최종 목표는 사회적 진보와의 약속 이행이다. 모세가 십계라는 규율을 만들어 인간 세상을 동물계와 구분해낼 때 그 도덕은 역사의 편이었다. 그래서 몇 천 년 동안 존중받았다. 하지만 세월이 지나 모세의 법이 필요에 따라 하층 계급을 학대하고 여성을 노예화하는 단계에서 그러한 도덕을 부수려고 예수가 달려 나왔던 것이다. 이처럼 법과 도덕에 대한 역사적 요구는 대단히 냉정하며, 이제는 새로운 방식으로 변화되길 바란다.

국가보안법은 인간을 억압하는 국가적 학대기구를 이른바 관례로 포장하고 있으며, 인간 삶의 구체적인 행복조차도 전체적 과제에 일치시키고 있다. 이것은 진정으로 바라는 역사적 당위를 철저히 배반하는 것이다. 왜냐하면 민족주의나 국가주의에 기반한 모든 법이나 규율은 결국 관념적 공동체의 규율일 뿐이기 때문이다. 관념은 사실과 구체성에서 출발한 모든 인간 삶을 자의적이고 허구적으로 심판할 가능성을 높인다.

그러한 관념과 관례에 기초한 국가주의적 논법의 정점이 현재로서는 국가보안법이다. 실제로 반국가 단체 및 활동이 뭔지 찬양, 고무 불고지죄가 뭔지에 대해 일부 법을 전공한 사람 이외에는 알지 못하며 대부분의 국민들은 상식적으로 북한과 친한 남한 내 간첩이나 적화를 음모하는 세력을 잡기 위해 만든 법정도로 이해한다. 하지만 국가보안법 제1조는 참으로 그럴듯하게 그러한 모순을 관념적으로 포장하고 있다. '이 법은 국가의 안전을 위태롭게 하는 반국가활동을 규제함으로서 국가의 안전과 국민의 생존 및 자유를 확보함을 목적으로 한다'고 하고, '이를 확대 해석하거나 헌법상 보장되는 국민의 인권을 부당하게 제한하는 일이 있어서는 아니 된다'고 규정하고 있다. 이 규정을 몇 번 꼬아서 '알고 보니 전체주의적 발상이다'이라는 지적은 고사하고라도 말 그대로 반국가활동을 규제하는데 인권침해의 요소를 강요하지 않겠다는 다짐은 참으로 이 법의 과거행적을 무색하게 한다.

국가보안법 제1조는 나라를 파탄시킨 세력에 대한 징벌을 예고하고 있으나 친일파나 침략지원세력, 혹은 부동산투기꾼, 부와 권력의 독점 세력 등 나라를 말아먹은 집단에 대하여 작동한 적은 없다. 대부분이 정권에 반항하는 진보적 세력이나 반정부활동가에 대한 탄압의 도구로 작동했다. 인권을 농단한 집단이야말로 진정 자유민주주의의 적이고 국가변란의 주모자였지만, 고문하고 상처를 입힌 세력은 아직도 버젓이 거리를 활보하고 있으며, 전쟁으로 이유 없이 학살당한 채 아직도 빨갱이 누명을 쓰고 자손이 제사도 지낼 수 없는 수많은 억울한 민간인에 대하여 국가보안법은 불구대천의 원망이다. 이토록 참혹한 법이 어디 있는가? 국가보안이라는 소중한 말이 어쩌다 섬뜩한 군사정권의 망령을 되새기고, 어쩌다 전면 폐지나 철폐와 같은 혐악한 입담에 시달리는지 생각해보자. 그 이유는 단 하나 국가보안법이 그동안 너무나 역사와 국민을 기만했기 때문이다.

　국가보안의 방법은 시대에 따라서 다른 모습일 수 있다. 동학혁명을 억누르는 조선의 국법은 국가보안법의 가장 봉건적 형태로 극렬한 보복과 학살이 동반되었다. 그런데 정작 그 법은 나라를 지키지 못하고 의병을 억누르는 이른바 일제 침략의 후원법이 되었고, 반대로 한국전쟁 때 국가보안법은 좌익 소탕한다는 핑계로 수많은 민간인을 학살해도 정당성을 부여하는 사탄의 입법이었다. 평화통일을 주장한다고 하여 소위 진보당사건을 일으켜 조봉암을 처형한 것도 국가보안법이었다. 반대로 우리 국군의 통수권과 작전권을 미국에 넘긴 세력은 국가보안의 숭고함을 외세에 양도한 신판 을사오적임에도 그들의 지위와 안정을 위하여 이 법을 이용해 먹었으며 오랫동안 정권의 핵심에 있었다. 최근 핵문제를 폭로하여 조국을 국제 사회에 눈치를 보게 한 반민족적 과오를 저지른 세력에 대해서 국가보안법이 아무런 역할을 하지 못한 것이 사실이다. 국가보안법은 좌익척결에 기여했다고 하지만, 정작 한국전쟁 당시 피학살 민간인의 90%를 학살한 국내의 주범들을 잡는데 소홀했으며, 통일논의를 가로막아 민족의 화합을 지체시킨 반민주 반통일 세력을 제거하지 못했다.

　이른바 국가보안법은 관념법이며, 그것은 늘 자의적일 수밖에 없다. 인간의 공상과 꿈마저도 관념의 그물로 낚아서 징벌하는 제도인 바로 이 법은 인간을 괴롭히는 중세적 악법이다. 그래서 자유주의 역사학자조차도 국가보안법을 혐오하는 것이고, 역으로 좌익 척결의 공상조차 국가보안법의 적이 됐다. 역사적 진실을 수호할 수 없다면 그 법은 더 이상 법이 아니다.

■ 근대화의 밑천을 마련하라

　1960~1970년대 탈식민화된 국가들이나 제3세계 및 종속국 정부들은 대체로 국가가 통제하는 경제 내에서 적극적으로 외국자본에 의존하는 경향이 있었다. 이들 선진 외국자본가들은 서구 자본주의의 황금시대가 낳은 소산이었다. 그들은 점증하는 국내 복지예산 부담과 완전고용에 달하면서 발생하는 임금 상승의 위기를 제3세계에서 털어내고자 했고 그 결과 이 지

역으로 적극적인 자본투자 혹은 기업진출이 있었다.

이러한 경향은 당시 국가개조 및 경제발전을 위한 자금마련에 목마른 군부의 구미를 당겼다. 이러한 양자의 이해가 결합하여 제3세계에 대한 선진자본의 대대적인 투자가 동반되었다. 그런데 한국의 경우 분단 상황이나 군부 정권의 불안정성으로 인해 적극적인 외국자본의 투자 유치는 어려웠다. 박정희 등 집권세력은 어떤 방법으로든 자신들의 혁명공약을 실현할 자금이 필요했고, 이에 대통령으로 집권하자마자 종래 군사혁명위원회에서 한 것처럼 '선건설, 후통일' 논리를 내세우면서 다급한 경제문제를 해결하는 방식으로 쿠데타 정권의 한계를 극복하고자 했다.

집권하기 직전 박정희 의장은 1962년 11월 중앙정보부장 김종필로 하여금 오히라 일본 외상과 밀회하도록 하여 한일국교수립과 식민지 지배청구권 협상을 벌여서 무상 3억 달러, 차관 2억 달러, 상업차관 1억 달러[정식 체결 땐 2억 달러 추가]를 제공받는다는 비밀 합의를 체결했다. 군사정권으로선 국내에서 제1차 경제개발 계획에 따른 자금확보가 사실상 어렵다고 판단했고, 결국 차관확보에만

〈한일협정에 서명하는 박정희 대통령〉

급급해 했다. 결국 이후 국민들로부터 졸속으로 식민지 문제를 차관 몇 푼에 일괄 해결한 굴욕외교라는 비판을 두고두고 받게 되었다.

어쨌든 이러한 박정희 정권의 한일국교 정상화 움직임에 야당은 대일굴욕외교반대범국민투쟁위원회(1964.3)를 결성하였다. 그리고 격렬한 학생시위가 전개되었고 점차 '박정희 정권 타도' 구호가 등장하기 시작했다. 결국 박정희 정권은 계엄령을 선포했고, 다수의 학생과 언론인을 체포했다

(1964.6.3). 이러한 탄압에 맞서 야당은 통합하여 민중당을 결성하였지만 다수당인 공화당에 의해서 한일협정은 비준되었다(1965.6.22 조인, 8월 비준, 12월 비준서 교환).

뉴 라이트는 이러한 반대 세력의 궐기는 전통적인 반일감정에 토대를 두었다고 하고, 야당과 언론의 무책임한 선동과 학생들의 부화뇌동에 의해서 사태가 확산된 것이며 이는 당시 한국사회가 역사와 현실에 대한 이해가 서로 다른 입장으로 심하게 분열된 상황을 대변한다고 평가했다. 이는 박정희의 굴욕외교를 역사적 이상으로 이해할 수없는 현실적인 그 무엇인 듯 왜곡하는 한편, 그 문제점을 지적하는 당시의 국민적 항쟁을 정치모리배의 선동과 우매한 국민의 부화뇌동의 결과물로 매도하려는 의식이 반영된 것이다.

물론 청구권 자금은 이후 공업화 자금으로 유용하게 사용된 것은 평가받을 만하다. 그렇지만 이는 중대한 헌정질서 위반이었다. 즉, 정상적인 내각의 외교경제라인이 가동된 것이 아니라 철없는 군부엘리트의 즉흥적인 협상 능력에 기대했다는 점이 그것이다. 바꿔 말해 국가간 협정이 정식외교 관료가 관리하지 않고 정치색 강한 젊은 김종필 중앙정보부장과 같은 특사가 밀명으로 대사를 독단하였다. 국민의 이해를 반영하지 않은 권력의 전횡이 비록 특별한 목적에 따른 것일지라도 장기적으로는 국가의 존엄과 국민의 자존을 해치고 국익을 떨어뜨리는 경우가 많았다. 그러므로 일정한 경제적 성과 여부에도 불구하고 국가기능에 대한 월권이며 헌정질서 파괴에 해당한다. 따라서 비록 청구권 액수가 많던 적던 간에 비정상적 루트의 비상식적 해결이었다는 비판과 즉흥적인 결정이었다는 비판을 면치 못하게 되었고, 일제 식민지 지배와 그 후유증 해결과 관련한 수많은 미완의 역사적 과제가 여기서부터 출발하게 되었다. 아울러 청구권 자금만으로 박정희 정권이 수행하려던 사업의 충실한 밑천이 되었는지 의문이다. 결국 그 부족은 또 다른 무리수를 두면서 확보할 수밖에 없었다. 그것이 바로 베트남 파병이었다(1964.10).

박정희 정권이 월남 파병 문제를 건드리자 야당은 파병은 미국의 용병이 되는 길이라며 크게 반대하였다. 그러나 정부는 월남과 '주월한국군원조단의 지위에 관한 협정'(1964.10)을 체결하여 군대파견을 약속하고 말았다. 이에 이미 1964년 9월에 제1이동 외과병원 병력 130명과 태권도 교관 10명이 파견되었다. 1965년 1월 26일에는 국회의 동의를 얻어 비둘기부대로 명명된 2,000여 명의 후방 군사원조지원단이 들어갔다. 이어서 그해 가을부터 본격적인 전투병력의 파병이 개시되었다. 이후 맹호·백마부대가 각 1개 사단, 청룡여단과 그밖에 보급과 기술관계 인원을 포함해서 약 4만 명이 월남에 상주했고, 1973년 철수할 때까지 34만 명이 참전했다.

〈월남가기 위해 부산으로 가는 열차를 탄 청룡여단 대원〉

파병기간 중 '한월항공운수협정'(1967.9), '한월경제 및 기술협력에 관한 협정'(1971.6) 등이 체결되었으며, 1965년 9월에 한국 기술자 42명이 사이공(호치민)에 파견되었다. 베트남에 진출한 국내기업은 1966년 9개소에서 1970년 56개소로 늘었으며, 1966~1972년의 달러 수입을 보면 군인 및 기술자 송금, 용역 및 건설군납, 특별보상지원 등에 의한 무역외수입이 6억 4,190만 달러, 수출 및 물품군납이 2억 1,560만 달러로 당시로서는 상당한 액수였다.

1964년의 한일협정 반대 시위는 1965년부터는 비준반대 운동으로 확대되었다. 그리고 운동양상도 종래 평화적 데모행렬에서 점차 파출소 공격 등 격렬해졌다. 이에 박정희 정권은 계엄령과 위수령을 발동하고 군경을 동원하여 시위를 막는 한편, 동베를린간첩단사건(동백림사건)을 조작하여 진보적 인사들을 검거하였다.

박정희는 경제개발 정책의 성공에 힘입어 1967년 7월의 제6대 대통령선거에서 재선되었다. 당시 야당은 모처럼 한일협정 반대운동을 위해 단일 야당인 민중당으로 통합되었으나 다시 민중당과 신한당으로 분열되었다. 민중당 대통령후보 유진오가 신한당 후보인 윤보선에 양보하여 다시 박정희와 윤보선이 대통령선거에서 맞닥뜨렸던 것이다. 그런데 다시 박정희가 재집권하였는데 이는 당시 야당의 수권능력이 그만큼 취약했다는 사실을 보여주는 예증이기도 했다.

■ 안보 논리로 3선 대통령이 되다

1960년대 말은 김신조 등의 청와대 습격사건(1968.1)이나 푸에블로호 납북사건(1968.1.23), 울진 삼척 무장공비 침투(1968.12) 등으로 남북관계가 경색되었다. 이에 박정희 정부는 안보논리를 강화하면서 1968년 12월에 예비군을 창설했고, 12월 5일에는 국민교육헌장을 발표하여 국민들에게 국가주의적 사명의식을 뼈 속 깊이 각인시키고자 했다. 그러면서 이러한 상황을 이용해서 권력 연장 계획을 추진하였다. 이에 1969년 1월 공화당은 3선 개헌 가능성을 시사하였다. 이승만의 전철을 밟은 것이다. 이에 당시 공화당 실세였던 김종필 등은 반발하였지만 퇴출당했고, 신민당新民黨도 범국민투쟁위원회를 결성하여 저항했으며 재야인사들도 민주수호국민협의회를 결성하여 종신집권에 반대한다는 논리로 저지운동을 벌였다. 그러나 1969년 9월에 날치기로 개헌안을 통과하였고, 1969년 10월 17일에는 국민투표를 통하여 국내적으로 영호남의 지역감정 문제와 북측의 남침 위협 등을 유포하고, 미국의 대아시아 정책의 변화 등의 대외적 위기 상황을 강변하면서 3선 개헌의 필요성을 역설한 결과 개헌에 성공했다.

1970년대에 들어서자 고도성장의 경제적인 분배에서 소외당한 근로자·농민·도시빈민의 생존권 요구가 거세졌다. 청계피복노조 근로자 전태일 全泰壹 분신사건(1970.11)은 종래 자본가의 억압에도 무방비로 노출된 노동자의 현실을 각인시켜서 민족·민주운동의 진로에 큰 충격을 주었고 이후 광주廣州대단지 주민폭동(1971.8) 등 민중운동을 고양하는 계기가 되었다. 뉴 라이트는 이러한 빈민 운동을 생존권 위기에 처한 삶의 아우성이라기보다는 국공유지의 유리한 불하(무허가 빈민의 경우)와 같이 나름의 빈곤층이 현실적인 이해를 획득하기 위한 수단으로 전개되었다고 했다. 그리고 도시빈민층의 고뇌나 노동현장의 고민 그리고 농촌경제의 붕괴 등 '성장의 그늘'을 말하면서도 그것의 해결을 위해 아우성치던 그들의 목소리에 대해선 귀를 막거나 정상국가에 대한 좌파적 반란 이상의 평가하지 않았다. 전태일 분신사건도 원인을 근로기준법과 연관함으로써 이 사건이 가지는 전체 노동운동사적 의미를 인권이나 생존권의 소중함이 아니라 단순히 노동환경 개선 요구 수준으로 폄하하였다.

어쨌든 이러한 내외의 환경 아래서 1971년 7월에 제7대 대통령 선거가 있었고, 박정희는 3선에 성공하였다. 하지만 부정한 3선 개헌과 대통령 취임에 반대하는 학생들의 시위가 날로 확산되었고, 결국 서울 일원에 위수령이 발동되었다(1971.10.15). 또한 국가비상사태를 선포하여(12.6) 야당을 억압하는 한편, 「국가보위에 관한 특별조치법」(12.27)을 변칙 통과시켜 3선 개헌 강행에 따른 사회적 동요를 안보 문제로 왜곡하여 진압하려고 했다.

뉴 라이트는 1967년 6월에 실시된 제7대 총선에서 박정희 개발정책에 긍정적으로 평가한 국민들이 개헌선보다 13석이나 웃도는 의석을 공화당에 주었다는 점을 강조하고 안보 여건의 변화상을 제시하여 마치 3선 개헌 은 시의적절한 조치인 듯 평가하였다. 특히 제7대 대통령 선거는 박정희의 수출드라이브 및 개방정책 대 김대중의 수입대체 공업화 전통을 이은 대중 경제론간의 대결구도였다고 하고 마치 김대중 후보가 시대착오적인 정책 노선에도 불구하고 서민 중심의 표퓰리즘 정치를 통해서 높은 지지를 받았 다고 비꼬았다.30/

■ 지척도 알 수 없는 어둠에서

1960년대 말 월남전에서 계속 패퇴하던 미국이 중국과 우호관계를 맺는 가 하면, 중소분쟁은 사회주의권 내부의 구도에도 큰 영향을 미쳤다. 이러한 상황이 남북대화를 촉진시키는 계기가 되었고 특히 1972년 '7 · 4공동성명' 은 평화통일과 자주통일, 민족적 대단결이라는 역사적 과제에 남북이 공동 의 이해를 모은 역사적 쾌거였다. 이러한 상황에서 박정희는 한반도 안보상 의 불안과 남북대화의 연착륙 그리고 우리 주변의 무질서와 비능률이 심각 하고, 대의기구는 파쟁과 정략의 희생이 되어 통일과 남북대화를 뒷받침할 수 없다는 등의 명분으로 1972년 10월 17일 19시를 기해 정변을 단행하였 다. 전국에 계엄령을 선포하고 국회를 해산하고 정당 활동을 중지시키는 한

30/ 『대안교과서 한국근현대사』 200쪽에서 김대중이 대중경제론에서 내수 진작이나 중소기업 육성 등 국내 산업의 진흥 문제를 다룬 것은 사실이지만 이를 마치 50년대 실패한 수입대체공업화의 연장으로 본 것은 심각한 왜곡이다. 곧바로 대안교과서의 <성장의 그늘>(201쪽)에서 나타난 바와 같은 성장지상주의 아래서 비롯된 여러 가지 사회경제적 문제점을 성장과 분배의 균형 이 론과 내실있는 기업체질 개선을 통해서 완충하여 튼튼한 국민경제를 구축하자는 논의가 대중경 제론으로 수출드라이브 정책과 크게 상충되지 않는다. 이는 결국 박정희 정부의 수출드라이브 정책만이 역사의 정답이라는 종교적 신념에 따른 것으로 상대측 이견에 대한 중첩적 합의를 원 천적으로 부정한 것으로 멀리 교과서집필진이 가지고 있던 김대중 정부에 대한 '악의'의 수준을 반영한 것이다.

〈통일주체국민회의 개회식, 1972.12.23〉

편, 헌법의 일부 조항의 효력을 정지시켰다.

효력이 정지된 일부 헌법 조항의 기능은 비상국무회의가 수행하게 되었고, 거기서 헌법개정안을 공고하여 새로운 헌정질서를 국민투표로 묻기로 했다. 1972년 10월 27일에 제시된 개헌안의 제안 이유서에서는 유신의 이유가 보다 명확히 정리되었다.

현행 헌법하의 정치체제가 가져다준 국력의 분산과 낭비를 지양하고, 이를 조직화하여 능률의 극대화를 기하며, 민주주의의 한국적 토착화를 가능케 하는 유신維新을 단행하는 것만이 국가의 안전과 조국의 평화통일을 기약하는 유일한 길이라고 했다. 사실 이러한 명분은 먼저 헌정의 절차를 계속해서 유린해온 박정희 권력 집단이 직선제로 인해 언젠가는 자신의 방어막을 상실할 것을 두려워 한 결과였다.

어쨌든 1972년 10월 27일 이러한 취지의 유신헌법 개정안을 공고하고, 11월 21일 국민투표에 붙였다. 투표 결과 91.9%의 높은 투표율과 91.5%의 찬성을 얻었다(총유권자 84%의 찬성). 이와 같이 확정된 「유신헌법」31/에 따라 11월 25일 「통일주체국민회의 대의원 선거법」과 그 시행령이 공포되고, 12월 15일에는 총 대의원수 2,359명을 선출하는 선거가 1,630개의 선거구에서 일제히 실시하였는데, 투표율은 70.4%였다. 이어 12월 27일에 통일주체국민회의가 장충체육관에서 소집되었고, 선거결과 박정희가 다시 임기 6년의 제8대 대통령으로 선출되었다.

31/ 유신헌법은 대통령 임기를 6년제로 하고 중임 제한을 철폐했으며, 통일주체국민회의 선거인단을 국민투표에서 간선하게 하여 대통령을 선출하게 하였다. 이렇게 선출된 대통령 권한은 3권의 대부분을 장악하였다. 즉, 국회의 국정감사권을 없애고, 연간회기를 150일 이내로 축소하는 한편, 국회의원 1/3을 대통령이 추천하여 통일주체 국민회의가 간선하였다. 또한 사법부의 법관 임명권을 대통령이 가지고 대법원의 위헌 판결권을 헌법위원회에 귀속시키는 등이 그것이다.

이에 장기집권과 반민주적 통치를 반대하는 학생 · 지식인 · 종교인 · 정치인의 민주화 노력이 고양되었다. 먼저 장준하張俊河 등은 '유신헌법개정 100만인 서명운동'을 벌였고, 북측도 김대중 납치사건과 6 · 23선언을 이유로 남북대화의 중단을 선언했다(1972.8.28). 학생운동도 1974년부터 고양되어 각 대학 및 고등학교에서 성토대회 · 수강거부 · 유인물배포 · 농성 등의 움직임이 있었다. 이에 유신정권은 긴급조치 제4호를 발령하고 전국민주청년학생총연맹사건(민청학련 사건=제2차 인혁당 사건, 1974.4)을 조작하였고 고려대에 휴교령을 발동했다.[32] 이에 박정희는 다시 「유신헌법」의 찬반을 묻는 국민투표를 실시하여 압도적인 지지를 받았다(1975. 2.12). 이처럼 박정희 정권은 국민투표를 집권을 위한 중요한 수단으로 자주 이용하였는데, 이러한 국민 추인이라는 요식을 거치면서 긴급조치 9호를 선포하고, 「사회안전법」 · 「방위세법」 · 「민방위기본법」 · 「교육관계법」 등의 악명 높은 4대 입법을 제정했다(1975.7.16).

이러한 폭압적 지배는 당연히 국민대중의 지지를 얻어야 했고, 이에 긴급조치 3호(1974.1.14)를 통하여 서민 생활 및 중소기업 지원을 약속하는 등 민심위무책을 전개하였다. 먼저 저소득층의 부담을 경감하기 위하여 근로소득세, 사업소득세 및 주민세를 경감하는 대신, 재원 감소에 대비하여 국민복지 연금 및 교원연금제도 실시를 1년 연기하기로 했다. 또한 버스 등

32/ 1974년 4월 유신정권이 긴급조치 4호의 발동과 함께 정동의 · 하재완 · 서도원 · 도예종 · 여정남 · 이철 · 정문화 · 김병곤 · 나병식 등이 1974년 4월 '전국민주청년학생총연맹'을 조직하여 '공산주의적 인민혁명'을 수행하려 했다는 이유로 반정부 학생 및 일부 사회 인사들을 처벌했던 사건이다. 유신정권은 이들이 종전의 인혁당 조직 및 재일 조총련, 일본공산당 등과 연계된 간첩단으로 지목하고 대대적인 검속을 벌인 결과 피조사자 1,024명, 공판에 회부된 자 중에서 판결 결과 사형 7명, 무기징역 7명, 징역 20년 12명, 징역 15년 6명 등이었다. 이후 오랫동안 이 사건에 대한 조작의혹이 있었고, 그 결과 2005년 12월 '국가정보원과거사건진실규명을통한발전위원회'(약칭 진실위)에서 재조사한 결과 학생들의 반정부시위를 대통령이 직접 나서 공산주의자의 배후조종을 받는 인민혁명 운동으로 조작한 것이 드러났다.

대중 교통수단의 통행세를 감면하여 유가인상에 대비하고, 농민들에게는 적정 미가를 위하여 1973년산 미곡수매가격을 가마당 500원씩 인상하기로 했다. 또한 영세민의 취로대책비로 1백억 원을 그리고 중소 상공업 특별 저리 금융 자금으로 3백억 원을 확보하여 지원하기로 했다. 노동자를 위해선 임금우선변제제도를 신설하고, 임금채불·부당해고 및 근로조건을 악화시킨 악덕 기업가에게는 가중 처벌하는 조치를 취했으며, 부유층에 대해선 재산세의 면세점 인상, 각종 사치성 입장세를 강화하였다. 또한 보석·TV·냉장고·고급주류·고급주택·자가용 승용차에 대한 중과세를 실시하고, 휘발유 세율을 인상하였다. 이를 수행하기 위한 공무원의 사기진작을 위하여 공무원 임금인상을 조기에 실시하기로 했다.

부유층에 대한 중과세와 서민층에 대한 지원이라는 형태로 드러난 긴급조치 제3호는 서민과 중소기업 등을 유신정권의 지지기반으로 삼는 대신 부르주아 및 중산층을 지지기반으로 한 신민당의 기반을 약화시키겠다는 전략이었다. 이는 그의 서민적 풍모와 제스처 등과 어우러져 조직적으로 박정희 유신의 당위성을 선전하는 수단으로 이용되었다.

이러한 상황에서 1976년 3·1절에 서울 명동성당에서 가톨릭 신부와 개신교 목사의 합동기도회에서 안병무·함세웅·문익환 등이 3·1 민주구국선언을 낭독하였다. 이에 정부는 긴급조치 9호를 발동하여 구금하고 재판에서 실형을 가했다.[33] 이어서 「반국가행위자의 처벌에 관한 특별조치법」(1977.12.31)을 공포하여 수많은 민주인사들을 체포·구금하는 등 정국은 계속해서 경색되었다. 그럼에도 1978년 12월에는 통일주체국민회의에서 박정희를 또다시 대통령으로 선출함으로써 영구집권 기도가 기정사실화되었다.

33/ 이들은 1977년 12월 말에야 비로소 출옥하였다. 출옥하면서 안병무가 민족·민주·민중이란 주제로 강연함으로써 한국에서 처음으로 한국적 민중 신학이 탄생하게 되었다.

<표> 유신정권 하 대통령 긴급조치 공포 내용

긴급조치 1호 (1974.1.8)	−헌법 개정 또는 폐지를 주장·발의·제안 및 청원 행위 금지 −유언비어 날조·유포 행위 금지 −위반자 영장 없이 체포·구속·압수·수색 가능 −민간인이라도 비상군법회의에서 심판·처단
긴급조치 2호 (1974.1.8)	−긴급조치 위반자를 심판을 위한 군법회의 설치
긴급조치 3호 (1974.1.14)	−저소득층 부담 경감 : 근로 소득세, 사업 소득세 및 주민세 경감, 국민 복지 연금 및 교원 연금제도 실시 1년 연기 −버스 등의 대중 교통수단의 통행세 감면 −적정 미가 유지(1973년산 미곡 수매 가격을 가마당 500원씩 인상) −영세민의 취로 대책비 1백억원 확보 −중소 상공업 특별저리 금융자금 3백억원 지원 −임금 우선변제제 신설, 임금채불, 부당해고, 및 근로조건의 악화시 기업주 가중처벌 −재산세의 면세점 인상, 각종사치성입장세, 보석, TV, 냉장고, 고급주류, 고급주택, 자가용승용차에 대한 조세 중과 −휘발유 세율 인상 −공무원 임금인상 조기 실시
긴급조치 4호 (1974.4.3)	−전국 민주청년학생총연맹(민청학련) 및 관련 단체의 활동을 찬양 고무하거나 회동 연락 또는 장소, 물건 금품 등을 지원한 행위 금지 −학생의 정당한 이유 없는 출석, 수업 시험 거부 금지 −학교내외의 집회, 시위, 성토, 농성 등 개별적 집단적 행위 금지 −문교부 장관의 학생 퇴학, 학교 폐쇄 처분권 부여 −지방자치단체장 국방부장관에게 군대 동원요청 가능
긴급조치 7호 (1975.4.8)	−고려대학교 휴교 조치 −위반자 3년 이상 징역
긴급조치 9호 (1975.5.13)	−유언비어 날조·유포 사실왜곡 및 전파 행위 금지 −집회·시위, 신문·방송·통신, 문서·도서·음반 등으로 헌법을 부정·반대·왜곡·비방, 개정·폐지 주장·청원·선동·선전 금지 −학생의 집회·시위나 정치 관여 행위 금지 −위반한 단체나 사업체는 휴업·휴교·해산이나 폐쇄 위반자 1년 이상의 유기 징역

뉴 라이트는 유신체제 성립은 단순히 박정희 개인의 권력욕만으로 설명할 수 없다는 입장이다. 즉 1968년의 북측의 대남무력공세, 1969년의 닉슨 독트린, 1970년의 주한미군 감축계획, 1972년의 미중국교 수립 등의 역사적 조건 속에서 한국을 둘러싼 군사안보와 국제정세에 대응하여 자주국방이나 그 배경으로서 중화학공업의 발전을 도모할 필요가 있었다는 점에서 나아가 노동집약적 경공업제품의 수출 전략이 한계에 달해 새로운 성장 동력을 찾아야 하는 등의 원인으로 유신체제를 추구한 것으로 파악했다.

■ 타는 가슴 속 목마름의 기억

유신정권의 붕괴 단서는 1979년 8월 9일에는 YH 여성노동자들의 신민당 농성과 연행 과정에서 김경숙이 사망하는 사건이 발생하면서 나타났다. 이에 신민당과 공화당 간의 극한적 대립이 발생하고 유신체제에 대한 국민들의 불신을 일반화시켰다. 야당도 전열을 정비했다. 본래 김영삼 신민당 총재는 1975년 8월 박대통령과 면담하는 등 어느 정도 유신정권과의 타협 노선을 표방하였다. 그러나 1976년 9월 신민당 전당대회의 대표최고위원 경선에서 이철승에게 패배하여 오히려 유신정권과의 타협노선이 강화되는 상황이 되었다. 이에 김영삼은 다시 제10대 총선(1978.12.12) 승리를 기회로 삼아 전당대회의 총재 경선(1979.5.30)에 출마했고 김대중의 지원을 받아 총재로 취임하였다. 이에 자연스럽게 박정희 정권에 대한 '확실한' 반대 노선을 취하게 된 것이다.

1979년 9월에는 신민당의 김영삼 총재의 의원직 제명사건이 발생하여 유신반대 운동을 더욱 격렬하게 만들었다. 그것은 김영삼 총재가 <뉴욕 타임스>와의 회견에서 '미국 정부가 박정희 정부에 대한 지지를 철회할 것'

을 주장한 것이 문제가 되었다. 유신정권은 이 발언을 '사대주의적 발상'이라고 하면서 김영삼의 국회의원직을 제명하였다. 뿐만 아니라 신민당 3개 지구당 위원장들이 제출한 총재단 직무정지 가처분신청도 서울민사지방법원 합의부에서 받아들여져 김영삼은 총재직까지 상실하였다. 김영삼에 대한 의원직 제명과 총재직무정지 가처분은 정국을 극도로 경색시켰으며 전국 각 대학에서의 시위와 그 연장 위에서 10월 16일 발생한 부산·마산 지역의 시민항쟁[釜馬抗爭]이 착종하여 유신체제는 위기에 처했다. 이러한 국민들의 저항에 의해 정권 내부의 갈등이 심화되어 결국 박정희는 중앙정보부장 김재규金載圭의 총탄에 의해 10월 26일 사망하였다[10·26사태]. 김재규는 곧 체포되고 전국에 비상계엄이 선포되었다.

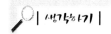 | 생각능1기 |

7. 역대 대통령의 발빠른 방미(訪美) 어떻게 볼 것인가

2007년 6월 대선이 얼마 남지 않은 상황에서 한나라당 대통령 예비 후보였던 이명박 후보가 미국 방문을 추진했다가 미국의 라이스 국무장관이 만나주지 않자 계획을 미뤘다. 10월 중순 다시 그는 미국 방문을 발표하면서 부시 미 대통령을 만날 것이라고 했다. 중앙일보 등은 이명박 후보가 부시와 면담하는 것은 지난 10년간 '좌파' 정권이 훼손한 한미동맹을 재차 공고히 하고 신뢰를 회복하는 길이라 대서특필했지만 이윽고 주한 미대사관이 사실무근임을 밝히는 바람에 신문도 후보도 모두 '망신'을 당했다.

그런 망신도 모자라서 대통령이 되자마자 취임사의 잉크도 마르지 않았는데 미국을 방문하여 미국산 쇠고기의 사실상 무차별적인 수입을 약속하고 돌아왔다. 역대 한국의 대통령이 이렇게 임기가 시작되자마자 너나없이 미국을 방문하고 있다는 점을 돌이켜 보고 싶다. 도대체 한결같은 방미가 도대체 무슨 이득이 있길래? 그도 그럴 것이 언제나 역대 대통령의 미국 방문은 그러한 '그들만의 거래'가 있었던 것이다.

1987년 이전까지는 주로 집권과정에 문제가 있었던 권력이 자신의 정통성 결여를

만회하려는 수단으로 방미가 이용되었다. 물론 미국과 사사건건 의견충돌을 빚었던 이 승만 대통령은 자신이 미국 박사이고 정치적 근거지가 미국이었지만 방미를 자제하였 고, 다만 1954년에 미국을 국빈 자격으로 방문하여 한국전쟁에 희생한 미국에 감사하 는 활동을 했다. 5 · 16 쿠데타로 정권을 쥔 박정희 국가재건최고회의 의장은 케네디 대통령과 면담하여 권력의 정당성을 얻고자 했다. 어느 기자가 '마치 군주 앞에 불려나 온 신하같이 긴장했다'는 기록처럼 거만한 케네디의 무시를 감내하면서까지 조속한 민 정 이양을 약속하였다.

이러한 형식의 방미는 전두환이 직접 계승하였다. 1980년 광주 학살의 원흉이자 헌 정질서를 유린하면서 권력을 쥔 그는 박정희가 그랬던 것처럼 미국 방문을 추진했다. 박정희처럼 굴욕을 선물로 집권의 명분을 얻는 길을 모색한 것이다. 그는 김대중 구명 문제를 방미 효과와 결부하기로 했다. 그는 미국을 방문하여 한국의 핵개발을 포기하 고 인권 문제를 해결하겠다고 하면서 주한미군 철수 문제를 종결지었고, 김대중 구명 을 약속하였다. 그러면서 미국의 확고한 안보와 경제 동반자라는 타이틀을 얻었다.

1987년 미국은 정통성 없는 군부 잔당이 집권하는 길을 또 한 번 정당화했다. 1987 년 6 · 10항쟁으로 대통령 직선제가 쟁취되었지만 민주 진영의 김영삼 · 김대중 두 후 보는 후보 단일화를 이루지 못하였다. 그러나 그 사이 노태우는 대통령 선거를 석 달 남겨둔 1987년 9월 13일 미국을 방문하였다. 방미에는 또 다시 미국과 큰 거래를 일구 었다. 노태우는 직선제하에서도 변함없는 친미노선을 약속한 대가로 마치 자신이 6 · 29의 주역인 듯 이미지를 창출하고자 했다. 예를 들어 레이건에게 대놓고 한국군의 작 전지휘권 점진적 이양, 한국의 반미 운동에 대한 이해 촉구, 미국의 무역 압박에 대한 비판 등을 감행하여 5 · 18과 12 · 12의 주역이었다는 오명을 벗고 마치 민주주의 지도 자라는 이미지를 높이려 했다.

김영삼도 예외가 아니었다. 그는 1990년 사실상 '단신'으로 민자당에 들어가서 대표 최고위원까지 했지만 언제나 뒤로 밀릴 수 있는 소수파였다. 그러나 1991년 9월 노태 우를 수행하면서 미국을 방문하여 부시와 면담하면서 마치 민자당의 후계자라는 이 미지를 국내외에 널리 알릴 수 있었다. 물론 김대중도 색깔론의 피해자로서 방미가 얼 마나 현실적인 것인지 알고 있었다. 1997년 4월 미리 방미하여 안보와 경제의 중요성 을 강조하는 등 자신의 민주주의와 인권의 신념을 죽여 가면서까지 미국을 안심시키는 외교를 전개했다. 그 결과 오랫동안 자신을 괴롭혔던 빨갱이론 혹은 색깔론의 굴레에 서 벗어날 수 있었다.

그런데 노무현은 달랐다. 그는 2002년 4월 민주당 대통령후보가 되었지만 이전의 직선제 대통령이 반드시 후보 시절 거쳤던 방미를 하지 않았다. 그는 인터넷 경선의 영웅으로 후보가 되면서 "나는 미국에 한 번도 안 갔는데 바빠서 안 갔다"는 농담인지 진담인지 모를 말을 하였다. 그는 후일 APEC 때나 특별한 한미 정상회담이 필요한 경우에만 미국 대통령을 만났다. 이 점에서 노무현은 후보 시절 미국과 그들만의 거래를 하지 않고서 대통령이 된 유일한 사람이다.

마찬가지로 이명박도 후보 시절 미국을 방문하지 않았다. 하지만 그는 바빠서 가지 않은 것이 아니라 가고 싶어도 오지 말라고 해서 못 갔다. 그나마 대통령이 된 후 너무 급히 달려가 변종 단백질을 함유할지도 모를 쇠고기의 완전 수입자유화를 외치고 왔다. 노무현과 이명박 두 사람은 후보 시절 방미를 하지 않은 것에서 닮았지만 내면은 그렇게 차이가 나는 것이다.

21세기 지금은 종래 정통성 없는 군부 권력이 굴욕을 조공했던 것과 달리 이제 국민이 뽑은 대통령이 집권하는 시대이다. 굴욕을 팔고 그들만의 거래를 해오던 타성에서 벗어나야 한다.

■ 화려한 휴가

10 · 26 사태로 갑작스럽게 대통령 권한대행이 된 최규하崔圭夏 국무총리는 「유신헌법」에 따른 대통령 선출을 천명하고 자신이 후보로 나서 통일주체국민회의에서 제10대 대통령으로 선출되었다. 공화당에서는 김종필을 후임 총재로 지명하여 시국 수습을 맡겼다. 그러나 야당은 이러한 조치가 유신체제의 연장 음모라고 여기고 강력하게 '유신철폐'와 '계엄해제'를 요구하였으나 받아들여지지 않았다. 박정희 사망 이후 국가권력의 이완과 각계 민주화 요구에 두려움을 느낀 전두환全斗煥 등 정규 육사 출신의 하나회(군의 사조직)가 중심이 된 신군부 집단은 정승화鄭昇和 참모총장이 10 · 26사건 현장에 있었다는 평계로 육군 지도부를 제거하는 이른바 12 · 12쿠데타를 감행하였다.

한편, 10ㆍ26사태 이후 20여 년간의 군부와 독재에 억눌려온 국민의 민주화 욕구는 사회 각 부문에서 걷잡을 수 없이 분출되었다. 민주화운동의 주도세력인 학생들은 1980년대 초 학내 민주화운동을 중심으로 사회 의식을 고취하였고, 민주화운동의 조직 확대에 꾸준히 노력하였다. 그리고 학생들은 1980년 4월 정부의 학원자율화 조치에 이어서 이제는 보다 실질적인 사회 민주화 요구를 내걸었다.

노동계 사정도 심각해졌다. 1978년부터 경제성장의 둔화, 실업의 증가, 공장가동률의 저하 등은 1980년에 와서 더욱 심화되고 근로자들의 생활조건은 악화되었다. 사회전반의 민주화 열기에 편승하여 각 단위 사업장에서의 노동쟁의도 증가하였고, 노동운동도 지역적ㆍ전국적인 연대가 모색되기도 하였다. 특히, 1980년 4월 21일부터 사흘 동안 지속된 사북광산 노동자들의 항쟁은 절망적 상황 아래 신음해 온 광산노동자들의 분노였다. 그 규모와 격렬성에 비추어 이 사건은 이전의 노동쟁의와는 사뭇 달랐다.

〈전두환 합수본부장〉

이 상황에서도 보수야당을 비롯한 중산층은 평화적인 방법에 의한 민주화가 곧 실현되리라는 환상을 품고 있었으나, '안개정국'으로 지칭된 현상적인 권력배후의 군부의 움직임은 심상치 않았다. 12ㆍ12쿠데타 이후 곧바로 김재규에 사형을 선고하였고(1979.12.20), 최규하 대통령은 뜬금없이 '이원집정부제' 개헌을 검토한다는 등으로 국민들의 의혹을 샀다(1980.1). 그 와중에 전두환이 합동수사본부장을 겸해서 중앙정보부장서리에 임명되었는데(1980.4.14), 이후 그의 정치적 행보가 세간의 관심을 끌기 시작하였다.34/

이러한 상황에서 학생들은 전두환 등 신군부의 움직임에 우려를 표하고 조속한 계엄철폐와 유신잔재 청산을 촉구하는 정치투쟁을 전개했다. 5월 2일의 서울대 집회에 이어서 5월 15일에는 약 10만 명이 서울역에 운집하여 계엄령 해제를 요구하였다. 그러나 신군부는 쿠데타를 일으켜서 비상계엄을 오히려 제주도로 확대하고 언론·출판·보도·방송의 사전 검열, 대학에 대한 휴교조치, 북괴와 동일한 주장이나 용어사용 및 선동 행위 금지 등을 주요내용으로 하는 계엄포고 10호를 발표하였다(1980.5.17). 이어서 김대중·김종필 등 여야 정치인을 체포하고, 김영삼 신민당 총재를 가택에 연금하였다. 당시 '80년의 봄'의 해빙무드에도 불구하고 최규하가 3김(김대중·김영삼·김종필)의 영향력을 압도하지 못하는 상황에서 자연스럽게 신군부의 정치세력화를 방조하였고, 그 결과 군부에 대한 견제력이 떨어지면서 5·17을 불렀다.

계엄군의 통제 아래서도 꾸준히 민주화 시위가 확대되던 광주에서는 5

〈공수부대에 끌려가는 광주시민〉

월 18일 오전 전남대 정문 앞에 집결한 학생들을 공수부대원들이 가혹하게 진압함으로써 학생과 무장계엄군 사이의 대립이 격렬해졌다. '화려한 휴가'라고 지칭된 제1차 작전에서 '충정'이라 불린 제5차까지의 임무를 부여받은 공수부대원은 시민들을 무자비하게 살상하였다. 5월 19일 오전

34/ 전두환은 경남 합천 출생이다. 1951년 대구공고를 졸업하고, 1955년 육군사관학교를 제11기로 졸업하였다. 1961년 5·16쿠데타 직후 박정희에게 발탁되어 국가재건최고회의 의장실 민원비서관, 1963년 중앙정보부 인사과장, 1969년 육군본부 수석부관을 지냈다. 1970년 백마부대 제29연대장으로 베트남전쟁에 참전하였고, 1971년 제1공수특전단 단장을 지냈다. 1976년 대통령 경호실 차장보, 1978년 제1사단장을 지낸 후 1979년 초 국군보안사령관이 되었다.

부터 시위의 중심은 학생에서 일반시민으로 확대되었고, 5월 21일에는 전두환 세력에 대한 엄청난 분노와 김대중 체포에 대한 좌절감, 지역적 소외 의식이 혼연일체가 된 시민들의 자체무장에 의한 저항으로 계엄군은 도청을 버리고 후퇴를 하게 되었다.

시위는 목포·함평·무안·나주·영산포·영암·강진·해남·장흥·화순 등 전남 지역으로 확대되면서 5월 22일부터 27일까지 광주는 시민들에 의해 장악되었다. 그러나 '현 정부 퇴진'·'계엄령 해제'·'학살원흉 처단' 등을 주장하면서 도청을 장악하고 마지막까지 결사적인 항쟁을 준비하였던 시민군들은 5월 27일 새벽 계엄군의 진압에 의해 패퇴하고 최후까지 저항하는 시민군 가운데 상당수는 사망하였다. 정부의 공식통계에 의하면 2만 5천 명 정도의 군을 투입한 무력진압에서 사망 191명, 부상자 852명 등 1천여 명의 사상자가 났다. 이중 민간인은 166명, 군인은 23명, 경찰은 4명이었다. 행방불명도 47명이었다.

이처럼 광주민주화운동은 4·19혁명 이후 최대의 반독재·국민항쟁이었다. 특히, 이를 계기로 군사정권의 폭압적 성격에 대한 범국민적 인식도가 심화되었고, 국군통수권을 실질적으로 장악하고 있는 미국에 대한 새로운 인식이 예고되었다. 신군부 또한 이 사건으로 상당한 부담을 안고서 5공화국을 출범시켰다. 아울러 이 사건을 계기로 한국의 사회운동은 1970년대 지식인 중심의 운동에서 국민·대중운동 형태로 변했고, 사회운동의 목표로 민족해방·사회주의 등이 본격적으로 거론되는 기점이 되었다.

광주 민주화 운동을 무력으로 진압한 신군부는 곧바로 국가보위비상대책위원회(국보위)를 개소하여 전두환이 의장을 맡고서는 입법·사법·행정의 3권을 장악했다(1980.5.31). 국보위는 김대중 내란음모사건을 조작하여 관련자 24명을 기소하고, 제10대 국회의원 다수의 정치활동을 규제했다. 나아가 7월에는 고급공무원 232명, 3급 이하 공무원 4,760명, 교수 86명, 교사 611명, 정부투자기관 산하 127개 기관 임직원 1,819명, 언론인 711명 등 총 8,500여 명을 '숙정'이라는 명분으로 강제 해직하였다. 사회적 악폐를 시정한다는 명분으로 172개 정기간행물의 등록을 취소하고(1980. 7.31), 폭력배 및 사회풍토 문란 사범을 소탕하고 순화한다고 하여 삼청교육대(6.1)를 개소하고 그해 말까지 총 5만 7천 명을 체포하여 3천여 명을 구속하고, 4만여 명을 삼청교육대에서 고된 훈련을 받게 하였다. 이러한 국보위의 개혁은 대체로 공포정치와 반민주적 절차를 통하여 신군부의 자의가 크게 작용하고, 즉흥적 개혁 논리가 여과 없이 반영된 개혁이었기에 많은 부작용도 있었지만, 대학생 과외 금지, 재학생 학원수강 금지 등 사교육 분야에 대한 강도 높은 규제를 실천함으로써 나름의 국민적 지지를 받기도 했다.

■ 부패한 군사독재 정권

신군부는 이처럼 국보위를 통한 사회통제를 극대화한 위에 최규하 대통령을 압박하여 하야토록 했다(1980.8.16). 이어서 전군지휘관회의가 전두환을 국가원수에 추대하기로 결의(1980.8.21)하는 한편, 급거 통일주체국민회의를 소집하여 제11대 대통령이 되게 하는 요식 행위를 벌였다(1980.9.1). 하지만 군부의 자의적인 정권 재창출에 대한 국민

〈국보위 현판식의 전두환과 박충훈〉

적 실망은 컸다. 신군부는 그것을 무마하고 권력의 안정성을 확보하기 위하

여 종전의 유신헌법을 수정하여 대통령선거인단에 의한 대통령 선출과 7년 단임제를 못 박은 신헌법을 발의하였고(1980.10.17) 곧바로 선거인단 선출을 위한 국민투표를 실시하였다(1980.10.22). 이 시점에서 국회와 통일주체국민회의도 폐지되고 새로이 국가보위입법회의가 국회의 기능을 대신하게 되었다.

1981년 1월 민주정의당民正黨이 창당되고 3월 3일에 전두환이 다시 제12대 대통령에 취임함으로써 제5공화국이 탄생하게 되었다. 박정희 대통령이 주로 교수의 두뇌를 빌렸다면 전두환은 육사 출신의 엘리트의 힘을 빌렸다. 정부 요로에 하나회 심복을 배치하는 등 유신시대에 못지않은 군사독재 체제를 구축하였다. 이렇게 철권이 형성되자 곧바로 권력은 부패하였다. 집권 초기부터 대통령 친인척의 비리가 자행되었다. 예를 들어 이철희 · 장영자 사건(1982.6.2)은 전두환의 친인척이 개입된 무려 7천억 원에 달하는 금융사기 사건이었다.35/ 다음해에 일어난 명성그룹사건(1983.9.2)도 친인척 개입의 의혹이 있었다. 뿐만 아니라 대통령 스스로 막대한 비자금을 조성하였으며,36/ 각종 주요 공직이 특별한 검증이나 절차 없이 자의적으로 측근에 부여되었다.

이러한 대통령 측근의 부패와 함께 1983년 9월 1일에는 대한항공 보잉 747여객기가 사할린 부근에서 소련전투기에 의하여 격추(269명 사망)되는 참변이 있었고, 10월 9일에는 버마 아웅산 묘소 폭발사건 발생하여 서석준徐錫俊 부총리 등 17명의 관료가 사망하는 참변이 있었다. 또한 10월 24일

35/ 여기서 기소된 피의자는 모두 32명이었고, 이후 이러한 사건의 재발을 막고자 「특정 경제범죄 가중처벌 등에 관한 법률」(1983.12.31)이 제정되었다.

36/ 1995년 김영삼 정부 아래서 반란 수괴혐의로 재판을 받을 때 확정 추징금은 모두 2천 2백 5억 원이었는데, 2005년 말까지 추징된 액수는 5백 32억 7천여만 원으로 집행률은 24.16%에 그쳤다. 노태우는 확정 추징금이 2천 6백 28억 원이었고, 2005년 말까지 2천 1백 9억 원으로 집행률은 80.26%였다.

에는 대검찰청 중앙수사부가 '영동개발진흥그룹과 연계된 조흥은행 금융부정사건'을 발표하고 피의자 30명을 기소하였다.

이처럼 전두환 집권 초기에는 여기저기서 국가적 참변과 부정부패의 징후가 포착되었다. 그럼에도 부패한 군사독재는 이후 8년가량 유지되었다. 거기에는 몇 가지 비결이 있었다. 첫째, 물가안정을 기반으로 한 중화학공업의 발흥과 그것을 뒷받침하는 정부의 긴축정책과 저유가 · 저금리 · 저환율 등 3저 호황이 80년대 중 · 후반 내내 지속되었기 때문이다. 그 결과 무역이 크게 활성화되어 흑자가 누적되는 등 1986~1988년간 '단군 이래 최대 호황'이라는 경제적 번영을 구가했다. 또한 물가만큼은 전두환이라는 인상을 강하게 남겨 국민들의 경제 불안을 어느 정도 진정시킬 수 있었다. 둘째, 특유한 뚝심으로 올림픽을 유치하고, 수십 년간 지속되어 온 야간 통행금지를 해제하였으며, 졸업정원제를 실시하여 대학교육의 문호를 확장하였다. 셋째, 물론 보안사령부 등 군부의 절대적 신망과 지지를 받으면서 국가안전기획부(안기부)를 통한 정치 · 경제 · 사회 · 문화 등 모든 방면에 권력을 투영할 수 있었다는 점, 그리고 경찰국가 체제로서 백골단 등을 동원한 강력한 시위진압과 인권 유린 등 폭압정치가 장기 집권을 도운 중요한 요인이었다. 하지만 이러한 전두환의 철권통치는 1985년을 기점으로 서서히 종말을 맞게 된다.

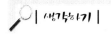 | 생각하기 |

8. 5 · 18 정신의 계승은 우리 안의 파시즘을 이기는 데서…

"민주주의는 인간의 미덕이 만든다." "작은 나라에서 오히려 민주주의는 꽃이 핀다." 장자크 루소가 암울한 절대주의 현실 아래서 진정한 인민주권의 정치체제를 요구할 때 외치던 그 목매인 그 함성이 지금으로부터 27년 전 광주 무등벌에서도 메아리쳤다. 우리는 그것을 5 · 18광주민주화운동 내지 광주민중항쟁이라고 부른다.

정부의 공식통계에 의하면 광주민중항쟁 당시 2만 5천 명 정도의 군을 투입한 무력 진압에서 사망 191명, 부상자 852명 등 1천여 명의 사상자가 났다고 한다. 그렇다면 우리는 5 · 18민주화운동의 값진 희생에서 지금 무엇을 다시 고민해야 하는가. 그 정신이 남긴 유산은 무엇인가.

사실 독재 권력이나 절대 왕권에 저항하는 근대 시민의 목소리는 심각한 결함이 있었다. 그것은 바로 왕권의 신성함이나 독재의 효율성을 넘어설 수 있는 국민의 소양이었고, 국민의 미덕이었다. 그래서 근대국가는 국민의 정치적 훈련을 위해서 지혜로운 미덕을 함양할 다양한 기회를 공교육이라는 이름으로 수행해왔다.

그러나 식민지를 겪고, 장기간 독재를 겪은 한국의 경우 그러한 공교육을 통한 체계적인 근대적 미덕의 함양 기회는 없었고, 외면은 근대적이고 화려한 시장경제를 구가했지만 정작 국민의 정치적 소양은 구현되지 못한 채 정치적 무권리 상태를 오랫동안 지속했다.

화려한 헌법의 구절구절이 인간사회의 바람직한 모든 것을 주장했지만, 표리부동한 권력의 강제 아래서 민주주의는 대단히 기나긴 정치적 고통이 따랐다. 그래서 자신의 성숙이 다하기 전에 국민들은 뜨거운 삶의 씨를 거리에서 노동현장에서 뿌렸다. 학생들이 거리의 투사로 나서고, 빈민과 노동자들의 함성이 산천을 덮었다.

광주민주화운동은 바로 그러한 고난의 근대사를 반영한 것이고, 폭압 현실에 대한 분노가 정교한 미덕의 성숙으로 이어지지 못한 채 또다른 진통을 겪지 않을 수 없었다. 당시 5 · 18 궐기문을 보면, 그러한 아픔이 절절히 나와있다.

"우리는 왜 총을 들 수밖에 없었는가? 먼저 이 고장과 민주주의를 수호하기 위해 피를 흘리며 싸우다 목숨을 바친 시민 학생들의 명복을 빕니다. 우리는 왜 총을 들 수밖에 없었는가? 그 대답은 너무나 간단합니다. 너무나 무자비한 만행을 더 이상 보고 있을 수만 없어서 너도 나도 총을 들고 나섰던 것입니다."

무자비한 만행에 대한 분노가 독재를 증오하게 되었고, 정치적 성숙의 고민은 바로 폭압에 대한 고민으로 대체되고 말았다. 진압군의 화려한 휴가라는 작전명에 보듯이 그 화려함은 자기 국민에 총부리를 겨눈 자들이 자신을 합리화하려는 수사일 뿐이었다. 정의는 민주적 대화기능에서 출발하지 못하고, 칼과 주먹이 마주치는 싸움판에서 조금씩 그 모습을 드러내기도 했다.

이제 수십 년이 지나 어느 정도 정치적 민주적 성숙을 이룩한 시기를 맞이하여 새로운 각도에서 당시 분노의 함성을 새롭게 해석하고, 21세기 우리의 모습으로 5 · 18을 계승하는 길을 찾을 필요가 있다. 우리는 늘 5 · 18민주화운동은 4 · 19 이후 최대의 반독재 · 민중항쟁이었다고 평가한다. 특히, 이를 계기로 군사정권의 폭압에 대한 국민적 인식이 심화되면서 민주화의 청사진이 마련되고, 미국에 대한 새로운 인식이 증가했으며, 조국의 자주적 통일에 대한 고민이 증대했다.

비록 총칼로 정권을 만든 신군부 세력 또한 이 사건에 대해 상당한 부담을 안고서 나름의 국민적 개혁을 통해서 깡패를 소탕하고, 과외를 근절했으며, 사회 곳곳의 부패를 쇄신하지 않을 수 없었다. 하지만 아무리 제5공화국이 개혁의 제스처를 보였지만 그들은 사멸해야 할 가치 위에 성립한 반역사적 반민족적 정권일 뿐이었다. 결국 국민의 분노와 증오가 커지면서 6 · 10항쟁으로 이어졌고, 마침내 진정한 민주정부의 성립을 보기 이르렀다. 하지만, 정작 우리는 독재정권 아래서 관용 없는 미덕, 지혜 없는 이성, 행복 없는 쾌락을 삶의 표본으로 내면깊이 뿌리박은 채 오늘까지 얼마나 그 무덤덤한 가치들에서 해방되었는지 자문할 필요가 있다.

독재의 아성을 무너뜨렸지만, 정작 아파트 한 채에 목숨 걸고 조그마한 이익을 위해 이웃과 친지 · 친구를 배반하고, 작은 이익을 위해 많은 사람의 생존권을 얼마나 자주 무시했는지 되돌아볼 필요가 있다. 나 안의 무질서와 내 마음의 파시즘이 독재정권 이상으로 우리의 삶을 옥죄는 지 생각해봐야 한다.

진정한 5 · 18의 계승은 우리 마음 안의 독재를 청산하는 것이다. 나 자신에 대한 진정한 발견이 현대적 가치의 지고한 가치라면, 진정한 자아의 발견은 부정직하고, 불관용하고, 자연적 우연성에 모든 것이 올인하는 그런 사회적 냉정함에 대한 자각일 것이고, 주체적인 거부감이어야 한다. 내 자신만의 배타적인 세상을 구축하거나 나 이외의 모든 가치를 하잖게 보는 그러한 개인의 권리가 아니라, 내 안의 독재를 벗어서 남과 더불어 공존하려는 마음을 북돋는 것, 그래서 증오와 투쟁의 민주화가 아니라 공존과 관용의 민주화를 만들어가는 것, 바로 그것이 5 · 18의 현재적 가치이다. 요컨대 오늘날 우리 학생들의 5 · 18은 내 마음 안에 있는 독재에서 벗어나는데 그 의미가 있는 것이다.

■ NLPDR 이론, 전위화의 기로

5·18 광주민주화운동 이후 전두환 군사정권은 민족·민주운동 진영에 대해 가혹한 폭압으로 맞섰다. 그 결과 일시적으로 재야 세력의 운동은 약화되었으나 대학생을 중심으로 한 학생운동은 오히려 조직화되었다. 이에 문부식文富植이 주동한 미국문화원 방화사건(1982.3.18)과 대구 미국문화원 폭발사건(1983.9.22) 이후 전두환 군사정권의 비정통성에 대한 인식이 사회에 확산되었고, 전두환 정권의 「학원안정법」 제정 기도(1983)

〈방화직후의 부산 미국문화원 건물〉
출처 : 대검찰청 홈페이지

도 백골단을 동원한 탄압에도 불구하고 학생들의 끈질긴 반대시위로 결국 법 자체가 폐기되었다. 이어서 1984년 5월 23일에는 서울 미국문화원 점거사건이 발생하여 서울지방검찰청에서 서울대학교 총학생회장 등 피의자 20명을 기소하였으며, 11월 18일에는 민정당 중앙정치연수원 점거 방화사건이 발생하여 서울지방검찰청이 피의자 81명을 기소하였다.

1985년에 들면서 학생들은 전국의 대학생을 총망라한 전국학생총연합회[전학련]를 결성하여 반독재 투쟁을 전면화했다. 아울러 미국문화원 점거농성(1985.5.21)이 발생했고, 여기서 전두환 정권 축출 구호가 본격화되고, 광주민주화운동의 진압 과정에서 나타난 미국의 책임 문제가 불거졌다. 이에 공안 당국은 고려대 허인회 등 삼민투쟁위원회三民鬪 관련자 66명을 연행하여(1985.6.29) 학생운동의 확산을 막고자 했다. 이 시기에는 부당한 권력에 대한 젊은 대학생들의 고민은 극단적인 자살이나 분신 등으로 이어졌다.

또한 1986년 5월 3일에는 이른바 인천소요사건이 발생하여 인천지방검찰청 등에서 103명을 기소하였고, 6월 6일에는 부천경찰서 성고문 사건이 발생하였으나 인천지방검찰청은 가해자인 경찰관 문귀동에 대해 기소유예를 결정하는 등 권력 하수인 같은 모습을 보였다.37/ 1986년 10월 28일에는 경찰이 건국대에 진입하여 애학투(반외세반독재애국학생투쟁연합) 발족식에 참가한 학생 1,525명을 연행하고 이중 1,290명을 구속한 이른바 건국대학교 점거농성사건이 발생하였고, 여기서 약 400명이 기소되었다. 1986년 한 해에만 4명의 대학생이 목숨을 끊었고, 3,400명이 구속되었으며, 최루탄 구입비가 60억 원에 달했다.

광주민주화운동 이후 일부 학생들은 전두환 군사정권의 파시즘적 강압 통치에서 한국사회를 구원하기 위한 길을 사회주의적 방법을 통해서 찾고자 했다. 그 과정에서 한국사회의 바람직한 변혁을 뒷받침할 토대 연구로써 사회구성체 논쟁이 작렬하였고, 이에 한국사회를 신식민지 국가독점자본주의 체제로 파악하는 그룹과 신식민지 반봉건 사회로 파악하는 그룹 등 다양한 논의가 제기되었다. 특히 무림-학림, 깃발-반깃발 논쟁 등 현실을 과학적으로 분석하여 바람직한 학생운동 노선을 추구하려는 움직임 이후 종래 자유주의적 학생운동에서 나타나는 관념론적 민주화론이나 저항주의 운동론은 약화되고, 객관주의와 혁명주의적 이념화 경향이 강화되었다. 이러한 경향은 이후 자민투·민민투 논쟁이라 하여 이후 한국 현실에 대한 기계론적인 이해나 원리주의적인 NLPDR(민족해방민중민주주의 혁명론) 이론이 팽창하는 배경이 되었다.

하지만 80년대 초반까지도 아직 사회주의에 대한 과학적 이해가 바탕이

37/ 이에 고소인 권인숙은 그해 9월 1일 재정을 신청하였고, 결국 노태우 정부에 들어서 비로소 인천 지방법원에서 가해자 문귀동에게 징역 5년 및 자격정지 3년을 선고하였다(1988.7.23).

되지 않았다. 겨우 음성적으로『공산당선언』류나『모택동사상전집』을 비롯하여 사회과학 서적을 탐독할 뿐이었다. 그러나 1985년 이후 사회주의 이론서가 널리 출판되면서 점차 사회주의적 변혁 방식에 관심을 기울이는 학생층이 증가하였다. 특히 종래 소수 이론꾼들이 주도한 NLPDR이론이 전체적인 학생운동의 주도 이념으로 정립되어 갔고, 그 안에서 민족자주파(NL파)와 민중민주파(PD파)로 나뉘어 치열한 이념논쟁을 전개하였다. 물론 이 두 노선은 전체적으로 NLPDR 이론틀 안에서 크게 벗어나지 않았다. 그럼에도 학생들의 사회주의적 이념 추구는 뉴 라이트의 비판처럼 급진좌파나 사회주의 건설을 목표로 한 경우는 적었고, 현실적으로 전두환 정권의 타도를 위한 길을 찾고자 계급에 대한 인식과 투쟁 방식을 고민한 경우가 많았다. 이는 6 · 29선언 이후 급속히 좌파적 논의가 위축되고 오히려 민족주의적 관심이 증가되는 현상과 맞물렸다.

그럼에도 기계론적이고 원리주의적인 인식이 현실을 단순하게 진단하게 하고, 급기야 NL · PD 그룹 등 운동 논리에 운동 실천이 고스란히 기계적으로 치환되면서 '신념의 종교화' 경향을 키웠다. 학생운동이 이념 지향적 성격으로 변하면서 일부 이념무장이 철저한 학생들만의 공간이 형성되었고, 이는 한국사회의 변화를 갈망하는 다수의 학생들의 포괄하지 못한 채 신성한 이념의 전위세력으로 특화되어 갔다. 이에 항간에 운동주체의 정치적 순수성에 대한 의문도 증가했고, 이념에 의한 편가르기라는 사회적 비판도 점증했다. 조국애 · 민족주의 · 자주화와 민족해방이라는 다양한 언술이 주체의 특성화를 강화했고, 순수한 저항의식과 관념적인 현실인식에 머무는 다수 학생과의 차별이 확연해졌다. '운동권'에 대한 사회적 특별한 취급현상이 나타난 것이다. 그럼에도 여전히 학생운동은 정치적 무권리 상태에서 벗어나고자 하는 국민들의 욕구를 대리 만족시키는 등 나름의 역사적 의미가 컸다.

또 하나 문제가 된 것은 1980년대 경제성장의 열매에 따른 역동적인 사회 변화를 냉정하게 보는 눈을 상실하게 만들었다는 점이다. 희생과 용기, 그리고 양심으로 무장되고 무장된 전위세력들은 변하는 세상을 신성한 교리를 수호하기 위한 기도와 연민으로 기꺼이 외면하였다. 그리고 점차 국민들에게서 타자화된 '운동권'으로 낙인찍혔다. 그럼에도 그들은 전두환 정권의 단발마 같은 폭압에 대항하려는 자구책이었으며, 이념 그 자체보다 대한민국의 민주화에 우선적인 가치를 두고 있었다는 점에서 우익들이 말하는 급진 좌익은 아니었다.

뉴 라이트는 이들의 고민을 내면적으로 살피지 않은 채 그들이 읽은 몇 가지 저작에 주목하여 급진 좌파 세력으로 매도하는 데 여념이 없다. 그들은 이승만 정권 시기 단정반대 운동을 좌파의 반란으로 규정했듯이, 이들 운동도 배후의 누군가로부터 사회주의 및 계급투쟁 이념에 포섭된 채 반미운동과 정부 타도를 외치는 좌익 공산 세력의 조직화된 반란으로 평가하였다.

■ 6 · 10 민주항쟁을 향하여

1984년 이후 전두환 정권의 강압이 일부 이완되는 조짐이 보였다. 이에 김영삼 · 김대중 등은 재야 세력과 연계하여 전두환 정권에 맞서는 민주화 운동의 주도기구를 창출하고자 소위 민주화추진협의회[민추협]을 결성하였다(1984.5.17). 그리고 이를 모태로 신당을 창당하고자 12인 위원회를 구성하였으며(12.11), 이어서 창당대회(1985.1.18)를 갖고 이민우 창당준비위원장을 총재로 선출했다.

신한민주당은 창당선언문에서 "민주화의 열망과 민주적 역량을 총집결,

민족의 주체세력으로 모든 반민주적 세력과 요소들을 과감히 제거하는데 앞장서겠다"고 했으며, 대통령제와 대통령 직선제, 임기 4년, 1회에 한해 중임을 허용하는 통치기구, 어떤 형태의 독재와 독선을 배제하고 주권재민의 원칙 수호, 지방자치제 조기실시, 군의 정치적 엄정중립을 채택했다. 이에 1985년 2·12총선거에서 신민당은 서울에서의 전원 당선을 비롯하여 전국 대도시에서 압승을 거두었다. 이에 개표 결과 민정당은 지역구에서 87석, 전국구에서 61석을 차지해 148석을, 신민당은 지역구 50석, 전국구 17석으로 총 67석을 차지해 신당 바람을 일으켜 11대의 민한당을 꺾고 제1 야당으로 부상하였다. 이후 신한민주당은 대통령 직선제 개헌안을 제기하였고(1985.8.4) 재야 34개 단체와 함께 '성고문 용공조작 범국민폭로대회'를 개최(8.14)하였다. 이에 전두환 정권은 내각제 개헌을 타진해왔고, 12월에 신민당 이민우 총재는 일정한 민주화 조건이 마련될 경우 야당도 내각제 개헌을 고려하겠다는 '이민우 구상'을 발표했다. 그러나 양 김씨가 반대함으로써 무위로 돌아갔다. 이어서 1986년에는 1천만 명 개헌서명운동을 전개하였다. 또한 고려대 교수들의 '민주화를 요구하는 시국선언문'의 발표(3.28)에 이어 전국 각 대학 교수들의 시국선언이 잇따랐다. 전국 초·중등 교사 546명도 교육민주화선언을 발표했다(5.10).

이에 전두환 정권은 위기 극복을 위해 전국노동자연맹추진위원회 사건, 맑스·레닌주의당 결성사건(1986.10), 반제동맹당 사건(1986.11)을 발표하여 관련자를 구속하였고 민통련을 비롯하여 14개 노동단체에 해산명령을 내렸다. 또한 북측의 금강산댐 건설이 남한을 수몰하기 위한 책략

〈애학투련 발족식에 참가한 학생들〉
출처 : 역사학연구소

이라 선전하면서 북의 수공水攻음모에 대응한다는 명목으로 '평화의 댐' 건설을 추진하여 의연금을 걷는 등 반공 열풍을 조장하였다(10.30).

아울러 유성환 국회의원이 국회에서 통일을 국시로 해야 한다고 한 발언을 문제 삼아 구속하였고(10.14), '김일성 사망설'을 유포하는 등 반공 이데올로기를 매개로 한 정권안정 대책은 지속되었다. 마침내 1987년 벽두에 터진 박종철 고문치사 사건(1987.1.14)이 신문에 대대적으로 보도되면서 그간 전두환 정권의 권위주의에 지지를 보내던 보수층마저 등을 돌렸다.

게다가 4·13호헌조치는 민간정부를 구성하여 군사정권을 종식하려는 국민적 여망과는 거리가 먼 정권연장 음모였다. 4·13호헌조치에 대하여 전국경제인연합회 등 경제단체와 범여권 민간단체들은 '구국적 선언'으로 환영했지만 변호사·종교인·교수·문인 등 지식인들의 여론 주도로 각 계층의 호헌반대선언이 발표되었다. 특히 천주교 광주교구 신부 12명이 직선제 개헌을 위한 단식농성을 시작한 이래 단식농성은 각 교구로 확산되었고(1987.4.21), 고려대 교수 30명의 시국성명과 재야인사 28명의 무기한 농성은 호헌반대 투쟁을 더욱 고조시켰다. 그리고 4월 22일 이후 직선제 민주헌법 실현을 위한 서명운동에 광범한 계층이 동참하였다.

4·13호헌조치 반대와 직선제 쟁취투쟁은 5월 18일 천주교정의구현사제단에 의해 박종철 고문치사 사건이 조작되었다는 성명이 발표되면서 전두환 퇴진운동으로 나아갔다. 이에 통일민주당과 재야가 연대하여 '호헌반대 민주헌법쟁취 국민운동본부'를 결성하고, 민정당 대통령후보 선출일인 1987년 6월 10일을 기하여 범국민대회를 개최했다. 범국민대회가 있기 하루 전 연세대생 이한열이 최루탄에 맞아 사망하는 사건이 도화선이 되어 국민대회 이후 운동은 전국적으로 확대되었고, 마침내 6월 26일 국민평화대행진으로 절정에 달했다.

〈쓰러지는 이한열〉
출처: 역사학연구소

전두환은 6월 14일 안보관계 장관과 군·치안
관계 책임자들이 모인 자리에서 비상사태에 대비
한 만반의 준비를 지시하였고, 19일에는 국방장관
과 각 군 수뇌부, 그리고 안기부장을 소집하여 다
음날 오전 4시까지 전투태세를 갖춘 군 병력의 배
치를 명령했다. 이에 미국은 19일 레이건 미국 대
통령의 친서를 전달하고 20일에는 더위스키 미 국
무차관, 23일에는 미국의 동아시아 담당차관보인
시거를 보내서 군 투입에 대한 우려를 전달함으로
써 전두환 정권의 군대동원 책동을 저지하였다. 이는 1980년 광주민주화운
동에서 미국이 전두환의 군사적 개입을 미리 저지하지 못하여 결국 대한 정
책에 많은 부담을 안게 된 데 대한 반성으로 볼 수 있다.

결국 수많은 희생을 치르고 나서 전두환 정권은 대통령 직선제를 수용
한다는 소위 6·29선언을 발표하고 정권의 평화적 교체를 약속함으로써
시위는 진정국면으로 들어갔다. 이어서 여야 합의로 개헌에 성공하였다
(1987.10). 개정헌법은 종래보다 언론출판 집회 결사의 자유를 강화하였
고, 입법부와 사법부의 권한을 강화했다. 이어서 「언론기본법」·「사회안
전법」·「국가보안법」·「집시법」 등의 개폐도 있었다. 또한 헌법재판소
(종래 헌법위원회)를 설치하여 위헌법률 심판, 탄핵 심판, 정당해산 심판,
권한쟁의 심판 등과 함께 헌법소원 심판 등의 권능을 부여하였다(1988.9).
이후 헌법재판소는 행정부와 국회 간의 정책 갈등을 중재하는 역할을 하였
고, 특히 일반 국민의 폭넓은 헌법 소원을 가능하게 하여 민주적인 법치제
도에 기여했지만, 사회 갈등이 모두 사법적 영역으로 수렴됨으로써 건전한
합의나 관용의 사회적 기능이 약화되는 계기가 되었다.

이러한 상황에서 국민들은 민간정부와 민주정치에 대한 염원을 불태웠다. 하지만 김영삼과 김대중이 독자출마를 선언하자, 민주화 세력은 다시 양 김파와 민중 후보파로 나뉘면서 분열하였다. 결국 1987년 12월 대통령 선거에서는 36.6%의 지지를 받는데 그친 노태우 후보가 당선되면서 군사 정권의 완전한 종식이라는 국민적 여망은 유보되었다. 하지만 이전과 달리 국민투표를 통한 대통령 선출과 그에 따른 평화적인 정권교체라는 역사적 의의는 큰 것이었다.

대통령 직선제는 이후 노태우 · 김영삼 · 김대중 · 노무현 · 이명박 정부를 이어가면서 안정적으로 정착하였다. 국민이 뽑은 대통령이라는 정통성은 각종 국가 정책이 국민적 지지 기반위에 존립할 수 있다는 것에서 확인되었다. 반면, 단임제에 따라 각 정부는 임기 후반에 들면서 국정 운영상의 레임덕 현상이 빈발했고, 잦은 여소야대 국면에 따른 국회와 대통령 간의 갈등과 충돌, 그리고 대통령 중심제에 따라 정당정치의 발전의 지체되는 등의 문제점이 나타났다.

요컨대, 기나긴 민주화의 장정 속에서 원리주의적이고 배타적인 운동주체의 한계도 보였으며, 불의와 불공정에 타협하면서 권력의 눈치를 보던 많은 지식인들의 한계도 노정되었다. 하지만, 그 역사 속에서 배운 것이 있다면 진정한 자유란 내가 선택한 사회에 내가 살 수 있는 자유이며, 민주주의란 단순한 권력의 장악에 있는 것이 아니라 공정하고 정의로운 사회 분위기를 만들기 위한 노력에 있다는 사실을 알게 된 것이다. 그래서 미완의 6 · 29인 것이다.

■ 북방외교가 무르익다

노태우 정부는 집권하면서 두 가지 과제에 봉착했다(1988.2.25). 하나는 여전히 강력한 전두환의 위세였고, 둘째는 자신이 12·12사태의 주역이자 광주민주화운동 탄압의 주동자라는 국민의 따가운 질책이었다. 말하자면 전두환 정권의 후계자라는 현실적 곤경이었다. 따라서 이러한 딜레마를 해결하기 위한 카드가 바로 '5공 청산'이었다.

노태우는 취임하기 전 이미 민주화합추진위원회를 구성하여 광주민주화운동을 '민주화를 위한 노력'으로 재규정하는 한편, 사상자 보상과 위령탑 및 기념관 건립을 추진하였다. 그러나 광주 문제에 대한 주도권은 이미 그에게 없었다. 즉, 1988년 4월의 국회의원 총선에서 집권당인 민정당이 과반 확보에 실패함으로써 여소야대의 국면이 조성된 것이다. 이에 야당은 국회에서 광주청문회를 개최하고 증인들을 출석시켜서 진상을 규명하고자 했으나 증인들의 무성의로 진상규명에 실패하고 말았다.

대신 국정감사나 국회청문회에서는 광주민주화운동만이 아니라 5공 전체에 대한 비리 폭로가 시작되었고, 최규하·전두환 전직 대통령의 출석과 증언이 요구되기도 했다. 이것은 여소야대 상황에서 노태우 정부의 발목을 잡는 일이었다. 이에 전두환은 사과하면서 자기 재산을 헌납하고 단죄를 기다릴 것이라는 '대국민성명'(1988.11.23)을 내고는 곧바로 백담사로 가서 은둔했다.

그러나 야당과 학생들이 지속적으로 전두환 국회출석을 요구하면서 대정부 투쟁을 벌였다. 이에 정권퇴진 운동에 놀란 노태우 정부는 5공비리 특별수사부(1988.12.13)를 개설하여 장세동 등 전두환 측근 및 전경환 등 친인척 등을 포함한 총 47명을 구속하였다. 그리고는 1989년 12월 31일에 전두환을 국회에 출석시켰다. 여기서 전두환은 '5·18사태에서 군의 발포는

〈백담사의 전두환 이순자 부부〉

자위권 발동을 위한 것'이라고 하여 국민의 빈축을 샀다.

1990년에는 여소야대의 정국이 무너졌다. 1990년 2월 노태우(민정당)·김영삼(통일민주당)·김종필(신민주공화당) 등 여야 3당의 지도자들이 내각제 개헌을 은밀히 약속하면서 합당하여 216석의 거대여당 민주자유당(민자당)을 구성하였다. 이후 노태우 정권은 교원지위 향상을 위한 특별법안 등 각종 쟁점 법안을 일괄 통과시키는 등 국가운영의 주도권을 잡기 시작했다. 그러나 국민 여론에 밀린 김영삼이 내각제개헌을 반대하여 민자당은 다시 분열 위기에 처했다. 엎친 데 덮친 격으로 수서택지지구를 분양받기 위한 한보재벌의 로비사건(水西사건, 1991.2)[38]과 정보사부지사기사건(1992.7)[39] 등이 발생했다.

이런 복마전과 같은 민자당에 대한 국민적 시선은 곱지 않았다. 물론 일부 국민은 김영삼이 정권을 잡기 위한 고육지책이었다는 평가도 있었으나 이후 학생운동은 80년대 후반처럼 재연되었고, 노태우 정부는 더욱 곤혹에 처했다. 특히 명지대생 강경대姜慶大 치사사건(1991.4.26) 등은 광범한 학

38/ 1989년 3월 택지개발 지구로 지정된 수서·대치 택지개발 예정지구를 일반 주택청약 예금자들과의 형평에 맞지 않게 특정조합에 공급함으로써 빚어진 비리 사건이다. 이 지역은 국가나 민간 업자가 개발하여 일반에 공급하도록 되어 있었으나 경제성 때문에 여러 단체가 조합을 결성하여 토지를 매입하고 특별공급을 청원하는 민원을 끊임없이 제기했다. 결국 1991년 1월 21일 정치권의 압력과 한보 그룹의 로비를 받은 서울시가 법적 근거 없이 이 지구의 민간 주택조합 소유토지 3만 5500평을 이들 조합에 특별 분양하여 그들 조합원과 한보그룹에 특혜를 주었다.

39/ 합동 참모본부 군사자료과장이 포함된 토지사기단에 의해 군 소유의 정보사 부지 불하 문제를 두고 보험회사가 660억 원을 사기 당한 사건.

생들을 결집시켰고, 민자당 해체 구호가 본격적으로 주창되었다.

이런 어려운 상황에서 각종 이익 집단은 정통성이 취약한 노태우 정부를 압박하여 자신의 이익을 획득하고자 했고, 실제로 많은 양보가 있었다. 급속한 사회 각 이익단체의 요구가 죄다 반영되다보니 재정지출은 확대되고, 노동생산성보다 노동자 임금 상승폭이 앞질러 국가경제의 안정에도 악영향을 미쳤다. 이에 '물태우'라는 별명이 붙을 정도였고, 특유의 우유부단한 이미지와 어울려서 집권 내내 종전의 군부가 보였던 카리스마는 드러낼 수 없었다.

여기서 김영삼 등의 구민주계 세력은 당내 권력투쟁을 전개하여 구민정계를 제압하였고, 경선을 좌절시킨 후 김영삼이 대통령 후보로 추대되었다. 이에 노태우 정부는 중립을 선언하였고(1992.10.7) 선거가 실시된 결과 김영삼이 제14대 대통령으로 선출되었다(1993.2.25). 그로부터 대통령 직선제에 의한 자연스런 권력 교체가 가능해지면서 다원화된 정치문화가 형성되고 특히 자연스러운 권력 교체로 인해 국민들은 다양한 시각에서 좌우측의 정책과 이념에 접근할 수 있게 되어 참여 민주주의 발전에 기여했다.

■ **복마전의 지방자치제**

노태우 정부는 집권 초기부터 군정이라는 국민여론을 부식하기 위하여 민간주도형의 민주정치를 실천하고 지역감정 해소를 천명하였다. 이에 민주화합추진위원회를 비롯하여 광주민주화운동 등 과거사에 대한 일정한 반성과 보상을 추진하였고, '5공 비리 특별수사부'를 두어 전두환 치하의 각종 비리를 적발하는데 힘을 쏟았다. 또한 수도권 집값 안정을 위해 주택 200만 호 건설을 천명하여 분당 및 일산 등지에 아파트 중심의 대규모 신도시를 건설했는데, 북방외교의 달성과 서울 올림픽의 성공적 개최와 더불어 노태우 정부의 대표적인 치적이었다. 또한 제6차 경제사회발전 5개년 계획 (1987~1991)을 수정하여 국민복지증진과 분배개선 사회적 형평을 도모하는데 역점을 두고자 했다.

또한, 1990년 12월에 「지방자치제법」 개정안이 의결되어 지방자치제가 부활하였다. 이에 이듬해 제2공화국 이후 처음으로 지방기초의회 선거가 실시되었고(1991.3.27) 이어서 지방광역의회 선거가 실시되어(6.20) 집권당 후보들이 압도적으로 많이 당선되는 등 민자당의 정치적 위기는 일부 모면되었다. 1995년에는 광역 및 기초 자치단체장 선거로까지 확대되었다. 이러한 지방자치제의 활성화는 바야흐로 '풀뿌리' 주민이 주체가 된 희망찬 지방문화가 꽃필 것이고 그동안 수도권에 억눌려 제대로 발전하지 못한 각 지역이 경제적 사회적으로 크게 발전할 것으로 기대했다. 실제로 지방자치제가 일면 각 지역에 숨어있던 인물이나 문화유산들이 널리 알려지고 지방문화가 다른 지역 사람에게도 개방되었다. 아울러 각 지역별로 해외에서 양질의 자본이 유치되어 지방특화산업도 육성되기도 하는 등 남다른 발전을 보인 고장도 많아졌다.

그러나 일반 주민의 대변보다는 재력을 겸한 지방 유지들이 중앙 정치 입문을 준비하는 통로가 되기도 했고, 특정 정당의 이해를 대변하여 중앙의 파벌이나 지역주의 정치의 연장으로 활용되거나 특정 정당의 정치적 기반으로 활용되었다. 나아가 막대한 선거비용을 보전하려는 단체장 및 지방의원들의 부정부패가 격심했다. 또한 지역개발을 명목으로 특정한 지방사회의 연줄을 자신의 세력으로 동원하면서 권한을 남용하였으며, 주민복지를 명분으로 거대한 지방행정타운 건설하면서 막대한 지방세를 낭비했으며, 이를 보전하기 위해 각종 지방세를 증가시켰다. 무엇보다도 본래 명예직이던 기초의회 의원직이 점차 유급제화하는 등 단순한 자원봉사직이 아니라 각종 이해 각축의 수단으로 전락하기 시작했다. 지역 이기주의가 격심해지면서 중앙과 지자체 간의 갈등이 증폭되고, 각종 국가사업이 지방자치체를 필두로 한 지역 이기주의에 의하여 좌절되는 역기능도 있었다.

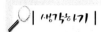 생각하기

9. 지방자치제, 나라 망친 애향주의(愛鄕主義)

처음 지방자치제가 부활될 때에는 바야흐로 '풀뿌리' 주민이 주체가 된 희망찬 지방문화가 꽃필 것이고 그동안 수도권에 억눌려 제대로 발전하지 못한 각 지역이 경제적 사회적으로 크게 발전할 것으로 기대했다. 실제로 지난 세월을 보면서 지방자치제가 일면 각 지역에 숨어있던 인물이나 문화유산들이 널리 알려지고 지방 문화가 다른 지역 사람에게도 개방되고 있다. 아울러 각 지역별로 해외에서 양질의 자본이 유치되어 지방 특화 산업도 육성되기도 하는 등 남다른 발전을 보인 고장도 많아졌다.

하지만 안타까운 것은 역시 각종 기초단체장들의 비리와 부정부패일 것이다. 그동안 수사를 받고 기소된 단체장들이 무려 2005년 기준으로 142명에 달하며 자살한 광역자치단체장도 있으며 대체로 뇌물수수, 선거법, 정치자금법 위반 등과 부정부패와 관련된 사실을 알게 되면 놀랄 일이다. 그런데 이보다 더 눈살을 찌푸리게 하는 것이 있다.

옛날 대학생 시절 별로 도움이 안 되는 일손이지만 농촌봉사활동에 참가하여 모기 · 파리와 싸우면서 낮에 일하고 저녁에 농촌 현실에 관한 세미나를 하던 시절이 있었다. 당시에도 산업화의 영향으로 마을에 가면 젊은 사람은 별로 없었던 것 같고 쪼그라든 할머니 · 할아버지 모습이 자주 보였고, 슬레이트 건물 혹은 초가집에 호박 넝쿨이 위태롭게 담장에 걸쳐진 모습을 보곤 했다. 그런 초라한 집들이 빼곡하게 이어진 속에 난데없이 중세 성곽같이 웅장한 건물이 있어서 눈살이 찌푸려졌는데 그것이 바로 교회였다.

웅장한 교회 건물 옆에 정작 하느님의 자식들이 사는 마을은 초라하기 이를 데 없어 너무도 비교되었다. 큰 교회건물에 가면 용한 목사가 있으며, 예수 믿고 회개해야만 구원이 있다는 어떤 아주머니의 외침에는 참으로 믿음이 가지 않았다. 멋진 건물과 비교되는 초라한 주민들의 집이 젊은 가슴에 남긴 아이러니는 역시 역사와 연대할 수 없는 그 모든 도그마나 종교는 또 하나의 기만극일 뿐이라는 생각을 갖게 하는 중요한 계기였다.

그런데 몇 십 년 지나니 또 지역주민의 초라한 슬레이트 지붕 너머로 엄청난 재원을 뿌린 군청, 시청 청사(廳舍)들이 울쑥불쑥 세워지고 있다. 아파트 투기와 집값 상승으로 인해 발생한 재산세와 각종 지방세를 기반으로 세워지는 수십 층의 시청, 군청은 위용은 중앙정부 청사 못지않다. 백번 양보하여 멋지게 지으면 시설도 좋아서 민원 해결도 잘 될 것 같지만, 웅장한 건물의 현관에 들어갈 때 느끼는 위압감은 보통사람이면 다 느낄 것이다.

그것은 십여 년 전 농촌 마을을 초라하게 만든 신식 교회 건물만큼이나 이제는 주민의 마음을 초라하게 만들고 있다. 물론 지방자치를 하면 일면 새로운 지방의회와의 연락이나 지역단위의 행사가 많아져서 군청이나 시청을 확장할 필요는 있을 것이기에 모든 것을 매도할 수는 없으나 참으로 안타깝다.

그렇다면 왜 그런 지방자치제의 왜곡들이 존재하고 스스로 시정하기는커녕 오히려 전국적으로 확산되는가. 그것은 다름 아닌 우리 스스로 과학적이지 못한 향토주와 애향주의로 무장한 전근대적 의식이 잔존하기 때문이다.

우리는 팔이 안으로 굽는 것을 인지상정이라고 하고, 똥개도 자기 집 앞에서는 50점 먹고 간다는 뿌리 깊은 향토주의에 볼모가 되었다. 하지만 지나친 애향주의는 진정한 지방자치제의 진로를 왜곡하고 만다. 민족문화의 경우도 마찬가지지만 지방문화가 보다 차원 높은 문화가 되려면 자기 고장 사람만이 느끼는 협소한 틀을 깨고 보다 민족적이고 세계적인 모습으로 성장할 때 그러하다.

뱃놈만의 문화는 뱃사람에게만 필요한 것이기에 아무리 자랑한들 협소한 지역문화일 뿐이고, 그래서 아무리 찬양해도 거기서 거기일 것이다. 하지만 뱃놈의 문화를 좀 더 보편화하여 해양의 문화, 교류와 포용의 문화로 승격시켜갈 때 뱃사람의 문화는 보편성을 갖게 되는 법이다. 본래 지역 문화를 육성하는 이유는 그들만의 문화적 특징을 다른 지역에 자랑하라는 것이 아니라 위축된 지역 문화를 보편의 틀 속에서 여과하며 독특한 미풍양속을 다른 지역에 보급하고 다른 지역 문화를 새롭게 받아들이는데 있다.

그런데 지방 문화의 육성을 말하지만, 정작 우리의 지방문화 육성은 그저 사소한 지방의 촌스런 역사적 단편을 뻥튀기하여 자기 고장의 자랑을 경주하는 것으로 전락하고 있다. 예를 들어 사투리 쓰기 운동은 그러한 애향주의 의식에다 왜곡된 다원주의, 협소한 다양성론이 결합한 전형적인 반역사적 지역주의 문화운동일 것이다. 물론 구수한 사투리의 효용을 모르는 것이 아니며 사투리의 사용 금지를 요구하는 것도 아니다.

문제는 사투리를 쓰고 일상화된 사람들이 그것을 새롭게 각인하면서 특정지역만의 특성을 고집하려는 데 있다. 말은 곧 사고요, 의식이며 결국은 인간이라고 한 사이드의 지적을 차치하고라도 정작 사투리를 다른 문화와 차이를 대변하는 것으로 한다면 결국 그 문화는 지역문화, 지방문화로 끝날 것이다. 어쩌다 지방자치가 지역 사회의 개별적 발전이라는 틀 속에서 이해되는 모르지만 중요한 것은 얼마만큼 다른 지역에 자랑할 선진적인 문화, 보편적인 문화를 창출하는 가가 중요하다. 일반 주민의 삶의 질과 전혀 상관없는 각종의 문화행사, 웅장한 청사 건립 등의 행위는 그러한 진정한 방향과는 거리가 먼 전근대적 발상이다.

한 때 어떤 지방에 산다는 이유로 신분이 고착화된 시대가 있었다. 경상도와 평안도에 살면 '~놈'이고, 전라도와 함경도에 살면 '~새끼'였다. 대신 경기나 충청도에 살면 '~사람' 혹은 '양반'이었다. 가진 자들이 자신들의 계급적 이해를 완성하기 위하여 자기 고장에 높은 점수를 부여하면서 마침내 지방제도는 곧 신분제도가 되었다. 특정 지역에 살면 간사하고, 어떤 지역에 살면 고집이 세며, 어떤 지역에 살면 처신이 양반처럼 젊잖다는 이야기는 늘 자신이 거주하는 지역이 다른 지역과의 차별을 요구한 결과이다. 그래서 옛날에는 자기 고장의 위상을 높이기 위해 뇌물을 주기도 했다.

예를 들어 <세종실록지리지>를 보면, '수원도호부는 몽고 군사가 대부도(大阜島)에 침입하여 백성을 노략질하니, 섬사람들이 몽고 군사를 죽이고 반란을 꾀했다. 이에 주관 안열(安悅)이 군사를 거느리고 이를 쳐서 평정하였기에 안열의 공을 높이 보아 도호부로 승격했지만, 공민왕 때에는 홍건적에게 양광도 주군 중 가장 먼저 항복하였기에 군(郡)으로 강등되었다. 그런데 고을 사람들이 재상 김용(金鏞)에게 뇌물을 주어서 다시 부(府)로 승격되었다.'는 기록이 있다. 또한 춘주(지금의 춘천)도 고려 신종 때 지역 주민들이 권신 최충헌(崔忠獻)에게 뇌물을 주어 안양도호부(安陽都護府)로 승격되었지만 그 결과 고려내 중요한 거점으로 인식한 몽골군이 침략하여 2만 군민을 모조리 참살하고 말았다. 자기가 사는 지역의 위신을 높여보겠다는 그 일념은 행정단위의 승격을 위해 재상에게 각종 뇌물이 동원되게 만들었고, 외적에 대한 항복도 서슴지 않았다. 그러한 애향 활동은 결국 나라를 외세에 넘기게 한 매국 행위가 되었고 자기 고장을 병난에 희생시키기도 했다.

이러한 경험은 오늘날에도 다르지 않다. 아파트 투기의 선봉(?) 부녀회는 결사적으로 자기 아파트 가격의 상승을 위하여 온갖 꾀와 술수를 다한다. 그들 부녀회원들은 다른 아파트와 다른 독특한 아파트 문화 창출에 앞장선다는 명분으로 자신만의 아파트를 위하여, 그리고 다른 아파트와의 차별(특별히 집값 차별)을 위하여 동분서주하고 있다. 이러한 부녀회의 집값 경쟁과 교회의 신도불리기 경쟁, 그리고 지방자치단체의 청사 키우기 경쟁은 서로 하나의 원리에서 나온 유사한 현상이다.

그들은 끝도 모를 불특정 다수에 대한 차별을 위한 무차별적으로 자신만의 특별한 대우를 기대하고 경쟁한다. 그러나 이러한 모든 노력은 진정 역사가, 신이, 사회가 요구하는 길은 아니다. 지방자치제는 다른 지역의 불특정 지방자치 단체와 경쟁하는 것을 본의로 하지 않음에도 여전히 웅장한 군청 앞에 수많은 슬레이트 지붕의 주민들의 삶은 무척 고단하다. 웅장한 건물에서 진정 우리 고장의 우수한 문화가 꽃필 것이라고 아무도 믿지 않는다.

지방자치 10여 년을 보면서 단순히 지방자치제의 문제가 아니라 우리 사회에 널리 깔린 불특정 다수에 대한 무차별적 경쟁 심리와 그릇된 애향주의 그리고 감정적인 애국주의가 우리 사회에 얼마나 나쁜 영향을 주는지 우리 청년 학생들은 제대로 인식해야 할 것이다.

■ 역사 바로 세우기

1960년 이후 최초의 민간정부로 출범한 김영삼 정부는 자신이 5공·6공 세력과 야합하여 정권을 창출함으로써 빚어진 도덕성의 상처를 만회하고자 강력한 사정司正정국을 형성하였다. 이에 취임하자마자 정부 차관급 이상의 공직자의 재산을 등록하도록 했으며(1993.3), 그해 8월 12일에는 대통령 긴급명령으로 「금융실명제」를 단행하여 일체의 비실명계좌에 대한 실명화를 단행하고, 「정치자금법」을 개정하여 자금 흐름의 투명성과 정경유착의 경제적 고리를 해체하고자 했다. 이 과정에서 그동안 신군부 치하에서 부정 축재한 인사들이 대거 정리되었다. 이어서 하나회 등 군부 내 사조직을 정리하도록 하여 군인이 정치에 개입하는 근원을 차단하고자 했다 (1994.4). 아울러 율곡비리 사건40/을 기점으로 군부의 부정부패를 발본하면서 이들의 정치적 영향력을 급격히 감소시키는 정책을 추진하였다. 이에 파격적인 군 인사를 단행하여, 기존의 육군수뇌부를 대폭 물갈이 하고, 현직 해군소장을 대장으로 승차시켜 해군 참모총장에 임명하는 등 대대적인 군내 세대교체를 꾀했다.

또한 국가청렴위원회와 국가인권위원회가 신설되어 공직사회의 투명성과 국민의 인권 개선을 도모하였다. 이어서 남북정상회담을 성공적으로 이루어 개혁적 위상을 연착륙시키려 했으나 김일성의 사망(1994.7.8)으로 실패했다.

〈총독부 건물 철거 장면〉
출처 :e-영상역사관

김영삼 정부의 사정 정국은 개혁적 이미지로 인해 국민적 지지를 받았지만 이것을 지속시키기 위해선 논리적 이념적 토대가 필요했다. 이에 이른바 역사바로세우기를 통해서 문민정부 이전 약 30년간의 군부 정권이 자행한 각종 사건에 대한 역사적 판단을 추진함으로써 이전 정권과의 차별을 시도하였다. 그 과정에서 구총독부 청사를 철거하고(1995.8.15), 5·

40/ 1993년 감사원이 율곡사업 비리의 단서를 포착하고, 검찰이 수사한 결과 율곡사업 추진과 관련하여 이종구 전 국방장관은 7억 8,000만원, 이상훈 전 국방장관은 1억 5,000만원, 김종휘 전 청와대 외교안보수석은 1억 4500만원, 김철우 전 해군참모총장은 6,700만원, 한주석 전 공군참모총장은 3억 4,400만원을 받은 것으로 드러났다. 이에 관련자를 구속하고 형사처벌을 면한 현역 군인 34명과 9명의 공무원을 율곡사업 부당사항 관련자로 징계·인사조치하도록 관련 기관에 통보하였다.

18 추모식을 관민합동으로 거행하는 한편, 애국지사 유해송환사업을 벌여 노백린 · 박은식 · 서재필 등 독립지사의 유해를 국립묘지에 안장하였다.

이어서 「거창사건 등 관련자의 명예회복에 관한 특별조치법」(1996.1.5)을 공포하여 사망자 934명(거창군 548명, 산청 · 함양군 386명)과 유족 1,517명(거창군 785명, 산청 · 함양군 732명)의 명예를 회복시켰다. 또한 5 · 16 혁명을 군사쿠데타로, 전두환 노태우의 12 · 12 사건을 '쿠데타적 사건'으로 규정하면서 역사적인 심판의 필요성을 강조했다. 그러나 사법처리보다는 역사의 심판에 맡기자는 논리는 곧바로 국민적 저항에 당면하게 되었다.

그런데, 1995년 말에 터진 노태우 비자금 사건(1995.11.16)을 기화로 김영삼 정부는 더 이상 전두환 세력을 방치하고는 정권의 안정을 확보하기 어렵다고 판단했다. 당시까지 문민정부의 '역사바로세우기' 구호는 주로 일제하 독립유공자 예우와 왜색 문화재를 파괴하는 것이 중심이었고 5 · 18민주화운동이나 군사정권하의 희생자에 대한 진상규명과 책임자 처벌에는 한계를 보였다. 그러나 진보적인 학계 및 시민단체는 1993년 6월부터 「5 · 18 특별법」 제정을 위한 서명운동과 학살자 처벌을 요구하는 고소 · 고발 운동을 펼치는 한편, 1993년부터 5 · 18 문제 해결을 위한 특별검사제를 골자로 하는 특별법을 국회에 청원하기 위해 서명운동을 전개하였다.

1995년 7월 검찰이 12 · 12 및 5 · 18 내란 관계자들을 불기소처분하자 수십만 명이 연대 서명하여 곧 국회에 특별입법 청원서를 제출하였다. 이에 김영삼 대통령은 「5 · 18 특별법」의 제정을 지시하였고, '12 · 12 및 5 · 18 사건 특별수사본부'를 발족시켰다(11.30). 이어서 국회는 「5 · 18 민주화운동 등에 관한 특별법」(5 · 18 특별법)을 제정하였다(12.21). 검찰은 「5 · 18 특별법」이 제정된 뒤 곧바로 재수사에 착수하여 12 · 12에 대한 '기소유예',

5 · 18에 대한 '공소권 없음' 결정을 번복하여 피고소(피고발)인 83명 중 핵심인사 16명을 군사반란 · 내란죄 등으로 기소하였다. 제1심 재판부는 전두환 · 노태우 두 전직 대통령을 포함한 16명의 피고인들에게 중형을 선고했다(1996.8.26). 그러나 1997년 전두환 전 대통령은 무기징역으

〈1996년 8월 26일 전두환, 노태우 전 대통령 및 5 · 18 광주민주화운동, 12 · 12 관련자 선고공판〉 출처 :e-영상역사관

로 감형되었고, 곧바로 국민대화합의 차원에서 전두환 · 노태우 모두 특별사면되었다. 전직 대통령들을 구속하여 중형을 선고하였다는 점에서 과거사 정리의 전환점이 되었지만, 진상을 규명하는 작업은 실패하였다.

그러나 이 기간 동안 5 · 18민주화운동과 관련된 희생자들에게 경제적으로 배 · 보상할 수 있는 법률적 근거를 마련하였다. 「광주민주화운동 관련자 보상 등에 관한 법률안」은 노태우 전 대통령의 임기 중인 1990년 7월 14일 제13대 국회를 통과했으며, 1997년 1월 13일 개정 이래 2006년 3월 24일 6차 개정을 거쳐 현재에 이르고 있다.[41] 이러한 과정을 거치면서 피해자들은 2007년 9월 현재 총 8,721명이 보상을 신청, 5,073명이 관련자로 인정되어 2,307억 6천만 원이 보상되었다.

뿐만 아니라 문민정부 아래서는 거창사건 등의 진상규명과 관련자 명예회복이 이뤄졌다. 거창 · 산청 · 함양 양민학살 사건의 경우 1960년 5월 31일부터 6월 10일까지 국회를 중심으로 한 진상조사가 이루어졌고, 그와 관련된 보고서도 채택되었다. 그러나 진상조사가 부분적으로 이루어졌기 때문에, 유가족들은 1987년 6월 민주항쟁 이후 전면적인 진상조사와 희생자

41/ 6차 개정시 법제명을 「5.18민주화운동 관련자 보상 등에 관한 법률」로 변경하였다.

들의 명예회복을 지속적으로 요구하였다. 결국 「거창사건 등 관련자의 명예회복에 관한 특별조치법」(1996.1.5)이 제정되어 사망자와 그 유족들의 명예회복이 가능해졌다.

역사바로세우기를 통한 구민정당 계열에 대한 대대적인 숙정과 함께 1995년부터는 김종필 세력도 정리하고자 했다. 이에 김종필 등은 자유민주연합(자민련)을 창당하면서 김영삼 정권과 결별했고, 민주계가 장악한 민자당 또한 신한국당으로 면모를 바꾸었다(1995.3).

김영삼 정부 초기의 과거청산과 역사바로세우기는 국민적 전폭적인 지지를 받았으나 현실적으로 전두환과 같은 보수적 기득권 계층이나 김종필 등 지역적 배경을 가진 인사들에 대한 숙정은 다양한 방식의 저항을 불러왔다. 결국 제15대 총선에서 신한국당이 과반에 미달하면서 개혁드라이브는 위축되기 시작했다(1996.4.11).

김영삼 정부 시절은 세계 자본주의의 내적 통제를 유도하고 외연적 확장을 저지해온 사회주의권이 붕괴되면서 새로운 세계자본주의 질서가 자리잡던 시절이었다. 세계자본주의의 내적 통제가 풀린다는 것은 냉전시대 '적이 있는 국가'의 역할이 크게 축소되고 기업과 개인의 자율성이 강조되는 순기능도 있었지만 너나 없는 무한 경쟁이 강조되는 공포스러운 세계화 가 강조되기 시작했다. 이에 노태우 정권 시절에 시작된 우루과이 라운드 협상이 비로소 타결되어(1993.12) 금융 · 건설 등 모든 분야에서 외국 자본에 문호를 개방해야 되었다. 이러한 상황은 전 국민적으로 세계화 문제에 대한 진지한 고민을 낳게 했다. 정부는 이러한 추세에 발맞추어 세계화추진위원회(1995.1)를 구성하는 한편, 1996년 9월에는 서방선진국들의 경제협력개발기구(OECD)[42]에 가입하였다.

42/ 1996년 현재 회원국은 그리스 · 네덜란드 · 노르웨이 · 뉴질랜드 · 덴마크 · 독일 · 룩셈부르크 ·

1996년 말을 기점으로 김영삼 정부의 이른바 레임덕 현상이 노골화되었다. 여기에는 개혁정책에 대한 종래 5·6공 지지 세력의 조직적인 저항도 한몫을 했으나 급속히 악화되는 경제위기의 영향이 컸다. 특히 1997년 3월에 터진 이른바 한보사

〈1998년 12월 18일 수평적 정권교체 1주년 기념식에서 연설하는 김대중 대통령〉

태의 경제적 파장은 실로 컸다. 여기에 대통령 차남인 김현철이 한보와 연계한 비자금 문제가 불거져 김영삼 정부를 곤혹스럽게 했다.

■ 수평적 정권 교체

우리 정부가 IMF에 구제 금융을 요청하는 날인 1997년 11월 21일 새정치국민회의의 김대중과 자유민주연합의 김종필이 연립정부 구성과 내각제 실시 등을 약정한 다음 김대중을 후보로 내세움으로써 이른바 DJP 연대가 공식화되었다. 이른바 충청권과 호남권이 연대하여 경상권의 정치세력과 겨루는 형상을 보였다.[43/] 이러한 지역주의를 이용한 집권 전략은 민주당으

멕시코·미국·벨기에·스웨덴·스위스·스페인·아이슬란드·아일랜드·영국·오스트레일리아·오스트리아·이탈리아·일본·체크·캐나다·터키·포르투갈·폴란드·프랑스·핀란드·한국·헝가리 등 29개국이다. 한국은 1990년 10월 비회원국으로는 처음으로 OECD 조선사업부에 가입했고, 1996년 12월 29번째 OECD 정회원국이 되었다.

43/ 뉴 라이트의 지적처럼 한국의 역대 선거는 지역주의의 토대 위에 치러졌고, 각 정당은 지역 배경이 없으면 생존하기 어려운 지경에 이르기도 했다. 지역주의는 1971년 선거에서 이효상 공화당 의장이 야당 후보 김대중의 치솟는 국민적 인기를 약화시키고자 "우리 대구·경북 지역은 신라 천년 동안 집권을 했다. 지금 박정희 정부는 신라 천년의 영화가 재현된 것이다. 어디 감히 전라도로 정권이 넘어가서 되겠느냐?"라고 하여 지역주의에 불을 붙이면서 크게 확산되었다. 지방 주민들은 이러한 정치인들의 배타적 지역주의 책동에 현혹되면서 집권당후보에 표를 몰아주었

로 수평적 정권교체를 이루는데 도움이 되었지만 두고두고 우리 정치사에서 지역주의가 정략적으로 이용되는 선례가 되었다. 마찬가지로 여당인 신한국당도 같은 날 세칭 꼬마 민주당이라 불리던 민주당과 합당하여 한나라당을 창당하였다.

이회창 후보와 김대중 후보가 맞붙은 제15대 대통령 선거 결과 김대중 후보가 승리하여 역사상 처음으로 여·야간 수평적 정권교체가 달성되었다(1997.12.18). 김대중 당선자는 당선 후 대통령직 인수위원회를 통하여 본격적인 IMF 극복을 위한 조치를 취하였고, 취임 후에는 대대적인 재벌구조조정, 부실 금융기관 정리 등으로 이어졌다.

1999년 이후 IMF 체제에 따른 경제불안이나 남북문제도 어느 정도 해소되었음에도 불구하고 공동여당이 이끄는 국내정치는 여러 가지 장애에 봉착하였다. 상이한 정치집단간의 연대였던 DJP 연합은 계속 내각제 문제로 갈등을 빚었다. 게다가 1999년 1월의 IMF 청문회나 2월의 한나라당이 국세청을 통해 대선자금을 모금한 사건(세풍사건)이 폭로되었음에도 불구하고 경상도 지역당 성격과 유산층의 지지를 받는 한나라당의 저항도 만만치 않았다.

1999년 5월의 김태정 검찰총장 부인에 대한 신동아 건설회장 부인의 옷로비 사건을 위시하여 10월에는 언론문건 폭로사건 등이 이어졌다. 이때 자민련과 국민회의가 공조하여 각종 법안을 통과시키는 상황에서 야당에 대한 국민적 연민이 커졌다. 이는 여당의 지위를 흔드는 단초였다. 이후 16대 총선(2000.4.13)에서 한나라당이 영남 지역의 몰표를 배경으로 수도권

고, 이때부터 본격적으로 지역주의 표퓰리즘이 등장하였다. 뉴 라이트는 마치 한국의 표퓰리즘이 직선제 이후 각 정부가 국민들의 요구에 무력하며, 결국 토지공개념 등 대중인기 영합적인 법률이나 정책을 추진하면서 활성화되었다고 설명하지만(대안교과서) 그 기저에는 역시 지역주의가 있었다.

에서 약진하여 133석을 획득 제1당으로 부상하였다. 2001년에 위헌판결 받았지만 16대 총선기간 동안 총선시민연대가 벌인 부정부패전력자에 대한 낙천·낙선운동은 더 이상 부정부패 경력자들의 정계 진출을 좌시하지 않겠다는 국민적 여망을 더하는 것이었고, 이후 각 정당은 공천을 할 경우 심사과정에서 부패경력에 대한 검증을 강화하였다.

뉴 라이트는 이들 시민 단체는 기본적으로 백화점식 조직망을 가지고서 미래 중앙정치에 참여하고자 하는 몇몇 명망가들이 주도가 된 관변조직이자, 그들의 운동은 시민 없는 시민운동이라고 평가한다. 특히 2000년 국회의원 선거에서 특정후보를 상대로 낙천 낙선운동을 벌이는 등은 시민단체가 정부의 지원과 특혜아래 점차 권력기관화하는 경향에서 나온 것으로 시민운동 본연의 취지에서도 멀어진 사례라고 했다. 무엇보다도 이들 시민단체는 사회갈등을 조장하고 확산하는 역기능이 컸다고 비판했다.

하지만 일부 유의미한 지적에도 불구하고 뉴 라이트는 정작 시민단체가 각종 부정부패에 대한 사회적 정의 확립과 감시, 그리고 사회적 약자와 국가 주도적 정책결정에서 발아된 비민주적 관행의 척결에 기여한 점은 깊이 있게 바라보지 않았다. 그들은 시민단체가 그동안 보여준 몇 가지 역기능을 침소봉대하여 한국 시민단체의 근본적 모순으로 연역하려고 했다. 이는 자신과 같은 친미적이고 사대적인 보수집단의 이념적 건전성이 취약한 현실에서 몇 사람의 근대화 영웅을 신화화하고 반대로 시민사회는 좌파들이 지배하는 표퓰리즘의 세계라고 매도하려는 인식의 소산이었다. 모든 시민단체의 활동에서 반민중적 반민족적 경향이 있었다는 점을 강조하는 이유도 그것이며, 박정희·정주영·이병철 등 근대화 영웅의 역사로『대안교과서』를 도배하는 것도 바로 그런 의식의 결과물이다.

이들 세력은 스스로 권위주의 정부 아래 일방적 명령으로 형성된 각종 사회 제도와 관행에 대한 깊은 신뢰와 자부심이 필요했으며, 다양한 사회에 대한 다원적 이해에는 인색하였다. 그들은 또한 시민운동이 결국 친미적이고 권위주의적인 국가정책에 반하는 구래의 좌파들의 반란이 오늘날 연장된 것이라는 이념공세를 지속하였다.

이런 점을 종합할 때 그들에게 영웅의 이야기를 폄훼하는 시민단체와 그 운동은 곱게 보일 리 없고 늘 시민운동 뒤에는 배후세력이 있는 것처럼 의심할 수밖에 없었다. 늘 배후에 권력의 부림을 받고 조종당했던 그들 자신의 왜곡된 역사가 시민단체 뒤에는 늘 자신을 내면적으로 모독했던 빨갱이라는 배후가 있다는 생각을 만들어갔던 것이다. 2008년 당시 한국에는 약 2만여 개의 시민단체가 있었다.

2000년의 남북관계 순항이나 경제회복에도 불구하고 2001년이 되자 김대중 정부는 위기를 맞이했다. 먼저, 종래 공동여당이었던 자민련이 제16대 총선에서 교섭단체를 구성하지 못하자 민주당 소속 몇 의원을 자민련에 입당시키는 이른바 의원 꿔주기 문제를 일으켰다. 또한 정부는 국민 여론을 보수적으로 통제하는 언론 권력인 조선일보·중앙일보·동아일보를 견제하고자 공정거래위원회를 통하여 언론사의 불공정거래 내역을 조사하여 5천억 원 이상의 세금 추징하는 한편, 이들 신문사의 대주주나 사장을 구속하였다. 이후 이들 신문사들은 지속적이면서 조직적으로 김대중 정부 및 진보진영의 무능력과 무책임을 국민에게 유포하고, 보수 세력을 이념적으로 결집하는 역할을 수행하였다.

이러한 언론 권력의 공세는 국민의 정부 아래서 벌어진 각종 권력형 비리의 폭로로 나타났다. 2001년은 진승현 게이트, 이용호 게이트, 권노갑 비리 등 유난히 권력형 비리가 많았다. 이에 김대중 대통령은 민주당 총재직을 사퇴(2001.11.18)하였고, 이어서 대통령의 차남 김홍업이 부정혐의로 구속(2002.5.6)되면서 김대중 대통령은 자식의 비리에 대한 사과문을 발표하고 민주당을 탈당하였다(6.21). 이러한 일련의 행보는 민주 진영에 대한 국민적 지지기반을 크게 잠식하였다. 반대로 이회창을 중심으로 한 한나라당에 대한 국민적 지지는 높아졌다. 기초단체장 선거(2002.6.13)에서도 전라도를 제외하고 한나라당이 전국적으로 우세했으며, 각종 선거에서도 한나라당의 우세가 두드러졌다.

이러한 민주 세력의 퇴조와 함께 북미관계도 위기에 몰렸다. 특히 2001년 1월 미국 대통령 선거에서 전체 유권자의 지지 면에서는 민주당 후보인 고어보다 낮았지만 플로리다에서 근소한 차이로 선거인단 확보에 성공한 조지 부시가 대통령에 취임하면서 대북 강경 조짐이 일었다. 네오콘 등의 신보수층과 유태계의 지지를 받는 그는 취임 후 미사일 방어망 확충과 더불어 북한을 '악의 축'으로 명명하였다(2001.2). 특히 세계무역센터 빌딩에 대한 이슬람 근본주의자들의 테러(9 · 11테러) 이후 10월에 곧바로 아프가니스탄 공격하여 탈레반의 항복받아 내는 한편, 북한에 대량 살상무기 보유 여부를 확인 받으라는 압박을 강화하였다.

때마침 일본에서는 우경적 고이즈미小泉 내각(2001.4.26)이 발족하여 야스쿠니 신사 참배, 왜곡된 역사교과서 수정 거부, 일본인 납치사건등의 해결 강조하면서 북일 관계도 급속히 냉각되었다. 또한 교과서 문제로 최상룡 주일대사가 소환되었고(2001.4.10), 뒤이은 문화개방 중단 선언(7.12) 등으로 한일 관계도 냉각되었다.

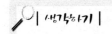

10. 바른 보수주의의 길

최근 일본 중의원 선거에서 자민당이 일부 후퇴하고 민주당이 급성장하여 이른바 다당제(多黨制)하의 양당정치를 선보이는 변화가 있었다. 그동안 기회주의적으로 진보를 외쳤던 공산당과 사민당이 거센 우경화의 여론 속에서 침몰하는 현실을 보면서 일본의 미래에 대한 역사가의 우려는 더욱 커지고 있다. 평화헌법 개정과 자위대의 해외파병은 불 보듯 당연한 일이 되었고, 일본 내 경제불안을 극복하고자 그들의 민족주의적 해결책은 더욱 인기를 얻을 것이다. 그런데 그토록 일본의 국익에 민족주의적 감성을 다하는 일본의 우익에 비해 한국의 일부 우익은 어떤 모습인가.

우익의 기원은 프랑스 혁명(1789~1799) 당시 국민공회에서 온건파인 지롱드당이 의장석을 기준으로 오른쪽 자리에, 중간파인 마레당이 가운데에, 급진파인 자코뱅당이 왼쪽에 앉은 것에서 시작되었다. 당시 우익은 정치 성향에서 다소간 온건 정책을 추진하는 모습일 뿐으로 프랑스 혁명이라는 공익과 공적 이성 앞에서는 한결같은 혁명의 일원이었다. 그래서 지금도 프랑스에서는 그들의 혁명정신을 바탕으로 서로 다름을 존중하고, 타협할 수 없는 적대적 이념에 대해서도 중첩적 합의 가능성을 말하는 이른바 똘레랑스(관용)의 전통이 있다. 물론 지금도 문제가 되는 실질적인 인종차별이나 계급차별의 관행은 그러한 혁명의 이상을 대단히 실추시킨 점은 유감스럽다.

최초의 우익은 혁명 정신의 일부였고, 진보의 또 다른 면일 수도 있었다. 일제하 우익은 단순한 친일세력만 존재하지 않았으며, 김구 · 김규식 · 안재홍 등 뚜렷이 반제민족해방의 전통을 계승한 인사도 존재했다. 이에 아직도 우리 국민의 사랑과 존경을 받고 있다. 비록 진보를 표방한 좌익이라도 그러한 보편적 역사발전 법칙을 존중할 경우 이른바 통일전선의 대상으로 우익을 포용하려고 했으며, 소비에트연방을 건설한 레닌이나 스탈린조차도 일부 극좌분자의 세계혁명론, 해방구론 등을 좌익소아병으로 비판했다. 반대로 우익이라고 하더라도 이탈리아의 파시즘이나 일본의 군국주의, 혹은 독일의 나치즘과 같은 파쇼화된 극우에 대한 투쟁을 계속했고, 국민의 민주화와 자유화에 크게 기여했다.

양심적인 우익은 역사발전의 동반자였고, 이는 그들이 공익과 국익의 토대에서 보다 보수적이고 조심스러운 자세로 임한다는 면에서의 차별이었지, 결코 반혁명이나 반동적 작태를 일삼는 친일세력이나 해방 후 반공세력과 같은 극우집단은 아니었다. 우익의 이념은 기본적으로 민족주의이다. 강대국의 민족주의는 자칫 민족지상주의, 제국주의로 발전할 가능성이 있기에 수용할 경우 세계평화에 많은 해악을 남기지만 우리 같은 약소국에서는 민족해방과 민주발전에 일정한 도움을 주었다. 민족주의와 조국의 자주화 이념은 바람직한 우익 세력의 자랑스러운 역사전통이었다. 그래서 양심적인 우익은 존중받아야 한다. 실제로 과학적인 근대의식으로 무장한 수많은 지식인들은 일본이 보여준 근대화에 대한 집착 때문에 친일의 길을 걸었으며, 진보만이 역사를 끌어간다고 믿는 일부 극좌세력도 결국 극우와 다를 것이 없는 반역사적인 행보를 거듭했다.

그런데 오늘날 우리의 우익은 무엇인가? 과연 그러한 애국적 열정과 민족적 울분으로 무장한 진정한 민족주의적 우익인가? 결코 그렇지 않다. 이른바 한국적 우익은 동족과의 적대적 대립을 통해서 북측을 개조하고 결국 자본주의적 방식으로 북측을 흡수통일하려는 '아류 제국주의'적 가치관에서 존재한다. 미국을 절대선(絶對善)으로 규정하고 그들의 도움만이 한국의 적화를 막을 수 있다고 생각하며, 본연의 자주적 정신은 망각하고 일제하에서는 제2의 일본인, 그리고 해방 이후에는 제2의 미국인을 자처했다.

미국의 반동적 세계정책에 희생된 이라크 문제에서도, 탱크에 깔려 죽은 효순이 미선이 사건에서도 그들은 미국의 잘못된 세계정책을 비판하기보다는 성조기를 조국의 심장부에서 흔들면서 눈물로 미국의 성전(聖戰)을 빌었다. 민족을 팔고, 세계정신을 팔아도 미국적인 것이라면 모든 것이 긍정되고, 미국을 위하는 일이라면 그 무엇도 우리 국익에 도움이 되는 것처럼 생각하는 것이 '국익론'이고 '국가경쟁력 지상론'이었다. 자유 · 평등 · 박애 정신으로 무장한 자유 민주주의가 아니라 반공정신에 투철한 냉전의식이야말로 수구적 우익 세력이 말하는 자유 민주주의였다. 그들은 진보를 표방하는 대통령들을 하나같이 빨갱이로 몰았고, 토지공개념은 사회주의적이라고 말했으며, 안정과 질서가 사회적 정의보다 우선된다고 설파했다. 파병을 찬성하는 이유에 대해서도 우익 본연의 민족주의 의식보다도 한미동맹에서의 친미적 잣대가 중요한 판단의 근거가 되고 있다.

진정한 우익은 무엇인가. 진정한 우익은 역사발전의 거대한 흐름에 대한 경외감과 존경심을 토대로 했을 때 존재한다. 인간이 잘못된 제도와 의식을 가지고 약자와 국민대중을 괴롭히는 그러한 반역사적 폭거를 보면서 이에 항거하려는 열정을 가질 때 진정한 우익이라고 할 것이다. 민족성이 거세되고, 자주적 의식이 거세된 채 반공과 친일의 늪에서 아무런 대안 없이 백주에 사회적 정의를 말하려는 사람을 모조리 빨갱이로 몰아가는 그러한 우익은 우익이 아니라 파시스트이며, 그런 우익은 결코 똘레랑스의 대상이 될 수 없다.

진정한 우익은 진보의 동반자이며, 사회적 발전의 일원이다. 그들 본연의 민족주의와 자주 독립정신, 그리고 자유·평등·박애의 계몽적 의식을 제대로 소화하지 못한 채 공익을 가장한 사욕을 채우는 집단의 대변자로 존재할 경우 진정한 우익과는 거리가 멀 것이다. 그런 의미에서 진정한 우익의 길은 도도한 국가적 자존심과 민족적 동질감을 고취하고 설파하는 일에 온몸을 불사르는데 있다.

■ 민주화 희생자들의 명예 회복의 길

김대중 정부가 출범하면서 민주화의 과정에서 희생자 유족들과 일부 제주도 인사 및 사회운동 단체들이 4·3사건에 대한 진상규명운동을 전개하였다. 국회에서도 이들의 움직임에 동참하면서 「제주4·3사건 진상규명 및 희생자명예회복에 관한 특별법」(2000.1.12)을 제정했다. 이에 국무총리를 위원장으로 하는 '제주4·3위원회'(2000.8.28)가 출범하고, 그 산하에 '4·3 진상조사보고서작성기획단'(2001.1.17)도 발족했다. 진상조사팀은 미국·러시아·일본 등 외국과 국방부·육군본부·해군본부·기무사령부·경찰청·정부기록보존소·국사편찬위원회 등의 기관을 대상으로 활발한 조사 활동을 벌였다. 또한 위원회는 2000년 8월 이후 2년 6개월의 조사 및 보고서 작성기간을 거쳐서 마침내 2003년 10월에 4·3사건의 진상을 담은 보고서를 발간했다. 4·3위원회는 또한 제주4·3사건 당시 군과 경찰의 진압과정에서 발생한 민간인들의 희생에 대한 정부차원의 사과 등 7개 항의 건의안을 작성하였다.

또한 희생자 신고 사업도 3차례 실시되었는데, 1차로 13,138명(2000년 6월~12월), 2차로 888명(2001년 3월~5월), 3차로 347명(2004년 1월~3월) 등 총 14,373명이 신고되었고, 이 중에는 사망자 10,563명과 행방불명 3,532명, 그리고 후유장애자 178명이 포함되었다. 신고가 들어온 4·3 희생자에 대한 사실조사 및 확정은 3단계로 이루어졌다. 1차로 제주도 시·군의 부시장과 부군수를 단장으로 하는 사실조사단을 편성하여 현지 확인조사를 실시하였다. 시·군의 본청에 총괄반을 두고 읍·면·동에 조사반을 편성하여 희생자를 신고한 사람들을 현지에서 면담하였다.

그 결과 2002년 위원회 5차 회의에서 1,715명을 처음으로 희생자로 결정한 이래 2007년 3월 14일까지 12차례 전체위원회를 개최하여 13,564명을 희생자로 결정했고, 31명을 불인정하였다. 특히 4·3 당시의 군법회의가 불법적으로 진행됐음을 밝히고, 사형수 318명, 무기수 239명을 포함한 수형인 2,486명도 희생자에 포함시켰다. 진상보고서에서는 4·3에 따른 전체 인명피해를 잠정적으로 25,000~30,000명 정도로 보았다.

1999년 12월에는 「의문사진상규명에 관한 특별법」이 국회를 통과했다. 이후 1기 위원회가 2000년 10월부터 2002년 10월, 2기 위원회가 2003년 7월부터 2004년 6월경까지 총 3년여 동안 활동하였는데, 총 85건의 의문사 사건을 조사하고 그중에서 총 30건을 민주화운동과 관련하여 위법한 공권력의 행사로 발생한 의문의 죽음으로 인정하였고, 26건은 기각, 4건을 각하하였고, 24건에 대해 진상규명불능 결정을 하였다(1건은 진정취하). 또한 위원회는 대통령에게 재발방지를 위한 51개 항의 권고안을 제출하였다 (2002.10.14).

<표> 민주화 관련자 신청접수 및 심의 현황(2007년 9월)

구분	계	보상			명예회복			
		소계	사망	상이	소계	유죄 판결	해직	학사 징계
신청건수	11,990	1,539	314	1,225	10,451	6,437	3,510	504
심의건수 (91%)	10.963	1,394	258	1,136	9,569	6,037	3,055	477
인용(79%)	8,690	693	104	589	7,997	5,478	2,214	305
기각(21%)	2,273	701	154	547	1,572	559	841	172
잔여건수	1,027	145	56	89	882	400	455	27

출전 : 참여정부 정책보고서 1-05, 『포괄적 과거사 정리』. 2008. 111쪽

2000년 1월 12일에는 「민주화운동 관련자 명예회복 및 보상 등에 관한 법률」(민주화보상법)이 제정되었다. 이에 명예회복 및 보상심의위원회가 2000년부터 활동을 시작하여 이후 약 2년여 동안 10,807건(보상 1,295건, 명예회복 9,512건)을 신청접수 했으며, 총 52회의 본위원회를 개최하여 5,718건을 심의 의결하였다.

■ 노무현 정부 출범과 정치 개혁

김대중 대통령의 임기 말 레임덕과 민주당 집권세력의 각종 부패는 국민적인 반감을 초래하였고, 2002년 제16대 대통령 선거는 사실상 이회창 후보가 압승하여 한나라당으로 정권교체 가능성이 예상되기도 했다. 이러한

〈노무현 대통령 취임, 2003. 2.25〉

분위기에서 민주당은 대통령 후보 선출에서 지역 대의원 선거를 통한 경선 방식을 채택하고, 다수의 후보자가 전국을 돌며 경선한 결과 노무현 후보가 17,568표(72.2%)를 얻어 민주당 대통령 후보로 확정되었다(2002.4.27). 이에 자극받은 한나라당도 경선을 택한 결과 사실상 당권을 장악하고 있던 이회창이 지역 경선의 요식과정을 거쳐서 후보로 선출되었다.

〈표〉 총선의 정당별 득표율

| 총선 | 정당 | 영남 | | 정당 | 호남 | |
		득표율	의석율		득표율	의석율
14대	민자당	48.0%	74.6%	민주당	62%	94.8%
	민주당	11.0%	0%	민자당	24.4%	5.1%
15대	신한국당	42.4%	67.1%	국민회의	71.5%	97.3%
	민주당	12%	3.9%	민자당	17.6%	2.7%
16대	한나라당	55.9%	98.4%	민주당	66.7%	86.2%
	민주당	13%	0%	무소속	27.1%	13.7%
17대	한나라당	52.4%	89.5%	우리당	55.0%	80.6%
	우리당	32%	5.9%	민주당	30.8%	16.1%

마침내 2002년 12월 19일에 치러진 대통령선거에서 노무현 후보가 유효투표의 48.9%를 얻어 당선되었다. 노무현의 승리를 이끈 원동력은 노사모(노무현을 사랑하는 모임) 등 젊은 NGO의 활약이었고, 정몽준 국민통합

21대표가 선거 전날 노무현과의 공조를 철회한다는 선언에 대한 반발도 원인이었다. 물론 가장 유권자가 많은 영남 출신 후보라는 점, 그리고 그의 서민적인 면모와 민주화 경력, 5공 청문회 때 보여준 비범함, 몇 차례 국회의원 선거에서 낙방한 일관된 야당 성향 등도 한몫을 했다.

민주노동당의 권영길 후보가 4%를 득표하는 등 진보성향에 대한 국민적 지지가 높게 나타났다. 무엇보다도 노무현이 부산 및 경남에서 29.4%, 대구 및 경북에서 20.2%라는 비교적 고른 지지를 받았다는 점에서 지역구도의 해체에 대한 희망을 보여주기도 했다. 실제로 민주당 계열의 호남지지율과 한나라당의 영남지지율은 지속적으로 낮아진 반면, 민주당 계열의 영남지지율은 높아졌다. 어쨌든 노무현 정부 시기에는 대체로 권위주의적 사회질서의 해체가 뚜렷해지고 의회제 정치가 강화되어 민주주의적 정치질서가 확립되는 가하면 사회적 부정부패도 상당히 해소되는 모습을 보였다. 특히 권위주의의 청산은 대통령의 '낮은 처신'에도 큰 힘을 얻었지만 상당 부분 국민참여제도의 확장에 기인한 것이었다. 예를 들어 주민소송제와 주민소환제, 그리고 주민투표제 등을 비롯하여 「국민고충처리위원회의 설치 및 운영에 관한 법률」의 제정과 범정부적 민원·제안 통합관리시스템(참여마당신문고) 등은 국민 참여의 기회를 확장하는 기회가 되었다. 특히 '참여마당신문고'는 인터넷으로 민원과 국민제안을 신청하고 정책 결정 과정에 참여 할 수 있는 제도였다.

하지만 노무현 정부는 출발 단계부터 대선자금 문제와 측근 비리로 몸살을 앓았다. 대선자금 문제가 불거진 것은 2003년 2월, 서울중앙지검이 SK그룹의 분식회계를 수사하는 과정에서 손길승 회장이 "SK해운에서 조성한 비자금 중 일부를 대선자금으로 전달했다"고 진술하면서였다. 이후 검찰은 수사를 통하여 한나라당 823억 원, 노무현 후보 캠프 120억 원 등 943억 원

규모의 불법 정치자금내역을 밝혀냈다(2004.5.21). 여기서 영수증을 변칙 처리한 금액을 제외하면 한나라당 815억 7000만 원, 민주당 78억 6800만 원이었다. 그런데 수사과정에서 한나라당이 트럭을 이용하여 LG그룹으로 부터 150억 원의 불법 대선자금을 '차떼기'로 넘겨받은 사실이 밝혀져 국민들은 큰 충격을 받았다.44/

그러자 중앙선관위는 정치자금실명제 도입을 뼈대로 하는 「정치자금법」 개정을 제안했다(2003.7.20). 대통령도 특별기자회견을 갖고 「선거법」·「정당법」·「정치자금법」 등 정치관계법 전면 개정을 제안했다(2003.7.21). 또한 2003년 7월에는 임시국회를 앞두고 시민사회단체, 학계·법조계 인사와 여야 의원 60여 명이 참여한 '범국민정치개혁특별위원회'가 구성돼 정치개혁 관련 입법 논의가 본격화되는 듯 했으나 여야의 당론이 정해지지 않아 답보상태를 면치 못했다.

결국 국회는 정치개혁특별위원회의(정개특위)의 자문기구로 법조계, 시민단체, 여성계, 언론계, 학계 인사들이 참여한 범국민정치개혁협의회(정개협)를 구성했다(2003.11.12). 정개협은 약 20여 일 동안 내부 논의를 거쳐, 지구당후원회 전면폐지, 1회 100만 원 이상 및 연간 500만 원 이상 고액 정치자금 기부자 인적사항 공개 또한 소액 후원금의 경우 소득세 중 최고 3만원까지 세액공제를 받도록 하는 등의 개혁안을 확정하고 국회에 제출했다(2003.12.3).

그러나 한나라당이 주도하는 정개특위는 선거비용 관련 자료제출 요구권 조항을 위반할 경우, 2년 이하의 징역 또는 400만 원 이하의 벌금에 처하도록 한 규정을 100만 원 이하의 과태료로 바꿨다. 또한 선관위의 금품·

44/ 검찰은 불법대선자금 모금에 관여한 정치인 13명을 구속기소하고, 19명을 불구속 기소했다. 기업인 13명도 형사 처벌을 받았다. 이들 가운데 서청원·최돈웅·김영일·서정우 등 한나라당 측 인사와 안희정·최도술·여택수·정대철·이상수 등 대통령의 측근들이 구속되었다.

향응 제공 관련 출석 요구권이나 범죄혐의 장소에 출입해 질문조사 할 수 있는 권한도 위반시 징역형까지 가능한 처벌규정을 100만 원 이하 과태료로 대폭 축소하였다. 특히 정치자금 수입·지출 및 허위보고 등에 대한 선관위의 자료제출 요구권도 전부 삭제하여 선관위가 불법 정치자금 문제에 관여하지 못하도록 했다. 오히려 선관위 직원에 대한 직권남용죄를 신설함으로써, 선거 감시 활동을 위축시킬 수 있도록 했다.

이후 시민단체와 학계 등에서 비난이 쇄도했고, 결국 정당 및 정치인 후원회 금지, 기업 등 법인의 정치후원금 기탁 금지, 국회의원 1년 후원금 한도 1억 5000만 원, 17대 의원 정수 299석(지역구 243, 비례대표 56), 1인 2표제 도입, 지구당 폐지 등을 주요 내용으로 한 「정치개혁법」을 임시국회 본회의에서 확정하였다(2004.3.9). 역사상 처음으로 여야의 합의로 금전에서 해방된 정치활동 및 선거운동이 가능해지는 입법이었다.

이후 너무 엄격한 규제로 인해 정치활동에 애로가 발생한다는 여론에 따라 정개특위는 2006년 3월부로 중앙당 및 시·도당 후원회를 전면 폐지하기로 하는 한편, 다만 광역자치단체장 경우에는 후원회를 허용하고, 선거비용제한액의 50%의 범위 내에서 모금할 수 있도록 했다. 아울러 선거권 연령을 20세에서 19세로 낮추고, 선거일에 투표를 할 수 없는 선거인은 누구든지 신고를 통해 부재자투표를 할 수 있도록 했다. 아울러 국회의원, 시·도의원, 시군구의원 선거 비례대표 후보자 중 50%를 여성으로 추천하고 홀수 번호는 여성에게 돌아가도록 개정하는데 합의하였다(2005.8.4.).

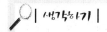 | 생각하기 |

11. 역사가 용서하지 않을 것이다

역사학자가 현재를 넉넉히 관찰하지도 않고서 섣불리 평가를 하는 일, 특히 정치행위와 관련된 평가는 무척 위험천만하다. 그래도 역사의 바른 길을 막는 잘못에 대한 표현은 당연한 역사학자의 본분이다. 지금부터 100여 년 전 1899년 12월 18일이었다. 동이 트면 마침내 우리나라 최초로 국회가 구성되는 참으로 뜻깊은 날이었고 대한제국이 근대적 입헌주의체제로 진보할 중요한 역사적 이정표였다.

그러나 그날 밤 전제황권이라는 노욕에 찬 고종(高宗)이 극비리에 군대를 풀어서 최초의 의관으로 활동할 인사들을 대부분 체포·구금했고 국회 개원을 무산시켰다. 그 결과는 참혹했다. 1905년 조선 침략의 원흉 이토오 히로부미가 군대를 동원해서 국왕의 서명 하나로 조선을 보호국화하는 을사보호조약이 체결됐다. 많은 충의지사는 왜국과 조약이 단순히 고종의 서명 하나로 선포될 수 있는지 물었다.

그러자 이토오 히로부미는 한국을 국왕의 서명 하나로 보호국화할 수 있는 근거로 고종이 스스로 만든 대한국제(대한제국의 헌법)의 한 조목을 들었다. 사실 그 내용에는 조선의 주권은 국민(國民)이 아닌 국왕(國王)에 있다는 내용이었다. 그렇다고 을사보호조약이 합법 조약이 될 수 있겠는가? 그리고 오늘날의 이토오 히로부미는 누구인가?

명백히 을사조약은 합법을 가장한 불법적인 보호조약 즉 늑약(勒約)이었다. 그것은 역사적으로 우리 민족의 정상적 발전을 가로막고 조선 국민을 억압해 일본의 노예로 만들기 위한 정지작업이었기 때문이다. 국민의 생존권과 민주주의를 짓밟는 모든 합법은 설령 그것이 헌법이라고 해서 용서되는 것은 아니다. 일제의 제국헌법이 군국주의화할 때 그것이 헌법이라도 어찌 정당화되겠는가? 또한 1910년 8월 22일에 체결된 한일합방조약 또한 정식으로 순종이 자신의 직인(옥새)을 조약문에 찍었기에 합법적인 국제조약이라 주장하는 사람이 있다. 과연 그것이 합법인가? 강도가 강제로 쓰게 한 유서가 어찌 사자(死者)의 진실이며, 살인을 허락하는 상호계약이 어찌 합법이겠는가?

우리 사회의 법치주의는 늘 독점과 지역주의 그리고 자본의 위력 앞에 무력했다. 물론 우리의 근대적 변혁에 큰 기여를 했음에도 어떤 부패한 법은 역사의 진보와 발전을 가로막았다. 따라서 한일합방조약이 합법을 가장한 반역사적 행각인 것처럼 국민의

70%의 반대에도 불구하고 만들어진 수구부패 집단의 법치(法治)를 가장한 행각은 역사가 용서할 수 없는 것이다.

그런데 마침내 선거법위반, 경제파탄 책임을 물어 거대 야당소속 국회의원을 중심으로 대통령 탄핵안이 발의되고 결국 192명의 국회의원 찬성으로 가결되었다. 탄핵의 주체들은 탄핵 가결을 법치주의에 따른 합법적 경과라고 주장하고 자신들의 행위가 구국의 결단이며 민주주의의 승리를 말한다고 한다.

그러나 역사학자의 평가는 전혀 다를 것이다. 그들 탄핵을 주동한 인물은 지역주의와 독점의 기반 위에 연명한 정치인들이었다. 그들 중 많은 사람은 친일파의 후손이었고, 독점자본의 인척이었으며, 서민경제의 희생을 바탕으로 기생한 정객들이었다. 물론 일부 정객은 그렇지 않았고 멋진 보수 논리를 전파하는 등 믿음직한 소장파도 존재한다. 하지만 그들도 자신의 양심보다 집단의 이해에 충실한 자세를 견지함으로써 역사를 배신했다. 그들은 탄핵가결을 일시의 승리로 보겠지만, 결국 고종처럼 자승자박하여 역사의 패배자가 될 것이다. 왜냐하면 그들에게 역사가 정당성을 부여할 아무런 의의도 발견할 수 없기 때문이다.

그들은 독점과 부패를 벗어나는데 기여한 인물도 아니며, 항일운동 세력도 아니며 사회의 민주발전에 기여한 세력도 아니다. 그들 중 상당수는 군사정권과 파쇼체제 유지에 빌붙어 있던 집단이 지역주의의 번창을 이유로 오늘날까지 살아있는 역사의 침전물들이다. 역사의 중요한 발전의 기로에서 늘 수구 세력은 그 발목을 잡아왔다. 그러한 좌절은 짧게는 수년 크게는 수백 년 동안 우리 사회를 정체시키기도 했다. 우리는 정확한 판단을 위해 노력해야 한다. 이제라도 역사의 시계바늘을 켠 헌법재판관들은 법조문보다 법철학을 존중하고, 법철학보다 역사적 정신에 충실한 방안을 고민해야 한다.

100년 전 고종이 우리 국민들이 만들 국회를 전제주의를 위해 희생시킴으로 착오를 범했듯이 이제는 국회를 점령한 다수의 국회의원들이 무엇을 희생시켜 무엇을 잃을 것인지 알아야 한다. 법치주의는 역사의 진보를 개념화한 것이지, 자본주의적 법치주의가 역사의 진보를 인질로 잡아선 안 된다. 그렇다면 군사정권은 합법을 가장하지 않았으며, 파시즘 정권은 합법을 가장하지 않았는가?

진정한 역사학자는 독점과 부패로 얼룩지고 지역을 볼모 삼아 중세 삼부제식 의회를 방불케 하는 그러한 집단이 웅거한 국회를 더 이상 국민의 대표기구로 인식하지는 않을 것이다.

진정한 민주정치는 초등학생도 알다시피 견제와 균형에 의해서 진행된다. 그것은 "적대적인 이해의 중첩적 합의 가능성이 자유민주주의의 진정한 가치"라는 고상한 말을 하지 않더라도 견제와 균형은 대화와 타협을 기초로 한다.

헌법재판소의 법리적 판단과 더불어 현명한 역사적 판단을 기대한다. 더 이상 부패 세력이 역사에 죄를 짓지 말기를 바라면서…

(2004.3.12 국회의 노무현 대통령 탄핵결정에 대하여)

■ 대통령 탄핵과 진보의 열풍

민주당과 한나라당은 대통령 당선 1주년 기념행사인 '리멤버 1219'(2003.12.19)에서 "시민혁명은 끝나지 않았다. 노사모가 나서 달라"라는 대통령의 발언과 대통령이 청와대를 떠나는 전임 비서관들을 격려하며 한 개인적인 발언을 문제 삼아(2003.12.24) 불법 선거운동으로 선관위에 고발하였다. 이에 중앙선관위는 긴급회의를 열고 대통령에게 '공명선거 협조 요청' 공문을 보냈다. 공문의 주요내용은 "대통령의 신분과 총선거를 앞두고 있는 시기라는 점에서 최근의 발언 내용은 그 취지나 의도와 관계없이 선거에 관여한다는 오해를 불러일으킬 우려가 있다"는 내용이었다. 또한 2004년 2월 24일 방송기자클럽 초청회견에서 '열린우리당이 기대와 달리 소수당으로 남는다면 어떻게 할 것이냐'는 기자들의 질문에 "국민들이 총선에서 열린우리당을 압도적으로 지지해 줄 것으로 기대한다"는 대통령의 답변이 문제가 되자 야당은 다시 불법사전선거운동으로 선관위에 고발했고, 중앙선관위는 3월 4일 노무현 대통령에게 '선거중립 의무준수'를 요청했다. 그러나 청와대는 곧바로 "중앙선관위의 결정을 존중하나 납득하지 못 하겠다"고 밝혔다.

이러한 청와대의 행동에 대해 민주당이 주도가 되어 본격적인 탄핵발의에 나섰다. 조순형 민주당 대표는 "노 대통령이 선관위 결정에도 불구하고 '뭐가 잘못이냐'고 항변하는 상황에서 국회가 탄핵이나 그에 상응한 조치를 취할 수밖에 없다"(2004.3.4)고 했고, 홍사덕 한나라당 총무도 "당 법률구조단이 검토한 결과, 이번 발언은 수많은 위법행위 가운데 구우일모九牛一毛이며 법리적으로 탄핵사유가 충분하다"(2004.3.4)고 주장했다. 사실상 대통령 탄핵을 위한 한·민(한나라당·민주당) 공조체제가 이뤄진 것이다.

결국 2004년 3월 9일, 야당은 한나라당 108명, 민주당 51명의 서명을 받아 대통령 탄핵소추안을 국회에 제출했고, 열린우리당 의원들의 완강한 반대에도 불구하고 3월 12일, 결국 탄핵소추안은 가결되었다. 탄핵안 의결 투표에는 195명이 참여했으며, 그중에서 찬성 193표, 반대 2표가 나왔다. 오후 5시 15분경에 탄핵의결서가 청와대에 전달됨으로써 대통령의 직무는 정지됐다. 여당은 즉각 대통령 탄핵은 합법적으로 선출된 대통령과 선거 결과를 전면적으로 부정하는 불법적인 헌정유린 행위이며, 국민주권의 헌법 원칙을 무너뜨리고 국권을 탈취하려는 의회의 불법적인 쿠데타에 지나지 않는다고 주장하고, 본격적인 장외투쟁에 돌입했다.

임기가 40여 일 남짓 남은 국회의원들이 국민이 직접 선출한 대통령을 탄핵한 사건은 많은 국민들의 분노를 샀다. '탄핵무효', '민주수호'를 외치는 평화적이고 자발적인 탄핵 반대집회가 전국적으로 확산되었다. 특히 촛불 집회는 종래의 과도한 물리적 충돌을 초래하는 시위 방식을 일대 혁신한 것으로 부모와 아이들이 함께 촛불시위에 참가하는 등 민주적 시위문화 정착에도 크게 기여했고, 진보 세력의 현장감과 현실연대 의식을 고취하는데도 크게 도움이 되었다.

결국 대통령 탄핵에 대한 국민적 저항은 총선에서도 나타나 제17대 총선

〈탄핵안 결정을 공표하는 박관용 국회의장〉

에서 열린우리당은 전체 299석 중 152석을 얻어 1987년 이후 최초의 여대야소 국회가 형성되었다. 탄핵을 주도한 야당의 중진의원들은 국민의 심판을 받아 줄줄이 낙선했다. 특히 민주당 대표였던 조순형 의원은 물론, 한나라당과 민주당에서 탄핵을 주도했던 홍사덕 의원, 유용태 의원 등도 탄핵 역풍을 맞았다.

마침내 5월 14일, 헌법재판소는 탄핵 소추안에 대해 "이 심판청구는 탄핵 결정에 필요한 재판관 수의 찬성을 얻지 못했으므로 기각한다"면서 심리를 최종 마무리했다. 헌재는 이날 심리에서 대통령의 선거중립 의무 위반을 비롯한 일부 사안이 관련법을 위반한 점이 인정되지만 대통령을 파면시킬 만한 '중대한 사유'에 해당되지 않는다고 밝혔다. 헌재는 소추위원측이 제기한 8개 항목의 탄핵사유 중 기자회견 중 특정정당 지지 발언에 따른 선거법 위반, 선거관리위원회 결정에 대한 유감 표명, 재신임 국민투표 발언은 헌법수호의 무를 위반한 것이라고 받아들였다. 그러나 측근비리 연루 의혹과

〈대통령 탄핵안 가결소식을 다룬 석간신문〉

국정·경제파탄을 비롯한 5개 소추사유는 '이유 없다'면서 받아들이지 않았다. 헌법재판소는 한나라당과 민주당이 내세운 탄핵 사유 중에서 "측근비리와 정국 혼란 및 경제 파탄을 초래했다는 것은 그 주장의 진실성 여부를 떠나 탄핵 사유가 되지 않는다"는 것을 명확히 했다.

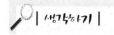 | 생각하기 |

12. 민족주의는 친일청산의 기본이념이 아니다

많은 사람들은 친일파는 조선내외에서 일본 침략자들과 결탁하여 조국의 식민지화를 촉진하고 민족해방운동을 압살하는데 적극 참가한 반민족(反民族)행위자로 생각한다. 그러한 생각에서 출발하여 이른바 민족정기를 바로 세운다는 취지아래 국회에서 개정한 <친일진상규명특별법>이 마침내 발효하여 규명위원회가 본격적으로 활동하기 시작했다. 그런데 정작 친일 문제에 대한 학문적 이해는 무척 일천하다.

먼저 뉴 라이트 계열이 보는 친일파는 어떤 것인지 살펴보자. 그들은 일제 강점기에는 일본인과 일상의 접촉이 이뤄지는 시공간적 요인으로 인해 어느 정도 협력 관계는 불가피했다고 보며, 실제로 뼛속까지 일본화한 진정한 의미의 이데올로기형 친일파는 실제로 그다지 많지 않았다고 보았다. 대부분 총독부나 그 부속관서 · 은행 · 조합 · 학교 · 회사 등의 근대 부문에 종사하면서 일제와의 협력이 불가피했던 하급관료나 전문직 중심의 테크노크라트형 친일파가 많았다고 한다. 이에 대체로 친일파라고 한다면 이러한 주저하는 협력자 범주에 든 것이며, 대한민국을 세운 세력은 크게 보아 이같은 '주저하는 협력자'들이 주역이었다고 보고 있다. 따라서 누가 누구를 특별히 친일파라고 단언하기 이전에 복잡한 역사적 배경에 대한 이해가 우선임을 촉구하고 있다.

또한 뉴 라이트 측에서는 <친일진상규명특별법>이 역사 지식을 일부 정치 세력이 어떤 정치 세력을 공격하는 수단화하는 것 이상의 의미는 없을 것이라 비판한다. 이들은 현재의 '작업'으로 친일파의 실체와 진실에 대한 접근이 어렵다는 것을 알면서도 만주군 장교 출신인 박정희나 경성방직 · 동아일보 등을 창립한 김성수와 같은 사람을 세인의 입에 오르내리게 하여 대한민국을 세우고 국가경제를 건설한 공이 큰 건국세력을 정치적으로 비판하고 폄하하여 보수 정치세력에게 정치적 타격을 가하려는 의도가 다분하다고 평가한다.

나아가 60년도 더 된 과거사를 사법권도 없는 연구자들이 법률적으로 판단한다는 사실 자체가 심각한 법리적 모순을 안고 있다고 보았다. 그래서 사법의 대상이 아니라 당대의 실상을 제대로 이해하는 위에 역사적 판단으로 혹은 비판의 대상으로 족하다는 입장이다. 나아가 민족정기를 내세우는 친일청산론은 바로 시대역행적이고 비교(秘敎)적이며 국수주의적인 관점의 연장일 뿐 아무런 과학적 근거도 없는 정치적 보복극에 불과하다는 입장이다.

다른 문제를 차지하고라도 친일청산의 논리에 '민족정기의 확립'이라는 관점이 중시되는 것이 사실이다. 따라서 민족정기의 확립이라는 개념이 가지는 과학성이나 반민족행위라는 개념에 대해서 깊이 따져 볼 필요는 있다. 그리고 친일을 설명하는 잣대로서 민족주의적 관점이 과연 정당한가를 생각할 필요가 있다.

사실 우리 근대사에서 특별히 저항적이고 애국주의적인 민족주의가 민족해방에 기여한 측면은 부정할 수 없다. 하지만 민족주의 자체가 가진 다양한 왜곡 가능성은 늘 조심해야 한다. 한때 민족주의는 다양한 정치적 목적과 국민선동의 도구로 동원되는 이른바 파시즘의 병기였다. 실제로 일본 침략자들은 서구로부터 아시아 식민지 쟁취의 논리로 민족주의를 중시하고 대일본제국(대아시아 민족)의 정신적 고향으로 퉁구스족을 설정하기도 했다. 이러한 퉁구스족설은 지금까지도 우리나라의 민족기원을 설명하는 중요한 논거로 설정되고 몇 해 전만해도 아무런 여과장치 없이 학생들에게 교육되기도 했다.

일제의 아시아 민족주의론에서 본다면 단군을 시조로 하는 조선 민족과 일본 민족은 퉁구스 민족에서 파생된 본래 하나의 민족이고, 아시아 민족 또한 알고 보면 일본 민족과 형제다. 이것은 친일파의 민족주의적 감성을 촉발하고 친일이 마치 민족성을 포함하는 듯 착각하는데 기여했다. 특히 1940년대 일본이 태평양전쟁을 수행하면서 조선에서의 물자수탈뿐 아니라 조선인들이 자발적인 전쟁참가를 획책하기 위한 이데올로기적인 합리화도 병행했다. 그리고 그것은 만주와 중국, 동남아가 본래 하나이고 하나같이 서구제국주의의 침략을 받았기에 이제는 아시아적 가치를 확인하고 그들을 몰아내어야 된다는 논리를 전개했다. 이 또한 민족주의적 가치를 고양한 것이다.

그래서 이러한 일본의 아시아 민족주의는 서구 열강에 의해서 핍박받는 많은 아시아인들의 공명을 얻었고 실제로 동양인의 정서에 부합되는 면도 있었다. 그것을 확인한 일제는 그들의 본래 목적인 침략전쟁 승리를 위해 아시아 민족주의를 더욱 고양시켰다. 실제로 당시 조선 총독이었던 고이소는 "작금의 전쟁은 성전(聖戰)이요, 정의의 전쟁이며, 조국(肇國):나라만들기의 이상(理想)"으로 전쟁을 신성화했다.

이제 아시아 민족주의는 탈(脫)서구제국주의적 자력갱생의 구호로 현실화되고 경제적으로도 서구제국의 원료·상품시장에서 벗어나 '대동아 자주경제'를 구축하는 데 필요한 슬로건이 되었다. 이제 아시아 민족주의는 침략논리인 동아신질서론에서 동아공영권론으로 그리고 대동아공영권론을 합리화하는 이론적 근거가 되었다.

우리의 귀에 생생한 내선일체(內鮮一體) 주장은 단순히 일본본토의 시고쿠나 홋가이도처럼 황국의 일부가 되자는 '제2의 일본화' 즉 소수 친일파의 엽기적인 변절 이상의 효력을 발휘했다. 사실은 일본인화된 조선인만이 친일파 범주는 아니었다. 일부 조선인들은 내선일체를 오히려 일본과 어깨를 나란히 하고 아시아 민족 중에서도 조선민족이 1등 민족이 되리라는 민족주의적 희망 때문에 주목했다. 이제 조선인들은 '친일=매국'이라는 꼬리표를 떼고 친일은 '민족을 위해서'라는 기묘한 관념으로 무장했다.

항간에 이야기 되듯이 일제의 군영에서 탈출하려는 조선인 병사에게 동료 조선인이 '조선인으로서 비겁하게 도망하는 것은 조선의 자존심과 반(反)하는 것'이라고 하여 전쟁터를 지켰던 에피소드는 그러한 사정을 잘 반영한다. 일제의 지원병에 자원한 이인석 상병이 중일 간의 전장터에서 죽음을 당했을 때 느끼는 조선인의 공분(公憤)도 그러한 조선인의 자존심과 관련된 것이다. 무조건 총독부의 이데올로기 공작이 이인식 상병의 죽음을 신성화시킨 것은 착각이다.

우리는 그렇게 만든 신비한 원인을 탐구할 필요가 있다. 오늘날 많은 사람이 일본의 대륙침략 덕에 5,000년의 중화주의와 사대주의 의식을 버리고 오히려 중국인=짱꼴라 정도로 멸시하는 기풍을 만든 것도 그러한 일제의 조선인 자존심 우대 정책과 관련되고 있다고 본다.

지금 그들 '친일 조선인'의 마음을 다시금 열어본다면 민족과 국가관의 기묘한 탈구현상을 발견하게 된다. 그들은 친일=매국이라는 굴레를 벗고 정치·경제 각 부분에 걸쳐서 일본과의 협력을 강화하고 침략전쟁의 전위대가 되었다. 스스로 민족을 위한 친일이라는 마음의 무장을 가다듬었다. 그것은 아시아 민족의 공영에 대한 또 다른 열광을 자아냈고, 식민지인으로서의 열등감을 해소하는데 큰 역할을 했다.

그런데 이같은 '민족을 위한 친일'이라는 논리는 1940년대 조선인들이 적극적으로 '침략전쟁'에 참가하는 단서를 열었다. 그 과정에서 조선인들의 친일행위는 단순한 반민족 행위를 넘어 오히려 민족적 성격과 반(反)서구 제국주의 성격을 동시에 구현하는 모습으로 나타났다. 이제 우리에게 닥친 친일 문제는 단순한 반민족 행위만이 아니라 반성해야 할 수많은 반역사적, 반혁명적, 반인륜적 행위와 관련되게 되었다.

■ 친일 반민족 잔재의 청산 사업

노무현 정부는 집권 초기 김대중 정부시기에 진행된 과거사 정리 작업을 승계하고, 이를 마무리하는 작업을 진행하였다. 이와 동시에 그동안 쟁점 사안에 대해 과거사 정리작업을 새롭게 시작하였다. 이에 친일반민족행위 진상규명위원회[45]를 비롯하여 일제강점하강제동원진상규명위원회,[46] 진실화해를 위한 과거사 정리위원회 등 16개 위원회가 가동되어 우리 역사의 잘못되거나 왜곡된 부분에 대한 청산을 시도했다.

과거사 정리를 위한 사회적 염원은 2003년 8월 14일 김희선 의원을 대표로 하는 155명의 국회의원 명의로 일제 강점하 친일반민족행위 진상규명에 관한 특별법안이 제안하면서 폭발하였다. 이에 2003년 11월 여야 합의로 '과거사 진상규명에 관한 특별위원회'(과거사 특위)를 구성하여 친일 반민족 행위 진상규명, 한국전쟁기 민간인 희생에 대한 진상규명, 여순사건 등에 대한 진상규명 등을 논의하는 것으로 나아갔다. 이 중에서도 친일청산 문제가 가장 주목 받았는데, 당시 다수당이었던 한나라당을 비롯한 보수 세력이 거센 반발로 입법은 지연되었다. 그러던 중 국회 예산결산위원회가 정부예산 조정과정에서 민족문제연구소 인사들이 주도했던 친일인명사전편찬작업에 배정된 예산 5억 원을 전액 삭감하는 사건이 발생하였다(2003.12.29).

그러한 조치는 각계각층에서 강한 비판이 제기되었고, 2004년 새해 벽두부터 이 문제가 사회적 쟁점으로 부각되었다. 일부 네티즌들은 국회의 행태를 비판하면서 사전 발간비용을 민간 성금으로 모금하자고 제안하였다.

45/ 본 위원회는「일제강점하 반민족행위 진상규명에 관한 특별법」(2005)에 따라 2005년 5월 31일 대통령 직속 기구로 발족한 기구이다. 2006년 12월 7일 대통령과 국회에 조사보고서를 제출하면서 친일반민족행위 106인 명단을 2007년에도 195명을 확정해 발표하였다.

46/ 일제강점하 강제동원피해진상규명위원회가 태평양전쟁 전후 국외 강제동원 희생자 지원위원회 (2008.6)와 통합되었다.

2004년 1월 8일부터 민족문제연구소 관련자 등은 "친일인명 사전 발간, 네티즌의 힘으로"라는 구호 아래 국민 성금모금 캠페인을 시작했다. 여기에 대한 시민들의 관심과 참여는 대단히 적극적이었다. 모금을 시작한지 단 11일 만인 1월 19일 주최 측의 발표에 따르면 이미 시민들이 기탁한 성금이 5억 원을 넘었다. 행정자치부는 모금 운동이 시작될 때 「기부금품모집규제법」에 입각해서 정부의 승인을 받지 않은 모금을 중단하라고 요구하여 시민들의 거센 항의를 받았다.

그러다가 국무회의에서 '친일인명사전 편찬을 위한 기부금품 모집 허가 계획안'을 가결하여 모금을 합법적으로 할 수 있는 길을 열었다(2004.1.27). 시민모금운동을 통해 과거사 정리에 대한 시민들의 뜨거운 관심과 적극적인 의지가 확인되었다. 이 운동은 친일반민족행위자 진상규명뿐만 아니라 참여정부 출범 이후 논의되고 있었던 전반적인 과거사정리작업을 가속화하는 계기가 되었다. 그리고 성격 면에서도 과거사 정리 사업이 종래 희생자 명예회복중심 사업에서 본격적으로 과거사 정리중심 사업으로 변화하기 시작했다.

그리하여 「일제강점하 친일반민족행위 진상규명에 관한 특별법」이 국회를 통과하였으나(2004.3.2 통과, 3.22 공포) 법안의 많은 부분이 진상 규명을 저해하였다. 이에 2004년 5월 15일 민족문제연구소를 비롯한 30여 개 학술·연구·시민·종교 단체들은 '친일반민족행위진상규명 시민연대'를 발족하고, 법 개정을 촉구하고 나섰다. 한나라당은 조사대상과 친일행위를 확대하는 법 개정에 대하여 박정희 대통령과 조선일보 등 특정 신문을 겨냥하는 정치적 의도가 있는 법안이라고 주장하였고, 일부 국회의원들 부친의 친일 내역이 밝혀지자 족보캐기식 과거사 들추기, 권력의 편의에 따른 관제 역사, 인민재판이라고 강력히 반발하였다.

2004년 12월 29일「일제강점하 (친일)반민족행위 진상규명에 관한 특별법」(개정안)이 국회에서 통과되었다. 새로 개정된 특별법은 최종 심의과정에서 일본과의 외교적 문제를 고려하여 법제명에서 '친일'이라는 단어를 삭제하였다. 개정된 특별법은 이전에 비해 조사범위를 확대하고 명확하게 규정했으며, 조사권한도 보완하였다. '일본제국주의 군대의 중좌 이상의 장교'에서 '일본제국주의 군대의 소위 이상'으로, '헌병 분대장 또는 경찰간부'에서 '헌병 또는 경찰'로 범위를 확대하였으며 '중앙의', '전국적 차원' 등의 용어를 삭제함으로서 반민족행위를 명확히 규정하였다.

－진상규명 특별법에 따른 반민족 행위의 기준(적요)－

▨ 독립운동가나 항일운동가 및 그 가족을 살상. 처형. 학대 또는 체포하거나 이를 지시
또는 명령한 행위
▨ 밀정행위로 독립운동이나 항일운동을 저해한 행위
▨ 을사조약. 한일합병조약 등 국권을 침해한 조약을 체결 또는 조인하거나 이를 모의한
행위
▨ 일본제국주의 군대의 소위 이상 장교로서 침략전쟁에 적극 협력한 행위
▨ 고등문관 이상의 관리, 헌병, 경찰 또는 판사, 검사, 사법관리 등으로 우리민족 구성원
을 감금. 고문. 학대하는 등 탄압에 적극 앞장선 행위
▨ 학병. 지원병. 징병 또는 징용을 전국적으로 선전 또는 선동하거나 강요한 행위
▨ 일본의 전쟁수행을 돕기 위해 군수품 제조업체를 운영하거나 대통령령이 정하는 규모
이상의 금품을 헌납한 행위

조사 권한에서도 실지조사와 동행명령장의 발부와 집행을 가능케 하였다. 2004년 통과된 특별법에는 위원회 구성에 대해 국회의 추천을 받아 대통령이 임명하는 것으로 되어 있었다.

그러나 개정 과정에서 열린우리당과 시민단체들은 대통령이 국회의 동

의만 얻어 위원 9명 모두를 임명하는 방식으로 바꾸려 했으나 한나라당이 여기에 반발하였다. 결국 개정된 법에는 대통령이 지명하는 4명, 국회가 선출하는 4명, 대법원장이 지명하는 3명 등 11명의 위원으로 위원회를 구성하도록 규정되었다. 개정된 특별법에 의해 새로운 시행령이 마련되고, 2005년 5월 31일 진상규명위원회가 출범하였다. 1949년 반민특위가 와해된 이래 무려 56년 만에 국가적 차원의 친일청산 작업이 마침내 시작된 것이다. 진상규명위는 일제 강점기(러일전쟁~1945년)를 3시기로 구분(제1기 러일전쟁~3 · 1운동, 제2기 3 · 1운동~중일전쟁, 제3기 중일전쟁~해방)하고, 2006년에는 1기에 해당하는 106명,[47] 2007년에는 2기에 해당하는 195명 등 총 301명에 대한 친일반민족행위자에 대한 조사를 수행했다.

2001년에 친일반민족행위자 이재극의 손자며느리가 낸 소유권 확인소송이 승소하자 해마다 친일파 후손들의 재산 찾기 소송이 늘어나 2005년 5월 당시 관련 소송이 무려 30건이나 되었고, 분쟁이 된 토지도 최소 767,927㎡ 이상에 이르렀다. 여야 합의로 「친일반민족행위자 재산의 국가귀속에 관한 특별법」(2005.12.29)[48]이 제정되었다. 이리하여 을사늑약 · 한일합병조약 등 국권을 침해한 조약을 체결하거나, 그 공로로 귀족 작위를 받는 등의 중대한 친일반민족행위를 한 자가 일제 강점기 일본제국주의에 협력한 대가로 취득하거나, 그 후손이 상속 · 증여받은 친일재산을 국가로 귀속시킬 수 있게 되었다. 또한 친일반민족행위자 후손들이 소송을 통해 되찾은 토지에 대해서 검찰은 이를 마음대로 처분하지 못하도록 가처분신청

47/ 정치부문(매국, 수작, 중추원), 통치기구부문(관료, 사법, 군인, 경찰, 헌병), 경제 · 사회부문(경제, 정치 · 사회단체, 종교), 학술 · 문화(언론, 교육 · 학술, 문예) 등 크게 네 개 부문아래 13개 분야에 걸쳐 친일행위자로 최초 조사대상자 120명 중 이의신청이 받아들여지거나 심의 중인 경우, 위원회의 최종 조사와 심의과정에서 제외된 14명을 제외한 인원이다.

48/ 러일전쟁 이후 광복까지 친일행위로 축재된 재산을 국고 귀속하는 법령이다. 다만 선의의 목적으로 취득했거나 정당한 대가를 지급하고 취득한 경우는 예외이다.

을 냈고, 법원은 이러한 신청을 모두 받아들였다. 그리고 친일재산의 국가귀속 업무를 담당할 '친일반민족행위자재산조사위원회'는 대통령이 추천한 9명의 위원으로 구성되었다(2006.7.13). 이에 2007년 말까지 친일반민족행위자 119명의 친일재산 2,370필지 13,648,418㎡(공시지가 1,073억 원 상당)에 대해 조사하였고, 이중 친일반민족행위자 19명의 친일재산 310필지 1,274,965㎡(공시지가 142억 원, 시가 320억 원 상당)를 국가에 귀속하였다.

■ 강제동원 피해 규명과 정부 주도 포괄적 과거사 정리

「친일진상규명법」에 이어 「일제강점하 강제동원피해 진상규명 등에 관한 특별법」도 국회를 통과했고(2004.2.13), 이 법에 의하여 '일제강점하 강제동원 피해진상 규명 위원회'가 발족되었다(2004.11.10). 위원회는 만주사변 이후 태평양전쟁 시기까지 일제에 강제동원된 군인, 군속, 노무자, 위안부의 실상에 대한 진상조사 및 조사결과보고서 작성의 임무를 부여받았다.[49] 피해신고와 진상조사신청은 1, 2차로 나누어, 2005년 2월 1일부터 6월 30일까지, 2005년 12월 1일부터 2006년 6월 30일까지 강제동원진상규명위원회와 실무위원회 그리고 시군구청에서 접수받았다. 두 차례에 걸친 피해신고는 모두 222,279건이며 피해 유형별로는 군인이 37,055건, 군속이 26,447건, 노무자가 155,339건, 위안부가 344건, 기타 3,094건이다. 이중 스스로 취하한 것이 940건으로 심의해야 할 피해신고는 221,339건에 달

49/ 원래 이 법안을 제안했던 사람들은 일제하에서 진행된 강제동원 피해에 대한 진상조사와 아울러 해방이후 정부가 이 문제에 대해 어떻게 대응했는지도 함께 조사해야 한다고 주장했지만 통과된 특별법에는 여기에 대한 진상규명은 배제되었다. 이에 강제동원 피해자들과 유족들은 한일회담 관련 자료에 대해 정보공개 소송을 제기했고, 마침내 2005년 1월부터 일부 한일회담 관련 자료가 공개되어 사회적으로 큰 파문을 불러 일으켰다.

한다. 이외 진상조사 신청도 52건 있었고 위원회 직권 조사도 5건 실시되었다. 피해자 중 행방불명으로 처리되어 있다가 사망사실이 확인되는 등 호적을 정정할 사항이 생기면「일제강점하 강제동원 피해진상규명 등에 관한 특별법에 의한 호적사무처리규칙」에 의거하여 정정할 수 있는데, 2005년 12월 7일에 처음으로 피해자의 호적 등재 · 정정 결정이 내려졌다. 그런데 실무위원회와 강제동원진상규명위원회가 심의 · 결정하기에는 너무 많은 피해신청이 쇄도하여 처리율은 그다지 높지 못했다. 2007년 9월 말까지 59,749건이 피해자로 처리되었다.

주목되는 것은 조선인 전범 문제였다. 이에 위원회는 'B · C급 전범'에 대한 진상조사를 결정(2005.6.3)하고, 1년여의 조사를 통해 2006년 11월 7일 제25차 위원회까지 태평양전쟁 때 일본군의 포로감시원을 하다 B · C급 전범으로 몰려 사형이나 징역형을 받은 조선인 148명 가운데 피해신고를 접수한 86명을 피해자로 인정하였다. 또한 피해자 가운데 해외에서 사망하여 돌아오지 못한 유골의 국내봉환 사업을 전개하여 2007년 9월 현재 매 · 화장인허증 등의 사망자료 3,000여 건, 유골명단 1,700여 건을 확인하였고, 한일공동 실지조사를 8회 실시하여 84위의 유골을 직접 확인하였다. 또한 일본 정부가 도쿄 유텐지祐天寺에 위탁보관중인 구군인 · 군속 유골(1,136위) 중 한국에 적이 있는 유골 704위에 대한 유족확인 결과 240위의 유족을 확인하였다. 그 밖에 개별 진상조사보고서 발간(9건) 진상규명을 위한 자료수집 발간(구술기록집 등 6종), 일본 등 해외지역 유골정보 약 3천 건 확인, 해외 추도사업 실시(마샬제도 등 5개 지역 97명 유족 동반 참여) 등의 활동 성과를 내었다.

2004년 이후 노무현 정부는 포괄적인 과거사 정리를 표방하면서「진실 · 화해를 위한 과거사 정리기본법」(속칭 과거사법)을 제안했고, 우여곡절 끝에 처음 내용에서 크게 수정된 법안이 국회를 통과하였다(2005.5.3). 이 법에 의해 '진실 화해를 위한 과거사 정리위원회'가 발족(2005.12.22)하여 항일독립운동, 일제강점기 이후 국력을 신장시킨 해외동포사, 해방 이후 반민주적 또는 반인권적 인권유린과 폭력·학살·의문사 사건 등을 조사하여 은폐된 진실을 밝히고자 했다. 이에 진실화해위원회는 2006년 11월 28일 민족일보 조용수 사건에 대한 진실규명 결정을 시작으로 2007년 9월 말 현재까지 363건에 대해 진실규명결정을 하였으며, 대표적으로 ① 이윤희의 1920년대 흑우회 등을 통한 항일독립운동 사건 ② 나주 동박굴재 사건 ③ 고양 금정굴 사건 ④ 함평 11사단 사건 ⑤ 오송회 사건 ⑥ 민족일보 조용수 사건 ⑦ 태영호 납북 사건, 이준호·배병희 간첩조작 의혹사건 ⑧ 부일장학회 재산 등 강제헌납 의혹사건 ⑨ 아람회 사건 ⑩ 진보당 조봉암 사건 등의 진실이 밝혀지고 명예회복이 이뤄졌다. 4년 2개월 동안 총 11,172건을 조사하였고 2010년 12월 31일에 해산하였다.

그밖에도 동학농민혁명참여자명예회복심의위원회, 특수임무수행자보상 심의위원회, 특수작전공로자인정심의위원회 등이 설치되어 각각의 피해상황이 조사되고 보상과 명예회복이 진행되었다. 이 과거사법에 기초하여 국정원·경찰·국방부 등 국가 권력기관이 자체적으로 과거사진상규명위원회를 설치하여 독재정권하의 인권침해 사건들에 대한 청산작업을 진행할 길이 열렸다. 먼저 국정원진실위원회는 2005년 12월 7일 인혁당 및 민청학련 사건 조사한 다음, 1974년 발생한 인혁당 사건이 박정희 대통령의 개입 아래 정부에 의해 부풀려지고 조작되었다는 조사결과를 발표하였다.[50] 이러한 움직임에 대해 한나라당은 '박근혜 전 대표에 대한 정치 공세이며 현 정부의 코드에 맞지 않는 사법부의 인적청산 시도, 법적 안정성이

50/ 2007년 1월 무죄판결을 받은 인혁당 재건위원회 사건에 대한 유족의 손해배상청구소송에 대해서도, 2007년 8월 21일 서울중앙지방법원은 637억 원의 배상판결을 하였다.

란 헌법적 원리를 해치는 것'이라고 하면서 격렬히 반대하였다.

〈표〉 기관별 과거사 정리위원회의 활동

기관별	주요 조사 내용	성과
국가정보원 과거사건진실규명을통한발전위원회	김형욱 실종사건, 김대중 납치사건, 동백림 사건, 부일장학회 강제헌납・경향신문 매각 사건, 민청학련 및 인혁당 사건, 남한조선노동당 사건, KAL기 폭파사건	
경찰청 과거사진상규명위원회	서울대 깃발사건, 민청련 사건, 강기훈 유서대필 사건, 보도연맹원 학살사건	− 의혹의 실체 규명→피해자 인권 회복 − 국가기관의 책임 공식 인정 →재발방지 − 기관 본연의 독립성 제고
국방부 과거사진상규명위원회	(1차 조사대상) 12・12 쿠데타, 5・17 비상계엄 확대, 5・18 사건, 삼청교육대 사건, 강제징집・녹화사업, 실미도 사건 (2차 조사대상) 10・27 법난 사건, 언론 통제, 보안사 민간인 사찰, 재일동포 및 일본관련 간첩조작 의혹 사건	

출전 : 참여정부 정책보고서 1−05. 『포괄적 과거사 정리』. 2008. 118쪽

또한 2004년 11월 민간인 7명과 경찰청 인사 5명으로 구성된 '경찰청과 거사진상규명위원회'는 '서울대 깃발 사건', '강기훈 유서대필 사건' 등을 재 조사하여 당사자의 명예를 회복하였다.[51] 2005년 6월에는 「군의문사 진상 규명을 위한 특별법」도 통과되었다. 국방부과거사위원회는 2005년 12월 19일 조사 결과 발표를 통해 1980년대 전반기에 발생한 대학생 강제징집 은 전두환 대통령이 직접 지시한 것으로 발표하여 주목을 받았다.

또한 2003년 10월 31일에는 대통령이 제주도를 방문하여 4・3항쟁 당

51/ 경찰청 과거사 진상규명위원회는 2005년 12월 16일 강기훈 유서대필 사건이 일정하게 경찰의 강압 수사 흔적이 있다는 점과 필적감정 등에도 문제가 있었음을 지적하였다. 또한 1984년 발생 한 '서울대 민추위 깃발사건' 도 수사과정에서 고문 및 가혹행위가 존재하였고, 국가보안법이 확대 적용된 측면이 있었던 것으로 발표하였다.

시 국가권력의 잘못에 대해 유족과 제주도민에게 사과했고. 2006년 12월 22일에는 「제주 4·3 특별법」 개정안이 국회를 통과하여 사망자·행방불명자·후유장애자로 되어 있는 4·3 희생자 범위를 수형자까지 확대하고 유족의 범위도 확대하였으며, 4·3 희생자 유해 발굴의 법적 근거와 제주4·3평화인권재단의 설립을 위한 근거 규정을 마련하였다.

한편 「노근리 사건 희생자심사 및 명예회복에 관한 특별법」(2004.3.5 법률 제7,175호)도 공포되어 국무총리 소속으로 '노근리사건희생자심사 및 명예회복위원회'가 구성되었다.52/ 위원회는 2005년 5월 23일 제2차 회의를 열어 노근리 사건 희생자 및 유족 심사를 개최하고 218명을 희생자, 2,170명을 유족으로 최종 결정하였다.

> "제주도에서 1947년 3월 1일을 기점으로 하여 1948년 4월 3일 발생한 남로당 제주도당의 무장봉기, 그리고 1954년 9월 21일까지 있었던 무력충돌과 진압과정에서 많은 사람들이 무고하게 희생되었습니다. 저는 위원회의 건의를 받아들여 국정을 책임지고 있는 대통령으로서 과거 국가권력의 잘못에 대해 유족과 제주도민 여러분에게 진심으로 사과와 위로의 말씀을 드린다."
>
> – 노무현 대통령 제주 평화포럼 축사(2003.10.31) –

이러한 정부와 민간이 합작한 과거사 청산작업에 대하여 뉴 라이트 계열에서는 이러한 '관제 청산 작업'은 당시 집권당인 열린우리당이 역사의 복합성을 이해하지 못한 채 무리하게 추진한 결과이며, 그로 인해 역사학자들이 학문의 영역에서 고민하거나 생각하기 보다는 민족사를 바로잡기 위한

52/ 1950년 7월 26일부터 29일까지 충청북도 영동군 영동읍 하가리 및 황간면 노근리 일대에서 미군들이 피난 중이던 무고한 민간인들에 총격을 가하여 많은 사람들이 목숨을 잃은 사건이었다.

현실 참여의 수단으로 여기고 말았다고 보았다. 아울러 이들 작업을 수행하는 주체들도 좌파 이념에 심취한 자들로서 대한민국 건국의 정당성을 무시하거나 해방 후 한반도에서 이뤄진 역사적 성취(민주화와 근대화)에 대한 아무런 긍정도 하지 않는 편파적 역사관을 가진 자들로 비판하였다.

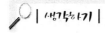 | 생각하기 |

13. 진정한 자유민주의란?

동일한 수준의 재능과 능력을 가진 사람들로서 그것을 사용할 동일한 의향을 가진 사람들은 사회체제 내에서의 그들의 최초의 지위에 관계없이 동일한 성공의 전망을 가져야 한다. 동일한 능력과 포부를 가진 사람들의 기대치가 그들이 처한 사회적 계급에 영향을 받아서는 안 된다. 그래서 두 원칙(공정한 기회균등의 원칙과 차등의 원칙)에 대한 자유주의적 해석이 의도하는 것은 분배의 몫에 있어서 사회적 우연성이나 천부적 운명의 영향을 경감시키고자 하는 것이다.(존 롤즈, 정의론, 이학사)

대중의 역사에 대한 관심은 크지만 역사학이 점차 사회적 의미를 상실하는 것은 기본적으로 역사학의 과제가 '민족'·'통일'·'자유' 등의 거대한 가치에 경도되어 대중들의 현실과 괴리를 보인 까닭도 있다. 물론 역사학이 현실에 지나치게 간섭하면 세속적 가치와 정략에 휘둘리거나 금권의 노예가 될 위험도 크다. 그럼에도 21세기 역사학은 그동안 우리를 옥죄인 많은 보편가치에 대한 강박을 벗어나서 현실적인 의미에도 고민을 해야 한다. 자유민주주의에 대한 구구한 연원을 따지기 전에 자유민주주의 체제의 본질에 대한 성찰에서 중요한 것은 바로 자유·평등·박애라는 근대적 이상이 자본과 같은 인위적 수단이나 혈연·지연·학연과 같은 자연적 우연성에 심히 왜곡되고 있다는 점이다.

우리가 바라는 정의로운 사회의 모습이 과연 자연적 우연성이나 천부적인 재능으로 세상의 모든 것을 독점할 수 있다는 자유주의인가. 우리는 자주 좋은 부모, 좋은 학교를 나온 것은 개인 능력이고 그것이 사회의 발전을 재촉하며 그 덕택에 그런 엘리트들이 부와 명예를 누리는 것으로 생각한다. 똑똑한 인물과 천재를 특별히 양성해서 무한 경쟁의 세계사회에서 특출한 기량을 발휘하여 전민족의 최대행복을 누리게 하는 것이 작금의 자유주의가 지향하는 요체일 것이다. 그런 선언과 달리 소문난 몇몇의 대학에서는 자연적 우연성을 선취한 결과 고교등급제를 요청하고 본고사 부활을 외치지만 정작 입학인원이 취약한 지방대는 그러한 외침과는 거리가 먼 생존의 위기감에 휩싸여 있다.

나아가 좀 덜 부유한 부모를 만나고 혹은 지방에서 태어난 이유로 엘리트 그룹으로 가는 공정한 기회를 배제하는 '능력지상주의' 아래서 많은 부모들과 학생들의 생존전략은 참으로 힘겨워 보인다. 여기서 우리는 조금씩 우리가 하늘의 뜻이고 운수라고 생각했던 그 많은 사람들의 '공감대'가 실은 자유민주주의의 이상을 지극히 왜곡하고 있다는 점을 알아둘 필요가 있다. 문제는 자연적 우연성과 자본의 세습이 그 자체로 '귀족의 책무'를 방기한 채 지속적으로 현실 삶에 영향을 주면서 다수 사람들이 누려야 할 공정한 기회를 왜곡한다는 사실이다. 여기서 기회균등이란 모든 사람이 사회주의적인 방식으로 모든 사람을 같은 출발선상에 놓고 일률적 평등을 말하는 것은 아니다.

중요한 것은 청소부건 대통령이건 자기가 사는 현실에 대해 적어도 공정하다고 암묵적으로 합의되는 그런 질서가 존재하고 그 질서에 깊은 신뢰를 보내는 경우 그 사회는 진정한 자유 민주주의 사회이다. 박지성 선수의 훌륭한 기량에 열광하면서 그가 벌어들이는 거액의 연봉에 대해 우리 사회 구성원들은 질시하지 않는다. 그것은 그의 노력과 능력에 대한 우리의 기대치와 만족감이 그대로 일치하기 때문이다.

기대치와 만족감이 일치하는 공정한 사회는 결코 공정하게 이룬 부의 세습에 대해서도 원망하지 않는다. 왜냐하면 모든 사람이 자기 자식이 행복하고 풍요롭게 살아가주길 바라는 마음으로 열심히 노력하기 때문이다. 그리고 우리는 자유와 평등에 관해선 말하되 박애 문제는 복지와 불우이웃돕기 수준의 관점을 벗어나지 못한 것이 사실이다. 박애는 그저 인간적 사랑을 베푸는데 끝나는 선행이 아니라 출생과 학연의 영향 아래 자신의 기량을 제대로 구현하지 못하는 계층에 대한 기회제공의 확립이라는 의미가 크다.

사회적으로 담당할 그 무슨 직종이 되던 자신이 생각하는 기대치와 만족도가 극히 일치하는 방향으로 사회의 기본가치를 재구성하려는 합의가 중요하다. 공부를 못한 사람을 판검사가 되게 하자는 것이 아니라 공부를 해서 공정하게 그 직위를 얻어낼 수 있다는 암묵의 합의가 신성하게 받아들여지는 사회를 만들자는 것이다.

제헌헌법이 그렇게 훌륭한 언사와 이상을 표방하고 있지만 11년 만에 우리 국민이 저버린 것은 바로 제헌헌법이 구현하고자 하는 기대치에 비해 합의한 계층은 소수의 친일파, 우익인사에 불과했기 때문이다. 따라서 자연적 우연성과 자본 및 재산의 축적에 대한 통제를 합의할 수 있는 사회적 공감대야말로 진정 힘없는 국민들이 바라는 자유 민주주의의 이상일 것이다.

서로 다른 생각을 존중하고 개별 인간의 자유를 보장하자는 민주주의의 대원칙을 생각하면서 한편으로 자본과 출생의 폭압 아래 다수 국민의 기본권리가 무시되는 현실은 분명 자유 민주주의의 본의와 거리가 먼 파시즘 사회의 그것이다. 사학법 개정이든 작전통제권 환수 문제든, 나아가 FTA 문제든 모든 사회적 이해관계에 허덕이지 말고 차근히 삶의 본질에 대한 고민을 축적할 필요가 있다. 그러면 의외로 많은 사회적 갈등의 답은 이슈 간의 투쟁에 그치지 않고 서로 다름을 이해하고 만족의 총량을 공평히 하는 것에 있다는 것을 알게 될 것이다. 역사 연구는 그래서 소중한 것이다.

■ 개혁의 부진과 보수층의 역공

노무현 정부는 법인세 인하, 특소세 인하, 재벌규제 완화 등의 신자유주의 정책도 함께 추진하기도 하고, 한미 자유무역협정(FTA)을 체결하기도 했다. 하지만 전시작전통제권 이양, 미군기지 재편, 주한미군의 전략적 유연성 등 미국의 요청을 적극 수용하는 반면 대량살상무기확산방지구상(PSI)나 미사일 방어(MD)의 문제는 끝까지 거부하는 고집도 보여주었다.

제17대 국회의원 선거(2004.4.6)에서 원내 과반수를 획득한 열린우리당은 2004년 10월 20일 이른바 4대 개혁입법, 즉 국가보안법 폐지안과 형법 개정안, 진실규명과 화해의 기본법, 사립학교법 개정안, 신문법 개정안을 국회에 제출했다.

먼저 국가보안법 문제에서 노무현 정부는 출범 초부터 대통령이 나서서 폐지할 것을 주장하는 등 폐지 공세를 폈으나 사회적으로 보·혁 갈등이 심화되고, 특히 강정구 교수 파문에 따라 보수 진영의 공세가 강화되면서 국민 통합차원에서 그 문제는 유보되었다. 다만 정부는 「국가보안법」 구속기준을 마련하여 구속사범에 대한 구속기준을 세분화하는 방식으로 타협했는데, 반국가단체 구성 및 가입, 간첩목적 수행, 자진 지원, 금품 수수, 잠입·탈출, 이적단체 핵심간부 및 지도적 임무 종사자 등은 구속하기로 한 반면, 찬양·고무, 선전·동조, 이적표현, 회합·통신, 편의제공, 불고지 사범은 사안의 중대성과 범행의 가담정도에 따라 구속 여부를 정하는 방식으로 바꾸었다.

「과거사법」은 앞서 언급한 것처럼 2005년 5월 3일 국회를 통과하였고, 이어서 「사립학교법」도 2005년 12월 열린우리당과 민주노동당의 합의로 개정안이 국회를 통과했다. 그러나 이 법은 곧바로 한나라당과 일부 종교단체의 거센 반발에 부딪쳤다. 한나라당은 31일간이나 국회등원을 거부(2005.12.9~2006.1.10)하고, 53일간 전국을 돌며 장외투쟁을 전개했다. 결국 「사학법」은 최대 쟁점이었던 개방형이사 추천위원회의 구성 비율을 '학교운영위원회(6) 대 이사회 추천(5)' 비율로 하는 내용으로 재개정되었다(2007.7.3). 이어서 「신문법」 개정안이 2005년 1월 1일 가까스로 통과되었다. 이리하여 「국가보안법」을 제외한 「신문법」(신문 등의 자유와 기능 보장에 관한 법률), 과거사 관련법, 「사립학교법」(사학법) 등 이른바 '4대 개혁입법'이 발동하여 기득권 계층의 이해를 일정하게 후퇴시키는데 성공했다. 이러한 성과에도 불구하고 전반적으로 진보 세력에 대한 국민적 지지는 시험대에 올랐다. 진보 세력의 토대 상실은 무엇보다도 진보 정권이 수행한 개혁의 불완전성에 기인한 것이며 대중의 이해를 결집하는데 한계를 보였기 때문이다.

〈표〉 국가보안법위반 사건 입건 및 구속 현황

(단위 : 명)

연도	2002	2003	2004	2005	2006	2007
입건	231	165	114	64	62	62
구속	131	84	38	18	22	17

〈사학법 개정 반대 집회〉　　　　〈작전통제권 환수 집회〉

〈한미FTA 본협상 규탄 기자회견〉

　첫째, 노무현 정부가 추진했던 행정수도 이전 사업은 「신행정수도건설을 위한 특별법」에 대한 헌법재판소의 위헌 판결로 인해 난관에 부딪쳤다 (2004.10.21). 행정수도 이전 사업은 사회적 부와 논쟁의 집적 지대인 서울 및 수도권 지역에서 노무현 정부에 대한 지지도를 크게 손상시켰으며 기대를 모았던 충청 지역의 민심도 돌아서게 하였다.

　둘째, 노무현 정부는 국민의 구체적인 이해와 직결되는 부동산 개혁, 언론 개혁, 교육개혁 면에서 무능이 드러나면서 국민적 실망을 키웠다. 특히 재계와 언론계의 조직적인 반노무현 책동에 현혹된 국민들의 진보 세력에

〈노무현 대통령 후보를 연호하는 노사모 회원들〉

대한 염증은 날로 커졌다. 특히 버블 세븐을 중심으로 한 부동산 폭등세는 8 · 31조치 등 수차례에 걸친 부동산 정책에 대한 대수술을 거친 다음 진정되었지만, 서민들에게는 돌이킬 수없는 박탈감을 안겨주었고, 부익부 빈익빈을 가중하고 서민들의 희망을 좌절시켰다.

셋째, 본래 노무현 정부는 지역정서에 힘입어 선거에서 이긴 것이 아니라 20-30대 네티즌 세대의 지지를 얻은 것이 승리의 요체였다. 따라서 참여정부는 정부요직 인사에 네티즌의 의견을 참고하였고, 결과적으로 진보를 표방하는 젊은 세대를 우리 사회의 중심 세력으로 부상시키는 현상을 가져왔다. 그러나 백여 만 명에 달하는 대졸 실업자 양산과 재벌 규제에 저항한 대기업의 신규 인력 감축, 나아가 비정규직 문제 등으로 청년층의 지지율이 급감했다. 또한 지나친 대통령의 진보적 언술의 남발은 자칫 50-60대 보수층의 정치적 소외감을 확장시키고 반노무현 정서를 확대하는 기폭제가 되기도 했다.

이와 함께 진보 진영의 관념성이 강한 이념주의 경향은 매서운 사회적 비판을 감내하기에는 역부족이었다. 정권을 장악했음에도 진보 진영 스스로 권력 유지에 심취한 채 종래 변혁이론이 가지는 시대착오적 이념주의적 노선과 전략을 수술하지 않았다는 점이다. 상당수 진보 세력은 종래 NLPDR 이론에서 크게 벗어나지 않았고 일방적인 노동계급 중심 운동의 틀에서 변화하는 다원적인 한국사회의 역동적인 변화와 사회의 수많은 다양한 목소리를 통합해 내는데 실패했다. 여전히 국민들에게 그들은 타자화된 '운동권'이었다. 예를 들어 전교조는 예민하게 이념 논쟁에 치중하면서도 교원 평가

문제 등에서 이기적 모습을 보여주면서 국민의 지지를 잃고 말았다.

사실 새로운 진보는 우파들이 말하는 '현실'의 소중함에 대한 심각한 인식 전환이 필요했고, 원칙과 정의만큼 공존과 호혜의 자유주의적 인식을 수용할 필요가 있었다. 나아가 먹고 살아야 하는 이른바 현실의 볼모인 대중들의 의식에 대한 섬세한 배려가 필요했다. 결국 민주노동당의 분당에서 보는 것처럼 '의식의 각축'을 통하여 자기 집단의 신성神聖만을 키재기하는 그런 그들만의 진보로 스스로 '전위화'하고 자멸해갔다.

노무현 정부 시절은 평준화 교육이냐 수월성 교육이냐를 놓고 심각한 국민적 논쟁이 발생했다. 사실상 적어도 해방 이후 한국의 교육 문제는 그것이 하나의 제도나 정책적 대안의 선택 문제가 아니라 자식 교육에 대한 '본능적 염원'이 국가의 교육 정책과 직접 조우하고 있었다는 점에서 그것이 가지는 심리적 요인이 중요하였다.53/ 이에 노무현 정부는 전교조 등과 함께 교육 평준화 노선을 강조하여 이른바 3불 정책을 견지하고 고교 교육의 정상화를 위하여 대입에서 입학전형에서 내신 성적을 50% 이상 반영하는 한편 대학수학능력 시험을 등급제로 전환하도록 했다.

하지만 이러한 평준화 교육에 대응하여 뉴 라이트 측에서는 기왕의 획일화된 평균교육은 좁은 통로로 다수의 학생을 내몰아 동질집단 간의 치열한 경쟁만 양상하며, 교육평준화로 오히려 사교육 팽창한다고 파악하고 본능적 수준의 교육열을 정책적으로 잘 살리는 정책을 추진해야 한다고 보았다. 이에 교육 자율화를 추진하여 각 교육청별로 다양한 경쟁이나 다양한 공부

53/ 홉스 봄은 "한국의 교육기적은 소농들이 자신들의 자녀를 명예롭고 특권적인 식자층으로 상승시키기 위해서 팔아 버린 암소의 시체들에 기반 한 것이다(한국의 대학생은 8년 동안(1975~1983) 전체인구의 0.8%에서 3%로 증가했다). 가족 중에서 처음으로 전일제 대학생이 되어 본 사람이라면 어느 누구도 가족들이 품은 동기를 이해하기가 어렵지 않았다"고 했다(에릭 홉스 봄, 이용우 역, 『극단의 시대, 20세기 역사』, 까치, 1997, 412쪽).

혹은 다원적인 인성함양이 가능한 교육정책을 입안하도록 하고, 국민이 원하는 수월성 교육을 받아들이는 한편, 교사평가제를 적극 도입하고, 사립학교법을 폐지하여 교육의 자율성을 제고하며, 고교등급제로 다원적 교육경쟁체제를 도입해야만 진정 다양한 경쟁체제가 구축될 것이라고 보았다.

물론 이러한 다양화와 수월성 교육체계가 함께 가려면 풍부한 사회적 도덕적 의식수준과 고도의 자율성이 뒷받침되어야 한다는 점에서 이명박 정부에서 수월성 교육 노선이 채택되어 교육의 다원화로 이어질지 혹은 중요부문의 독점세력 양성수단으로 이어질지 의문이다. 나아가 수월성 교육이 가지는 원초적 불평등 교육 환경(도 · 농간, 빈 · 부간, 지역간)을 어떻게 공정한 개변을 통해 다원적 교육방식이 자리잡는데 불만을 없게 할 것인가도 문제로 제기되었다.

노무현 정부 시기는 해방 이후 우리 사회의 혁신에 대한 진지하고 다양한 고민들이 자유롭게 개진되고 논쟁이 되던 시기였다. 그러면서 현실에 대한 불철저한 배려와 관념주의적 진보성향의 각축으로 인해 대중과 격리되는 진보세력의 전위화도 본격적으로 드러나던 시기였다.

뉴 라이트는 노무현 정부의 실패는 정책면에서 일관성이 결여된 점에 무게를 두고 비판하였다. 예를 들어 동북아 중심국가를 주장하면서도 일본과 역사전쟁을 벌이려 한다는 이율배반성에 대한 지적이 그것이다. 이러한 비판은 박정희식 명령 경제나 엘리트 중심 계몽주의 경제 정책이 보여준 일관성에 대한 희구에서 출발한다. 냉전시대와 달리 다양한 국제정세의 변화 앞에서 정책의 일관성만 강조하는 일은 정책의 탄력성을 약화시킬 우려가 있다는 점을 뉴 라이트측은 이해해야 한다.

어쨌든 이러한 상황에서 진보 진영은 2004년 이후 한나라당을 중심으로 한 우파 신자유주의 그룹 및 권위주의적 보수주의 그룹에게 자유주의의 헤게모니를 상실하기 시작했다. 박근혜가 이끄는 한나라당에 23번에 걸쳐 연속적인 선거 패배를 기록하게 된 민주당(열린우리당—민주신당—통합 민주당)은 사실상 새로운 정권을 탄생시킬 아무런 여력도 남아보이지 않았다. 결국 2007년 12월 19일에 실시된 제17대 대통령선거에서 한나라당의 이명박 후보가 48%라는 국민적 지지를 받아 대통령에 당선되었다.

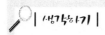
생각하기

14. 전시작전권 문제 어떻게 볼 것인가

전시작전권 환수 문제로 전직 국방부 장관들의 작전권 환수 반대를 소리높이고, 정치인들은 작전권 환수 시기상조론 등을 들고 나온다. 일부 우경단체는 작전권 환수는 곧 북한 김정일을 돕는 이른바 적화음모라고 말하기도 한다. 도대체 무슨 이유로 그들은 일국의 군작전통제권이 외국에 넘긴 상태를 그토록 갈망하면서 쌍수를 들어 그 환수를 반대하는 언동을 일삼는지 의아스럽기만 하다.

그들은 대북 억지력이 완성되지 않은 상황에서 섣불리 작전권을 환수할 경우 나타나는 경제적 고통을 언급한다. 또한 일부는 막강한 북한의 화력을 막아낼 우리의 준비가 안 되었기 때문에 우리의 안보 공백이 커질 것이라 우려하기도 한다. 한술 더 떠서 작전권 회수는 미국을 자극하여 미국의 미움을 받게 하며, 이는 한미동맹의 균열로 나아가게 되어 우리나라를 고립상태에 빠지게 한다고 믿는다. 전시작전권 환수를 반대하는 이 같은 다양한 부류의 주장을 보면서, 흡사 110년 전 정부의 노비 해방 조치에 정면으로 거부했던 당시 일부 노비들의 한탄을 생각하게 된다.

1894년 동학혁명을 통하여 백성들의 사회개혁 요구가 거세지면서 조선 정부도 갑오개혁을 실시하여 노비제도를 혁파하고 홍범 14조를 공포하여 왕실과 국무를 분리하는 등 근대적 개혁을 실행하였다. 물론 이 개혁이 일본의 입김에 의해서 되기도 했다는 설도 있지만 대체로 초기의 갑오개혁은 조선의 주체적 요구가 많이 가미된 개혁이었다. 그리고 사민평등과 노비해방은 인류의 오랜 숙제였고 마침내 그 길이 열린 것이다.

얼핏 보면 당연한 역사의 귀결이었지만 정작 일부 노비들은 그것이 두려웠다. 노비를 해방했는데도 상당수의 노비들은 스스로 노비를 자처하면서 노비해방을 거부하는 차마 웃지도 못할 해프닝이 연출된 것이다. 자발적으로 노비신분을 벗어나고 싶지 않은 사람들은 실제 많았다. 그들은 혹시나 노비에서 해방되어 평민이 되면 그나마 노비로 살 때 먹던 밥줄도 끊길 지도 모르니 차라리 노비로 그냥 사는 것이 편하다는 생각을 가졌던 것이다. 과연 그 길이 노비들이 경제적 안정을 얻고 안정된 사회적 신분을 보장받는 바른 길이었을까?

오랜 세월 노비생활에 적응될 때 느끼던 세계에서 갑자기 벗어난다는 것은 공포와 두려움 바로 그것이었다. 주인의 지배가 없이 어떻게 살 것이며, 노비로 신공을 바치는 일 이외에 무엇을 할 수 있을까? 혹 어떤 노비는 이런 말을 했을지도 모른다. "우리가 노비해방을 준비할 여건이 되었을 때 노비신분을 해방해 달라"고⋯ "아직은 시기상조이며, 굶는 것보다 노비가 낫다"고⋯ 그러니 노비 해방에도 불구하고 1960년대까지 한국 사회에서는 하인으로 불리는 전통시대의 노비가 농촌 지역에 실재하고 있었다. 그들의 일부는 그 길만이 생존을 위한 절체절명의 방법이라 생각했고 그렇게 살았다.

그러한 '충성심'은 6⋅25전쟁 때에도 예외가 아니었다. 그때 정부가 전쟁에 필요한 지원군을 모집해야 했기에 각 면사무소별로 징병자를 차출하도록 했다. 그러나 일부 부잣집에서는 제사를 상속할 자기 아들 대신에 하인이나 타성백이(동족부락에 얹혀서 사는 다른 성의 사람들, 주로 머슴들이나 하인들이 많았다)의 아들을 대신 군에 보내는 일이 있었다.

주인에게 충성을 다했던 '자발적 노비'들은 그렇게 주인을 대신해서 기꺼이(?) 죽어갔다. 죽어갔던 그 노비들의 한결같은 충성심이 '주인이 그래도 밥은 먹여주는 은혜를 베풀었고, 길거리에 나가봤자 굶을 것이 자명'하다는 비장하리만큼 현실적논리의 연장이었다. 그리고 충성심은 은연중 식자층에 의해서 의리와 충심으로 포장되기도 했다. 작전권을 환수하면 미국의 은혜를 더 이상 받을 수 없어 살기 곤란해질것이라는 오늘날의 인식은 그처럼 해방을 거부하면서 노비로서 살아가길 원했던 구한말 노비들의 이야기와 무엇이 다를까. 특히 작전권을 이양하는 것이 국가안보의 초석이라 믿는 전직 군장성들이 노비의 충성심을 조장하여 사지로 몰았던 당대의 식자층과 무엇이 다른가.

본래 전시 작전통제권이란 전쟁 시기 작전을 수립하고 명령하는 권한이다. 연합군의 경우에는 일시적으로 작전통제권을 연합군 사령관에게 양도하기도 하고 상황에 따라서 인수와 환수가 일어나는 그야말로 군 전략과 전술의 일부이기도 하다. 그러니 잠시간 특별한 사유로 작전권이 이양되는 것에 반대할 이유는 없다.

그러나 한국의 작전권 이양은 일시적인 변통으로 회수된 것이 아니라 국가의 주권과 자존심을 크게 위축시켰고, 그것에 적응한 경제운용이나 왜곡된 사회관계, 국제관계를 만들어왔다는 것이다. 그래서 작전권 회수는 벗어나기 힘든 무거운 과제처럼 여겨지는 상황에 이른 것이다. 해방을 거부한 노비들이 두려워했던 것처럼 국군의 지휘권은 헌법상의 대통령 군통수 조항과는 상관없이 1950년 7월 17일 이승만 대통령이 맥아더 유엔군 사령관에게 '현재의 적대상태가 지속되는 동안'이라는 단서를 달아 지휘권을 위임되었다. 이 부분이 잘못되었다고 부정하는 사람은 별반 없을 것이다. 문제는 그것이 56년에 걸쳐서 지속적으로 환수를 두려워 한다는 현실이다.

물론 1953년 10월 1일 한미상호방위조약에서 '작전통제권(Operational Control)'이라 하여 지휘권 중에서도 전시 · 평시 작전통제권(작전계획 명령시달) 만을 미군측에 양도하게 되고, 김영삼 정권 시기(1994.12.1)에 일단 평시작전통제권은 우리 군이 환수하는 등 변화는 있었다.

사실 평시 작전권 회수도 미국의 넌 워너법의 영향으로 여겨지지만 그동안 5 · 18민주화운동 탄압이나 군사정권 수립에 미군의 작전권 책임이 있었고, 신군부에 의해서 악용된 데 대한 국제적 비난이 비등한 결과이기도 하다. 현재 작전권 환수를 반대하는 자들 중에는 우리의 자주국방의 능력이 일정 수준에 도달했을 때 작전권을 환수해야 한다고 주장도 있다.

그런데 평소에는 우리는 한미연합방위체제를 공고히 하자고 하고 자주국방은 사실상 관념이라고 비난을 퍼붓던 그들이었다. 자주국방을 반대하면서 작전권은 자주적 역량이 충실해질 때 가능하다는 논리 자체가 언어도단이다. 자주적 역량이 배타적인 민족군대의 양성을 표방하는 말은 아니며, 그 안에는 주변국가와의 충실한 협력이 바탕이 될 때 가능한 것임은 부정할 수 없다. 안보 문제에 자주와 국제협력(한미동맹)을 이항대립으로 설정하고 자주냐 외세냐를 분리하는 것도 옳지 않다. 즉, 자주국방은 주체적인 국방운영의 논리와 국제협력을 적절히 견인하는 노력이 통합될 때 내실을 다지게 된다.

그런데 작전권 회수를 반대하는 그들의 말을 정리하면 한미동맹을 해치는 자주적 노력은 우리의 안보와 경제를 위태롭게 한다는 것이다. 이는 마치 해방되기 싫은 노비들이 마치 죽기를 각오하고 노비로 살고 싶어 했던 그 모습과 너무나 흡사하다. 그들의 논리는 우민의 충동성을 기반으로 한 또 다른 표퓰리즘이고, 역사의 진로를 무시하는 반역사적 언행이다. 사실 작전통제권의 환수규모와 수준, 그리고 로드맵은 군사 실무담당자의 판단에 기초해야 하는 것이 옳을 것이기에 문외한이 구체적인 내용에서 그다지 왈가왈부할 것이 없다. 문제는 무엇을 계승하고 고민하는가이다.

이미 56년 동안 사실상 군사주권을 상실한 채 오늘날까지 왔다. 환수가 2012년이든 2030년이든 회수되어야 할 대상에 대한 진지한 고민의 시간은 이미 충분히 되었다고 본다. 혹자는 수송기조차 미군의 도움이 없이는 못 날리는 현실에 무슨 자주국방이며, 작전권 회수인가를 반문하지만, 56년간 작전권 박탈의 결과가 수송기조차 우리 스스로 못 날리는 그 현실을 만들었다는 사실에는 초점을 맞추지 못하고 있다. 노비해방을 거부한 노비의 우려나 기산이 무너질까 두려웠던 기우(杞憂)는 모두 우리 스스로의 운명을 우리가 측정하거나 관리하지 못한 상황에서 비롯된 것이다.

우리 군을 무적강군으로 육성하는 길은 그동안 작전권이나 통수권을 양도해야만 안보가 보장되던 현실에서 벗어나 우리가 적절히 안보문제를 능동적으로 통제할 수 있는 시스템을 만들어갈 때 비로소 가능한 것이다. 청년학도의 진지한 안보의식은 기형화된 우리의 숨통을 바로 돌리는 일에서 파생되는 잠시의 현기증에 현혹되지 않는 것이다. 전작권 회수는 조국의 자존심과 안보를 함께 바로 세우는 길이며 대북 우위의 명분을 쌓은 길이기도 하다.

■ 이명박 정부 출범과 보수층의 분열

이명박 정부의 정책 방향은 대체적으로 철저한 국가경쟁력 중심 혹은 세계화 중심의 정책을 유지하는 것이고, 경제적으로도 외국의 우수한 기업을 유치하는데 모든 산업금융 · 교육 · 환경 · 국토개발 등의 정책이 초점을 맞추는 이른바 실용주의 노선이 채택되었다. 물론 생산과정이 국제화, 더 이상 자주적 배타적 시장이나 생산라인을 운용할 수 없는 상황에서 그러한 실용노선은 일정한 국민적 지지를 받을 수 있었다.

그러나 기술적 측면에서 영어 잘하기 수준의 정책공약으로 한국인의 세계인화가 가능할 것이며 무한경쟁을 감내할 능력을 키울 수 있을 것인지 의문이다. 아울러 대통령 인수위 시절부터 섣부른 정책남발로 이전 정권과의 마찰을 빚더니 집권 후에도 지난 10년간의 민주당 정부의 공과를 검증하여 옥석을 가리지 않고 일방적으로 과거 정권의 잘못만을 부각하면서 국민적 동의가 충분하지 않은 여러 가지 사업을 강행하려는 모습을 보였다.

〈조선일보 방우영 명예회장과 악수하는 이명박 대통령 당선자〉
출처: 전사모 자료실(전두환 대통령 사진관).

이런 상황에서 대통령 당선시 받았던 40% 후반대의 높은 국민적 지지율은 이후 점차 하락하기 시작했다. 그 첫 번째 단서가 땅 투기 의혹이 있는 각료나 대통령 비서관에 대한 도덕적 검증이 없이 임용한 것이었다(강부자 · 고소영 내각). 이에 취임한 지 이틀만에 부동산 투기 의혹 등으로 한때 '6 · 15 남북공동선언은 대남공작문서이며 통일'은 없다고 하던 남주홍 통일부 장관 후보자와 박은경 환경부 장관 후보자가 함께 사퇴했고, 박미석 사회경제 수석도 같은 의혹으로 중도 하차하였다. 또한 첫 각료 및 비서관 인선에도 고액의 재산을 가진 수구적 인물을 등용함으로써 국민의 많은 지탄을 받았다. 게다가 집권 초기부터 한나라당에서는 박근혜를 위효하는 전통적인 권위주의적 보수 세력과 이명박을 위효하는 시장지상주의(신자유주의) 그룹 간의 당권 경쟁이 가속화되었다. 힘겨루기에서 마침내 이명박을 중심으로 한 신자유주의 그룹이 제18대 국회의원 후보 공천을 통하여 종래 보수주의 그룹인 박근혜 계열을 대대적으로 배제하는 진통을 겪었다.

이에 두 번이나 대통령선거에서 낙방한 이회창이 충남을 기반으로 자유

선진당을 창당하고 보수 세력을 결집하여 제18대 국회의원 선거를 치렀다. 그 결과 보수 3당(한나라당, 친박연대, 자유선진당)이 의회의 2/3 이상을 장악하는 상황이 되었고, 진보 세력은 전면적으로 퇴조하는 상황이 되었다. 과반수를 획득했지만 친박연대나 한나라당 공천탈락 후 무소속으로 당선된 인사 등의 한나라당 복당 문제가 불거져서 내외의 보수 세력의 위협을 받았다. 결국 전당대회에서 박희태 대표가 선출되면서 친박근혜 세력의 복당문제가 일단락되었다(2008.7).

■ 촛불 시위와 미국산 쇠고기 파동

이명박 정부는 당내 박근혜계의 약진에 따른 약화된 정치적 입지를 만회하고 능력있는 대통령상을 만들고자 2008년 4월 미국을 전격 방문하였다. 그는 부시 대통령과 회담한 후 광우병 논란이 많은 미국산 쇠고기에 대한 전면적인 수입 자유화를 협약하였다. 그 대가로 한미 FTA에 대한 조속한 비준을 부시 대통령에게 촉구하였다. 그러나 그런 유화책에도 미국의 연내 비준 불가 입장은 별 진전이 없었고, 몇 차례 한미 당국간 협의에도 불구하고 광우병 발생시 즉각적인 수입중단 조치가 어렵게 되는 등 집권 초기 이명박 정부에 대한 국민적 신뢰가 크게 손상되었다.

5월 이후 청계광장을 비롯하여 전국적으로 쇠고기 수입에 반대하는 촛불 시위가 자연발생적으로 이뤄졌는데, 보수 세력 및 조선일보 · 동아일보 · 중앙일보 등은 친북단체가 조종한 시위라는 이념공세를 강화하고 정부도 촛불 시위에 대한 법적 대응을 강화하여 다수의 시위 군중을 연행하는 등 공안정국을 조성하여 위기를 돌파하려 하였다. 결국 5월 29일 미국 쇠고기 수입 고시가 발표되면서 격렬한 시민사회의 저항을 맞이하게 되었고 6월 2일에는 수입고시를 관보에 싣는 것이 유보되었다.

2008년 6월 5일에는 민변이 주도가 되어 수입 고시 관련 10만 명 헌법소원이 제기되었고, 6월 6일에는 경찰추산 10여 만 명이 광화문 등지에서 촛불 시위를 전개했다. 이어서 6·10항쟁 21주년을 맞이한 6월 10일에는 20여 만 명의 시민들이 광화문 일대에서 미국산 쇠고기 수입 재협상을 요구하는 시위를 벌였다. 하지만 이명박 정부의 쇠고기 수입 의지는 확고했고, 6월 3일 수입업자 자율규제로 30개월 이상 쇠고기 수입제한을 타협

〈2008.6.10 광화문 일대를 수놓은 촛불 시위 행렬〉

책으로 제안하면서 여전히 재협상 불가를 고수하였다. 이에 내각 및 청와대 비서관들이 일괄 사표를 제출하는 정국의 혼란이 계속되었다.

6·10의 물결에 놀란 정부는 다시 6월 14일에서 19일까지 미국측과 한미 쇠고기 협상 추가협의를 진행하였다. 여기서 정운천 농림수산식품부 장관과 김종훈 통상교섭본부장은 영문 협상안이 공개되지 않은 상황에서 (1) 30개월 이상 쇠고기에 품질 시스템 평가(QSA)를 적용하여 한국의 소비자들의 신뢰가 개선될 때까지 실효적 수입을 금지한다. (2) 수입업자의 요청이 없는 한 30개월 미만 쇠고기 중 뇌, 눈, 척수, 머리뼈 수입 금지, 반입된 경우 전량 반송한다. (3) 의심 작업장을 특정하여 조사가 가능하며, 조사 결과 중대한 위험 발견 시 미국에 해당 작업장의 수출작업 중단을 요청할 수 있고, 미국은 요청을 받는 즉시 조치를 취한다는 등의 협상 결과를 발표하였다. 이에 6월 19일에는 대통령 특별기자회견에서 대국민 사과를 천명하는 한편, 6월 21일에는 위의 추가협상안을 발표하였고, 6월 26일에는 새로운 협상내용을 추가한 고시를 공포하고 관보에 게재하여 마침내 미국산 쇠

고기의 수입이 자유화되었다.

이러한 국민적인 재협상 요구에 대해 조선일보 · 중앙일보 · 동아일보 등 수구 언론과 친미보수단체는 촛불시위 시민이나 광우병 대책회의 등에 대하여 조직적인 색깔 논쟁을 벌이고, 쇠고기 파동을 마치 MBC 피디수첩의 사실 조작에 의한 것으로 호도하고자 했다. 두 차례에 걸친 대통령의 사과에도 불구하고 이명박 정부는 사과 내용과 전혀 다른 방향에서 이러한 보수 여론매체를 앞세우고 시민의 쇠고기 재협상에 관한 정당한 요구를 표퓰리즘으로 매도하는가 한편, 시위대에 대한 강경 진압을 천명하면서 공안정국을 조성함으로써 정치적 위기를 돌파하고자 했다. 실제로 경찰은 '법치'를 명분으로 평화적 촛불시위 행렬에 물대포나 소화기 등 과도한 무력을 사용하여 폭력 시위를 촉발시키기도 했다. 이에 노마 강 무이코 국제 앰네스티 조사관은 경찰이 자행한 폭력을 보고서로 작성하여 본부에 보고하는 한편 과잉진압에 따른 인권침해 사실을 확인하였다(2008.7.18).

대북정책에서도 대통령 인수위 시절부터 예측가능한 정치적 전망과 현상에 대한 분석이 없이 '엄격한 상호주의'적 견해를 강조함으로 6자회담 속개와 대북 경제지원 및 식량원조 등 국제적인 대북 유화 국면에서 남측이 국면의 주도권을 장악하는데 실패하였다. 이명박 정부의 친미 사대적 외교노선은 국내적으로 국민적 저항을 불러온 것은 물론 일본과 중국간의 균형 외교에도 장애가 되었다. 실제로 2008년 5월부터 개시된 국제사회의 대북 식량 원조에서도 한국의 역할이 이명박 정권이 스스로 쳐놓은 상호주의의 그물에 자신이 묶여서 진퇴양난을 겪었다.

또한 2008년 4월의 일본 방문에서 과거사에 얽매이지 않을 것임을 자발적으로 선언함으로써 5월 19일에는 일본 문부성이 독도를 교과서에 일본 영토로 명기하려는 움직임을 보였다. 마침내 일본은 2008년 7월 14일 독도를 일본 고유영토라는 내용을 담은 중등교사용 교과서 해설서를 완성하여 공표함으로써 독도문제를 둘러싼 한국인의 민족주의적 감정을 극도로 자극하였다. 이후 국내에서는 연일 일본대사관 앞에서 항의시위가 계속되고 일본과 교류중단을 선언하는 지방자치단체가 증가하는가 하면 국공립 초중등학교에서 독도 관련 수업을 강화하려는 움직임이 거세졌다. 이에 이명박 정부도 주일대사를 송환하는 등 강경대응을 천명하였다.

그런데 7월 27일 미국 연방지명위원회(BGN)가 독도를 그동안 한국령으로 표기하였지만 '주권미지정지역'으로 변경하는 사태가 촉발했다. 정치 경제적으로 곤궁한 미국이 일본의 '눈치'를 본 결과라는 평가도 있지만 일본의 지속적인 독도의 국제분쟁지화 전략이 결실을 본 것으로 이명박 정부는 급거 상황대응팀(TF)를 구성했으나 '뒷북외교'에 대한 국민적인 원성이 커졌다. 그런데 독도 위기가 한창이던 7월 31일 부시 미국 대통령은 전격적으로 독도=한국령 표기를 회복하도록 조치함으로써 독도 문제, 쇠고기 문제로 위기에 처한 친미적 이명박 정부의 숨통을 틔웠다. 한미동맹을 강조하는 이명박 정부의 수세는 곧바로 미국의 동북아 전략상 위기로 비화되리라 판단했던 것이다. 물론 미 대통령의 방한에 따른 한국 민심 달래기이기도 했다.

이어서 이명박 정부는 조직적으로 공영방송 장악을 시도했다. 인수위 시절부터 언론인 성향 분석에 나섰던 이명박 정부는 KBS 이사회의 진보적 인사를 제거하고자 하였다. 이 때 정부는 먼저 KBS 이사였던 신태섭 교수가 소속된 대학에 압박을 가하여 그를 교수직에서 해임시켰다. 이어서 이 기회를 이용하여 방송통신위원회(위원장 최시중)는 신태섭 KBS 이사를 이사직에서 해임하고 나머지 3인을 자진사퇴시킴으로써 KBS 이사회에서 친여당계의 우위를 확보하였다(7.18). 이후 정부는 본격적으로 정연주 사장에 대한 퇴진을 위해 국세청을 동원한 외주제작사 세무조사를 개시했고, 감사원

감사가 폭넓게 진행되었다(8.5). 이어서 KBS 이사회는 몇몇 이사의 반대를 무릅쓰고 감사원에서 제기한 '부실경영'과 '인사권 남용'을 이유로 정연주 사장을 해임하였다(8.8). 이후 이명박 정부는 최시중 방통위원장, 이동관 청와대 대변인, 전정길 대통령 비서실장, 유재천 KBS 이사장 등이 새로 KBS 사장으로 입후보한 김은구 전 KBS 이사 등과 비밀회합을 하는 등(8.22) 이명박계 사장 인선을 위한 노력을 강화했다. 이어서 MBC에 대해서도 검찰을 동원하여 전방위로 압박한 결과 완강하게 저항하던 PD수첩 제작진 대신 사장이 사과하고 PD수첩 간부진을 좌천했다. 이후 제29회 북경올림픽(8.8~24)이 개최되면서 이명박 정부의 국민적 저항과 정치적 위기는 일면 진정기미를 보였다(8.24).

한편, 삼성 특검이 진행되어 이건희 삼성그룹 회장이 항소심에서 조세포탈 혐의로 징역 3년에 집행유예 5년, 벌금 1천 100억 원을 선고받았다. 경영권 불법승계에 대해서는 무죄 판결되었다(10.10). 이어서 2009년 5월 29일에는 삼성그룹 경영권 승계를 위해 에버랜드 전환사채(CB)를 저가로 발행해 아들 이재용에게 증여한 혐의도 무죄 판결이 났다.

■ 불통과 감시

북경올림픽으로 정치적 위기 국면이 완화되는 시점 이명박 정부는 보다 강력하게 반정부 세력에 대한 감시 체제를 구축하고자 했다. 또한 좌파에 대한 비난 수위를 높여서 광우병 사태 이후 불거진 국민들의 저항에 대한 맞불을 준비하였다. 이에 국방부는 난데없이 『나쁜 사마리안들』과 『우리들의 하느님』 등 불온 서적을 선정하여 색깔론을 퍼트리고, 2008년 7월에는 조계사 앞에서 경찰이 총무원장을 검문하는가 하면, 한나라당은 '불교계

불법비리 수사' 공언하는 등 반정부적 성향의 불교계와의 갈등을 고조시켰다. 특히 불교계의 대대적인 항의에 엄포를 놓기도 하고, 조계사 집회 참가자에 대한 식칼 테러 등이 발생하여 공안 분위기가 고조되었다.

또한 2008년 7월 말에는 신영철 대법관이 야간집회금지 조항에 대해 위헌심판을 제정한 박재영 판사를 수차례 따로 불러 재판 진행에 관해 모종의 압력을 행사했던 것으로 드러났다. 그리하여 박재영 판사는 2009년 2월 "현 정부의 역주행이 부끄럽다"는 말을 남기고 법원을 떠났다. 촛불 집회 이래로 유모차 주부에까지 수사를 엄명한 이후 2009년 7월에는 검찰이 촛불집회에 참가한 유모차 주부 44명을 수사하였다. 2008년 9월에는 YTN 사장에 이명박의 언론특보인 구본홍을 임명하기로 강행하여 결국 용역 인원까지 동원한 다음에 날치기로 통과하였고, 여기에 항의한 노종면 노조위원장 등을 해임하였다.

2008년 12월 19일에는 최시중 방송통신위원장이 MBC의 민영화를 압박하고 보도 태도를 문제 삼는 등 협박성 발언을 해 파문이 일고 있다. 이는 야권 성향이 강한 MBC 기자들의 대정부 비판 움직임을 차단하고자 했으며, 12월초 교육과학기술부는 과거 민주화 운동을 폄훼하고 군사독재를 미화하는 내용의 자료를 일선 학교에 내려보내 홍보토록 하는 한편, 강제적으로 금성사판 한국근현대사 교과서의 논란부분을 수정하라는 지시를 내렸다. 이에 역사·교육학계, 시민단체는 이를 정부의 전방위적인 '역사 세탁'이라고 규정하고 "현 집권층과 기득권 세력의 약점을 감추고 정당화하려는 정권 차원의 조직적인 움직임"이라고 반발하였다. 이에 대해 정부의 지원을 받은 뉴라이트 교과서 모임은 '김구는 테러리스트, 4·19혁명은 데모'로 폄하하는 내용의 교과서 수정안을 제출하였다. 2008년 3월부터 초등학교 4~6학년과 중학교 1학년을 대상으로 한 일제고사가 부활하고, 여기에 일제고사 '거부교사'에 대해선 징계를 가해 교단에서 밀어냈다.

또한 이명박 정부가 녹색 뉴딜의 핵심 사업으로 지목한 4대강 정비 사업은 한강, 낙동강, 금강, 영산강 등에 2012년까지 총 14조 원을 투입해 노후 제방 보강과 하천 생태계 복원, 중소 규모 댐 및 홍수 조절지 건설, 하천 주변 자전거길 조성, 친환경 보洑 설치 등을 추진한다는 내용이었다.

그런데 2008년 5월 24일 국토해양부로부터 대운하 연구를 용역받아 수행 중이던 건설기술연구원의 김이태 연구원은 포털사이트 다음의 아고라에 올린 '대운하 참여하는 연구원입니다'라는 글에서 "4대강 정비계획의 실체는 운하 계획"이며, "제대로 된 전문가 분들이라면 운하건설로 인한 대재앙은 상식적으로 명확하게 예측되는 상황"이라고 주장했다. 그러자 이명박 정부는 그를 해임하였고, 대운하 비판 환경단체에 대한 압수수색을 가했다.

■ 등 돌린 시민 사회와 시국선언

2009년에 들면서 종합부동산세 제도의 사실상 철폐와 부자감세 그리고 제2 롯데월드 인허가 제스처 등 재벌 및 부유층에 대한 특혜로 비판을 받고 있던 이명박 정부는 다시 의료 민영화 추진이 알려지고, '수도 전기세' 인상을 공언하면서 부자를 위한 정권이라는 오명이 널리 퍼졌다. 게다가 2009년 1월 20일 새벽, 서울 마포구 용산4구역 재개발에 반대하는 철거민들과 전국철거민연합회(전철연) 회원 등 30명이 강제 점거하고 있던 남일당 건물에 경찰특공대가 투입되어 강제 진압에 나서며 철거민 2명, 전철연 회원 2명, 경찰특공대 1명 등 총 다섯 명의 사망자가 발생한 '용산4구역 철거 현장 화재 사고' 일명 용산 참사가 발생하였다.

이에 진압수칙 원칙을 지키지 않는 과잉진압과 용역까지 동원한 부도덕성이 더하여 사회적으로 사실규명이 요구되었으나 경찰은 규명을 외면하고, 검찰조차 수사기록 공개를 거부하여 조작수사 의혹이 일었다. 용산참사 대응하기 위해 '살인마 강호순 검거(2009.1.24)'를 활용하라는 청와대 이메일 사건이 일어났으며, 세상에 알려지자 청와대는 일개 행정관의 단독 책임으로 전가하였다. 또한 2009년 3월 7일에는 유명 일간지 소유주와 고위층에 상시적으로 성상납을 강요당했던 탤런트 장자연이 자살하였다. 검경의 수사는 하는 듯 마는 듯, 결국 매니저만 구속하고 유야무야되었다.

정부가 각 부처마다 NGO 전담부서를 만들 것이라는 내용도 포함돼 있다. '시민사회단체 정부 워크숍'으로 검색하면 지금도 기사들을 볼 수 있다. 이어서 시민단체 보조금 지원중단을 엄포하면서 친 MB정부 보수단체 지원금은 계속 지원하는 등 편향적 시민단체 지원이 확대되었다. 이어서 2009년 2월 6일 이명박 정부는 민주노동당, 참여연대 광우병대책위 등 1,800여 개를 '폭력단체'로 규정하고 , 지원금을 삭감하겠다는 공언을 하였다.

또한 유인촌 문광부 장관은 황지우 한국예술종합학교 총장 및 김정헌 문화예술위원장을 강제 퇴진하도록 하고, 언론협회 회장에 퇴진 압력을 행사하였다. 이전 정권의 측근이라는 이유로 퇴진이 강요된 것으로, 이 시점에 모든 영역에서 이러한 정치적 이유를 통한 이전 정권 실세에 대한 퇴진 압박이 거세졌다.

2009년 5월 23일 노무현 전 대통령이 친인척, 자녀들의 불법 자금문제가 드러나서 검찰의 강도 높은 수사를 받던 중 서거하였다. 그 과정에서 검찰이 확증되지 않는 피의 사실을 마구 잡이로 유포하고 여기에 조선, 중앙, 동아일보 등 '친정부' 언론이 합작하여 노무현 대통령 일가를 궁지로 물었다. 경찰은 노무현 전 대통령 서거 애도를 위한 '분향소'로 시민들이 몰리자 이를 통제하는가 하면, 서울시는 서울시청 광장을 폐쇄하고 보수단체는 노무현 대통령 분향소를 짓밟는 만행을 저질렀으나 경찰은 이렇다 할 대응을 하지 않았다.

2009년 5월 28일 노무현 대통령 서거에 이은 대학 교수, 종교인 등 사회

인사 102명의 시국선언이 있었다. 선언문에 따르면 '전국에 걸친 국민적 추모의 물결은 이명박 정부에 대한 경고의 성격을 담고 있으며, 노무현 전 대통령의 죽음을 계기로 삼아 이명박 정부는 단절과 억압의 일방독주체제에서 벗어나야' 한다고 꼬집었다. 이어서 6월 3일에도 서울대 교수 124명이 서울대 신양인문학술정보관에서 '인권과 민주주의의 회복을 요구하는 시국선언'을 발표했다고, 이어서 중앙대, 신라대, 경상대, 경성대 등 각 지역 교수들의 시국선언이 이어졌다. 6월 6일까지 30개 대학 총학생회장과 42개 대학생 2,386명의 시국선언이 이어졌다.

6월 8일에는 고려대 교수 131명이 "오늘 한국의 민주주의는 심각한 위기에 직면해 있다. 그간 군사독재의 망령을 떨치며 민주주의가 크게 전진돼 왔으나 이제 다시 권위주의의 그림자가 우리 사회에 짙게 드리우고 있다."는 선언문을 발표하였다. 6월 9일 미국과 캐나다 등 북미 대학에 있는 교수 240명도 현 정부 들어 대한민국의 민주주의가 여러 가지 측면에서 후퇴하고 있다고 우려하는 시국 성명서를 발표했다. 마침내 역사학자 281명도 '이명박 정부는 독재정권은 반드시 붕괴된다는 역사적 교훈을 잊었나?'라고 하며 노무현 전 대통령의 죽음과 관련한 진실을 규명할 것과 비정규직, 장애인 등을 위한 정책을 요구하는 선언문을 발표하였다.

작가 188명은 현 시국을 '민주주의의 아우슈비츠'라고 주장하며 이명박 정부를 규탄하기도 했다. 조계종 승려 108명도 서울 조계사 대웅전 앞에서 기자회견을 열고, 노무현 사망과 관련하여 이명박 대통령이 사과하고 당국자 문책 및 내각 개편할 것, 미디어 관련법과 비정규직법을 강제처리하지 말 것, 대북관계 개선에 노력할 것 등을 요구했다. 이처럼 이명박 정부의 불통과 소통부재를 꼬집는 시국선언이 나오자 교과부는 먼저 시국선언에 참여한 교사에 대한 징계를 엄명하고, 시국선언 교수에 대해선 '정권 외압'을 통하여 연구 지원금이 끊거나 감시를 강화하였다.

■ MB 악법과 표적 수사

2009년 5월 1일 주상용 서울시 경찰청장이 '인도에 있더라도 보이는 족족 쫓아가 검거하라' 그리고 '공격적으로 따라 가서 검거'하라는 등의 무전 내용이 알려져 물의를 빚었다. 그러자 오랫동안 침묵하던 김대중 전 대통령이 5월 28일 고 노무현 대통령 추념사에서 '민주주의 위기'를 경고하고 나섰다. 이어서 8월 18일에는 김대중 대통령이 서거하자 보수단체들이 김대중 전 대통령 묘지를 모독하는 한편, 원인을 알 수 없는 김대중 전 대통령 묘지 '화재사고'가 발생하기도 했다(2010.2.2).

기무사령부의 대통령 월례보고는 노무현 정부 시절에는 밀실정치 근절 차원에서 폐지되었다. 그러나 이명박 정부 출범 이후 부활돼 이명박 대통령은 기무사로부터 군부대 동향과 주요 국방 현안 관련 등을 보고 받았다. 기무사의 업무범위는 통상적으로 방첩, 군사보안, 군 관련 첩보수집, 안보사범 수사 등 4가지로 규정돼 있는데, '기타 필요한 경우'라는 예외조항이 있어 첩보 수집이 널리 이뤄지고 있다는 의혹이 제기되었다. 그러면서 실제로 기무사요원들이 민간인들의 사생활이나 각종 정보를 도청하거나 해킹하는 사건이 자주 발생하였다. 이에 훗날 서울시장으로 당선된 박원순 변호사는 2009년 8월 13일 기무사 '불법 민간사찰'과 국정원의 정치개입 사실 및 국정원의 시민단체 감시를 폭로하였다.

2009년 9월 정운찬 총리의 청문회 과정에서 '위장전입' 등 각종 부도덕성이 밝혀졌으나 임명이 강행되었다. 총리에 취임하면서 당시 약 25% 진행된 세종시 사업의 원안을 백지화하고, 수정하자는 여론을 들고 나왔다. 결국 박근혜 계열의 격렬한 반대에 부딪혀 투표까지 간 끝에 수정안은 부결되었다. 결국 정운찬 총리도 이러한 여론의 역공에 휘말려서 2010년 8월에 총리직을 그만두었다.

한편 이른바 MB악법이 강행되었다. 먼저, 2009년 7월 23일 한나라당은 자본력이 있는 큰 기업 등의 진출로 일자리가 늘어날 것이라고 하면서 신문사와 대기업의 방송진출의 지분과 참여를 일부 허가한다는 미디어법을 날치기로 통과하였다. 같은 날 한나라당은 재벌의 은행 소유 재벌특혜법안으로 은행법, 금융지주회사법 등을 개정 발의하였다. 종래 노무현 정부는 금산분리 원칙을 준수하여 금융과 산업을 분리함으로써 금융이 산업을 감시할 수 있도록 하고, 산업자본이 금융자본을 지배하지 못하도록 했다. 그러나 이러한 금산분리 완화 법안(은행법, 금융지주회사법)은 재벌과 대기업이 은행을 소유하지 못하게 한 것을 해제한 것이었다. 이어서 정규직 기간 연장 법안도 악법으로 알려졌다. 이는 비정규직의 고용기간을 2년에서 4년으로 늘리자는 법안이지만 실현되지 못했다.

한편, 의료 민영화 법안은 보험업법, 의료채권, 의료법 개정안,경제자유구역의 외국의료기관 등 설립, 운영에 관한 특별법 등으로 구성되었다. 본래 의료보험의 납입의 기준에는 소득과 관련이 있기에 부자들이 일반인보다 납입하는 금액이 컸다. 이에 돈을 낸 만큼 많은 혜택을 보지 못한다는 생각에 정부가 아닌 기업이나 병원 자체의 민간 보험을 운영하면 같은 금액에도 더 양질의 의보 혜택을 본다는 발상이었다. 그러나 2012년까지도 거센 국민적 저항으로 법안 발의조차 되지 않고 있다. 이러한 악법이라 불리는 부자, 기득권 중심의 개정안과 더불어 이시기에는 마스크 금지 '사이버모욕죄' 등 '반민주악법' 연일 공언하였다.

2009년 12월 4일 노무현 대통령에 이어서 한명숙 전 총리에 대한 표적수사가 진행되었다. 당시 검찰은 곽영욱 전 대한통운사장을 구속 기소한 상황에서 곽영욱 전 사장으로부터 "참여정부 시절 한명숙 전 총리에게 수만 달러를 건넸다"는 진술을 확보했던 것이다. 이에 12월 11일과 14일 검찰은 한 전 총리에게 출석 통보했으나 표적수사라는 이유로 강력한 저항을 받았다.

그리하여 12월 16일 검찰은 한 전 총리 체포 영장 청구했으나 여론이 악화 되자 22일 한 전 총리를 불구속 기소하였다. 이리하여 2010년 3월 8일 1차 공판에서 한 전 총리는 혐의를 전면 부인하였고, 3월 12일 3차 공판에서는 곽 전 사장 이 "총리실 의자에 돈 놓고 나왔다"고 하여 실제 건넨 것인지 모 호하게 되었다. 결국 4월 2일 제13차 공판에서 검찰은 징역 5년을 구형하 였다. 그러나 재판부는 2010년 4월 9일 제1심 선고 공판에서 돈을 건넨 정 황이 성립하지 않는다고 하면서 한 전총리의 무죄를 선고하였다. 피의자 곽 영욱은 "검찰조사서 생명 위협 느꼈다"라고 밝혀서 한총리 수사가 표적수 사, 기획수사였다는 사실을 명확히 보여주었다. 결국 재판부 '검찰 조사 내 용'이 허술하다고 하여 2010년의 2심도 기각하였다.

한편, 국회 국토해양위는 2009년 12월 8일 3조 5천억 원 규모의 4대강 예산을 포함한 내년도 예산안을 날치기 통과시켰다. 이에 4대강사업저지범 대책위원회는 9일 오전 11시 국회 앞에서 국토해양위의 4대강 예산 원안 통과를 규탄하는 기자회견을 갖고 국회의 날치기에 저항하였다. 예산을 둘 러싸고 4대강 사업에 주요 건설사들이 담합한 의혹이 일었다. 아울러 각종 언론에서 4대강 사업의 환경영향평가와 예비타당성 조사가 졸속으로 진행 된 사례가 속속 폭로되었다.

■ 천안함 의혹

2010년 2월 26일 정부는 MBC 문화방송의 지분을 70% 가지고 있는 방 송문화진흥회 이사이자 이명박 대통령의 고려대 동문인 김우룡을 앞세워 엄기영 MBC 사장의 퇴진을 압박하였고, 결국 관철시켰다. 이리하여 후임 으로 대통령 측근인 김재철을 임명하였다. 김재철 또한 이명박 대통령과 같 은 고려대 출신으로, 정치부 기자 시절부터 대통령과 각별한 친분을 쌓아온 것으로 알려져, 사장으로 내정되었을 때 정치적 편향성 논란이 있었다. 이때 김우룡은 2010년 3월 17일 발간된 신동아 4월호 기사에서 "MBC 내의 좌익빨갱이 80%는 척결했다"는 발언을 하는가 하면 신임 MBC사장 김재철은 자신이 "청소부 역할"을 시킨 것이라며, 이번 인사는 '큰집'(청와대)도 김 사장을 불렀다고 하여 사장 선임의 배경을 밝혔다.

2010년 4월 7일 MBC 노동조합은 김재철 사장의 입성에 반대하여 전국 적으로 파업을 주도하였고, 4월 27일에는 김재철 사장이 이근행 위원장을 포함해 노조 집행부 13명을 업무방해 혐의로 고소했다. 이에 검찰은 8월 20일 MBC 파업을 주도한 혐의로 노조위원장 등 5명을 불구속 기소했고, 가담 정도가 약한 노조원 8명을 벌금 300~500만 원에 약식 기소했다. 한편, 노조측은 특정 무용가에 대한 특혜지원 비리를 걸어 김재철 사장을 특정 경제범죄 가중처벌법상 업무상 배임 등으로 고소하였다. 결국 김재철 사장은 이근행 노조위원장 등 비판적인 노조원에 대한 대량해고를 단행하였다.

2010년 3월 2일에는 교원평가제가 시행되었다. 전국 초, 중, 고교 교사들과 교감, 교장을 대상으로 교원평가를 실시하여 우수교사, 부적격교사를 판별하기로 했다. 그러나 전교조는 이를 반대하여 자신에 대한 평가에는 인색하다는 여론의 뭇매를 받았다.

3월 21일에는 봉은사 주지 명진 스님이 봉은사를 직영 사찰로 전환하는 문제와 관련하여 자승 총무원장과 한나라당 안상수 대표가 서로 협의했다고 하여 안상수 대표의 외압을 공개하는 파문을 일으켰다. 이에 조계사 총무원장에 '봉은사를 직영사찰'로 전환하라는 압력을 행사했다고 폭로하려는 조계종 대외협력 위원 김영국의 기자회견을 막고자 했다. 일부 기독교인들 '봉은사 땅밟기'를 하는 행동을 보이기도 했다.

3월 26일 백령도 인근 해상에서 해군 2함대 소속 1,200톤 급 초계함 천안함이 북한 어뢰로 추정되는 공격으로 침몰하였다. 3월 30일에는 특수전여단 한주호 준위가 침몰 현장에서 구조 활동을 벌이다 의식을 잃고 사망하였다. 침몰 20일 만에 천안함의 함미가 인양되어 시신을 수습하였고, 4월 29일 영결식이 엄수되었다. 5월 20일 정부는 천안함 침몰 사건의 원인이 북한의 어뢰 공격이라고 공식 발표하였다. 이에 북한은 즉각 항의서를 내고 자신들과 무관함을 천명하였다. 그런데 김태영 국방부장관은 천안함 관련 TOD 영상의 편집을 지시한 사실이 밝혀져서 침몰과 관련한 원래 증거물이 임의로 훼손된 정황이 드러났다.

또한 방송통신위원회 최시중 위원장과 KBS 김인규 사장은 천안함 조작 의혹을 제기한 '추적60분' 프로그램 담당자를 중징계하는 한편, MBC PD수첩은 '수심 6m의 비밀'(4대강 편)에서 '청와대 비밀 팀이 운하로 변경하려고 했다'는 정황과 4대강 사업 후 '뱃길 연결 검토' 사실 그리고 4대강 설계도가 한반도 대운하 계획 시 만든 설계도와 거의 유사하다는 점도 폭로하였다.

이에 MBC 김재철 사장은 PD수첩(4대강 편)의 방송을 저지했으나 실패하였다. 그러나 KBS '추적60분'의 4대강 편은 결국 불방되었고, 'G20 보도'를 비판한 김용진 기자에게는 중징계가 내려졌다. KBS 총파업에 참가한 김윤지, 이재후, 이수정 등 아나운서를 하차시키고, 'KBS 블랙리스트'를 폭로한 앵커 김미화를 명예훼손죄로 고발하였다. 급기야 G20 홍보물에 쥐 그림을 그렸다고 검찰이 나서서 그림그린 사람을 체포하는 해프닝도 있었다.

한편, 2010년 9월 28일 북한 평양시에서 제3차 당대표자회가 소집되어 김정은, 김경희, 최룡해 등 6명이 조선인민군 대장 칭호를 받았다. 또한 김정은의 후계구도가 공식화되었다. 이에 남측에서는 10월 14일 부터 남해안에서 대한민국과 미국, 호주, 일본 등이 참여한 '동방의 노력 10(Eastern

Endeavor 10)'이라는 이름의 대량살상무기 확산방지구상(PSI) 훈련이 실시되었다. 마침내 기장이 고조되자 11월 23일 북한은 연평도에 해안포 포격을 가하여 국군과 민간인 등 여러 명을 희생시켰다. 이명박 대통령은 이런 포격은 결국 이전 정권의 햇볕정책 때문이라고 하여 호도하였고, 연평도 긴장과 중국의 반대에도 불구하고 12월 20일 연평도에서 사격 훈련을 개시하였다.

■ 4대강 사업에 대한 계속된 의혹

2010년 2월 2일 야당 의원들은 4대강 사업 중 달성보 공사현장에서 채취한 오니토에 대한 1차 분석 결과를 발표하면서 달성보 오니토에서는 카드뮴과 구리·납·비소·수은·아연·니켈 등의 중금속이 검출됐으며, 특히 독극물로 분류되는 비소의 경우 고수부지 적치토에서 8.488mg/kg이 검출돼 미국 해양대기관리청 기준(8.2mg/kg)을 넘어섰다고 폭로하였다. 그렇지만 농어촌 공사는 달성보와 함안보의 퇴적토에서 공사를 강행했다. 이어서 4대강 공사장에 대규모 폐기물이 매립되었는데, 여기에 경남도 낙동강특위가 공사 중단을 요청했지만 강행하였다. 이러한 사업 강행에 대해 문수스님이 분신하였다.

또한 농어촌공사는 이명박 대통령의 사조직인 '선진연대'가 장악했다는 의혹이 증폭되었다. 이 시기 이명박 대통령의 비선라인인 '선진연대'는 정부 기관 마다 영향력 행세하였다. 김태호 총리 후보 선거비용 10억 원 특혜 대출(2020.7.25)을 비롯해서 민간인 불법사찰과 관련된 BH(청와대) 지시문건(2010.10.26), 그리고 민간인 사찰용 불법 대포폰 사건(20 10.11.2) 등은 청와대가 개입된 사건이라는 의혹이 번졌다. 아울러 2010년 6월 21일에는 총리실에서 민간인 불법사찰을 자행했는데, 특히 정치인 사찰을 통해 정부 비판의 여부를 수시로 감시하였다고 하여 파문이 일었다. 아울러 2010년 10월 6일에는 각종 신문지상에 경찰도 인터넷을 비밀 사찰하여 시민사회단체와 언론 사이트를 '24시간' 감시해왔다는 사실이 폭로되었다. 이들 경찰은 휴대폰 감청을 위해 무차별적으로 기지국 조사하고 전화번호 정보를 입수한 사실이 드러났다. 나아가 국정원은 '표현의 자유' 침해 여부를 조사하기 위해 방한(2010.5.6~17)한 '유엔특별보고관 프랭크 라뤼' 일행들을 미행하기도 했다.

그러나 이에 대한 견제를 수행해야 할 국가인권위는 사안별로 시간만 끌고 실질적인 대응책은 내지 못했다. 이는 현병철 인권위원장에 대한 자격논란으로 비화되었고, 인권위원이 사퇴하는 업무 파행이 빚어졌다. 현병철 위원장은 현승종 전국무총리, 현정은 현대 그룹 회장과 집안 사람으로 집안 인맥과 이명박 대통령과의 관계로 청문회가 없는 인권위원장 직에 임명되었으며, 기회주의적인 처세에 대한 비판을 자주 받았다.

11월 1일에는 국가상대 소송을 지휘하는 서울고검 송무부장이 4대강 소송을 심리하고 있는 서울행정법원의 법원장과 재판장 집무실을 찾아가 '소송을 지체하고 있다'며 조속한 집행을 요구한 사실이 드러났다. 또한 대통령 측근인사들이 장악한 '사학분쟁조정위원회'는 2010년 5월과 7월 각각 51차 · 52차 회의를 열고 상지대의 정상화 관련한 안건을 논의하였으며, 이후 사분위는 최대 사학 비리자인 상지대 원이사장인 김문기씨에게 사실상 상지대의 학원 경영권을 다시 부여했다. 이리하여 부패재단의 복귀의 길을 열면서 사학 분쟁이 재연되었다.

한편, 2010년 8월 조현오 경찰청장 후보자는 고 노무현 전 대통령의 서거가 거액의 차명계좌 때문이라는 취지의 발언을 하였다. 이에 노무현 재단은 즉각 조현오 경찰청장 후보자에 노무현 전 대통령에 대한 명예훼손으로 고소하였다. 아울러 그는 천안함 유족을 비하하는 발언을 하였다. 그러나 정부는 그의 임명을 강행하였고, 조현오도 사과 발언을 했지만 명예훼손을 인정하지 않았으나 결국 2014년 재판을 받아 사자에 대한 명예훼손죄로 징역 8월의 실형을 받았다. 2010년 6월 경찰청은 실적주의 등 경찰 내부를 비판한 채수창 강북서장을 해직하였고, 이 밖에 정부와 경찰 조직을 비판한 경찰관 6명을 파면하였다.

2010년 7월 16일 이명박 대통령 사돈 효성그룹 오너 일가가 횡령과 군납 사기 혐의로 유죄판결을 받았으나, 검찰은 군납 비리를 통한 비자금 조성 의혹은 수사하지 않았다. 8월 21일에는 안원구 국세청 국장의 녹취록이 공개되었는데, 이현동 국세청장 내정자가 2009년 '한상률 게이트'에 연루돼 구속된 안원구 전 국세청 국장에게 사퇴압박을 가했다는 의혹이 포함되었다. 4시간 22분 분량의 음성파일 중에서 2009년 7월 녹음된 것은 한상률 국세청장이 박연차 태광실업 회장을 표적으로 세무조사했다는 사실과 포스코의 도곡동 땅이 이명박 대통령 소유라는 사실이 나왔다.

한편, 이 시기 공기업 절반에서 이어 민간 기업 사외이사 등에 이명박 대통령의 측근이 진입했는데, 총 63개 회사에 84명에 달했다. 또한 이명박 퇴임 후 '논현동 사저' 경호시설 예산, 전직 대통령의 3배로 국회에 요구하였으며, 4대강 공사와 이른바 형님 예산을 위한 한나라당 국회 날치기가 자행되어, 'MB 형님 예산'으로 천억 원 이상이 배정되었다. 대신 결식아동 지원 등 서민을 위한 예산들이 누락 및 삭감되었다.

또한 2010년 11월 14일 한 보수단체 회원이 노무현 전 대통령 묘지에 인분을 뿌리는가 하면, 정부와 한나라당 소속 자치 단체장들은 김상곤 등의 진보교육감에 고소 고발을 남발하였다.

12월 31일에는 방송통신위원회가 종합편성채널 사업자에 조선일보와 중앙일보, 동아일보와 매일경제를, 보도채널 사업자에 연합뉴스를 선정했다. 이 과정에 '조선일보, 중앙일보, 동아일보 등 친정부 보수언론사에 특혜'를 주었다는 의혹이 커졌고, 이들 종편사는 KBS 2TV 광고금지, 전문의약품 광고 허용 등 광고특혜까지 요구하는가 하면, 방통위는 'KBS 수신료 인상'으로 후원하려고 하였다.

■ 권력형 비리와 무한경쟁

2011년 1월 11일 아랍에미리트(UAE) 특수전부대의 교육훈련을 지원하고자 UAE 군사훈련협력단(아크 부대)을 파견하였다. 이에 보수 신문은 UAE 원전 수주 사실을 특필했으나 곧바로 '한국이 수주액의 절반인 12조를 대신 부담'한다는 이면계약 사실이 밝혀져 파장이 일었다.

1월 21일에는 소말리아 인근 해역에서 삼호 주얼리호 피랍 사건이 발생하였다. 그 배에는 한국인 8명과 인도네시아인 2명, 미얀마인 11명 등 총 21명이 있었다. 1월 18일, 청해부대는 삼호주얼리호 선원 1차 구출작전을 전개했으나 실패하고, 해군 장병 3명이 부상을 당했다. 1월 21에는 다시 '아덴만여명작전'을 전개하여 선원 21명을 무사히 구출하고 해적 5명을 생포하였다. 생포 해적처리 방식을 두고 논란이 있었으나 국내로 압송하여 재판을 받게 했다. 4월 5일 다시 청해부대 7진이 소말리아 해역에서 우리 선박 보호를 위해 출항하였다.

무한 경쟁을 강요하는 교육이 낳은 폐해도 막심했다. 4월 11일 한국과학기술원(카이스트)이 학생 4명과 교수 1명 등의 연이은 자살 사태를 수습하기 위해 전면 휴강에 들어가는 한편 교수협의회가 잇따른 자살과 관련해 긴급총회를 열고 서남표 총장의 경쟁주의 정책을 비판했다. 학생대표자들도 서 총장의 사과를 요구하며 비상학생총회 개최를 결정했다. 참여연대는 서 총장의 '징벌적 차등 등록금제도'는 반공익적 행위라며 감사원에 감사를 청구했다.

2011년 1월 전국적으로 구제역이 확산되었다. 가축에 대한 대규모 살殺처분이 내려졌다. 최초 신고지는 2010년 11월 28일 경북 안동지역 양돈단지였다. 이미 11월 23일에 이 단지에서 구제역 의심 가축을 신고했는데, 간이 항체키트 검사 결과 음성으로 판정되면서 초동 방역을 하지 못했던 것이 화근이었다. 초기 바이러스 배출량이 돼지가 소보다 1,000배 정도에 달하였는데, 양돈 단지에서 시작했기에 더욱 확산이 빨랐다. 이런 상황에서 축산업이 큰 위기를 맞았다. 급작스런 '구제역 매몰지' 선정으로 부실처리가 많아서 침출수 오염 문제가 심각했고, 특히 강 주변의 매몰로 식수원이 위협받기도 하였다. 이후 구제역은 전국 곳곳에서 일상적으로 발생하여 농가를 괴롭혔다.

<구제역 방역대책 추진상황(100015.2.5) 출전:농림축산식품부 구제역 · 조류인플루엔자 홈페이지>

권력형 비리도 확대되었다. 먼저 2011년 1월 함바집 비리 사건이 터졌다. 발단은 강희락 전 경찰청장이 2009년 8월부터 같은 해 12월까지 경찰관 승진 인사 청탁과 함께 함바집 운영업자 유 모에게서 1억 1,000만원을 수수하고, 2010년 8월엔 그에게 4,000만원을 주면서 외국 도피를 권유한 혐의로 체포된 사실에서 출발하였다. 여기서 유 모는 함바집 운영권을 따기 위해 경찰, 청와대, 장·차관급 공직자와 국회의원들까지 금품로비를 펼쳤다고 했다. 이 사건에는 장수만, 배건기, 최영, 강희락 등 이명박 대통령의 측근이 개입되었다.

2월에는 장수만 전 방위사업청장이 대우건설 고위 관계자로부터 거액의 백화점 상품권을 받은 혐의가 포착되었다. 국방부가 2010년 4월 정부가 발주한 최대 규모의 대형 사업이었던 특전사령부와 제3공수여단사령부를 이전하는 공사에서 대우건설이 수주하였고, 당시 장수만이 국방부 차관이었다. 그는 '왕차관'으로 불리며 이명박 대통령의 측근이었다. 2011년 1월에는 이명박 대통령의 도곡동 땅 의혹에 눈을 감아주었다고 알려진 정동기를 감사원장에 임명하면서 야당의 격렬한 반대가 있었다.

한편, MBC 김재철 사장이 소망교회에 대해 취재 중인 PD수첩 '최승호 PD'를 부당 하차시켰다. 3월 2일에는 교육과학기술부가 초·중·고등학교 1학년의 교과목 수를 8과목으로 줄었고, 4월 22일에는 고등학교 한국사 과목이 필수과목으로 바뀌었다.

한나라의 전횡에 대한 국민의 분노도 점차 증가하였다. 4월 27일에 실시된 2011년 상반기 재보궐 선거에서 최종 투표율이 39.4%였는데, 여당인 한나라당은 전통적으로 여당 강세지역이었던 분당과 강원도에서 패배했다. 또한 전국 6개 선거구의 기초자치단체장 선거에서도 서울 중구·울산 중구 등 2곳에서만 승리했다. 2011년 10월 26일에는 서울특별시장 보궐 선거에서 안철수와 후보 단일화를 이뤄 낸 후 민주당, 민주노동당 등과도 단일화에 성공한 범야권 단일 후보인 박원순이 무소속으로 출마하여 당선되었다.

2011년에는 교장공모제가 국회를 통과했는데, 특히 내부형 공모제는 20년 이상의 평교사들도 학교와 교육청의 심사를 거쳐서 교장으로 4년간 임용될 수 있는 제도였다. 한나라당은 사학법 개정을 발의하였고, 교과부는 교장 공모에 참가한 전교조 교사에 표적 조사하였다. 2011년 2월 13일자로 교총이 만든 '내부형 교장공모제 향후 활동 계획'이라는 문건에서 교총은 교총 출신이 공모 교장이 될 수 있도록 "청와대, 국정원에 협조를 요청한다"는 내용이었다. 즉, 교장공모제 교장을 이주호 교과부장관이 임명·제청하고 이명박 대통령이 임명하는 절차가 끝날 때까지 청와대와 국정원의 협조를 요청하겠다는 것이었다.

2011년 10월 야당은 국회에서 대형건설사의 낙동강 '턴키입찰' 비리를 성토했다. 설계·시공을 동일 업체가 진행하는 턴키 입찰방식은 4대강 사업은 물론 서울시 신청사, 광화문광장 조성사업 등 통상 300억 원 이상의 대형 공사에 적용되었다. 그런데 입찰 담합의 우려가 컸고, 공사비에 혈세가 낭비된다는 지적이 있었다. 그러나 검찰은 수사에 미온적이었고, 2012년 8월에야 수사가 개시되었다. 서울시도 2012년 11월 26일 '대형공사 입찰 및 계약관행 혁신방안'을 통하여 턴키 발주 중단, 입찰 비리업체 처벌 및 시민감시 강화, 중소 건설사 입찰 참여 기회 확대 등을 선언하였다.

2012년 1월 5일 한나라당 고승덕의원이 한나라당 전당대회 돈봉투 의혹을 폭로하였다. 아울러 1월 27일에는 그동안 방송계를 좌지우지했던 최시중 방송통신위원회 위원장이 부정부패로 사퇴하였다. 2월 19일에는 박희태 국회의장이 돈봉투사건과 관련하여 검찰의 조사를 받았다. 2월 22일에는 강용석 의원이 박원순 시장 아들 병역비리 의혹 제기와 관련하여 의원직 자진사퇴 의사를 밝혔다. 이처럼 이명박 정부와 한나라당의 부정부패에 대한 국민적 비난이 고조되면서 위기감을 느낀 한나라당은 비상대책위원회를 구성하고 2월 2일에는 당명을 새누리당으로 변경하였다. 아울러 10월 5일에는 내곡동 특검이 꾸려져서 특별검사로 이광범 변호사가 임명되었다. 이어서 10월 25일에는 새누리당과 선진통일당이 합당을 선언하였다.

그동안 국회 비준으로 몸살을 앓았던 한미무역자유협정이 마침내 2012년 3월 15일부로 발효되었다. 이어서 5월 2일에는 중국과의 FTA 협상을 개시한다는 선언이 있었다. 4월 9일에는 경기도 수원시 20대 여성 납치살인 사건과 관련하여 안이한 대처에 대한 비난이 일자 조현오 경찰청장이 대국민 사과를 하고 물러났다. 2012년 7월 1일에는 마침내 세종특별자치시가 출범하였고, 12월에는 국토부부터 과천에서 세종시로 이전하였다. 7월 31일에는 일본이 독도 영유권 내용이 포함되어 있는 방위백서를 발표하다.

2012년 12월 19일 제18대 대통령선거가 치러졌는데, 새누리당에서는 박근혜가 재계 및 보수층의 지지를 받고, 민주당에서는 안철수와 후보 단일화를 이뤄 낸 문재인이 젊은이와 진보층의 지지를 받으면서 접전하였다. 그 결과 50~60대 장년층의 적극적인 지지를 받은 박근혜후보가 대통령에 당선되었다.

■ 박근혜 정부와 유신 회귀

2013년 2월에 출범한 박근혜 정부는 경제부흥, 국민행복, 문화융성, 평화통일 기반 구축 등을 4대 국정기조로 삼고 일자리 중심의 창조경제, 맞춤형 고용 및 복지, 창의교육과 문화가 있는 삶, 안전과 통합의 사회, 행복한 통일시대의 기반 구축이라는 5가지 국정목표를 제시하였으며 그 추진 기반을 신뢰받는 정부로 정했다.

<취임선서를 하는 박근혜 대통령>

정부는 이후 지속적으로 창조경제와 복지 이슈를 통하여 집권지지 기반을 확충하려했다. 처음 박근혜 대통령은 박정희 대통령에 대한 향수와 단아한 이미지로 인해 국민들의 많은 지지를 받았다. 하지만 점차 정부 운영에서 과거 유신 권위주의적 시대에 활약하던 인사들이 들어와서 시대적 변화를 거슬리는 경향이 나타났다. 옛 사람들로 가득한 대통령 비서실의 역할이 어느 때 보다 커지면서 청와대가 조직적으로 김무성이 이끄는 여당을 압박하면서 연금법 등 각종 현안 타결을 강요하였다. 그러면서 적십자사 총재 임명에서도 나타나듯이 전공능력과 상관없이 대선에 기여한 사람에 대한 정실(情實) 인사가 버젓이 진행되었다.

박근혜 정부는 시작부터 국정원 대선개입 문제로 곤혹을 치렀다. 이명박 정권 당시 국정원장 원세훈은 부하 직원을 동원하여 조직적으로 상대방 야당 후보를 비방하는 정치성 댓글을 인터넷에 올려 박근혜의 당선을 지원하였다. 이 사건에 대해 새로 검찰총장이 된 채동욱은 국정원장 원세훈과 김용판 서울경찰청장 등을 공직선거법과 국정원법을 위반했다며 기소하였다. 하지만 공영방송정상화 국민행동본부, 한국시민사회협의회 등 우익단체의 연일 시위를 통하여 '종북과 원전비리를 묵인하는 채동욱 검찰총장 퇴진'을 요구하였고, 청와대도 검찰 수사에 경고를 보냈으며, 댓글 활동을 수사하던 중앙지검 윤석열 특별수사팀장은 갑자기 경질되기도 했다.

결국 조이제 서초구청 국장과 국정원 송모 그리고 조선일보 기자가 합작하여 채동욱 총장의 혼외 아들 문제를 폭로함으로써 국정원 수사를 총력 저지하고자 했다. 일단 검찰총장을 낙마시키는데 성공하자 이제는 권은희 수사과장 등 댓글사건을 폭로한 인물에 대한 대대적인 탄압 공세가 이어졌다. 채 총장이 물러나자 본격적인 대선 국정원 개입관련 수사는 어려워졌고, 원세훈만 국정원법, 공직선거법 위반으로 기소되었으나 그나마 집행유예로 나왔다. 하지만 2015년 2월 서울고법은 원세훈 전 원장에 대해 1심과 달리 선거법 위반 혐의까지 유죄로 인정해 징역 3년과 자격정지 3년을 선고했다. 이에 참여연대는 "이번 판결은 민주주의와 정의를 바로 세우는데 기여할 판결"이라고 평했다.

박근혜 정권은 이전 정부와 달리 과거의 정적이었던 이명박 계열을 정리하지 않고 포용하고, 한 때 반기를 들었던 김무성을 대표에 취임하는 것을 용인하였다. 보수 세력에 대해선 관대했던 박근혜 정부는 야당이나 진보단체에 대해서 탄압을 서슴지 않았다. 특히 세월호 참사(2014. 4. 16.) 당시 보여준 정부의 무능에 대한 심각한 회의와 불만이 고조하는 상황에서 박근혜 정부는 이를 타개할 정치적 해법이 필요했다.

전교조는 이미 2013년 10월부터 정부의 해산 압력에 시달렸지만 특히 세월호 사건 이후 정부의 방침이 더욱 강경해졌다. 이에 2014년 5월 13일에는 시국선언 교사 43명이 세월호 사건에 대한 박근혜 정권의 무능을 청와대 게시판에 올리다 징계를 받았고, 이틀 후에는 '세월호 참극의 올바른 해결을 촉구하는 교사선언'을 한 15,853명도 정치적 선동이라며 징계 가능성을 언급했다. 이어서 7월 2일 교사 12,244명이 '세월호 참사 제 2차 교사선언'에 대해서도 전교조 전임자 71명을 형사고발하였다.

한편, 대선 당시 TV토론에서 곤혹을 치르게 했던 이정희와 통합진보당 세력은 이석기 내란음모사건에 연루시켜서 헌법재판소에 정당해산 심판을 제소하였고, 오랜 심리를 거쳐서 2015년 1월 헌법재판소는 해산을 결정하여 박근혜 정부의 입장에 손을 들어 주었다. 그런데 대법원은 2015년 1월 이석기 전 통합진보당 의원에게 국가보안법 위반을 적용하여 징역 9년을 선고했는데, 정작 문제가 된 내란음모 혐의는 무죄로 판결하였다. 이처럼 대법원과 헌법재판소의 판단에는 여러 가지 정치적 변수가 좌우하고 있었다.

박근혜 정권은 국정 국사교과서 부활에도 크게 매진하였다. 이는 종래까지 일반적인 논리였던 산업화세력과 민주화 세력에 의한 대한민국 발전사를 부정하고, 이승만, 박정희 세력이 산업화 세력이자 민주화 본류이며, 좌파는 종북과 분열 세력의 근간으로 양분하려는 이분법적 역사 왜곡을 본격화하였다. 그러한 노력 중 대표적인 것이 한국사 검인정 교과서를 정리하고 국정교과서로 전환하려는 움직임이었다. 일면 정부는 대학수학능력 시험에서 한국사를 필수화하여 역사에 대한 국민적 관심은 키웠다. 하지만 그러한 움직임은 한국사 필수화로 수능 출제의 객관화를 명분으로 한 국정화를 달성하려는 포석이었다.

나아가 정부는 친일 미화의 뉴라이트 관련 학자들을 중용하고, 민족주의적 경향의 한국사 전공자들을 역사 서술에서 배제함으로써 친일과 독재의 과거사를 미화하려는 토대를 구축하고자 하였다. 하지만 오랜 세월 연구를 축적한 한국사 연구자들의 거센 반발과 양심적인 역사의 이해를 지향하는 사회단체의 반대로 인해 국사 교과서 국정화는 상당기간 표류하였다.

민주당(새정치민주연합)은 대선 직후 대중적으로 참신한 이미지의 안철수를 공동대표로 하여 혁신을 꾀했으나 친노계와 비노계로 분열하였고, 결국 2015년 2월 8일 친노계열인 문재인이 당대표 경선에서 승리하였다.

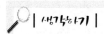 | 생각하기 |

15. 과거를 묻지 마세요?

장군의 손녀와 친일파의 딸이 손을 잡았다. 청산리 전투의 영웅인 장군의 손녀가 침략전쟁 시기 만주국 군관을 지낸 사람의 딸을 위해 만들어진 당에서 국회의원이 되었다. 보기에 따라서는 참 세상이 달라졌구나 하고 그럴 수도 있겠다고 생각되지만, 역사를 공부한 사람으로서 이토록 가슴이 아린 것은 어인 일일까. 과연 그녀의 아버지와 할아버지는 이런 모습을 상상이라도 했을까?

어떤 이는 친일파의 딸이라도 훌륭한 사람이라면 존경하고 그를 주인으로 모시는 충성을 발하는 것이 뭐 그리 대수인가 라고 반문할 수도 있겠다. 또한 옛날처럼 과거에 잘못이 있다고 해서 또는 자신의 일도 아닌 부모대의 일인데 지금 와서 무슨 친일파가 있고 무슨 독립운동가가 따로 있는가? 라고 반문할 지도 모른다. 그 말도 틀리지는 않는 것 같다.

하지만 사연이 그렇다면 왜 국가 보훈을 해야 하며, 호국보훈의 달에 순국선열의 덕을 기려야 할 이유란 도대체 어디 있다는 것인가. 물론 장군의 손녀 덕분에 자칫 뉴 라이트 식민주의 찬미론자들이 역사해석을 전횡할지도 모를 상황에서 우리 근현대사가 어느 정도 보호받을 수도 있겠다는 안심도 하게 된다.

그런 모습을 보는 한쪽에선 평생을 우리 역사 바로 세우는데 헌신한, 그리고 임기가 6개월도 남지 않은 독립기념관 관장이 주변의 강압으로 물러나는 모습을 본다. 그러한 퇴진 압력이 일본의 식민지가 된 덕분에 오늘날 우리가 이처럼 잘 산다고 믿는 그런 사람들의 입김에 의한 것이라면 과연 우리 역사 제대로 가고 있는지 되돌아보게 된다.

한쪽에선 친일파의 딸에 고개 숙인 독립군의 손녀가 있고, 한쪽에선 김구 선생을 테러리스트로 보는 사람, 나아가 일본의 식민지가 된 덕에 우리가 이만큼 산다고 믿는 사람들이 나날이 힘을 얻고 있다. 그리고 역사의 진실 규명을 위한 수많은 노력은 민족주의에 찌든 사교(邪敎) 집단의 푸닥거리라는 인식이 확산되고 있다.

이제 과거를 반추하고 돌이켜 교훈과 진실을 얻는 일은 마치 생계형 좌파 지식인의 넋두리나 시대착오적이고 어설픈 표퓰리즘일 뿐이라 치부되는데 … 어쩌면 그들은 이런 생각을 할지도 모른다.

　　"과거에 우리가 어떻게 살았던 간에 오늘 이 순간 소중하다고 믿는 것을 지키고 빛낼 수 있다면 과거의 오욕이 무슨 소용이랴. 우리의 삶이란 늘 잘못 되다가 잘 되기도 하고, 잘 되다가도 잘못되기도 하는 법 … 늘 죄를 안 짓고 살려고 해도 이웃에 폐를 끼치기도 하고, 털어서 먼지 안 나는 사람 어디 있을까?"

　　"그러니 과거를 묻지 말고, 오늘 서로 사이좋게 지내고 행복하게 살면 될 것인데, 공연히 과거는 왜 들먹여서 공연히 우리의 화합을 막고 공연한 트집으로 발목을 잡는가? 나아가 친일 진상규명은 무엇 개풀 뜯는 소리며, 강제동원은 무슨? 동원이면 다 강제지. 애비 잘못 만나 팔려가 놓고 무슨 정신대요, 일본군 위안부인가?"

하지만 이 점은 분명히 알아두어야 한다. 우리가 사는 세상에는 아무리 세상의 규범이 달라지고 유행이 달라져도 변하지 않는 것이 있다. 돈이 아무리 좋아도 부모님 산소 땅을 팔아 장사하는 불효자는 없으며, 600년의 유산인 경복궁을 헐어서 돈 되는 아파트 짓자고 마이크 잡는 사람은 없을 것이다. 민족과 민족주의가 아무리 오늘날에 와서 그 효용이 다했다고 하더라도 민족을 생각하는 마음은 나의 정체성을 근본적으로 규정지어주는 소중한 근원이 된다. 그저 전체주의나 우리 개인을 속박하기 위해 존재하는 공동체 규제는 아니다. 종교인들이 자신의 신에게 충성함으로써 자신의 정체성을 확보하고 개성을 고양시키듯, 민족에 대한 충성심도 개인을 말살하는 것이 아니라 개인으로서의 나 자신을 고양시키는 원천이 된다.

아무리 세상이 변해도 변하지 않는 것이 있다는 것을 생각하지 못하는 것만큼 인간을 무모하고 극단적으로 만들어가는 것은 없다. 영국의 유명한 역사학자 홉스 봄은 과거에 대한 무차별적인 단절이 20세기를 극단의 시대로 만들었다고 진단했다. 그런 과거와의 무차별적 단절에 애쓴 나머지 우리 근대화가 얼마나 왜곡되었는지 다시금 돌이켜봐야 한다. 역사는 인간 삶의 기억이요 축적물이다. 과거를 묻지 말라는 사람의 머리로는 도대체 알 수 없는 것이 역사 공부이다.

최근 어떤 정치인은 지난 10년을 지우기 위해 모든 법을 10년 전 상태로 되돌려야 한다고 주장하기도 했다. 물론 오늘날 신정부가 새로운 변화를 시도하고 있는 마당에 과거 정권이 잘못한 것에 대한 비판과 충실한 반성도 필요하다. 그렇기에 친일 진상규명도 하고 과거사 진상규명도 하는 것 아니겠는가? 그렇다면 진정한 역사의식은 과거를 묻지 않는 것도 아니며, 지나치게 과거를 미화하는 것도 아니다. 오직 충실한 진실 규명과 확인 과정에서 오늘의 의미가 있는 것이다. 왜냐하면 과거에 대한 무차별적인 속단은 대체로 오늘 내 자신에 대한 지나친 자만심에서 출발하기 때문이고, 그 결과는 언제나 극단적이었기 때문이다. 지난 10년 동안 충실하게 사회적 합의를 축적해 온 경험을 존중할 줄 알아야 훌륭한 정부가 될 것이다. 지난 10년간의 공든 탑에 대한 충실한 공부와 인정하는 자세가 중요한 역사의식이며 국가통합의 지름길일 것이다.

　가장 조급한 사람이 가장 어리석은 누를 범하는 법. 바로 하루아침에 모든 것을 바꾸려 하기 때문이다. 과거 10년을 충실히 살펴보고 그 장점을 계승하는 일 그것이 이명박 정부가 해야 할 첫 번째 사명이다.

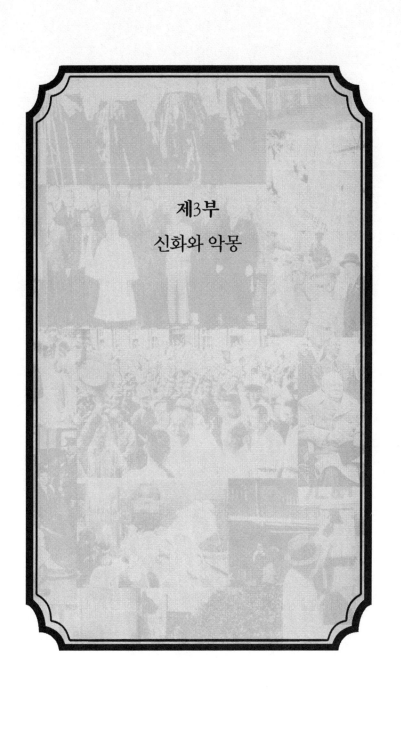

제3부

신화와 악몽

제3부 신화와 악몽

1. 자본주의의 황금시대를 따라잡다

■ 식민지 경제의 종말과 후유증

1940년대 식민지 조선경제는 외형상 거대한 생산력을 확보하고 엄청난 자본이 동원되면서, 자본주의로의 물적 기반은 확대했지만 식민지 경제의 '내실內實' 있는 발전을 보장하는 것은 아니었다.1/ 단적인 예로서 1940년대 일본본토에서 크게 확충된 항공기산업은 전후 '신간선' 등 교통산업 발달에 일정하게나마 기여한 반면, 조선의 경우는 해방 후의 산업발전과 그다지 결합되지 못하였다.

당시 일부 조선인 자본가들은 침략세력의 일원으로 중국과 조선민중의 고혈을 착취하는 '제2의 일본인화' 경향을 보이고 있었다. 따라서 조선인

1/ 일제하 식민지 병참기지화 정책으로 공업시설이 많아지고 노동자가 증가하는 등 양적인 공업 확대가 있었다. 이를 항간에는 공업화라든지 경제개발이라는 용어로 설명하는데 폴 사무엘슨이 '공업화는 풍요의 결과이기보다는 오히려 원인'(Paul a samuelson. Economics, eleventh edition, McGraw Hill Inc,1980, p.720)으로 본 것처럼 풍요의 주된 원인이 아닌 식민지 공업화를 엄밀한 의미의 공업화로 굳이 봐야할까? 기본적으로 해방 이후의 변화는 해방 이후의 조건에 기초하여 형성된 것이다.

자본가로서는 해방의 감격이 박흥식의 조선비행기주식회사의 도산과 김연수의 남만면업 폐점으로 귀결되는 것이기에 마지막까지 조선해방의 시점까지 일본 독점자본과의 '동맹'을 끊고서 살아갈 수 없었다.

일면 전쟁동원정책에 의한 것이기는 하지만 조선에서 소비재 및 생산재의 생산력이 어느 정도 상승한 것은 사실이었다. 따라서 해방 후 공업화의 주체들은 이러한 통제경제를 보다 차원 높은 계획경제로 전환하여, 생산력 측면에서 남겨진 적산敵産을 국민경제적 토대로 전환하도록 유도할 필요가 있었다. 이를 위해서는 국가적 차원에서 '산업의 계획적 육성'을 도모하고 중요산업을 국유화함으로써 산업개발을 국가주도형으로 유도할 필요가 있었다. 단순히 자유주의적 시장원리로 통제를 일거에 해체하는 것, 바꿔 말해 해방 이후의 조선 공업경제가 자유주의적 경제체제로 복귀한다는 것은 하나의 모험이라고 여겨진다. 오히려 전시통제경제의 유산을 무차별적으로 자유주의적 체제로 재편한다는 것은 일부 소수의 친일자본가들이 일거에 독점재벌 자본으로 부활하는 데 결정적인 기여할 뿐이었다. 아울러 해방 직후 급속한 자유시장경제체제의 도입은 투기와 정상모리배들의 매점매석 등 투기성 단기차익의 제공처와 같은 역기능을 초래할 것이 명약관화한 것이었다. 그런데도 초기 미군정의 경제정책은 그러한 통제구조를 자유화하는데 초점이 맞춰진 것으로 보인다.

이런 이유로 해방 이후, 조선경제는 천문학적인 인플레·실업률과 아울러 상품생산 및 유통의 건전한 발전이 모리적 상업과 투기성 자본에 의해 파괴당하는 결과를 초래했다. 그 와중에도 1949년부터 경제안정 15개 원칙이 제시되면서 비로소 정부에 의한 경제계획이 추진되기 시작했으나 제스처 수준에 끝나고 6·25는 그 길마저 차단했으며 1950년대 전후 복구과정에서 미국은 한국에 대하여 '안정' 중심의 경제정책만을 일방적으로 강요하였다. 당시로서는 '계획경제'라는 말조차 '사회주의적'이라 하여 차마 입에 담지도 못하던 시대였다. 따라서 한국의 계획적인 경제개발은 새 시대가 올 때까지 또 많은 시간을 기다려야 했다.

■ 엔블록 이탈과 분단이 낳은 경제 위기

해방 이후 한국경제가 당면한 문제들은 생산감축, 높은 인플레, 대량실업, 식량부족, 저임금 압박 등 식민지 경제구조가 남긴 산업구조의 불균형에서 비롯된 경제 위기를 극복하는 것이었다. 먼저, 물가는 1945년 8월을 기준으로 할 때 1947년 말에는 8배 이상 상승했으며, 쌀 생산량도 1946년의 경우 1940년대 평균 생산량 아래에 머물렀다. 이 시기 물가상승은 다양한 요인이 있지만 주요한 원인이 통화증발이었으며, 미국 본토로부터 본격적인 원조나 자금 지원이 미미한 상태에서 통화증발이 재정수입의 중요한 버팀목이었다. 물론 1945~1948년간 약 4억 달러의 점령지역 구제계획(GARIOA)이 있었다.

둘째, 공업 분야에서는 해방 후 120여 만 명의 해외 귀환동포에다 북한 지역에서 월남한 동포가 100만 명에 달하면서 심각한 실업난이 초래되었다. 그나마 150만 명의 노동자들도 저임금과 장시간의 노동, 살인적인 노동재해에 시달리고 있었다. 게다가 1946년 제조업 생산액은 1939년에 비해 30% 수준에 머무는 상황이었다. 이러한 조건 속에서 기업의 성장이란 기대하기가 곤란하였다. 건실한 기업이 그다지 많지 않았으며 그것도 분단으로 인하여 대기업은 대부분 북측에 편중되었다. 또한 38선의 획정으로 남측의 경공업 및 농산자원과 북측의 지하자원, 중화학공업 및 전력 간의 연계가 어려웠던 점에서 경제난이 심화되었다. 실제로 북측에는 화학공업의 80% 이상, 발전량의 90% 이상이 집중되어 자칫 남북의 단절이 미칠 경제적 파장은 실로 큰 것이었다. 사업장의 경우 1944년 9,323개소에서 1945년에는 5,249개소로 약 44% 감소했고, 노동자는 59%정도 감소했다. 특히 서울·부산·인천 등 대도시의 사업장이 전국 평균보다 높은 50~60%대의 감소율을 보인다.

또한, 해방 당시까지의 한국은 경제의 압도적인 부분을 농업에 의존하고 있었고 농업인구가 전체 인구의 70% 이상을 점하고 있었다. 농업상황을 보면 1942년 현재 총 경지면적의 58%인 261만 정보가 전 농가호수의 3%

〈표〉 해방 전후 남조선 지역 사업장 및 노동자수

지역 \ 구분	1944년 6월		1946년 11월		감소율	
	사업장수	노동자수	사업장수	노동자수	사업장	노동자
서 울	2,337	66,898	1,123	35,763	0.52	0.47
경 기	1,159	63,625	698	19,753	0.40	0.69
충청북도	222	6,583	137	3,970	0.38	0.40
충청남도	441	14,219	209	5,550	0.53	0.61
전라북도	679	18,389	437	7,299	0.36	0.60
전라남도	1,040	24,843	581	10,138	0.44	0.59
경상북도	1,424	29,085	788	12,314	0.45	0.58
경상남도	1,618	61,565	1,032	20,378	0.36	0.67
강 원 도	331	13,480	212	6,391	0.36	0.53
제 주 도	72	1,833	32	603	0.56	0.67
총 계	9,323	300,520	5,249	122,159	0.44	0.59

출전 : 조선은행 조사부, 『조선경제연보』 III, 1948년.

인 지주에게 소유되어 있었고, 농민의 80%에 달하는 대부분의 농가가 소작농으로서 그 가운데서도 60% 이상이 1정보 미만의 영세농이었다. 특히 이들 영세소작농은 50% 내지 70~80%에 달하는 고율소작료에 시달리고 있었는데, 이러한 상태에서 농업의 근대화란 기대하기 어려웠다.

〈표〉 조선 내 제재업의 기업 감소 동향

시기별 특징	연도별	공장수	증감상황	노동자수	증감상황
기업정비 직전	1943.4~1944.3	1,359	−	−14,598	−
기업정비 기간	1944.4~1945.3	1,074	−285	8,985	−5,640
기업소개 기간	1945.4~1946.3	576	−498	5,886	−3,072
해방후 기간	1946.4~1947.3	542	−34	11,315	5,429

이러한 남한지역의 경제혼란은 미군정의 미숙한 통치 방식에서도 원인이 있는데, 실제로 꽉 짜인 일제 말기의 통제경제를 일거에 자유주의적 시장체계로 재편할 때 나타나는 위기와 혼란에 대한 대비는 전혀 없었다. 따라서 미군정은 다시 공출제도를 시행하면서 경제안정을 추구했으나 이는 다시 일제 말기의 무자비한 공출의 기억을 되살림으로써 국민의 거부감을 증폭시키는 계기가 되었다.2/ 이러한 미곡 수집은 대한민국 정부 수립 이후

2/ 해방 후 당시 영월 금융조합에서 식량공출을 담당하던 우창한 옹의 기억을 보면 당시 공출이 주는 충격을 읽을 수 있다. "일제 말 전시통제경제 아래서 일본 사람들과 지주들이 '공출' 명목으로 농민을 약탈했는데 6·25전쟁 후 5·16까지도 그러한 공출은 계속되었다. 일제 말기에도 전시 물자를 안정적으로 조달하고자 이러한 헐값의 공출과 배급을 실시했다. 당시 이 일을 실행한 사람들은 이제 학교를 막 졸업한 17~18세 정도의 젊은이들이었다. 이들이 각 면의 면서기가 되어 위에서 할당한 공출 수량을 인정사정없이 확보하고자 농가를 마구 뒤져서 공출 수량을 채웠다. 당시 면서기는 어렸고 그러니 위에서 시키는 대로 했을 뿐인 실무자였는데 민중들의 분노는 직접적으로 면서기에 대한 분노로 표출되기도 했다. 공출에 불응하면 순사들에 의해서 마구 구타를 당하거나 혼이 났다. 공출을 내지 않으려고 땅에 묻어 놓으면 쇠꼬챙이로 확인해서 가져가는 일은 잘 알

에도 「양곡관리법」(1950.11) 형태로 계승되었다.

뉴 라이트는 남한에서 직접적인 국가 개입과 경제 통제는 최소공급량 이상이 확보되어야 하는 식량과 같은 부분에 마지못해 사용했을 뿐이었다고 파악하였다. 그나마 1946년 공출에서 총생산량의 30%에 달해 낮은 가격으로 공출당한 농민의 불만이 적지 않았다는 사실은 인정했다.

1946년 10월의 대구 봉기는 그러한 경제적 불안감과 남로당의 극단적인 신전술이 서로 연결되면서 강력한 항쟁으로 발전하였다. 무자비한 진압과 학살에 대한 정치적 부담을 느낀 미군정은 원조를 통하여 그러한 불만을 약화시키고자 했다. 이에 미국의 원조는 1946년 5천만 달러에서 1947년 1억 8천만 달러로 증가하였고, 원조물자의 투입에 따라서 일부 중소기업이 해방 이전의 생산력을 회복하는 경우도 있었다.

■ 농민적 토지소유의 길

해방이 되자 농민들은 각 지방에서 건설된 인민위원회를 통하여 일본인 소유였던 토지를 분배하고자 하였으며, 전국에서 300만 이상의 농민들은 이러한 이해를 실현하기 위하여 각지에서 농민동맹·농민조합·농민위원회 등을 조직하였고, 전국 단위로 전국농민조합총동맹을 결성했다(1945. 12.8).3/ 그러나 미군정은 농민이 접수

⟨1946년 12월 전남 담양에서 공출하는 광경⟩
출처 : e-영상역사관

려진 대로이다." 우창한·김인호, 『역사의 경계를 넘는 격정의 기억』(국학자료원, 2006), 122쪽.
3/ 해방 후 남한에서는 전농에 의해 '일제하 농촌단체의 일소와 자주적 농협건설'운동이 전개되었으

한 일본인 소유농지를 군정청에 이속시키고 소작료를 3 · 1제 정도로 낮추는 수준에서 타협하려고 했기에 당시 농민들의 입장과는 크게 차이가 있었다. 그리고 귀속농지는 신한공사(1945.11.12)에서 관리하게 함으로써 농민적 토지소유를 위한 농민들의 노력을 좌절시켰다. 그럼에도 미군정의 농지개혁은 일정하게 한국의 농지개혁을 촉진하게 계기가 되었다. 이는 보는 각도에 따라서 한국 내 좌익의 발호와 혁명적 구호에 대응한 반反혁명 논리로도 이해할 수 있다.

더욱이 당시 광범위하게 전개되었던 노동자들의 자주관리운동을 미군정이 부정하였던 점, 미군정의 귀속재산 처리과정에서 불하재산의 주요 매입자가 주로 과거 친일파 관리자였다는 점 등에서 식민지 경제구조의 척결은 더욱 어려웠다. 실제로 해방 후 남한 내 약 5,500개소의 공장 약 2,500~3,000개의 귀속업체가 있었지만 1947년 경 귀속공장은 1,551개소뿐이었다.[4] 그만큼 미군정 아래서 급속히 민간에 불하되었다는 것이다. 이러한 조건 때문에 해방을 맞이하여 사회 내부에서는 일제 잔재를 청산하고 진정한 근대 민족경제의 수립을 지향하는 목소리가 나왔고, 결국 일제가 남기고 간 적산의 이용과 친일파 및 민족반역자의 재산환수를 통한 식민지 경제구조의 청산을 강조하는 이른바 자립적 민족경제 건설론이 각광을 받게 된 것이다.

그러나 남측에 새로운 정부가 들어섰지만 민주개혁이나 대중생활의 개선을 위한 적극적인 정책은 추진되기 어려웠다. 즉, 토지개혁이 계속 지연

나 1948년 이승만 정권의 수립으로 이루어지지 못하고 전농에 대립하여 조직된 대한독립농민총연맹에 의해 「농협」 결성으로 나가게 되었다. 금융조합은 해방 후에도 일단 유지되면서 조선금융조합연합회는 대한금융조합연합회로 개칭하였다. 이것은 1957년 대한금융조합연합회와 금융조합조직이 「농업은행」으로 개편되었다. 이리하여 신용사업을 전담하는 「농업은행」과 사업을 담당하는 「농협」의 2원 체계가 만들어졌다(1957). 5 · 16 구데타 이후 농협과 농은의 통합이 이루어져 구매 · 판매 · 가공 · 이용 등 경제사업과 신용사업을 겸하는 현재의 농협이 발족되었다(1961).

4/ 『朝鮮經濟年報』(1948년판).

되는가 하면 친일파 민족반역자 처벌을 위한 반민족행위특별조사위원회 [반민특위]의 활동은 무위로 돌아갔다. 귀속재산은 체제에 영합하는 일부 관료·자본가의 수중으로 들어갔다. 농지 이외의 귀속재산은 1948년 10월부터 미군정에서 대한민국 정부로 이관되었으며 순자산의 가치는 연간 정부 예산의 10배에 달하는 3,000억 원 이상의 큰 규모였다. 이에 정부는 1949년 11월 「귀속재산처리법」을 통하여 민간 기업가에게 불하를 시작하였고, 1963년까지 약 30만 건 이상이 불하되었다. 뉴 라이트는 귀속재산 불하가 대부분 민간불하였다는 점과 더불어 불하대금 납부에서 동산은 일시불, 부동산은 15년 분할납부 방식을 채택함으로써 전쟁으로 인해 인플레이션이 급격히 진행 중이던 상황이라서 장기 분할납부는 커다란 특혜가 되었고, 이후 정경유착의 단서가 되었다고 파악한다.

그럼에도 귀속재산과는 달리 농지는 농민의 수중으로 넘어가는 것이 불가역의 상황이었다. 이미 「제헌헌법」제 86조에서 경자유전耕者有田의 원칙이 선언되었기 때문이었다. 결국 1949년 6월 「농지개혁법」이 성립하고, 1950년 3월에 시행령이 공포되면서 농지개혁은 본격적으로 전개되었다. 농지개혁으로 총경지의 40%에 해당하는 89만 2천 정보의 땅이 유상매입·유상분배의 원칙에 의해 재분배되었고, 3정보 이하의 땅이나 비경지는 개혁이나 매수 대상에서 제외되었다. 정부는 지주의 토지를 연평균 생산액의 1.5배로 가격을 매겨 사들여서 소작인들에게 분배하고 5년간 현물로 땅값을 상환하도록 하였다.

이러한 농지개혁의 결과, 일단 외형적으로 보면 소작농의 비율은 크게 감소하여 1951년에는 전체농가의 3.9%에 불과하였다. 사실상 1951년 말에 소작제가 사라진 것이다. 하지만 지가보상의 부실과 인플레이션 등으로 인해 종래 소작인은 자작농이 되자마자 또다시 소작인으로 전락했고, 많은 중소지주들도 몰락을 면할 수 없었다. 대다수 새롭게 형성된 자작농들의 생활 역시 지가상환의 부담과 고리대·조세부담 등으로 인해 곤란한 형편이었다. 따라서 농지개혁은 본연의 목적 중 하나인 지주계급의 산업자본가화에도 실패했고, 소농들의 성장을 기대하는데 어려움을 주었다는 평가가 있었다.

하지만 뉴 라이트는 농지개혁을 통하여 좌익 척결이라는 나라세우기 여정과 더불어 국민 만들기의 첫걸음이 시작되었다는 점을 강조하고 있다. 즉, 농지개혁은 조선왕조 이래 지주제 철폐를 향한 역사적 결단이며, 이후 한국 농민의 자작농화(전 경지의 96%)와 농촌의 안정화(소경영적 개혁)에 크게 기여한 중요한 역사적 변혁의 출발점이라는 것이다. 이에 농지개혁의 성공으로 남침한 북한군의 토지개혁 효과를 반감하고 국민의 봉기를 조장하는 전략이 실패할 수밖에 없었으며, 이러한 업적 위에 이승만은 소농들의 보나파르트로 군림하였다고 보았다. 물론 이러한 제도에도 불구하고 1950년대 말까지 농촌사회는 여전히 조선왕조 이래 전통사회의 마지막 자취를 유지하는 경향이 있었다고 한다.

이러한 뉴 라이트 지적처럼 실제로 농지개혁은 나름의 유의미한 부분이 있었다. 즉, 경제적 측면뿐만 아니라 사회적 측면에서도 평등한 인간 및 사회관계가 예측되기 시작했다는 점이다. 특히 경제성장을 통한 부의 적절한 사회적 분배 가능성이 커졌고, 국민들이 다양하고 변종이 많은 경제외적 강제에서 완전히 해방되면서 이제는 사회적 리스크를 스스로 담담하게 받아들이면서 새로운 가능성에 도전할 기회를 가지게 되었다는 점이다.

뉴 라이트는 6·25전쟁에서 남측이 서전緒戰에서 그렇게 밀리게 된 경제적 이유로 이승만 정부의 '자유주의 경제의 고수'라는 측면을 강조한다. 즉, 귀속업체의 불하와 사유화 정책으로 인해 많은 정치적 논란이 야기되었고, 그 과정에서 군사와 같은 공공 목적을 위해 국내 자원을 원활히 동원할 수 없는 여건이었다는 점을 강조한다. 그 결과 남한 정권은 북측보다 전쟁 준비에 훨씬 뒤처졌다는 것이다. 또한 그러한 자유주의 정책으로 남한 경제가 일찍부터 일제의 전시통제경제에서 크게 이탈할 수 있도록 했다고 한다. 어쨌든 남측의 전쟁 준비 능력은 현저히 북측에 비해 떨어졌고, 3년여의 전쟁 기간을 거치면서 그나마 싹트고 있던 경제재건의 기운이 크게 약화된 것도 사실이다.

■ 부흥과 복구

6·25전쟁 동안 남측의 산업시설 피해는 전체 피해액 6,834억 원 가운데 55%인 3,822억 원이었다. 여기서 빠진 전기시설 피해액과 광업 부문의 피해를 합치면 전체 피해액의 98%에 달했다. 특히 귀속기업체의 피해가 커서 귀속기업체 3,169개 중에서 70%인 2,207개가 파괴되었다. 또한 급속한 인플레 현상으로 1953년 2월에는 화폐개혁을 단행하여 100원을 1환으로 교환하였다.

이런 상황에서 정부는 전쟁으로 파괴된 생산시설을 복구하는 것이 긴급한 사안이었으나 자체적으로 자금을 조달할 능력이 없었다. 또한 사실상 '지주자본의 산업자본화'를 겨냥한 농지개혁도 지주들의 지가증권 방매 등의 이유로 제대로 효과를 보이기 어려웠다. 결국 취할 수 있는 조치는 외국의 원조에 의존한 경제부흥이었다. 미국의 입장에서도 당장 한국의 자립경제나 경제성장보다는 일본과 연계한 경제안정과 반공 보루로서의 정치적 안정을 고민하였다.

여기서 이승만 정권은 미국이라는 원조자의 요구와 다른 '수입대체 공업화'를 추진하고자 했고, 미국으로부터 최대한 달러를 얻어내려고 했으며, 한국 화폐의 강제 평가절상을 통하여 수입을 용이하게 했고 대여금 상환 달러를 극대화하는 이른바 저환율 정책을 추진했으며, 대충자금을 통한 현물배당을 실시하는 등의 방법으로 삼백공업(밀가루, 설탕, 면화)을 육성하고자 했다.

전후 경제부흥을 위해서 한미 양국은 1952년 7월 한미합동경제위원회(ROK−US C.E.B)를 구성하였고 1953년 4월부터 한 달 동안 헨리 타스카를 단장으로 하는 미대통령경제사절단이 파견되었다. 이 사절단은 귀국한 후 1953년 6월 아이젠하워 대통령에게 한국경제재건을 위한 3개년 계획안인 '한국경제의 강화를 위한 대통령리포트'를 제출하였는데, 흔히 타스카리포트 혹은 타스카 계획으로 불린다. 여기서 식량자급, 외화수입증대를 위한 수출진흥, 산업생산을 위한 원료와 반제품 공급확대, 산업시설·교통·통신시스템 복구와 확장, 공중보건프로그램 지원, 공공건물과 공익시설 복구 등이 제시되었다.

또한 1954년 3월에는 국제연합한국부흥위원단(UNKRA)은 한국경제재건계획안인 네이산 리포트를 발표하였다. 한국 정부가 이를 채택하지는 않았지만 재건기획의 각 부문끼리 균형과 원조의 필요성, 재건활동 성과 측정의 기준 마련, 최소한의 외국원조로 최단시일 안에 최대한의 부흥을 이룩하는 등을 목적으로 했다.

네이산 리포트는 경제 자립의 전제 조건으로 남북간 적대행위 중지, 과도한 군사비 지출 자제, 자유세계 국가들의 경제지원 강화, 한국정부의 민주적인 리더십 발휘 등이 주문되었다. 그리고 이 리포트에는 재정과 금융정책·국제수지·주택·보건·교육·행정 등 국가발전을 위한 전반적인 사항이 포함되었으나 네이산 자문단이 한국 정부와 사전협의를 거치지 않고

UNKRA에 의해 단독으로 구성된 조직이었기 때문에 반공주의에 빠져있던 이승만 정부는 채택하지 않았다.

어쨌든 한국은 이후 총 81억 3천 달러에 달하는 원조를 받았는데, 1인당으로 환산하면 600달러에 달하여 1955년 당시 한국의 1인당 소득이 79달러였다는 점을 생각할 때 상당한 규모였다. 이에 1953년부터 57년까지 연평균 경제성장률은 5% 정도로 유지되었고 총재정수입에서 원조에 따른 대충자금은 1953~1960년 평균 38% 정도를 차지하였다. 그러나 아직 수출은 크게 주목되지 않아서 1955년 수출이 GNP에서 차지하는 비율은 1.7%에 불과하였고 수출내용도 그나마 광물·농산물 등이 대부분이었다.

물론 주의할 것은 원조만으로 자본축적을 이룬 것은 아니었다는 점이다. 자체 자본조달도 이미 1950년대 36%에 달했고, 특히 화학공업이나 화학섬유공업에서 국내 자본조달은 60%에 달하였다. 그러므로 1950년대 한국경제를 완전히 원조에 의존한 것이라고 단언하기 어렵다.

이러한 상황에서 1955년 2월 한국 정부는 부흥부復興部 설치를 확정하고 8월에 공식 발족시키면서 '부흥계획시안'을 만들었다. 그리고 그해 문경 시멘트 공장이나 충주 비료공장의 건설이 착수되었고, 통계적으로 전쟁 이전의 경제수준을 회복한 것으로 나타났다. 1956년에는 '경제개발 7개년계획' 중 전반 3개년계획을 발표하는 등 경제부흥계획안을 발표하였지만 그 시행은 보류되었다. 마침내 부흥부 산업개발위원회는 '3개년경제발전계획시안'(1960.4.15)을 공포했으나 곧바로 4·19혁명이 발발하여 그 시행은 민주당 정부로 넘겨졌다.

이승만 정부의 경제운용이 한계에 달한 것은 1958년 이후 미국의 원조가 줄어들면서였다. 원조총액은 1957년의 3억 8천 만 달러에서 1959년에는 2억 2천만 달러로 줄었다. 이는 급격한 투자재원 감소를 동반하여 1957

년 성장률이 8.7%였던 것이 1959년에는 2.1%로 하락하였다. 이러한 경제 위축과는 반대로 고등학교 증설 및 대학의 확장 등으로 대학교육을 받는 인원이 증가했다. 전문학교와 대학교의 경우 학생수가 1960년에는 10만 명에 달했다. 하지만 이들을 수용할 경제적 여건은 여의치 않아서 이들의 경제적 불만은 고조되었다. 이러한 경제적 불안 요인과 4·19혁명은 깊은 연관이 있었다.

■ 계획적 경제개발의 추진

5·16 군사정변은 역사적 필연일까, 좌절일까. 일단 5·16을 민주주의적 발전의 좌절로 이해한다고 해도 그 원인에서 '절대 가난'이라는 현실적 변수를 제외하기는 어려울 것이다. 이 문제는 여러 가지 어려운 역사 해석을 자아내지만 어쨌든 절대 가난이라는 현실과 민주주의적 발전이 동반하기에 당시 한국은 대단히 취약했던 체제였다는 점은 분명하다. 일단 쿠데타로 집권한 박정희 등 군부는 일단 대중들의 경제상의 욕구를 해결하는 것으로서 자신의 정치적 정당성을 확보하고자 하였다. 그런데 이러한 군사정권의 국가주도 계획경제는 한국에서만 고유한 것이 아니라 세계 도처에서 그리고 1990년대까지 'NICs에서 벌여진 게임의 이름'이었다.

쿠데타 성공 이후 박정희는 국가재건최고회의 의장으로서 경제기획원을 설치하고 여기서 예산편성권과 자금배분권을 갖도록 하여 효율적으로 정책이 운용되게 하였다(1961.7). 경제개발계획은 이미 1950년대 이승만 정권이나 장면 내각에서도 입안되었는데, 6·25전쟁으로 인한 피해복구에 중점을 두었고 미국의 무상원조를 바탕으로 수입대체산업을 건설하겠다는 정도였다. 이에 비하여 박정희 정권의 경제개발 5개년계획은 외국자본을 적극적으로 도입하여 공업부문을 집중 지원해서 공산품을 수출한다는 '불균형 성장전략'을 채택하였다. 그것의 이면에는 선진국의 경제발전 모델을 수용하는 등 후발성의 이점을 활용한 발전전략이 깔려 있었다. 한국경제는 이러한 경제개발정책에 의하여 성장·발전을 거듭하였는데 4차례의 5개년 계획을 성공리에 마쳤으며, 전두환 정권시기에 시작된 제5차(1982~1986)부터는 '경제·사회발전 5개년계획'으로 명칭을 바꿔 추진했고, 1991년에 제6차(1987~1991)로 마무리되었다.

'자립경제 달성'을 목표로 한 '제1차 경제개발 5개년계획'(1962~1966)이 '민족적 숙원인 승공통일을 기약'하기 위한 것이라는 점에서 당시 경제개발이 가지는 반공주의적 함의를 읽을 수 있다. 구체적으로 1차 계획은 농업생산력의 향상과 소득증진을 통한 경제구조의 불균형 시정과 공업화의 준비를 위한 동력자원 확보 그리고 기간산업의 확충을 시도했는데, 핵심은 수입대체 효과를 지향하는 소비재공업의 개발이었다. 여기에는 막대한 자본이 필요했으며, 당시 국내자본 조달의 한계라든가, 원조성격의 변화 등의 요인에 의해 이제는 외자유치를 통해서 자본부족을 해결하고자 했다. 따라서 제1차 계획은 이승만 정권시기의 수입대체공업화 노선을 그대로 유지한 것으로 볼 수 있다.

그러나 초기 수입대체 효과를 노린 개발정책은 국내시장의 취약성과 산업구조의 변동, 자본주의 세계경제의 영향 등으로 어려움에 처했다. 그래서 이후 경제정책은 수출주도형 경공업 개발 및 중화학공업 개발정책으로 점차 바뀌었다. 실제로 후진국 입장에서 수입대체 공업화와 수출드라이브 가운데 전자에 매력을 느끼기 마련이지만 실제로 자본주의적 발전의 전망은 시장이 큰 선진국을 무대로 한 후자가 경제성장을 이루는데 크게 기여하였다. 그리고 1960년대는 자유무역을 토대로 한 전에 없는 호황과 완전고용 등 서구 자본주의의 황금시대가 열리던 시점이었다. 이에 박 정권의 수출드라이브 정책은 세계사적 흐름에 적절하게 적응한 것으로 평가할 수 있다.

그렇다면 수입대체 공업화 노선 대신에 수출주도 공업화 전략이 추진되게 된 계기는 무엇이었을까. 뉴 라이트는 1963년의 예상치 않은 공산품 수출 호조(계획 7,170만 달러 → 8,180만 달러)라는 동기를 중요시한다.[5] 아울러 종래의 수출론은 주로 긴급한 외화 확보를 위한 것에 머문 반면 박정희 정권의 수출론은 조직적으로 수출주도형 경제구조를 동반한 것으로 차별성이 있다고 보았다. 그러면서 수출주도형은 단순히 경제적 영역을 넘어 문화 및 사회생활 전반에 걸친 변화를 초래한 것으로 보면서 이 수출주도형 산업체제로 인해 당시 일본의 경제성장(경공업에서 중공업화)이라는 국제환경에 적극적으로 연동하여 우리 경공업의 성장 기회를 포착할 수 있게 되었다고 보았다.

물론 박정희 정부 초기에는 수출드라이브 정책이 가져올 위험성에 대한 대비책으로 수출입 링크제도 및 내포적 공업화론을 유지하는 모습도 있었다. 하지만 사실상 한일협정, 베트남 파병 등을 통하여 이러한 수출드라이브 전략이 부동의 산업화 및 수출입국 정책으로 정착하게 되었다. 이에 매월 수출진흥확대회의가 열려서(1965) 박정희 대통령의 강력한 리더십이 발휘되기 시작했고, 선진국 관세장벽을 넘기 위해 「관세 및 무역에 관한 일반협정」(GATT)에 가입하였다(1967.4).[6]

5/ 안병직·이영훈 대담집, 『대한민국 역사의 기로에 서다』, 기파랑, 2007 및 『대안교과서 한국근현대사』 188쪽.

6/ 이러한 수출드라이브를 통한 성장주의 경제 정책하에서도 정부는 자립경제 및 지역 균형개발의 논리를 유지하고자 했다. 즉, 경제개발계획에서 제4차 계획까지는 그 기본목표를 자립경제 구조의 실현에 두었다는 점에서도 그러하다. 또한 제3차 경제개발계획부터 지역 개발의 균형을 강조하기도 했으며, 제4차 계획부터는 사회개발을 촉진하고 공업화에 따른 빈부격차를 해소하는 정책을 추진하려 했다.

또한 박정희 정권은 미국의 일정한 조정 아래 국내 각계의 반대에도 불구하고 '한일회담'과 '월남파병'을 추진하였는데, 이는 경제개발을 통하여 자신의 정치적 정당성을 확보하는데 도움이 될 것으로 보였고, 반대로 미국이나 일본은 한국의 경제성장을 통하여 한·미·일 삼각안보체제를 확고히 할 수 있는 이점이 있었다. 한일협정의 경제적 성과는 컸다. 이후 일본을 통해서 자본재 및 중간재 수입이 가능해지면서 조립가공업의 토대가 구축되는 한편, 완제품 수출과 기술도입이 가능해지면서 경제성장이 지속성을 가지게 되었다.7/

전체적으로 박정희 정권의 경제정책은 수출드라이브 정책과 수출주도 산업화라는 틀로 진행되었다. 이를 위해 보호관세, 수입통제, 복합환율제도 수출목표 설정 등 이중무역체제 즉, 수출산업을 위한 자유무역체제와 수입을 억제하기 위한 보호무역정책을 동시에 구현했다. 또한 각종 리스크에 대한 국가와 기업간의 위험 분산 및 분담 시스템을 가동하였으며, 기반 산업에 대한 국가적 통제와 효율적 성장을 견인하기 위하여 국책사업을 확대하고 공기업 경영을 강화하였다.

아울러 정책적인 자금동원과 공업화 중심 금융체계를 구축하고자 했다. 박정희 정부는 일본과의 협상을 통하여 무상 3억, 유상 3억 달러의 대일청구권 자금을 획득하였고, 이 자금으로 포항제철과 경부고속도로 그리고 소양강 댐 등을 건설하여8/ 사회 인프라 및 기반산업의 확충에 힘썼다. 나아가

7/ 국가지도자본주의와 관련하여 다음의 지적이 흥미롭다. "이러한 국가의 역할을 볼 때 한국의 국가지도 자본주의는 케인스식 경제개입이라기 보다는 스탈린식 경제개입의 형태를 보여주고 있다. 왜냐하면 케인스식 경제개입은 거시적인 차원에서 유효수요 관리에 초점을 맞추는 반면 동구의 스탈린 경제개입은 부문과 기업에 특수한 개입이었다. 그러므로 케인스식 경제개입은 시장 기능에 의존하지만 스탈린식 경제개입은 국가 관료의 계획에 의존하였다."(참여연대, 「한국자본주의 성장의 명암」, 『20세기 한국을 돌아보며』, 한울, 2001).
8/ 1967년 4월에 대통령 선거공약으로 건설계획이 발표되었다. 이때 야당은 "재정파탄이 날 것이다"

수출을 위한 고환율정책을 추진하면서 시장을 대신한 정부의 공업자금 조성과 분배상의 역할을 강화했다. 이러한 조치로 자금 및 금융망을 둘러싼 강력한 관료 체제가 구축되었다.

또한 1960년대는 우리 국군의 베트남 파병을 기회로 삼아 적극적인 베트남 건설업에 진출하였고, 70년대에는 오일 달러를 쥔 중동지역 국가들의 건설 붐으로 많은 한국 기업과 노동자들이 이 지역으로 진출하여 외화를 벌여 들였다. 여기서 벌어들인 외화는 당시 추진하던 중화학 공업화에도 자금 측면에서 많은 기여를 했다.

■ 중화학 공업화의 전개

1960년대 섬유 및 경공업 중심으로 선진국의 사양斜陽 산업을 이전받아 중간품을 받아 가공하여 되팔던 수출산업육성정책은 급속한 경제성장을 일구게 했다. 하지만 고성장 정책에 따른 자본재와 원자재 수입의 증가를 수반했고, 국제수지 적자를 급증시켰다. 또한 1·21사태, 울진무장공비사태(1968) 등 안보적 측면에서 위기감이 커지고 국제적 데탕트 분위기에 편승한 미군 철수에 대한 부담이 커지게 되었다. 그러면서 효용성이 지나치게 강조되면서 장기적 경제발전을 유도할 성장 전략은 대단히 취약한 상황이었다. 또한 이시기는 미국 등 자본주의 진영이 첨단산업 중심으로 전환하

"부유층의 유람로가 될 것이다"는 이유로 반대했으나 박정희 대통령은 육군의 3개 공병단을 투입하며 공사를 강행했다. 정식 기공일자는 1968년 2월 1일이지만 이미 서울~오산 간 공사를 3개월 전부터 진행할 정도로 설계와 공사를 병행해가며 서둘렀다. 이 때문에 428㎞의 도로는 2년5개월 만에 모습을 드러냈다. 그러나 이런 이유로 77명이나 되는 사람이 목숨을 잃었고 토지 헐값 매수로 재산권 침해 논란이 끊이질 않았다. 1970년 7월 7일, 마침내 개통되었다. 박 대통령은 준공식에서 "가장 싼 값으로 가장 빨리 이룩한 대 예술작품"이라고 했다.

고, 노동집약도가 높은 중화학 공업을 신흥공업국으로 이전하는 상황이었
다. 아울러 동남아 등 신흥개발도상국의 등장으로 경공업 중심 체제를 더
이상 지속할 수 없었다.

이러한 상황에서 박정희 정부는 북한
의 침략에 대비하고 미군 철수 이후 안보
적 공백을 최소화하며, 서구 사양산업의
개도국 이전에 부응하면서 새로운 성장
아이템을 확보하고자 했다. 그것을 위하
여 박정희가 선택한 길은 바로 유신을 통
한 장기집권체제 구축과 중화학공업화를
통한 성장 전략이었다.

〈포항제철을 방문한 박정희 대통령〉

일단 1970년부터는 원리금 상환부담을 덜고자 외국기업의 직접투자를
촉진하기 위한 수출자유지역을 설치하는 한편, 1972년에는 기업의 사채를
동결하는 8·3 사채 동결조치로 기업에 특혜를 부여했다. 마침내 1973년 1
월 정부는 '중화학공업화 선언'을 통하여 종래의 경공업 및 조립가공산업
위주 수출전략을 대폭 수정하고, 기계·조선·전기·전자·화학·철강·
자동차 산업 등의 6대 전략업종의 개발에 착수했다. 이에 중화학공업추진
기획위원회를 설치하고, 이후 8년간 총 88억 달러의 자금을 투입하여 1981
년까지 전체 공업에서 중화학 공업의 비중을 51%로 늘이고 1인당 국민소
득 1,000달러와 수출 100억 달러를 달성하기로 했다. 이후 창원기계공업단
지가 건립되어(1973) 기계공업 육성이 본격화되고, 포항제철을 중심으로
한 소재부품공급확충계획이 진행되면서 자본재 산업이 급성장했고 부품자
급률도 성장하였다.

하지만 과도한 생산투자, 중복투자, 설비 및 자본재의 해외의존으로 인

해 중화학공업화의 열매는 더디었고, 과도한 외채 증가에 따라 1977년 국내경제는 큰 위기에 봉착하였다. 이에 수출드라이브 정책도 한계에 봉착하여 수출의 날이 무역의 날로 전환하는 등 수출 중심의 산업체제에 대한 근본적인 변화를 요구하는 상황에 처했다.

뉴 라이트는 이러한 박정희 정부의 중화학공업화는 당시 강력한 유신체제가로 인해 경제로 쓸데없는 정치적 개입을 차단할 수 있었기 때문에 본격적으로 추진될 수 있었다고 파악했다. 이는 유신체제가 중화학공업화를 위해 어쩔 수 없이 그리고 반드시 있어야 할 필요악이었다는 평가로 볼 수 있다.

■ 새마을 운동과 4대강 유역개발

대대적인 저항을 예상한 박정희 정권은 장기집권의 토대를 강화하고 일정한 통치 성적을 과시하기 위한 농촌새마을운동을 펼치게 된다. 1971년에 제창된 이 운동은 '조국근대화'라는 표어를 내세우고 '근면 · 자조 · 협동'에 의한 의식개혁과 생활개선을 통하여 국가발전과 민족중흥을 기할 수 있다는 점을 내세웠다.

이 운동은 자율적으로 마을 환경을 개선하는 사업을 적극 지원하는 방식으로 출발하였다. 제1차년도(1970.11~1971.3)에 정부는 전국의 3만 5,000여 개의 마을에 300여 포대의 시멘트를 나누어주었고, 제2차년도(1972)에는 1차년도에 반응이 좋았던 1만 6,000개 마을에 대해 시멘트와 철근 1톤씩을 배분했다. 그리고 새마을사업에 대한 주민들의 참여도에 따라 기초마을 · 자조마을 · 자립마을 등 세 가지로 구분하고 경쟁을 불러 일으켰다. 이때 전국의 마을 수의 65%에 해당하는 2만 2,700개 마을에서 마을 주변의 도로를 바로 잡고 폭을 넓혔다. 1972년 한 해 동안 마을 주변의 도로를 개발한 총 길이는 7,400km에 달하였다. 이때 마을길 양쪽의 토지를 소유한 사람들이 희사한 토지 면적이 마을당 평균 210평으로 나타나는데, 이는 국가 공권력에 의한 공포감인지 혹은 소유주의 자발적 헌납 의식 때문인지 속단할 수 없지만 정부의 재정지출을 줄이는데 기여하였다.

3차년도(1973)에도 마을당 약 300포대의 시멘트와 철근 1톤씩이 공급하게 되었고, 이에 따라 마을 안길을 포장하는 마을까지 나타나게 되었다. 또한 3차년도부터 마을회관을 건립하는 마을이 늘어났으며, 얼마 안 가서 거의 모든 마을이 마을회관을 갖게 되었다. 마을회관은 마을 주민의 회합장소로 이용되었고, 이후 반상회나 각종 마을 공동활동이 이곳에서 비롯되면서 농촌공동체 형성에 기여하였다.

이처럼 1971년~1980년 사이에 정부는 농촌환경개선을 위하여 주로 시멘트와 철근을 지원하는 방식을 사용했고, 우수 마을에 대해서는 포상금을 지급하였다. 1971~1975년간에 새마을사업으로 마을 주민들이 건설한 교량은 약 6만 5,000개에 이르렀다. 마을 당 평균 2개의 교량이 건설된 셈이다.

또한 새마을 지도자 양성을 추진하여 1972년 봄부터 새마을 지도자 연수계획이 수립되고 수원에 새마을지도자 연수원을 설립하였다. 새마을 지도자 교육의 효시는 1972년 1월 1개 군郡에서 1명씩 독농가篤農家 150명을 선발하여 서울의 서부 근교에 있는 농협 대학의 시설을 빌려 2주간의 교육을 실시하면서였다. 그리고 1973년 11월에 제1차 전국 새마을지도자대회가 열렸다.

이러한 사업과 더불어 1982년까지 총 5조 2,583억 원이 농촌지역 소득증대, 생산기반 조성, 복지후생, 정신계발 등을 위해 투자되었다. 이 중에서 51%가 정부자금이었다. 총투자액의 44%는 소득증대 분야(농한기 생산화, 소득 작목 재배)에 투자되었으며 21%는 농로개설, 마을창고 건설 등의 생산

기반 조성 분야에 투자되었다. 그리고 복지 환경 분야는 29%였다. 이러한 투자에 힘입어 1971년 도시근로자 소득의 79%에 불과하던 농가소득은 1982년에는 103%로 상회하였고, 1960년대 말까지만 해도 한국 농가들의 20% 정도만이 전등불 밑에서 살았던 것이 1979년에는 98%에 달했다. 1978년에는 전국에서 대부분 초가집이 사라지고, 마을 진입로가 확장되었다.

새마을운동의 성공요인은 경쟁과 자율의 원칙을 고수했다는 점이다. 잘하는 마을에는 많은 도움을 주고 그렇지 않으면 아예 지원을 하지 않는 식으로 경쟁심을 불러일으켜 스스로 자조 · 협동정신을 만들어내도록 유도했다는 점이다. 이는 한국인들에게 '하면 된다'는 신념을 심어주는 중요한 계기였다. 그러나 1970년대 말경 농촌새마을운동은 한계에 이르렀다. 농축산물 수입으로 농축산물 가격이 폭락하고 쌀 수매가가 동결되는데다 주택 개량 자금 때문에 농가마다 막대한 빚을 지게 되었다.

농어촌 새마을운동에 이어 1974년부터 도시새마을운동, 공장새마을운동, 시장새마을운동, 학교새마을운동으로 확산되었다. 여기서 공장새마을운동은 처음 1973년에는 도시새마을운동의 일환으로 시작되었으나, 1974년 3월 완전 분리하여 상공부에서 독자적으로 추진하도록 되었다. 상공부는 실시 초기에 경제 4단체의 간부와 학계 인사로 구성된 공장새마을운동 중앙추진회를 설치하고 지도 독려체계를 확립하여 경제단체 및 국영기업체는 상공부가 시범업체는 각 시 · 도에서 관장하도록 하였다. 공장새마을운동의 기본 이념은 근면 · 자조 · 협동의 새마을정신으로 무장한 새로운 근로자상을 구축하고 노사협조를 통한 생산성 향상, 품질개선, 원가절감을 효율적으로 추진함으로써 경영성과를 극대화하며, 한국적 기업풍토 조성으로 경영합리화를 촉진시켜 나가며, 경제부국을 향한 행동철학으로 산업혁명을 완성하여 구국혁명을 이루자는 것이었다.

〈모내기 활동에 나선 박정희 대통령〉
출처 : 박정희 인터넷 기념관

이후 전두환 정권은 새마을운동을 민간주도 사업으로 전환하고자 1980년에 새마을운동중앙본부를 발족했고, 전두환 대통령의 친동생인 전경환이 책임을 맡았다. 그런데 새마을운동중앙본부는 각종 성금과 기금을 유용해 1천만 명의 조직원을 거느리며 500억 원의 자산을 모았다. 노태우 정부가 출범한 뒤 이른바 5공 청산 작업이 추진되면서 새마을운동중앙본부의 각종 비리가 밝혀지고 전경환이 구속되면서 새마을운동은 일단락되었다.

뉴 라이트는 이 운동이 비록 정부 주도로 시작되었지만 민간의 적극적인 참여로 성공을 거두게 되었으며 성공의 이면에는 자발성을 높이고 강력한 경쟁을 유발할 박정희의 각종 동기부여가 있었음을 강조했다. 예를 들어 시멘트를 전국 각 동리에 같은 규모로 지급하여 성과를 살핀 후 성과가 있는 곳에 한정하여 추가 지원을 하는 등 새마을운동에 적극적으로 참가하도록 마을간 경쟁을 유도한 점 등이 그것이다. 또한 각종 소득증대, 생산기반 조성, 복지환경 사업이 성공하여 마침내 전통적인 소농사회의 마을이 근대적 공동사회로 발전하였다고 평가하였다. 하지만 엄밀히 말해서 관의 지도와 아래부터의 주민의 자발적 참여라는 양면전략이 정부의 입으로 강조되었지만 기본적으로 자발적인 참여보다는 정부의 적극적인 개입에 의한 강제성을 띤 운동이었다.

1972년부터 10년간 정부는 4대강 유역의 치산治山과 수계水系의 개발 사업을 전개하였다. 4대강 유역은 국토의 63.7%, 인구의 62%, GNP의 67%, 경지면적 53.7%, 물자원부존량 62.2%, 연평균 홍수피해 69.5%, 가뭄피해

〈대일 청구권 자금으로 10년만에 건설한 소양강댐〉

60.0%를 차지하는 지역이었다. 이에 정부는 1966년부터 실시된 4대 강에 대한 하천유역조사를 바탕으로 홍수피해 50% 감축, 수해 상습지 일소, 중요하천 90% 개수, 내수 內水피해 상습지 138개소 삭감, 논 68만 3,000ha 중 59만 8,000ha를 수리안전답으로 전환, 상수도 보급률 30.6%에서 65%로, 공업용수 3.8배 증산, 4만 1,420ha의 황폐한 산지와 27만 4,016ha에 대한 산림녹화, 도시 주변의 수질오염과 하구염해河口鹽害 및 역수逆水의 피해근절 등을 목표로 했고, 여기에 정부는 3,140억 원을 투입하기로 했다.

이에 한강 유역은 소양강댐 외 1개 다목적댐을 추가 건설하여 홍수를 조절하고, 농업용수와 공업용수를 공급하는 한편, 낙동강 유역은 안동댐 · 합천댐 · 임하댐 · 영산潁山댐을, 금강 유역은 대청다목적댐을, 영산강 유역은 장성댐 · 담양댐 · 대초댐 · 동복댐 및 영산강 하구언을 건설하도록 했다.

■ 경제개발의 성과와 과제

전체적으로 1962년 이후 박정희 정부의 경제개발 정책의 결과는 역동적이었다. 경제기획원의 통계에 따르면 경제활동 인구에서 농림어업 인구가 차지하던 비중이 1965년에 63.5%이던 것이 1970년에는 47.8%, 1975년과 1980년에는 각각 45.9%, 34.0%로, 1987년에는 21.9%로 줄었다. 반면, 같은 기간에 광공업 및 '사회간접자본 및 기타' 부문의 인구는 각각 9.2% →

27.3% → 28.1%[이 중 제조업 27.0%] → 50.0%로 증가했다. 같은 기간 국민총생산의 업종별 비중을 보면, 농림어업은 38.0% → 13.5%로, 광공업은 21.7% → 31.5%로 바뀌었고, 사회간접자본 및 기타 서비스업의 경우에는

〈포항제철 전경〉 출처 : e-영상역사관

40.3% → 57.1%로 증가했다.

특히 '성장'위주 정책으로 국민총생산(GNP) 성장률은 매우 높아 불변가격 기준으로 평균 5.8~10% 성장하였고, 그 규모를 경상가격 기준으로 살펴보면, 제1차 경제개발계획 말엽인 1966년의 37억 달러에서 1991년 292억 달러까지 25년간 7배 가까이 늘어났다. 1인당 국민총생산역시 같은 기간 125달러에서 6,757달러로 53배나 격증하였다. 이러한 경제성장은 수출신장에 힘입은 바가 컸다. 수출규모는 1966년 말의 2억 5천만 달러에서 1991년 말의 718억 7천만 달러로 286배나 폭증했다. 특히 1970년대 중화학공업 중점 정책으로 인해 중화학공업 비율이 크게 증가하여 1970년 공업생산 비중 38%였던 것이 1979년에는 53%로 높아졌다.

농업에서도 숙원이던 식량자급이 달성되었다. 그 일등공신은 통일벼(수원213-1, IR667)였는데, 1965년부터 약 6년간에 걸쳐서 농촌진흥청 작물시험장을 중심으로 인디카 품종과 자포니카 품종간 교잡을 통해서 통일벼를 개발하였다. 통일벼는 그 생산량이 일반 벼 품종보다 40% 가까이 증수되었고, 1977년까지 통일벼 보급률은 55%에 달하였다. 이에 1ha당 쌀 생산량을 보면, 1970년의 3.5톤에서 1977년에는 4.9톤으로 늘어났다. 이리하여 농가소득은 1970년 25만 6,000원(824달러)에서 1975년에는 87만 3,000

원(1,804달러)로 1978년에는 3,893달러, 농가 1인당 소득은 778달러로 증가했다. 이는 1970~1978년 사이 약 5배 정도 증대한 수치이다.

뉴 라이트는 이러한 공업구조와 성장은 선진국에서는 100년 이상 혹은 수십 년에 걸쳐 서서히 진행되었지만 한국 경제는 매우 짧은 시간에 달성한 것으로 높이 평가하고 있다. 또한 경제개발 과정에서 성장한 재벌(대기업집단)은 기업의 창업자금을 지원할 금융시장이 미발한 상황에서 기업 스스로 내부 금융시장을 개발한 것으로, 이러한 상호투자라는 수법은 적은 자본으로 다수의 기업을 창립할 수 있게 하여 국가경제의 발전에 도움이 되었다고 보았다.

그러나 이러한 뉴 라이트의 높은 평가와 달리 박정희 정부의 경제개발은 많은 문제를 포함하고 있었다. 먼저, 저임금·저곡가 정책 및 특혜금융 등에 의한 정부주도의 수출드라이브 정책은 국가권력과 결탁한 독점재벌을 비대하게 만들었다. 즉, 시장규모가 크고 수익성이 높은 독과점 상품은 대부분 재벌이 장악했고, 역으로 노동자·농민은 빈곤으로, 중소기업은 계열화와 파산으로 나아갔으며, 농촌의 황폐화는 심각했다. 실제로 뉴 라이트 측의 조사에 의하면 1970년대 말 26대 기업집단의 계열사는 무려 631개로서 그중 삼성·현대 등 10대 집단의 매출액은 국민총소득의 40%에 달했다.

둘째로 경제개발이 자본과 기술의 대외의존 위에서 추진되었기 때문에 우리 산업의 대외의존성을 심화시켰다. 그 결과 1970년대 중화학공업 육성기간 동안 자립적 기술이 취약한 중화학공업화였기에 설비 및 자본재의 해외의존도는 한층 높아졌다. 결국 중화학공업 방면의 대규모 기업부실은 지나친 대외의존에서 비롯되었고, 이는 박정희 정권의 말로를 재촉하는 원인이 되었다. 하지만 당시 형성된 중화학공업은 이후 전두환 정권 아래서 수출주도산업으로 성장하면서 한국의 경제성장의 견인차 역할을 하였다.

셋째로 낮은 생산성 문제였다. 이는 투자에 대한 부가가치가 무척 낮았다는 것인데, 외국설비를 도입하여 선진기술을 학습하고, 저임금 노동력에 의존하는 공업화가 지배적인 상황에서 어쩔 수 없었다고 하더라도 자체 독자적인 기술개발에 소홀했다는 점은 부정할 수 없다. 또한 높은 경제성장의 동력은 생산성이 아니라 미국시장을 기반으로 저임금, 기술제휴 및 규모의 경제에 기초하여 가격경제에서 우위를 얻음으로써 성장을 이룬 것이었다. 실제로 1973년부터 1981년까지 한국의 총요소생산성 성장은 마이너스를 기록하였다. 당시 한국의 생산성은 1973년 칠레와 아르헨티나의 약 50%수준이었고, 1987년에 비로소 80~90% 수준에 이르렀다. 1980년대에도 여전히 일본에서 고부가가치의 자본재와 중간재를 수입하여 상대적으로 저부가가치의 내구소비재와 비내구소비재를 만들어 미국으로 수출하는 형태였다. 이는 미국 발 무역흑자를 고스란히 일본에 대한 무역적자로 채우는 왜곡된 경제구조였다.

마지막으로 재벌의 상호출자(투자)는 적은 자본으로 창의적으로 성장하는 신흥 기업들에 대한 문어발식 확장을 가능하게 만들었다. 이에 힘들이지 않고 기업 계열화를 달성함으로써 작은 자본으로도 우량한 기업을 합병하거나 청산하게 하여 기업 체질을 크게 약화시키는 결과를 가져왔다. 예를 들어 기업간 불공정거래는 물론이고, 흑자 기업의 잉여금이 재투자되지 않고 적자기업에 출자됨으로써 자칫 우량기업이 연쇄부도의 위기에 처하거나 퇴출되는 현상, 나아가 흑자기업의 투자가들의 막대한 손실 등을 초래하는 문제가 그것이었다.

■ 3저 호황과 거품 경제

전두환 정권은 종래 박정희 정권의 중화학공업화 정책을 계승하면서도 철권통치를 통하여 전면적인 산업구조의 조정에 들어갔다. 이른바 부실기업 정리 혹은 기업합리화라고 하여 자신과 우호적인 관계의 재벌이나 기업에게 사양산업 혹은 비유망산업이라 하여 강제적으로 양도하게 하고 양도받은 기업은 저리금융으로 지원하였다. 항간에 유행하던 전두환 고스톱은 바로 그러한 상황을 희화화한 사회현상이기도 했다.

또한 1982년 「중소기업진흥법」을 제정하여 기업대출의 일정비율을 중소기업에 의무적으로 대출하게 하는 제도를 실행하는 한편, 「계열화촉진법」을 통하여 대기업과 하청관계를 촉진하도록 했다. 이러한 계열화 과정으로 중소기업의 자율적 성장은 약화시키는 대신 경영의 안전성은 보다 높아졌다. 그럼에도 늘 재벌의 어음결제, 물품단가 낮추기 등의 부작용이 발생했으며, 중소기업 기술의 항구적인 약탈이 가능해졌다. 또한 납품을 미끼로 각종 리베이트 등 부정이 횡행하여 중소기업의 발전을 해쳤다. 뉴 라이트조차도 전두환 정부시기는 정부가 스스로 기업자율화를 강조했지만 중화학공업의 투자 조정과 산업합리화과정에서 대기업과 정부간의 유착관계는 더욱 심화되었다고 평가하였다.

아울러 제5차 경제개발 계획에서는 경제안정과 중산층의 확대 그리고 안정적 보수 세력의 확산을 통해 군사정권의 비정통성을 만회하려는 전략도 병행하고자 했다. 또한 현대를 비롯하여 자동차 산업에 대한 대대적인 지원이 시작되어 삽시간에 세계적인 기업으로 발돋움하는데 기여했다. 요컨대, 전두환 정권에 추진한 일련의 조치들은 중화학공업제품(자동차 포함)의 수출드라이브를 강화하면서도 그 성과에 대한 적절한 분배를 실현하도록 권력에 의한 강제를 구현함으로써 중산층의 안정을 도모하고 궁극적으로 자신의 정통성 위기를 극복하려는 것이었다.

때마침 '3저 호황' 국면에서 경제가 탄력을 받아 또 한 번 고도성장을 이룩하였다. 3저는 저금리, 저달러, 저유가라는 세 가지 호재를 말하는 것으로 먼저 '저금리'는 각국 정부가 제2차 오일쇼크로 불황에 빠진 경제를 부양시키려고 금리를 인하하면서 발생하였다. 국제금리가 떨어지자 우리나라는 외채의 절반 이상이었던 변동금리부 외채의 상환부담이 줄어들었고 경상수지도 호전되었다. '저달러'는 재정적자, 무역적자의 '쌍둥이 적자'에 시달리던 미국이 1985년 플라자합의를 통해 달러화를 평가절하하면서 시작되었다. 이로 인해 '엔고' 현상이 나타났다. 이에 1985년 1달러에 240엔 円이던 일본 엔화의 환율이 1988년에는 128엔으로 절상되었다. 이는 한국 제품의 가격경쟁력을 강화시켜서 수출증가, 흑자전환, 외채감소에 기여했다. '저유가'는 1985년 말 OPEC회원국들이 고정유가제를 폐지하고, 시장 점유율 확대를 위해 경쟁하면서 발생했다. 이에 미국 서부 텍사스 중질유 (WTI)의 가격이 10달러 대까지 하락하여 한국제품의 생산원가를 절감하는 데 기여했다. 이에 1986년부터는 무역수지 흑자를 기록했으며 1989년까지 그 추세가 이어졌다. 이에 제6차 경제개발계획은 경제선진화와 국민의 복리증진을 기조로 삼았다.

1980년대 무역흑자는 우리 경제에 특별한 의미를 가져다주었다. 일단 30년간의 군사정권이 추진해 온 외형적 성장전략이 일정한 결실을 남겼다는 점이다. 내자확보가 불가능한 상황에서 외자에 의존하여 효율적인 산업구조를 확립하고 수출을 확대하여 외채를 상환하는 한편, 국내 저축률을 높임으로써 점차 내자확보를 통한 자율적 산업화의 길을 열었다는 점이다. 이에 1985년 소득 중 저축률은 28.6%였는데, 1987년에는 36%에 달했고, 투자율도 31%에 이르렀다. 또한 경제성장률도 1985년 5.4%에서 1986년

12.5%, 1987년에는 12.0%에 달했다.

그와 함께 군사정권 특유의 효율성을 앞세운 경제개혁도 단행되었다. 먼저 1985년부터는 부동산 투기억제와 임대주택제도 그리고 공공주택제도를 도입하였고, 의료보험 대상자를 확대하였으며 과외를 폐지하였다. 또한 중학교 의무교육도 실시하였다. 1986년에는 농어촌발전 종합대책을 수립하여 185개의 농공단지 건설로 50~100만의 일자리 창출과 장기저리의 농지구입자금제도를 신설하였다. 1987~1988년도에는 농어촌에 대한 전면적인 의료보험을 실시하였고, 최저임금제를 도입하였다.

거시적으로 전두환 정권시기 한국경제는 일단 선진국의 공업기술과 기업경영을 내면적으로 잘 소화해내면서 수출을 늘이고 외채위기를 극복해냈다. 뉴 라이트는 이를 박정희식 경제개발 체제의 계승이라는 의미로 인식했다. 이에 수출내용을 보면 1960년대에 합성섬유·화학섬유 등 소비재가 주로 수출되었으나 차츰 중간재와 시설재의 비중이 늘어났으며 제6차 계획 기간 말에는 경공업 제품과 중화학공업 제품의 수출액 비율이 38:62로 역전되었다. 산업구조도 1차 산업[농림·어업] : 2차 산업[광업·제조업·건설업] : 3차 산업[사회간접자본]의 비율이 1962년의 36.6 : 6.3 : 47.1에서 1991년의 7.7 : 42.9 : 49.4로 변화해 30년 동안 광공업 비중이 크게 늘어난 반면 농림·어업은 현저하게 줄었다.

이러한 경제성장에도 불구하고 전두환 정권 시기의 한국경제는 몇 가지 과제를 남겼다. 첫째, 성장의 열매를 사실상 재벌이 독식했다는 점이다. 즉, 1993년 4월 현재 30대 재벌은 모두 604개의 계열기업을 거느렸는데, 당시 정부가 지정한 시장지배 품목 140개 가운데 30대 재벌이 참여한 것은 106개로 76%를 점했다. 아울러 1978~1987년간 중소기업의 하청계열화 비율 또한 16%에서 49%로 급증했다. 둘째, 총외채가 1991년 말 391억 달러에 달하는 등 과도한 해외 자금의존으로 원리금 상환 부담이 커졌다. 셋째, 거대시장이었던 미국의 특혜관세제도(GSP, 1982~1989)가 철폐되면서 미국시장에서 가격경쟁력이 하락할 우려에 처했다. 그런데 무엇보다도 데이타상의 계량경제와 피부와 와 닿는 실물경제가 탈구되는 이른바 거품이 성장을 희석하는 경향이 나타났다.

요컨대, 군사정권이 추진한 경제정책은 광범한 중산층, 즉 사회기간 계층을 확대재생산하는 것이었지만 한편으로는 중산층을 중심으로 한 부르주아 자유주의의 확산을 초래하고, 이들이 정부개입에 대한 염증과 독재정권에 대한 비판의식을 높여가는 계기가 되었다. 나아가 국민의 열정적인 경제활동에 비해 지나친 지역간 · 계층간 빈부격차와 소득불균형은 독재정권에 대한 국민의 적개심을 고양하였고, 국민통합을 저해하였다. 결국 군사정권은 정권 내에 파고든 민주화 세력에게 권력을 잠식당하고 문민정부의 탄생으로 이어졌다.

■ 정보화 시대의 개막

1980년대 세계 각국은 정보사회 구축을 위한 경쟁을 가속화했고, 산업과 기술 측면에서 컴퓨터와 통신의 결합으로 경제사회 전반에 걸쳐 커다란 변화가 진행되었다. 우리 역시 사회 전반적으로 정보화 추진에 대한 의지가 높아지고, 특히 정부가 정보산업에 대한 투자가치를 인정하면서 관련 부처들도 정보산업 육성을 위해 다양한 방안을 마련하기 시작하였다. 박정희 정권 시기에 이미 제1차 행정전산화기본계획이 수립(1978)되어 1987년까지 10년에 걸쳐 5년 단위로 전국을 단일 정보권으로 하는 행정정보시스템을 구축하는 계획을 마련했다. 그러나 1980년 초까지 계속되던 이 사업은 여러 국내 사정으로 인해 본래 계획이 크게 축소된 이후 마무리되었다.

그러나 행정전산화 및 국가정보화 사업은 전두환 정권시기에 크게 활성화되었다. 먼저 1983년 5월 대통령 비서실을 중심으로 정보산업육성위원회가 설립되고, 1984년 3월에는 그것을 개편하여 국가기간전산망조정위원회를 구성하였다. 이어서 1986년 5월 12일 「전산망 보급 확장과 이용 촉진에 관한 법률」을 제정하였고, 이듬해 전산망 개발보급과 이용촉진에 관한 주요 정책사항을 심의 · 조정하기 위해 대통령 직속으로 전산망조정위원회를 구성하였다. 전산망 관련 감리, 표준화와 기술지원을 전담하기 위해 체신부 산하에 한국전산원을 설치하였다. 국가기간전산망사업은 기능적으로 행정전산망(정부 · 정부투자기관), 금융전산망(은행 · 보험 · 증권기관), 교육 · 연구전산망(대학 · 연구소), 국방전산망(국방 관련 기관), 공안전산망(공안 관련 기관) 등으로 나누어 추진되었다.

이후 1987년부터 1991년까지 1단계 사업을, 1992년부터 1996년까지 2단계 사업을 추진하면서 2000년대 한국이 세계 굴지의 정보화 능력을 보유하게 되는데 기여하였다. 주로 노태우 정권시기에 해당하는 제1단계 사업은 정보사회에 대비한 전략적 시범사업으로 전산화, 자동화, 정보화에 대한 국가적 관심과 인식을 제고하였고 일부 전산망을 구축하여 서비스하기 시작했다. 또한 전산장비와 기술의 국산화 및 표준화를 추진하였다. 그러나 국가 기간전산망 목표에 비추어 볼 때 주민등록, 토지 등 몇 가지 기초적인 데이터베이스를 구축, 운영하고 중형급 컴퓨터의 생산 및 개발기술을 확보한 수준으로, 안정적인 재원 확보의 미흡, 기기 및 전문기술의 대외 의존, 전산망의 안전 운영체계 미비 등의 부족한 점이 남아있었다.

■ 부동산 투기의 시대

박정희 정권시기 부동산 정책은 한 마디로 부동산 개발정책이었다. 1963년부터 「국토종합계획법」에 의하여 제1차 국토종합개발계획(1972~1981)을 추진하고 공업단지조성을 위한 부동산정책으로 1962년 「토지수용법」· 「공업지구조성을 위한 토지수용특례법」· 「수출공업단지개발조성법」(1964)· 「기계공업진흥법」(1967) 등을 공포하여 그야말로 공업 발전을 위한 부동산 정책으로 일관하였다. 특히 제1차 경제개발계획 이후 각종 개발사업이 추진되고, 월남 특수로 인한 외화유입, 경부고속도로 건설계획과 서울의 강남지역 개발계획 발표 등으로 강남 지역을 중심으로 부동산 투기가 발생하였다. 이에 1967년 11월 29일 최초의 부동산 투기억제책으로 「부동산 투기억제에 관한 특별조치법」이 제정되어 서울, 부산 및 대통령령이 정하는 지역을 과세대상 지역으로 지정하여 부동산 양도시 차액의 50%를 양도소득세로 징수하는 규정을 마련하였다.

〈1972년 경 서울 강남 반포지구 아파트 단지〉
출처 : e-영상역사관

그러나 군사정권기의 높은 경제성장은 통화량의 팽창을 조장했고 결국 부동산가격을 부추겼다. 1980년대 이후 경제호황으로 형성된 자본은 리스크 부담이 없는 자본증식 공간을 필요로 했고 이에 부동산으로 자본이 집중했다. 이런 상황은 당시 주택 공급이 터무니없이 저락한 상황과도 연계된다. 연간 주택건설 동향을 보면, 1978년 30만 호를 기록한 이후 감소하기 시작하여 1981년에는 15만 호에도 미치지 못하였다. 이후 1987년까지 연평균 주택건설은 22만호로 1978년 수준을 회복하였고, 1989년 12월 세입자지원 차원에서 「임대차보호법」을 개정하여 전세계약기간을 1년에서 2년으로 늘렸는데 그 결과 전세값 2년 치가 한꺼번에 오르는 부작용이 발생하였다. 가구는 1980년에서 1987년까지 총 185만 가구가 증가하였으나 주택은 약 100만 호 증가에 그쳤다. 이처럼 수급불균형이 심각한 상황에서 투기성 자금이 유입되자 아파트 가격은 급격히 상승했다.

이에 전두환 군사정권은 토지투기로 인한 불로소득을 사회로 환수하기 위해 개발이익환수조치와 토지거래신고 및 허가제를 실시하여 경제적 효율성보다는 지역간 형평성에 초점을 맞추었다. 일단 1980년 도시의 주택난을 해소하기 위해 「택지개발촉진법」을 제정하였고, 청약저축제도(1982), 「주택임대차보호법」(1981), 「임대주택건설촉진법」(1984)을 실시하였다. 이외에도 주택투기를 억제하기 위한 대책으로 채권입찰제(1983) 등의 제도와 함께 청약, 전매, 분양 자격을 강화하였다.

한편 노태우 정부는 1988년 정권인수와 더불어 선거공약인 주택 200만 호 건설(1989~1992년)에 착수하였다. 특히 부동산 가격 급등의 진원지가 되어온 수도권 주택공급을 획기적으로 늘리는 대책으로 분당, 일산, 평촌, 산본, 중동 등 수도권 5개 신도시건설을 추진하였다. 또한 민간부문의 주택공급을 촉진하기 위해 1989년 분양가상한제를 원가연동제로 변경하였다.

〈그림〉 서울 강남지역 평당 아파트 가격 추이

출처 : 임서환, 『주택정책 반세기』, 기문당 2005

그 결과 주택건설 수량이 1988년 32만 호, 1989년 46만 호로 급증하였고 1990년에는 사상 최대인 75만 호를 기록하였다. 연평균 20~30만 호에 불과하던 주택건설 물량이 60만 호대로 크게 늘어났다.

〈토지공개념 제도의 개요〉

■ 택지소유상한제(택지소유상한에 관한 법률, '89.12)
　－ 과다 소유한 택지의 처분과 이용개발 촉진을 통하여 택지공급을 원활히 할 목적으로 초과소유 택지에 부담금을 부과
　－ 부과대상 및 부담률 : 초과소유택지(6대도시 가구당 200평, 기타 시 300평 등)에 대해 매년 주택부속토지는 택지가격의 7%, 나대지는 11%부과
■ 토지초과이득세제(토지초과이득세법, '89.12)
　－ 지가상승을 기대하여 보유하고 있는 유휴토지에서 발생하는 토지초과이득을 조세를 통하여 환수
　－ 부과대상 및 세율: 유휴토지, 3년마다 토지초과이득×30%(1천만원 이하), 50%(1천만원 초과)
■ 개발부담금제(개발이익 환수에 관한 법률, '89.12)
　－ 막대한 개발이익(불로소득)의 사유화를 막기 위하여 토지개발에서 발생하는 자본이득을 환수
　－ 부과대상 및 부과율 : 택지개발 등 30여 개발사업에 대해 개발이익의 25%~50%를 환수('90~'97년 50%, '98~'99년 면제, '00~'03년 25%)

그러나 200만 호 건설 추진은 당시 우리나라의 주택공급능력에 비하여 단기간에 너무 급속하게 추진됨으로써 노임상승과 자재난에 따른 부실공사 등의 문제가 대두되었으며, 원자재 가격 상승을 초래하여 분양가격을 다시 높이는 악순환을 연출하였다. 부동산 가격이 급등하면서 토지개발로 인한 불로소득이 사회문제로 대두되었다. 이에 정부는 1989년 토지공개념 3법을 도입하였다. 1989년 당시 전국적으로 상위 5%의 토지소유자가 전체

민간소유 토지의 65.2%를 차지하고 있었다. 반면 서울, 부산 등 대도시에서 전가구의 70% 정도는 한 평의 땅도 갖지 못하고 있었다. 토지공개념 3법의 도입이 가능했던 것은 바로 1980년대 말 부동산 가격 폭등과 망국적 부동산 투기로 인한 정치권의 위기의식, 그리고 여론의 압도적인 지지가 있었기 때문이었다.

2. 세계화와 자유주의의 늪에서

■ 세계화와 IMF체제

1990년대 한국은 역사적으로 볼 때 한편으로 자주적인 통일국가 수립과 자주적인 사회체제를 구축해야 하는 과제와 더불어 세계자본주의 흐름에 나름의 대응도 해야 하는, 이른바 자주화와 세계화의 길목에서 민족의 운명을 저울질해야 하는 복잡한 상황에 직면했다.

이에 먼저, 우리도 변화하는 세계질서 즉 사회주의 체제의 변화와 붕괴에 따른 기왕의 사회주의권과 관계개선과 교류확대를 도모해야 했고, 일면 중국 및 동남아 지역의 후발성장에 고전해야 하는 문제가 나타났다.

둘째는 선진국의 배타적 무역장벽과 기술독점에도 대응해야 했다. 즉, 신자유주의 경제질서로 평가되는 엄격한 21세기 국제자본주의는 20세기 전반기의 폭력적 제국주의는 아니지만 자본과 기술, 그리고 지적소유권 등 첨단기술의 배타적 소유를 매개로 한 선진국의 또 다른 세계재패 전략이 관철되고 있었다. 이제 기술은 단순한 선발자본주의 국가의 숨은 실력이 아니라 후발세계의 역동성을 잠재우고 안정적인 자본축적과 세계자본주의의 계열화를 촉진시키며 후진국의 민주발전과 경제발전을 통제하는 수단으로 기능하게 된 것이다. 그리고 그것은 후발자본주의국인 한국경제의 대외종속 성격을 변화시켰다. 그것은 이전과 같은 단순한 대일·대미 경제의존이라는 단선적 도식이 아니라 기술과 자본을 배타적으로 소유한 거인선진국 블록과 치열한 기싸움을 벌여야 하는 어려운 상황을 말하는 것이다.

셋째는 정보통신과 금융산업의 발달로 지구단일권화(Globalization)하는 상황에서 낡은 금융질서와 비효율적 정보관리시스템을 극복하여 세계 수준에 도달하는 과제였다. 즉, 비효율성을 촉발해온 기업경영의 불투명성, 금융의 불건전성, 정치권과 관료의 부당한 기업간섭, 만연한 관료들의 도덕적 해이, 강력한 재벌의 저항과 국가자금배분기능의 불안 등을 시정할 필요가 있었다.

이러한 국제 정세에 대응하여 국가경쟁력 제고와 국민경제 회복이라는 과제를 안고 출범한 김영삼 정부는 '국경 없는 무한경쟁 시대'에 대처하기 위한 세계화 전략을 추진했다. 대내적으로는 경제활동에 대한 규제를 철폐하고 재벌과 금융개혁 및 노동시장의 유연화를 추구하며, 대외적으로 개방 확대를 가속화하고 경제협력개발기구(OECD)에 가입하였다. 이것은 한국 자본주의가 국가주도주의 대신 시장경제 중심주의로 전환한 것을 말했다. 이후 한국경제는 세계적인 자유무역주의 광풍과 개방경제 확대 그리고 시장을 둘러싼 치열한 경쟁의 늪으로 급속히 빨려들어 가는 형편이었다.

하지만 김영삼 정부 아래서도 기업경영의 불투명성, 금융의 불건전성, 정치권과 관료의 부당한 기업간섭, 만연한 관료들의 도덕적 해이 등으로 시장의 공정성과 효율성을 저해하는 요소는 여전히 남았다. 더불어 강력한 재벌의 저항과 자금배분 기능이 마비된 금융시장의 개혁 또한 여의치 않았다. 여전히 기업과 재벌은 기술혁신이나 전문화보다는 선단식 문어발식 양적

팽창을 추구하였고, 실물경제의 안정에도 불구하고 금융시장의 도덕적 해이가 심각해지면서 이른바 거품경제의 최종단계로 달려가고 있었다.

1990년대 중반(1994~1995) 반도체 부문을 중심으로 한 호황에도 불구하고 차입은 증대하고, 수출은 급증해도 그에 상응한 자본재 및 설비수입도 눈덩이처럼 불어났다. 즉, 반도체를 제외한 대부분의 중소기업은 만성 불황에 시달리는 속에서 제조업의 매출경상이익률은 오히려 감소했고 1997년에는 오히려 마이너스였다. 당시 한국 경제를 주도하던 30대 재벌기업은 이러한 상황에도 팽창을 계속했다. 1995년 총계열사가 623개였던 것이 1997년 말에는 819개로 증가했고, 차입경영을 더욱 확대하면서 부채비율도 1995년 348%에서 1997년 말에는 519%로 급증하였다.

게다가 무역적자는 해마다 증가했으며, 자금난 때문에 기업은 다시 무리하게 해외차입을 증가시켜 한국이 짊어진 총외채는 1993년 말 439억 달러에서 1996년 말에는 1,047억 달러로 증가했다. 그 가운데 단기외채는 43.7%에서 58.2%로 상승하였다. 설상가상으로 한보사태(1997.1), 기아사태(1997. 10) 등으로 국제신인도가 추락하고 결정적으로 홍콩주가의 폭락에 이은 아시아권의 경제 붕괴로 외국자본의 철수가 폭주했다. 1997년 10월 말 가용외환보유고는 223억 달러였으나 불과 한 달 동안 73억 달러로 격감하면서 국가적인 부도사태가 초래되었다. 당시 하루 평균 기업체부도가 150개에 달했고, 하루 평균 실업자 발생수가 1만 명에 달했다. 1998년 12월 현재 실업률이 8%에 달하는 것을 보아도 상황의 심각성을 추측할 수 있다. 국가총부채는 1,500억 달러에 달했고 그나마 단기외채가 주였으며 이에 비해 외환보유고 39억 달러에 불과한 상황이었다. 결국 우리 정부는 1997년 11월 21일 국제통화기금(IMF)에 200억 달러 규모의 구제금융을 요청하기에 이르렀다.

이어서 12월 1일자로 정식으로 국제통화기금에 구제금융을 신청했다. 대신 구제금융의 수입에 따른 이행 조건으로 긴축적 거시정책, 구조조정 및 대외개방 확대 등을 주문받았다. 이러한 상황은 김대중 정부가 집권 이전부터 주장했고, 지향이 예고되었던 '대중경제 중심론'을 사실상 좌절시키기에 충분했다. 오히려 현실은 철저한 비교우위와 시장경쟁을 강조하는 신자유주의적 경제 질서의 실현을 강조해야 하는 상황이 되고 말았다.

대체로 개혁정책은 금융개혁, 재벌개혁, 노동개혁, 공공부문 개혁으로 추진되었다. 금융개혁은 부실금융기관의 정리와 통폐합 그리고 공적자금 투입을 통한 부실채권 인수 방식으로, 재벌개혁은 부실한 대기업 통폐합 및 매각 방식으로, 노동개혁은 근로자의 대량해고를 합법화하는 방식(정리해고)으로, 공공부문 개혁은 한국통신, 포항제철, 담배인삼공사 등의 국영기업을 민영화하는 방식으로 전개되었다.

물론 제반 개혁은 IMF의 감시 아래서 이뤄지는 것으로, 이러한 재정 긴축과 구조조정 그리고 대외개방의 확대를 중심으로 한 IMF 지배체제는 한국자본주의의 재건이나 자립보다는 세계불황의 방파제로 만들어서 세계경제 위기를 대신 떠맡도록 하려는 선진제국의 속내가 깔려 있었다. 그 결과 한때 95%에 달하던 국적기업 비중이 크게 하락하는 한편 '내실' 있는 기업에 대한 외국자본의 침투가 급증하였다. 어찌되었던 뉴 라이트의 지적처럼 이러한 개혁은 한국경제의 비효율성을 제거하고 국제경쟁력을 높이기 위한 불가피한 선택으로 볼 수 있다.

■ 중소기업정책, 보호에서 촉진으로

중소기업 정책은 1961년 8월 중소기업은행 설립에 이어 그해 말은 「중소기업협동조합법」및「중소기업사업조정법」, 그리고 1966년의「중소기업기본법」이 제정되면서 법적 지원체제가 성립되었다. 하지만 국가주도 자본주의 아래서 대기업 위주의 정책이 전개되는 통에 중소기업 정책은 상대적으로 위축되었다. 「중소기업기본법」이 제정된 지 17년이 지난 1983년에 비로소 시행령이 제정된 것도 그런 이유 때문이었다.

1970년대 박정희 정권이 중화학공업화를 추진하면서 특히 1975년 기계류 및 부품의 국산화시책이 추진되면서 중소기업의 조직적인 성장이 예상되었다. 이후 대기업과 중소기업 간의 원활한 하청협력 관계를 명시한「중소기업계열화촉진법」이 제정되었고, 1978년에는「중소기업진흥법」이 제정되었으며, 이를 근거로 1979년에 중소기업진흥공단이 설립되었다. 또한 신용보증기금 설립(1976), 시설 근대화·투자 원활화를 위한 중소기업 범위 확대(1976) 등 관련 법령의 제정과 제도정비가 이루어졌다.

1980년대는 전두환 정권에 의한 중소기업 보호정책이 주류를 이루었다. 이에 먼저 중소기업진흥기금에 의한 시설 근대화 자금대여가 시작되었고, 1981년에는 중소기업진흥장기계획(1982~1991)이 마련되었다. 이를 위해 「중소기업제품구매촉진법」(1982)이 제정되었으며, '중소기업고유업종제도'가 실시되었다(1982). 또한 '유망 중소기업제도'(1983) 및「하도급거래 공정화에 관한 법률」(1984)이 제정되었고, 중소기업의 상업어음 할인 원활화를 위한 '한국은행 재할인제도'(1984), '중소기업우선육성업종제도'(1985) 등이 만들어졌다.

1980년대 후반에는「공업발전법」(1986)을 계기로 산업지원 방식이 기능별 지원 위주로 전환되면서 중소기업 지원시책도 기술개발 등 기능별 지원 중심으로 전환되기 시작했다. 기계류, 부품, 소재 국산화지원제도가 크게 확충되었고(1986.3),「중소기업창업지원법」이 제정되었다(1986.5). 1989년에는 당시 임금 급등으로 인한 중소기업의 경영난 완화와 구조조정 촉진을 위해 「중소기업의 경영안정 및 구조조정 촉진에 관한 특별 조치법」이 제정되었다.

1990년대에는 WTO체제 출범에 따른 경쟁력 강화 문제가 중소기업 정책의 핵심으로 자리 잡았다. 이를 위해 중소기업 정책의 이념도 '자율과 경쟁'이 강조되었고, 지원방식도 기술개발 등 기능별 지원이 대폭 강화되었다. 산학연 공동기술개발컨소시엄사업(1993) 등 기술개발 관련 시책이 강화된 한편 중소기업의 경쟁력 제고를 위해 자동화 투자가 중심이 된 중소기업 구조개선 사업(1993)이 추진되었다. 여기서는 경쟁제한적 제도의 축소 · 정비를 비롯하여 고유업종제도 및 단체수의계약제도의 축소, 한국은행 재할인제도의 총액대출한도제로 전환 등이 주요 내용이었다.

또한 1990년대에는 지방 중소기업 육성지원 방안도 강화되었다. 특히 지방자치제도 실시를 계기로 「지역균형개발 및 지방중소기업육성에 관한 법률」(1994.12.22)과 「소기업 및 소상공인지원을 위한 특별조치법」(1997.4.10),9/ 「여성기업 지원에 관한 법률」(1999.2.5)10/ 등이 속속 제정되었다.

1990년대에는 1996년의 코스닥시장 개설, 1997년의 「벤처기업육성에 관한 특별조치법」(1997.8.28)11/ 등 벤처기업 집중 육성정책이 추진되었다. 물론 외환위기 이전에도 벤처산업 육성정책이 전개되었으나 김대중 정부

9/ 법률 제5331호로, 이 법은 "소기업 및 소상공인의 자유로운 기업활동을 촉진하고 구조개선 및 경영안정을 도모하여 균형있는 국민경제의 발전에 기여"를 목적으로 했다.

10/ 법률 제5818호로, 이 법은 "여성기업의 활동과 여성의 창업을 적극적으로 지원함으로써 경제영역에 있어 남녀의 실질적인 평등을 도모하고 여성의 경제활동과 여성경제인의 지위향상을 제고함으로써 국민경제발전에 이바지"를 목적으로 했다.

11/ 법률 제5381호로, 이 법은 "이 법은 기존 기업의 벤처기업으로의 전환과 벤처기업의 창업을 촉진하여 우리 산업의 구조조정을 원활히 하고 경쟁력을 높이는 데에 기여"하는 것을 목적으로 했다.

시절부터 본격적으로 실시되었고 막대한 지원 자금이 제공되었다. 그리고 이 정책을 관리할 중소기업청이 발족한 데(1996.2) 이어 1998년 4월에는 중소기업특별위원회가 대통령 직속기구로 설립되었다.

그럼에도 불구하고 이 시기에는 여러 가지 중소기업 정책상의 문제점이 드러났다. 첫째, 정책 대상의 특성과 유형, 발전단계 등을 고려하지 않은 획일적 내용의 지원에 머물러 자금, 기술, 판로, 인력 등 다양한 분야별 지원수단이 중소기업에 효과적으로 전달되지 못했다. 둘째, 보호 · 육성 차원의 보편적 지원방식을 취한 까닭에 발전 가능성은 크지만 위험도가 높은 창업 · 기술형 중소기업에 대한 집중적 지원을 소홀히 하는 결과를 낳았다. 셋째, 시장에서의 건강한 경쟁과 다양한 제휴 · 협력에 기반을 둔 중소기업의 자생적 성장을 도모하기보다는 직접적인 보호에 치중한 측면이 적지 않았다. 넷째, 기존 정책의 효과를 평가하여 문제점을 개선하려는 노력이 부족하여 실효성이 떨어지는 정책이 계속 추진되었고, 시의성 없는 정책을 새로운 수요에 맞게 전환하려는 노력도 부족했다. 다섯째, 중소기업 지원기능이 여러 부처에 산재되어 있는데 반해 효율적인 통합 · 조정이 어려워 체계적이고 효과적인 정책 대응을 어렵게 만들었다.

■ 정보화 시대의 확장

90년대 한국의 정보화 시스템은 상이한 두 가지 모습이 동시에 나타났다. 즉, 정보의 계층성이 강화되는 한편으로 동일 범주에서 정보 획득의 평등성도 확산되고 있었다는 점이다. 1987년 이후 제1단계 국가기간전산망 사업이 끝나고 1992년부터 제2단계 사업이 추진되었다. 이에 교육 · 연구 전산망 사업이 추진되어 공공 민원 업무의 효율적 관리와 각급 교육기관에 대한 컴퓨터 보급 및 전산설비 투자·운영 및 예산지원 등이 강화되었다. 또한 대고객 전산망 서비스를 확대하고 제2금융권의 공동업무 전산화를 촉진하며, 국산 컴퓨터를 활용하고 분산처리 방식의 도입을 촉진하였다. 또한 제2차 사업에서는 지방행정전산화를 추진하기 위하여 시·군·구 지방전산화 시범사업을 실시하였다. 또한 주민등록전산망사업이 효과를 거둬서 주민등록 전출·입 일원화시스템이 완료되었으며, 여권발급전산망도 1995년부터 전국적인 서비스를 시작하였다. 1995년에는 토지종합정보망을 구축하여 토지실명제, 가구별 종합과제 등을 지원하였다.

이러한 정보화 사업과 함께 이를 담당할 주무부서로서 정보통신부가 발족하였다(1994.12). 정보통신부는 종래의 체신업무 외에 상공자원부의 통신기기 관련업무, 과학기술처의 소프트웨어 관련업무, 공보처의 유선방송 관련업무 등을 인수하여 통합 관장하였다. 정통부는 1994년 3월 초고속정보통신망구축기본계획을 수립하고, 5월에는 초고속정보화추진위원회를 발족시켰다. 8월에는 초고속정보통신망구축기획단을 발족하였고, 1995년 3월에는 마침내 '초고속정보통신기반구축 종합계획'이 확정되었다. 여기서 '정보의 고속도로' 사업으로 약 44조 원을 투입하기로 했다.

이어서 「정보화촉진기본법」(1995.8.4)을 제정하여 1996년 1월부터 시행하였다. 이 법은 정보화정책을 범국가적으로 추진하고, IT와 관련된 다양한 법령들을 정비하고 체계화할 수 있는 기틀을 제공하였으며, IT정책의 패러다임이 과거 공공부문 전산화에서 국가사회 정보화로 전환되는 계기가 되었다. 이 법에 따라 1996년 4월에 국무총리를 위원장으로 하여 정보화추진위원회가 발족되었다. 그리고 1996년 6월 정보통신부는 「정보화촉진기본법」에 따라 각 부처의 부문별 계획을 종합하여 '제1차 정보화촉진기본계획'을 수립하였고,12/ 1996년 1월에 정보화촉진기금을 조성·운영하게 되었다. 이 기금은 일반계정과 연구개발계정으로 구분되어 정보화 및 정보통신 산업 관련 출연 사업과 융자 사업에 사용되었다. 기금 설치 이후 정부와 기간통신 사업자의 출연금으로 2002년까지 약 3조 885억 원이 조성되었다.13/

김대중 정부는 초고속정보통신망 구축 제1단계 사업을 종료한 후 분야별 추진실적 등을 종합적으로 평가하면서 초고속정보통신망 구축을 당면한 IMF 경제난국을 극복하는 중요한 정책수단으로 활용하고자 했다. 이에 김영삼 정부가 추진했던 '정보통신망고도화 추진계획'(1997.7)에서 사업별 추진목적을 명확히 하고 사업간 상호연계성을 강화하는 내용의 '초고속정보통신망 2단계사업추진계획'(1998.5)을 수립하였다. 여기서 정부는 2002년까지 세계 10위권의 선진정보화 국가로 진입하기 위해 누구나, 언제, 어디서나 음성, 데이터, 영상 등 다양한 멀티미디어 서비스를 이용할 수 있도록 보편적 이용체제를 확립하는 것을 세부 목표로 세웠다. 이를 위해서는 교육, 행정, 환경, 물류, 상거래 등 사회 각 분야의 정보화를 촉진해야 할 필요가 있었다. 이에 공공 부문의 정보화를 통해 정보의 공동활용, 행정의 생산성 제고, 대국민서비스 향상 등을 도모하며, 민간 부문의 제조, 물류, 거래, 교육 비용절감을 통해 국가경쟁력을 강화하고, 초고속정보통신망에서 활용 가능한 첨단 정보통신기술의 개발을 촉진하기 위해 다양한 네트워크 기술, 단말장비, 응용서비스, 콘텐츠 등을 개발 보급하기로 했다.

2단계 사업은 크게 세 가지 전략으로 추진하기로 하였다. 첫째, 초고속정

12/ 이 계획에서는 고도 정보사회의 기반 조성을 위해 핵심적이고 시급한 정보화사업 중 2000년까지 실현 가능하고 파급효과가 큰 사업으로 정보화촉진을 위한 10대 중점과제를 선정하여 예산, 인력, 기술 등을 우선 지원하도록 하였으며 각 부처는 10대 과제와 관련된 정보화 시책을 개발하여 정보화촉진 시행계획에 포함시켰다(정보통신부·한국전산원,『한국의 정보화정책 발전사』, 2005).

13/ 일반계정: 7,413억 원, 연구개발계정 : 2조 3,472억 원(정보통신부,『한국의 정보화 전략』, 2003).

보통신망은 기간통신사업자간 경쟁을 통해 구축하는 것을 기본으로 했다. 여기에는 세계적으로 경쟁력이 높은 초고속정보통신망을 구축할 것과 통신사업자의 외국인지분을 확대해 외국업체와의 협력을 유도한다는 내용이 있었다. 둘째, 공공기관이 주로 이용하는 초고속국가망은 정부재원으로 먼저 투자비를 지원하고, 이용요금 할인액(일반요금의 20%) 중 일정부분을 상계해 전액 회수하는 방식으로 추진하기로 했다. 이 사업에 1995년부터 2000년까지 약 4,395억여 원을 투자한 결과 전국 모든 시내통화권 지역에 기간전송망과 ATM교환망 등을 구축했다. 셋째, 일반 국민이 보편적으로 이용하는 초고속공중망은 민간 통신사업자가 자체 재원과 자체 계획에 따라 구축하기로 했다. 당시 미국이 통신사업 진입 규제완화, 학교에 대한 요금 할인혜택 등을 통해, 일본은 세제감면, 융자지원 정책을 전개하면서 초고속정보통신망을 구축하고 있다는 점을 착안하여 우리나라는 미국 및 일본 방식을 혼합해 추진하기로 했다.[14]

이어서 1999년 3월에는 Cyber Korea 21 사업[15]을 추진했는데, 기존의 계획에 비해 우선 정보화에서 한 차원 발전된 지식개념 도입으로 정보화의 구체적인 비전을 제시하였으며, 분야별·사업별 정보화 계획이 아닌 단계별 정보화 계획을 제시하여 체계적 정보화 추진방향을 정립하고자 했다. 또한 시스템의 신규 개발보다 기존 시스템의 상호연계 및 정보의 공동활용 등 호환성 부문을 강조하였다.

14/ 특히 일반 가입자를 대상으로 한 초고속인터넷서비스(ADSL 방식) 상용화와 저렴한 요금정책을 통한 인터넷의 보급, 확산은 2단계 사업기간동안 가장 큰 성과였다(정보통신부, 한국전산원,『한국의 정보화정책 발전사』, 1995).

15/ Cyber Korea 21은 크게 세 분야로 구분되어 있다. 정보화 기반을 구축하고 이를 이용하여 행정 및 사회 전반의 생산성을 향상시키며 새로운 비즈니스를 개척함으로써 신규 일자리를 창출하는 것이 기본 방향 및 주요 내용이다(정보통신부, 한국전산원,『한국의 정보화정책 발전사』, 2005).

■ IMF 극복과 경제회복

김대중 정부의 IMF체제 타개책은 국민의 전폭적인 지지가 필요했고, 이른바 국민적인 금모으기 운동은 자발적인 국민적 지지의 대변이었다. 국민들의 전폭적인 호응으로 단기간에 많은 금이 모아져서 급한 불을 껐으며, 이에 1999년 1월에는 종래 39억 달러에 불과하던 외환보유고가 500억 달러 넘겨 일단 한숨을 돌리게 되었다. 이러한 배경에서 정부는 조직적인 대책을 추진했는데, 일차적으로 미국, 중국 일본 및 세계 각국과 정상외교를 시도하여 외국인투자를 촉진하고자 했으며, 경제 주체 간의 대타협을 위한 노사정위원회가 1998년 2월에 상설화되었다. 그러면서 본격적인 재벌 및 금융기구의 구조조정에 돌입했다.

〈표〉 김대중 정부 시절 주요 경제지표

		1999	2000	2001	2002	2003
GDP성장률(%)		9.5	8.5	3.8	7.0	3.1
	인간소비	11.5	8.4	4.9	7.9	−1.2
	설비투자	36.8	33.6	−9.0	7.5	−1.2
경상수지(억달러)	245	123	80	54		119
수출증가율(%)	8.6	19.9	−12.7	8.0		19.3
수입증가율(%)	28.4	34.0	−12.1	7.8		17.6
회사채수익률(%)	8.86	9.35	7.05	6.56		5.43

출전 : 참여정부 정책보고서 2−01, 『부동산시장 안정 및 주거복지』, 2008, 23쪽

재벌의 경우 2000년을 바라보는 시점에서도 종래의 왜곡된 기업경영의 의사결정 기구와 비효율적인 체제 및 부의 세습구조는 변화가 없었다. 물론 1981년부터 시행된 「독점규제 및 공정거래에 관한 법률」이 점차 재벌의

독과점 책동을 저지하는 방향으로 개정되고 손질되어 왔다. 또한 1987년부터는 30대 재벌의 여신한도 규제가 도입되고 또 지속적으로 강화됨에 따라 은행대출금의 점유율은 1988년 23.7%로부터 1993년 15.6%로 하락하였다. 그런데 1991년부터는 재벌의 문어발식 팽창이 국제경쟁력을 약화시킨다는 여론에 밀려 '주력업체제도'를 도입하려 했지만 재벌들의 반발로 실패했다. 1994년부터 재벌의 업종전문화 정책을 대대적으로 추진했고, 1996년에는 재벌경영의 투명성을 높이기 위하여 상호지급보증을 해소하고 지배주주의 횡포를 견제하는 등의 '신재벌 정책'을 추진했지만 그마저 실패했다. 1997년 말에 맞은 외환위기는 외부충격과 정부의 실책만으로 설명하기보다는 재벌 중심 경제 질서가 극히 비효율적이었다는 점도 원인이었다.

이에 정부는 1차적으로 재벌 구조의 재편을 꾀하여 계열사를 대폭 축소하도록 했다. 종래 문어발식 확장의 주범이라 지칭되던 계열사간 상호지급보증을 폐지하는 한편, 재벌은 각기 주력핵심사업제도를 설정하도록 하고 주주 및 경영진 책임을 강화했다. 이에 현대는 계열사를 63개에서 1999년 32개로 삼성은 65개에서 40개로, 대우는 41개에서 10개로, LG(GS)는 53개에서 32개로 SK는 49개에서 22개로 축소하기로 하고 독립, 청산, 매각, 빅딜 등의 방식으로 정리하도록 했다. 또한 1999년에는 부채비율 200% 이상의 재벌기업에 대한 자산매각과 자회사 정리가 추진되었고 재벌 간의 빅딜이 전개되었다. 이에 대우그룹이 몰락하고 현대전자가 LG반도체를 흡수하는 등의 정리가 이뤄졌다.

또한 1998년 4월 금융감독위원회 설치 후에는 국제결제은행의 자기자본비율(BIS)이 8%를 넘지 않는 금융기구에 대한 구조조정을 단행하여 경기, 충청, 동화, 대동, 동남은행 등 5개 은행과 종합금융사(종금사) 16개, 리스사 10개, 보험사 4개 등 60개 금융기관을 정리하였다. 이후에도 상업은행과 한일은행을 한빛은행(우리은행)으로 통합하였고, 농협과 축협을 통합하여 농협으로, 하나와 보람은행을 하나은행으로, 국민과 장기신용은행을 국민은행으로, 국민은행과 주택은행을 국민은행으로, 서울은행과 하나은행을 하나은행으로 통합하였다.

한편, 정부는 공기업에 대한 정리를 단행하여 108개 공기업에서 25%의 인력을 감축하고, 전체 공기업의 1/3을 민영화하였다. 또한 교원정년단축을 실시하여 종래 만 65세이던 정년을 63세로 단축하였다. 이러한 구조조정에 대한 교사들의 불안을 잠재우는 의미도 포함하여 전교조를 합법화하였다(1999.7). 이러한 조치로 1999년 말에는 경제회복이 가시화되어 경제성장률이 10.7%에 달했으며, 외환보유고도 700억 달러에 달했다. 또한 기업부채비율도 1997년 말 424.6%에서 2002년에는 144.7%로 급속히 하락했다. 이러한 구조조정으로 국제신인도가 상승함으로써 외국인 투자가 급증하였다. 그리고 2000년에는 종래 8%에 달하던 실업률 4.1%로 떨어졌으며, 국민소득은 4,210억 달러, 1인당 국민소득은 8,910달러, 외환보유고는 900억 달러에 달하였다. 이에 2001년 8월 23일에는 정부가 IMF에서 받은 구제금융을 모두 청산하였고, 지속적인 무역흑자를 배경으로 외환보유액이 1,000억 달러를 돌파하였다. 실제로 2001년에는 무역흑자가 95억 달러에 달했다. 이러한 여유 자금이 형성되면서 정기예금 금리가 4%로 하락하는 등 초저금리시대가 개막되었다. 2001년 말 한국의 수출 1위는 반도체 메모리 분야였는데, 특히 D램은 세계 1위였다. 그 원동력은 삼성전자가 4기가 D램을 최초로 개발한 데 힘을 입은 것이었다. 이때 국민총수입(GNI) 4,476억 달러, 1인당 총수입은 9,460달러에 이르렀다.

■ 개방 농정 체제로의 전환

1970년대 말까지의 농정의 최대 과제는 식량자급이었다. 다수확 품종인 통일벼 등 식량자급을 위한 증산이 중심이었고, 이것은 박정희 정부의 공업화정책의 실현에 필요한 안정적인 식량공급원을 확보하겠다는 전략의 소산이었다. 그 결과 개간과 간척사업이 확대되고 경지정리사업도 시행되었으며, 증산을 위하여 기술개발과 보급, 이중곡가제에 의한 가격 지지 등의 정책이 추진되었다. 그러나 공업화에 부수한 농정은 결과적으로 여러 측면에서 농가부채는 물론 도·농간 소득격차를 확장했다. 이에 전두환 정권은 '농어촌종합대책'을 통하여 농촌공업화를 통한 농외 소득원 개발, 농어촌 생활여건 개선, 농어민 부담 경감 등을 추진했다.

이런 상황에서 80년대 후반 미국 등 주요 선진국들로부터 국내 농산물 시장에 대한 개방 압력이 강화되었다. 정부는 1989년 GATT(관세 및 무역에 관한 일반협정) 체제의 BOP(국제수지 조항)를 졸업하고는 농산물 수입 자유화예시계획을 발표하는 등 다자간 협상에 적극 나섰다.

외국산 농산물 특히 미국산 저가 미곡의 수입이 기정사실화하는 우루과이라운드(UR) 협상(1993.12)이 타결되면서 농촌의 붕괴를 우려하는 위기감이 사회적으로 확산되었다. 이에 김영삼 정부는 대통령 직속으로 민간인 전문가로 구성된 농어촌발전위원회를 설치하고, 여기서 농어촌 지원대책을 논의하여, 내용을 농업정책심의회에 보고하면 정부 정책으로 확정하기로 했다. 농어촌발전위원회는 1994년 2월 1일부터 7월 31일까지 6개월간 운영되었고, 위원회 보고서를 토대로 「농어촌발전대책 및 농정개혁 추진방안」(1994.6.14)을 확정했다. 이 대책에서는 당초 1992~2001년간으로 계획된 '42조 원 규모의 농어촌 구조개선 사업'을 1998년까지로 3년 앞당겼다. 그리고 국민성금 성격의 '15조 원 농어촌 특별세 사업'을 신설하여

2004년까지 투입할 수 있도록 재원을 확충했다.

한편 김대중 정부는 IMF 극복에 여념이 없는 상황에서 농정의 축을 농가의 경영안정에 역점을 두는 동시에 협동조합, 수리시설 관련조직 등 농업관련 조직의 구조조정을 추진하였다. 그리고 1998년까지 완료한 농업구조개선사업의 성과를 보완하면서 지속적인 농업투자 지원을 위한 중장기계획 수립에 나섰다.

1998년 3월에는 농림부는 농업인, 소비자, 학계, 정부 등의 전문가로 농정개혁위원회를 구성하고 신정부의 농정과 개혁방안을 종합적으로 검토했다. 그 활동 결과를 토대로 중장기 농정 방향을 담은 '농업 · 농촌발전계획 − 농업인과 함께 하는 열린 농정 실천계획'을 정부에 건의하였다. 이에 농림부는 세부실천계획으로 '농업 · 농촌발전계획'(1998.10.13)을 확정했으며, 1999년부터 2004년까지 6년간 중기재정 계획으로 총 45조 원 규모의 '제2단계 농업 · 농촌투융자계획'을 수립하였다. 또한 5대 개혁과제로서 농정조직 개혁, 농산물유통 개혁, 협동조합 개혁, 투융자제도 개혁, 농업관련 규제 개혁 등을 추진했다.[16] 이어서 2001년 11월 14일 카타르 도하에서 새로운 다자간 무역협상인 '도하개발 아젠다(DDA)'가 채택됨에 따라, 정부는 농어업인, 소비자, 전문가, 관계부처 공무원 등이 참여하는 범국민적 · 범정부적 성격의 농어업 · 농어촌 특별대책 위원회(농특위)를 구성하였다(2002.3).

16/ 구체적으로 (1) 중소규모로 부가가치 증대를 도모하는 친환경농업 및 안정적 가족농 육성. (2) 농업경영 안정을 위한 정책자금 금리인상 최소화 및 농 · 축산 경영자금 확대 공급, 정책자금 및 농 · 축협의 상호금융자금 상환기간 연장, 외환위기로 어려움을 겪는 축산부문 특별지원 (3) 농산물 유통에 있어서 직거래 확대, 공영도매시장 거래방식의 다양화, 유통명령 제 도입 등을 내용으로 하는 유통개혁 (5) 농 · 축 · 인삼협동조합의 통합, 농촌진흥공사 · 농지개량조합 · 농지개량조합연합회의 통합, 농업통계와 농산물검사소를 '농산물품질관리원'으로 통합하는 등 농림조직의 개혁 등이었다.

농특위는 중장기 정책으로 '농업·농촌의 새로운 활로'를 제안하고, 2003년에는 농업·농촌 특별대책 실천방안을 모색하면서 영세 소농과 고령농의 복지 증진, 자연순환형 농업 장려, 농민 자체 가격품질 경쟁력 강구, 농촌관광 활성화 등을 논의했다.

이러한 일련의 노력으로 농업 고정자본은 연평균 9% 이상(1994~2002) 증가하였고, 농업 생산은 연평균 2.3%(1986~1990, 1.3%) 성장하였다. 또한 농산물 실질가격은 1994~2002년간 연평균 1%(1986~1990, 1.4%)씩 하락하였다. 이시기 농산물 공급의 증가와 가격하락 요인으로는 수입 증가 요인이 23%에 불과했다. 따라서 가격하락은 수입개방보다 국내 생산 증가가 중요한 원인이었다.

농산물 가격이 하락하면서 생산자 소득은 줄어들어 1994~2002년간 호당 실질 농업소득은 연평균 1.7%(1986~1990, 6.9%)씩 감소하였다. 급기야 2002년 농가의 평균 소득은 도시근로자 소득의 73%로 하락하였다. 통계에 의하면 1998~2002년간 소득은 감소하고 부채가 증가하는 농가가 전체농가의 22.4%를 차지했다. 그리고 2002년 당시 부채비율(부채/자산)이 40%를 넘는 경영위기 농가는 무려 12%, 이중 41%(총 농가의 5.2%)는 최근 5년 중 3년 이상 가계수지 적자 상태로 드러났다.

노무현 정부는 기존의 농어업·농어촌 특별대책 위원회와 함께 중장기 농정의 틀을 짜기 위한 농정기획단(2003.5.2)을 구성하여 10년 후의 농업·농촌 비전 검토, 부채대책, 직접지불제, 투융자 개편 방향 등의 추진계획을 수립하였고, 쌀산업종합대책 보완, 농업 구조조정 연착륙 방안, 농업후계 인력양성 체계화, 인삼경쟁력 제고, FTA 이행 관련 지원, 농특세 연장, 농어촌 교육 및 복지개선 등을 검토하였다.

이러한 농업구조개혁은 칠레와의 FTA 비준 문제와 맞물리면서 큰 파장

을 몰고 왔다. 특히 한 · 칠레 FTA에
대한 농업인 단체들의 저항은 격렬
했다. 2003년 6월 20일에는 서울 여
의도 국회의사당 앞에서 '한 · 칠레
FTA 반대 전국농민대회'가 열렸고,
6월 23일에는 전국농민회총연맹 중
앙의장단과 경남연맹, 충남연맹 소

〈한 · 칠레 자유무역협정을 반대하는 농민시위대〉

속의 농업인 200여 명이 청와대 앞에서 천막농성에 돌입했다. 그럼에도 정
부는 한 · 칠레 FTA 비준동의안을 제출했고(2003.7.8), 농특세 과세기간을
연장을 비롯하여 FTA 비준동의안과 연계된 '자유무역협정 체결에 따른 농
어업인 등의 지원에 관한 특별법안'(FTA지원특별법안)도 함께 제출했다
(2003.7.28).

〈표〉 농업총생산과 농업총소득의 추이

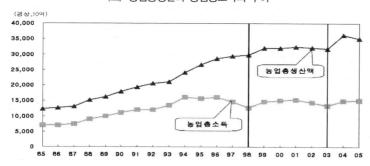

출전 : 참여정부 정책보고서 2-09, 『농업 · 농촌 종합대책 − 한미 FTA 극복과 농업 · 농촌
의 새로운 미래 제시 −』, 2008, 8쪽

이어 정부는 농민단체와 농림부 간부로 구성된 농정협의회를 구성하였
고(2003.8.2), 기존의 농정기획단에 추가적으로 품목별 대책팀을 편성, 농

림부 차관을 단장으로 하는 농업·농촌비전2013작업단(8.11)과 중장기 농업·농촌대책단을 만들어 2004년부터 2013년까지 10년 동안 농업경쟁력 분야 64조 8천억 원, 소득 및 경영안정 분야 38조 원, 복지증진 및 지역개발 분야 16조 5천억 원 등 총 119조 3천억 원의 농업투자를 명시한 농업·농촌 종합대책(안)을 작성하였다. 그리고 마침내 2003년 11월 11일 농촌진흥청에서 개최된 제8회 농업인의 날에 투융자계획을 발표했다(농업농촌종합대책). 이후 세목이 확정되면서 농민층의 불만을 어느 정도 해소되었고, 결국 2004년 2월 16일 한·칠레 FTA 비준 동의안이 국회를 통과하였다.

■ 중소기업 정책, 보호·촉진에서 경쟁·자활로

노무현 정부는 출범하면서 종래의 중소기업정책이 주로 보호와 지원 중심이었다고 평가하고, 이제는 자활과 경쟁 중심으로 전환할 필요성을 강조했다. 2003년 6월 23일 중소기업특별위원회도 경쟁력 강화 및 구조 개편을 위하여 수십 년간 유지된 중소기업 3대 보호정책(단체수의계약, 지정계열화제도, 고유업종제도)의 폐지를 제안했고, 중소기업의 판로지원 확대와 경쟁력 강화를 촉진할 새로운 공공구매제도의 필요성도 강조했다. 그중에서도 1965년부터 시작된 단체수의계약제도는 일부 중소기업에게 큰 이익이 되어 폐지문제는 중소기업자들 내부에 복잡한 이해관계를 낳았다. 결국 2004년에는 「중소기업진흥 및 제품구매촉진에 관한 법률」(1994.12.22)이 개정되어 2007년부터 단체수의계약제도를 폐지하기로 했고 반대로 공공구매는 확대하였다. 또한 중소기업의 기술혁신을 촉진하고자 '기술개발제품 우선구매제도'를 확대했다.

또한 재정경제부, 산업자원부, 중소기업청 등 9개 부처가 범정부차원으로 '중소기업 경쟁력강화 종합대책'(2004.7.7)을 발표하였다. 여기서는 혁신역량 강화 및 중장기적 구조대책이 강조되고, 정책 대상별 시책의 차별화, 인프라 확충 등이 제시되었으며, 긴급 금융지원위원회를 통하여 자금지원책을 강구했다. 이어서 2004년 8월에는 네트워크론Network Loan제도가 도입되었는데, 이는 협력 중소기업이 대기업의 발주서를 근거로 은행에서 자금을 대출받고 구매기업은 전자결제 방식으로 대출금을 금융기관에 상환하는 제도였다. 제도가 시행된 이후 2007년까지 5,000여 개 협력기업이 2조 원 이상의 자금을 지원받았다.

2004년 12월에는 「중소기업 사업영역 보호 및 기업간 협력 증진에 관한 법률」을 개정하여 수ㆍ위탁거래 공정화 대상에 기존의 제조ㆍ판매업종과 함께 건설 및 서비스업을 추가했다. 이어서 '중소기업정책 혁신 12대 과제'(2005.1.17)가 제안되어 소상공인ㆍ소기업 등 기업유형별로 차별화된 대책을 추진하는 한편, 중소기업 1만 개 실태조사(2004.12) 결과를 토대로 혁신형 중소기업 3만 개를 선도그룹으로 육성하기로 했다. 이어서 '대ㆍ중소기업 상생협력 방안'(2005.5.16)으로 대ㆍ중소기업간 동반성장 분위기 조성 및 실질적 협력증대 방안을 모색하였으며 대ㆍ중소기업간 실질적 교류를 위한 '대ㆍ중소기업 상생협력 박람회'가 열렸다. 이후에도 '영세자영업자 대책'(2005.5)을 비롯하여 '중소기업 금융지원체계 개편방안'(2005.6. 23)을 통하여 기술성ㆍ사업성 위주의 정책 자금의 보증ㆍ공급 및 민간자금과의 차별성 강화를 위한 중소기업 정책금융 개편방안 등을 마련하였다.

이후 「대ㆍ중소기업 상생협력 촉진에 관한 법률」(2006.3.3)이 제정되었는데, 이제부터 산자부가 대ㆍ중소기업간 불공정거래 행위 전반을 조사하거나 시정 요구가 가능해졌으며, 종전 납품대금 결제조건 위주의 조사에서 과도한 납품단가 인하, 정당한 사유 없는 발주 취소 등 불공정행위 전반까지 조사할 수 있게 되었다. 그 일환으로 2006년 6월 산업자원부 내에 상생협력팀이 설치되었다. 이러한 정책의 결과 2005년 10대 그룹의 상생경영을 위한 투자는 8,318억 원으로 전년 대비 30.5% 증가하였다. 2006년 9월 29일에는 재정경제부에서 기업환경개선종합대책이 발표되었다.

한편, 노무현 정부시기 주목되는 중소기업 정책은 벤처사업의 부활이었다. 벤처사업의 열기는 김대중 정부 아래서 크게 달아올랐지만 2000년부터 급속히 식어갔다. 비리에 연루된 벤처기업의 CEO들이 줄줄이 철창신세가 되고, '버블'이라는 단어가 사람들의 입에 자주 오르내리는 가운데 경기마저 위축되어 벤처는 쇠퇴하였다. 노무현 정부는 출범하면서 이러한 왜곡된 중소기업 구조를 재편해야 할 과제를 안게 되었다.

이러한 입장에서 재정경제부, 산업자원부, 중소기업청 등 7개 부처가 공동으로 '벤처기업 활성화대책'(2004.12)을 발표하고, 1조 원 모태펀드 조성, 코스닥 시장 활성화 등 벤처기업의 성장단계에 따른 자본시장 및 인프라 확충방안이 담긴 벤처기업 활성화 대책을 수립했다. 후속대책으로 2005년 6월 '벤처활성화 보완대책'과 8월에 '벤처기업 확인제도 개편방안'이 발표되었다. 이러한 '벤처기업 활성화대책'에서는 벤처 투자기반 확충, 코스닥시장 활성화, 벤처캐피털의 역량 제고, 정보유통의 활성화, 패자부활의 기회부여 등을 추진했고, 보완대책으로 투자재원 확대 등 창업초기기업 지원 강화, 경영지배 목적 투자허용 등 벤처캐피털규제 완화, 대 · 중소기업간 공정거래제도 보완 등과 같은 경영환경개선을 추진했다.

또한 2007년 1월에는 대학과 연구기관이 보유한 자원을 활용하는 신기술 창업 활성화를 위한 제도적 기반이 마련되었다. 대학과 연구기관이 '신기술 창업 전문회사'를 설립하여 자체 보유한 기술 · 인적 · 물적 자원을 활용하여 사업화할 수 있도록 하고 '신기술 창업 집적 지역' 지정을 통해 대학 또는 연구기관 내에 창업기업 및 벤처기업의 사업화 공간을 제공할 수 있도록 했다.

이러한 벤처기업 촉진정책의 결과, 벤처캐피탈의 신규투자액은 2004년에 7,770억 원에서 2005년에는 9,577억 원으로 늘었고, 2006년에는 1조 231억 원을 기록하였다. 코스닥 시장도 활기를 띠면서 1일평균 거래액이 2004년 631억 원에서 2005년에는 1,789억 원으로 늘었으며, 코스닥에 신규 진입한 벤처기업도 2004년 52개 사에서 2005년에는 70개 사로 증가했다. 이런 활기 속에서 전체 벤처기업수는 2001년 11,392개에서 2003년 7,967개로 감소했지만, 2005년 9,732개로 반등하고 2006년에는 12,218개에 달했다.

한편, 2004년 현재 한국의 소상공인 사업체는 268만 개나 되고, 종사자 수는 521만 명에 달했다. 전체 사업체 수의 89%, 전체 종사자의 43%를 점했다.

〈표〉 국내 자영업자 비중

구분(천명, %)	1997	2000	2003	2006
전체 취업자	21,214	21,156	22,139	23,151
자영업자	5,801	5,865	6,042	6,135
비중	27.8	27.7	27.3	26.5

자료 : 통계청(경제활동인구조사), 자영업자 : 고용주+자영자, 무급가족종사자 제외

이는 IMF 이후 실직자들의 소규모 창업을 정책적으로 지원하면서 1999년부터 2002년까지 4년 동안 자영업주가 연평균 144,000명씩 증가한 결과였다. 이는 소상공인 간의 과당경쟁을 초래하여 정책적으로 조절이 필요했다. 이에 소관 업종에 대한 실태분석 및 의견수렴을 거쳐 2005년 5월 31일 중소기업특별위원회 확대회의를 통하여 '영세자영업자 대책'을 확정·발

표했다. 여기서는 시장특성별 맞춤형 지원 등을 통한 틈새경쟁력 확보를 위한 종합대책이 강조되었고, 과잉진입 예방, 경영안정 지원, 사업전환 및 퇴출 유도, 프랜차이즈화를 통한 경쟁력 강화 및 자영업 컨설팅 지원체제 강화 등이 제안되었다.

■ 부동산 가격의 폭등과 중산층의 좌절

노태우 정권시기에는 주택 200만 호 건설 사업 등으로 주택건설 규모가 증가하였지만 경제성장 둔화와 금융·부동산실명제로 부동산 수요가 위축되면서 미분양이 급증하고 주택업체의 자금난이 심화되었다. 이에 1995년에는 전국 미분양아파트가 15만 호를 넘어섰고, 부도업체수도 1990년 통상 30개 정도에서 1993년 354개, 1995년 912개로 급증하였다.

이어서 1997년 말 외환위기를 맞으면서 급격히 부동산 시장은 침체하였다. 1998년 지가는 13.6%, 주택가격은 12.4% 하락했고, 전세가격도 18.4% 급락하여 역전세난이 심화되었다. 미분양이 급증하였고 업체의 경영난은 더욱 심화되어 건설업체의 부도는 1998년 연간 2,103건에 달하였다. 주택건설 위축은 실업 증가 및 연관 산업의 침체로 이어졌다. 이에 김대중 정부는 위기극복을 위해 분양가규제·소형의무건설비율·분양권 전매제한·청약자격 기준 등 부동산 관련 규제를 대폭 완화하였다. 토지공개념 3법도 이 때 폐지 및 중지되었다.17/ 또한 수요자 및 공급자에 대한 지원책으로 양

17/ 택지소유상한제는 1999년 4월 헌법재판소가 택지면적 제한은 국민재산권을 침해한다는 점을 들어 위헌 판결을 내렸고, 토지초과이득세제는 이미 '1994년 7월 헌법재판소로부터 미실현이득인 토지초과이득 계측의 정확성과 원본(元本)잠식 가능성, 양도소득세와의 중복과세문제 등 측면에서 헌법 불합치 판정을 받았고, 결국 1998년 12월 법률을 폐지하였으며, 개발부담금은 외환위기 이후 경기활성화, 기업부담경감 등의 이유로 비수도권에 대해서 '2002년부터, 수도권에 대

도소득세 감면, 취득세 및 등록세 감면, 주택자금 소득공제 확대, 주택구입자금 출처조사 중단, 서민층 주택자금 지원 확대, 중도금 대출 등이 추진되었다.

이러한 조치와 함께 부동산 시장은 2001년 하반기부터 과열양상을 보여 서울 강남 아파트를 중심으로 주택가격이 급등하였으며, 다가구·다세대 건설 붐에 힘입어 주택건설 실적도 예년 수준으로 회복되었다. 청약경쟁률이 사상 최대치를 기록하고 미분양아파트가 급감하는 등 분양시장이 과열양상을 보였으며, 토지시장도 개발제한구역 해제, 신도시건설 추진 등으로 급등세를 보였다.

이에 정부는 2002년부터 정책 기조를 시장안정대책으로 선회하였다. 저금리를 배경으로 월세 비중이 확대되고 전세가격이 급등하는 등 서민 주거불안이 사회이슈로 대두되자 국민임대주택 공급 확대, 소형의무비율 부활 등의 대책을 추진하였다. 세무조사 강화, 투기과열지구제도 실시 등 수요억제대책도 강구하였으나 투기열풍을 진정시키는데 한계가 있었다.

노무현 정부는 출범 초기인 2003년 5월 주택가격 안정대책을 추진하면서 이후 2003년 10·29대책, 2005년 8·31대책, 2006년 3·30대책, 11·15대책, 2007년 1·11 대책, 1·31대책 등으로 이어지는 주요 대책을 통하여 투기수요 억제, 시장 투명성 제고, 주택 공급 확충, 서민주거 안정 정책이라는 4대 정책기조를 목표로 부동산 정책을 추진하였다.

먼저 10·29대책은 주택시장 안정을 위한 종합대책으로 주택담보대출 규제강화, 종합부동산세 도입, 1가구 3주택 양도세 중과 등 세제개편방안을 담고 있다. 10·29대책으로 안정되어 가던 주택시장은 2005년 초 판교 소형주택 분양을 앞두고 다시 불안해지기 시작하였다. 판교 특수를 노린 투

해서는 '2004년부터 부과를 중지하였다.

기적 가수요는 인근 분당·용인에서 강남 및 수도권 남부지역으로 확산되었다. 잠잠하던 토지시장도 4월부터 행정중심복합도시, 기업도시 등 개발 예정지역을 중심으로 가격이 급등하였다.

이에 따라 2005년 6월 17일 부동산정책간담회를 통해 부동산정책에 대한 전반적인 재검토를 통해 종합적인 대응방안을 강구하기로 하였다. 이후 당정협의, 여론수렴 과정을 거쳐 8월 31일 서민주거안정, 세제합리화, 주택 및 토지공급 확대, 주택공급제도 개선, 부동산거래 투명화 등을 내용으로 하는 '서민주거 안정과 부동산 투기 억제를 위한 부동산 제도 개혁방안'을 발표하였다(8·31조치).

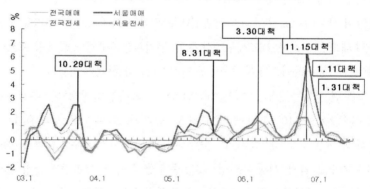

〈그림〉 노무현 정부 시기 주택가격 동향(2003~2007)

출전 : 참여정부 정책보고서 2-01, 『부동산시장 안정 및 주거복지』, 2008, 34쪽

그러나 2006년 들어 강남지역 재건축 아파트를 중심으로 국지적인 가격 불안이 재현되었다. 정부는 8·31대책에서 미진했던 재건축제도와 주택담보대출제도를 보완하는 3·30대책을 마련하였다. 이를 위해 재건축 과정에서 발생하는 초과이익을 환수하고 안전진단을 강화하는 방안이 마련되

었다. 또한 과도한 주택담보대출로 인한 위험을 줄이기 위해 채무상환능력을 종합적으로 평가하도록 대출제도를 바꿨다. 투기지역 내 6억 원을 초과한 아파트를 구입할 때 기존 담보인정 비율(LTV)과 함께 총부채상환비율(DTI)을 적용하기로 한 것이다.

2006년 5월 이후 안정되던 주택시장은 가을 이사철을 맞아 전세 및 매매가격이 급등하는 등 다시 불안해졌다. 이는 공급부족에 따른 수급불균형과 은평·파주 등의 고분양가 논란으로 불안심리가 확산되었기 때문이다. 이에 정부는 부동산시장 안정화방안(2006.11.15)을 발표하여 주택공급물량을 조기에 확대하고, 택지비 절감 등을 통해 실질적으로 분양가격을 인하하였다.

〈표〉 종합부동산세 제도 개편

구분	2005년	2006년
주택	· 기준금액 9억원 초과 · 인별 합산	· 기준금액 6억원 초과 · 세대별 합산
비사업용 토지	· 기준금액 6억원 초과 · 인별 합산	· 기준금액 3억원 초과 · 세대별 합산
사업용 토지	· 기준금액 40억원 초과 · 인별 합산	좌동

출전 : 참여정부 정책보고서 2-01, 『부동산시장 안정 및 주거복지』, 2008, 45쪽

11·15대책 이후 주택 공급의 조기 확대에 대한 기대감이 형성되면서 공급부족에 대한 불안 심리는 해소되었으나 공급자 중심의 시장구조라는 현실은 온존하여 신규주택 고분양가 책정에 따른 시장불안 가능성은 여전히 남아 있었다. 이에 정부는 1·11대책(2007.1.11)을 통해 분양가의 실질적 인하를 유도하고 투명성을 제고할 수 있도록 민간택지에 대한 분양가 상한제와 원가공개를 확대하여 적용하는 등 주택공급제도의 종합적인 개선방안을 마련하였다.

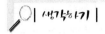

16. 부동산 혁명은 민주주의의 기초

부동산 투기 개입 가능성이 높은 1가구 다*주택자에 대한 60% 이상의 양도소득세 과세와 기준시가 6억 이상의 가구에 대한 종합부동산세의 강화, 그리고 전 국민의 50% 이상에 이르는 무주택 서민의 안정적 내집 마련 기회를 높인다는 취지의 8·31조치(2005.8.31). 이 조치는 사회주의적 토지혁명 및 토지초과이윤 강제징수와 같은 토지공개념 정책을 제외하고는 대단히 강도 높은 '가진 자'에 대한 도덕적 본분을 강요하는 시대적 요청이다. 그렇다면 이 조치로 천박한 투기 자본주의 세력이 발호하는 시대의 종말은 과연 올 것인가. 역사학자는 역사상 유래가 없는 8.31조치의 역사성을 다시금 생각한다.

이번 조치로 인해 피해를 볼 일부 계층은 어쩌면 이런 의문을 가질 것이다. 왜 사유재산이 보증되는 자본주의 국가에서 건전하게 축적한 재산을 보유한 우리를 겨냥하여 세금 폭탄으로 횡포를 부리는가? 이것은 혹여 초헌법적 발상이 아닌가? 그리고 어떤 이는 늘 역사가 그렇듯이 가진 자의 일정한 안정 위에 비로소 국가와 일반 국민의 생활이 성장하는 것 아닌가? 라고 항변할지도 모른다.

그러한 의문에도 불구하고 역사는 결코 그들의 손을 잡아주지 않을 것이다. 왜냐하면 부와 권력이 품격과 인격성을 포함하지 않을 경우 그들이 그렇게 꿈꾸는 세상의 독점, 사회의 독점을 성공한 경우가 역사상 없었기 때문이다. 가진 자가 가진 것을 오래 갖고 살기 위해서라도 힘든 백성의 고통을 일정하게 분담해야 한다. 예를 들어 임진왜란으로 명나라가 망하고 일본이 망하여 새로 정권이 들어섰던 이야기는 초등학생도 알 것이다. 중국의 명나라가 청나라로 바뀌고, 일본의 토요토미 정권이 도쿠가와 정권으로 교체되었다. 하지만 조선은 이웃나라와는 달리 왕조의 교체가 없었다.

혹자는 조선에서 이순신이나 의병장 등의 훌륭한 분을 죽이고 강권적으로 성리학 가치를 내세워 백성을 통제함으로써 정권을 유지할 수 있었다고 보는데 사실은 그 외에도 중요한 이유가 있다. 그것은 바로 대동법과 균역법이었다. 대동법은 그동안 백성의 노역으로 만든 공물을 바치는 공납제도를 쌀로 대신하게 하는 제도였다. 이것은 그동안 집집마다 가난한 백성의 힘겨운 가사노동이나 노역으로 힘겹게 채워야 할 공물이라는 세금을 땅을 가진 지주들에게 대신 내도록 하는 제도였다.

균역법도 본래는 집집마다 양반에게도 군포를 걷는 호포제를 추진했지만 양반은 군대 안 간다는 소위 양반불역론을 이기지 못해서 균역법으로 귀착되었다. 그래도 균역법은 그동안 생짜로 일반 양가의 남자 1인당 2필씩을 내던 군포를 1필로 감해주는 정책이었다. 군포를 한필로 감해주니 자연히 세수가 부족할 것이고 이에 결작結作이라고 하여 부농이나 호농의 토지에다 세금을 매겼다. 또한 왕실이나 종친이 이익을 획득하던 생선, 소금, 선박 관련 세금을 세무당국에 이관하여 부족한 군포 세수를 메우도록 했다. 대동법을 그냥 보면 공물을 쌀로 내는 것이지만 그 안에는 지주층의 양보가 존재했고, 균역법을 그냥 보면 또다시 양민에게 군포를 내게 하는 것 같지만 지주와 왕실의 양보가 존재했다.

여기서 임진왜란 이후 충무공 이순신과 한상궁(드라마 대장금의 가상인물)을 죽인 그 파렴치한 조선 왕조가 임진왜란이나 병자호란에도 멸망하지 않고 이후도 300년 이상을 같은 왕조로 이어갈 수 있는 힘이 되었다. 늙어 죽도록 뼈 빠지게 벌어도 가족을 편히 쉬게 할 자기 집한 채 못 장만하는 오늘날 우리의 집값을 보면서 임진왜란 이후 조선왕조가 당했을 왕조 몰락의 두려움을 느껴야 할 것이다. 십 여년 전만해도 남편이 열심히 벌고 아내가 알뜰살뜰 모아서 저축하여 내 집 마련을 할 수 있다는 희망이 있었다. 그래서 젊은 부부들은 미래의 안정을 위하여 열심히 일했고, 그 꿈은 대충 10년을 고비로 이뤄졌다. 그러한 희망이 근대화 추진과정에서 국가발전에 얼마나 도움이 되었는지 모른다.

박정희 정부의 경제적 영도력뿐만 아니라 미래를 생각하고 희망을 안고 살려고 했던 지금의 50~60대가 가지는 성실함과 근면의식은 그저 그들이 사상적으로 수구적이고 보수적이라는 부정적 측면이 일부 존재한다는 점을 제외한다면 싱싱한 한국을 건설하는 커다란 밑천이 되었다. 국민의 꿈을 갉아먹는 소수 부동산 독점 세력과 투기 세력의 청산은 이처럼 특정한 부자를 겨냥한 것도 아니며 오히려 의식이 있는 자와 없는 자로 양분되어 자칫 국가적 위기가 될 지도 모르는 현상을 막고 국민의 대다수가 가지는 현실에 대한 좌절감을 치유하는 힘이 될 수 있기 때문이다. 대학교수가 10년을 모아야 벌 수 있는 그 돈이 아무것도 생산하지 않고 서있기만 하는 아파트가 스스로 부풀린 두 달 집값에도 못 미친다면 누가 열심히 세상은 살만한 것이라고 말하겠는가?

그렇다고 부동산 경영에 투자를 해서 경영능력으로 부를 얻으려는 투자자를 왜 우리 사회가 욕하겠는가? 그리고 재산을 가졌다고 무조건 매도의 대상이 될 이유가 없을 것이다. 그리고 일하지 않고 경영도 하지 않고 사회의 생산력 대부분을 갉아먹는 불과 2%의 정당하지 못한 치부에 대한 분노와 청산이 어찌 헌법정신에 어긋나며, 사유재산제도를 부정하는 일일까?

21세기의 일차적인 과제는 소수의 정예 엘리트를 키워 국가경쟁력을 높여가면서 나라의 장래를 계획하는 것도 중요하지만 그만큼 중요한 과제는 놀고먹는 자들 그러면서 세상을 독점하는 계층을 정리하는 일이다. 경영하고 노동하고 새로운 기술을 개발하는 사람이 많은 돈을 벌고, 좋은 집을 가질 수 있고 새로운 젊은 청년들이 희망을 가지고 스스로 노동해서 내 집 마련의 기회를 가질 수 있도록 해야 한다. 그래야 일류 기술자도 나오고 국가경쟁력을 높일 인재도 나오며, 빈곤한 복지재정을 높일 건전한 세금징수도 가능할 것이며, 가진 사람이 존경을 받는 시절이 될 것이다. 돈이 돈을 모으는 세상이라는 현실은 자본주의사회라서 어쩔 수 없지만 그래도 사회적 도덕성을 확립하기 위해서는 더 이상 부동산 독점을 좌시해서는 안 된다.

이제 21세기 벽두부터 서투르나마 국가정책은 5,000년간 견고하게 지켜졌던 부동산 독점과 기득권 세습구조의 일부를 무너뜨리는 명예혁명의 길로 가고 있다. 계급론과 혁명론을 말하지 않더라도 이미 공공의 적으로 이해되는 부동산 투기집단에 대한 국가적 철퇴는 친일청산으로, 과거사 청산으로, 강제동원진상규명으로, 인권 신장으로 이어진 역사바로세우기의 구체화 과정이다. 암세포를 파괴하기 위해 잠시 고통 받는 정상세포가 있듯이 잠시의 두려움은 역사를 위한 비용이라 생각할 필요가 있으며 혹여 부동산 투기 세력이 또 다른 지능으로 시대의 정의를 외면하는 일은 없을지 경계해야 한다.

1950년 초반에 있었던 남한의 농지개혁이 이 땅을 북한에 의한 공산화를 막아준 것처럼 우리는 이 8·31조치와 앞으로 이어질 부동산 정책이 소수의 무제한 독점과 중산층의 하강분해, 그리고 다수 무소유자들의 퇴적이라는 오늘날 우리 자본주의의 모습을 해결할 첫 번째 관문이었으면 한다. 그리고 부동산의 독점 해체라는 역사적인 장정뿐만 아니라 금융 독점세력 즉 불로소득 계급에 의한 자본독점 시대를 한시 바삐 청산해야 한다는 역사적 과제가 한발 한발 우리 앞에 다가오고 있음도 인정해야 한다.

■ 정보화와 디지털로 하나 되기

2000년 말에 전국 규모로 광케이블에 기반을 둔 초고속정보통신망이 구축되면서 이후 한국은 세계 최고의 초고속인터넷 보급률을 기록하고, IT 선진국으로 부상하였다. 이에 김대중 정부는 2001년 6월에 초고속인터넷 수요와 초고속정보통신 기술의 발전추세 등을 종합적으로 고려하여 '초고속정보통신망 고도화 기본계획'을 수립하였다. 이 계획의 목표는 2005년까지 누구나, 언제, 어디서나 다양한 멀티미디어서비스를 이용할 수 있는 보편적 이용체제를 확립하는 것이었다. 이를 위하여 모든 가입자망을 광케이블화하기로 했던 기존 계획을 수정해 (1) 기술발전 추세와 수요 특성 등을 감안해 다양한 방법으로 초고속가입자망을 구축하도록 하고, (2) 초고속정보통신망 서비스가 보편화될 때까지 전화망 등 기존 통신망을 디지털화하여 고속·고도화시키며, (3) 우리나라 주도로 초고속·대용량의 국제 위성망과 해저 광케이블망 건설을 추진한다는 등의 내용이었다. 이에 2001년 8월 효율적인 계획 추진을 위하여 정보통신부 차관을 위원장으로 하는 초고속정보통신망고도화협의회를 구성하여 기본계획에 세부 실천계획까지 포함한 '초고속정보통신망 고도화 추진계획'(2002.1)을 최종 확정하였다.

또한 Cyber Korea 21에 이어 2002년 4월에는 'e-Korea Vision 2006'을 수립했다. 이 사업은 정보화를 통해 사회전반의 효율성을 높이고 모든 국민의 정보활용능력을 제고하여 새로운 변화에 대한 적응능력을 함양하는 데 중점을 두었다.

노무현 정부가 출범하면서 종전의 'e-Korea Vision 2006'을 수정 보완하여 2003년 12월 'Broadband IT Korea Vision 2007' 사업을 계획하였다. 이 계획은 세계 최고의 열린전자정부 구현을 통한 정부혁신과 전체 산업의 정보화를 통한 우리 산업 전반의 국가경쟁력 제고, 광대역통합망 구축, IT 신

성장 동력의 전략적 추진, 디지털 복지사회 구현, 국제협력 강화 등을 목표로 하였다.

이어서 2004년 2월에는 세계시장에서 비교우위를 갖고 있는 IT 산업의 집중육성을 통하여 한국경제를 선진국 수준으로 이끌겠다는 'IT839'

전략을 발표하였다. 여기서는 IT 산업의 가치사슬(Value Chain)에 따라 기존 '광대역통합망+9대 신성장 동력' 발전모델을 '8대 서비스, 3대 인프라' 부문까지 확장·체계화하고자 했다. 이후 IT839 전략이 지속적으로 추진되면서 시장 및 산업 환경이 큰 변화를 겪었고 그중 특정 분야는 상용화 단계로 진화하였다. 이와 같은 환경변화에 대응하고, IT839 전략의 실질적인 성과 달성을 위하여 제2기 IT839 전략으로 'u-IT839' 전략이 출범하게 되었다(2006.2.8). u-IT839 전략은 모바일산업의 육성과 IPTV, 소프트인 프리웨어사업을 기존 IT839 전략에 추가하는 내용을 담았으며 2010년까지 관련 산업 연평균 14.2% 성장, 2010년까지 생산액 576조 원 달성을 목표로 했다. 또한 정부는 세계 최초의 광대역통합망 구축을 통해 Broadband IT Korea 건설을 위한 핵심 인프라를 제공하기로 하고 그 기본계획을 입안했다.18/ 더불어 전자태그 신규서비스 도입을 위해 'u-센서네트워크 구축기본계획'을 확정하였다(2004.2).

18/ 현 초고속정보통신망의 기술적 한계 및 유무선 음성 서비스 시장의 포화 등 문제점을 극복하고 다양한 통신·방송·인터넷의 융합형 서비스 창출을 통한 새로운 수익모델 발굴을 꾀하며, 오는 2010년까지 2,000만 유·무선 가입자에게 50M~100Mbps급 광대역을 제공하며, BcN 관련 통신·방송기기 생산규모를 133조 원대로 늘린다는 내용이었다. (한국전산원, 『2006 국가정보화백서』, 2006)

2006년 3월 제26차 정보화추진위원회에서는 u-Korea 실현을 위한 핵심인프라인 광대역통합정보통신기반의 조기 구축 및 BcN 서비스 이용 활성화를 위한 '광대역통합망 구축 기본계획 II'를 확정하였다. 이 계획은 2004년 'I'계획 위에 1단계 BcN구축추진성과(2004~2005)와 국·내외 시장 및 기술변화 등을 고려하고, 'u-Korea 기본계획'과 'u-IT839 전략' 등 정책기조를 반영하여 수정된 것이었다.19/ 또한 2003년에 수립된 'Broadband IT Korea Vision 2007'의 연동계획으로 'u-Korea 기본계획' (2006~2010)을 수립하였다. 이 계획은 IT 기술을 활용하여 세계 최고 수준의 유비쿼터스 인프라 위에 세계 최초의 유비쿼터스 사회실현을 통해 선진한국 건설에 기여한다는 비전을 제시하였다(2006.3).

이어서 2006년 11월 정부는 '세계 초일류 IT 강국', '새로운 가치를 창출하는 활기찬 경제', '참여와 기회의 확대로 함께하는 사회' 등 3개의 목표를 추진하기 위해 '디지털로 하나 되는 희망한국' 비전 선포식을 가지고, 이러한 비전과 목표를 달성하기 위해 'ACE-IT' 전략을 제시했다. 'ACE-IT'는 앞서가는 IT(Advanced IT), 융합하여 창조하는 IT(Convergent IT), 확산하여 혁신하는 IT(Expanded IT) 등 3대 전략으로 구성되었다.20/

19/ 주요 내용으로는 제1단계 BcN 구축 사업의 성과 및 개선방향, 사업 환경변화에 따른 BcN 구축 목표치 변경, 시장 환경 및 기술 변화에 따른 BcN 구축 전략 및 로드맵 수정, BcN 구축 본격화 단계 진입에 따른 정책 지원 방향 등이 있다(상동).

20/ 구체적으로 각 전략의 내용을 살펴보면 ① 앞서가는 IT는 'ACE 21 프로젝트' 등 미래 IT 기반 핵심기술을 개발하고, u-모바일 구축 등 IT 인프라를 고도화·지능화 하여 IT 부문에서 더욱 앞서간다는 전략이다. ② 융합하여 창조하는 IT는 IT의 접목·융합을 촉진하여 맞춤형 인터페이스 산업 등 신산업을 창출하고, 기존 산업에 IT를 기반으로 한 부가가치 제고를 통해 +0.5차 산업화 하는 전 산업과의 동반성장 전략이다. ③ 확산하여 혁신하는 IT는 IT의 광범위한 확산을 유도하여 '웹 2.0' 기반의 사회적 합의채널 구축을 통한 갈등해결 프로세스를 마련하는 등 낡은 시스템을 혁신하고, 홈소싱(Home-sourcing) 등을 통한 유연한 근로환경을 조성하여 여성, 고령자, 장애인 등 구성원 모두의 사회참여 기회를 확대하는 전략이다(한국정보사회진흥원, 『2007 국가정보화백서』, 2007.7).

■ FTA 시대

노무현 정부의 경제정책은 종래 김대중 정부의 노선인 성장과 분배의 균형을 통한 국민적 삶의 질 확보에 기조를 두었다. 그것을 위하여 첫째 WTO 다자간 무역협상을 축으로 진행되고 있는 농업 및 서비스 개방, 둘째 개방화 시대에 대한 대응으로 동북아경제네트워크를 구축하고 한국경제를 그 중심국가로 부상시킨다는 점, 셋째 '동북아 경제중심국가 건설'은 국내의 경제자유구역 설치와 지역간 · 양자간 자유무역협정(FTA)이라는 두 축으로 추진한다는 점 등이 제시되었다. 이러한 자유무역주의와 국제수준의 개방체제의 추진은 20세기 말 이후로 피할 수 없는 세계화의 대세였다.

그중에서 동북아 경제중심국가 건설구상은 1995년 김영삼 정권의 제4차 국토종합개발계획 수립과정에서 논의가 시작되어, 2001년 하반기 재계가 적극 제기한 내용을 2002년 대통령 연두기자회견에서 받아들이면서부터 탄력이 붙기 시작하였다. 이에 김대중 정부는 동북아 비즈니스 중심국가 실현 방안(2002.7.24)을 발표하였고, 경제특별구역의 지정 및 운영에 관한 법률안(2002.8)을 입법예고하였다. 그리고 「경제자유구역의 지정 및 운영에 관한 법률」(2002.12.30)[21]도 국회에서 통과되었다.

동북아중심국가 구상이 가지고 있는 국가전략의 핵심은 이전 시기의 국가차원의 중화학 · 수출주도형 발전계획, 산업정책을 포기하는 대신 1980년대 이후 남미의 구조조정 프로그램과 동일하게 '자본 유치형 국가'로 탈바꿈하기 위한 것이다. 경쟁력을 상실하고 있는 수출지향형 중공업을 대신하여 동북아 부품 및 중간재 공급기지화, 동북아 R&D센터화, IT/BT/NT 등

21/ 법률 제6835호로, 이 법은 "경제자유구역의 지정 및 운영을 통하여 외국인투자기업의 경영환경과 외국인의 생활여건을 개선함으로써 외국인투자를 촉진하고 나아가 국가경쟁력의 강화와 지역간 균형발전의 도모"를 목적으로 했다.

의 첨단 기술산업 유치, 회계·법률·경영컨설팅·광고업 등 각종 기업서비스업 육성, 동북아 금융 중심지화 등의 과제를 제시한 것이다.

이는 새로운 국가단위의 배타적 기술진보와 생산 공정상의 국제분업이 활성화되는 상황에서 종래의 일방적인 1국 단위 수출드라이브 정책만으로 성장하는데 한계를 직감했기 때문이었다. 이에 한반도의 지정학적 특성을 살려서 한반도를 기술, 금융 및 각종 정보, 교통이 집중하는 한편, 우리나라 산업이 효율적으로 동북아 지역에서 분업체제의 적재적소에 배치될 수 있도록 하는 전략이었다. 이후 본격적으로 한국 기업이 중국 및 북방 지역으로 진출하여 국내 산업연관을 국제적으로 확장하는 한편, 국제분업 구조에 능동적으로 참가하여 경쟁력을 향상시켰다. 그러나 이러한 세계화 지향의 동북아 중심주의 노선은 주변국가의 현실적인 지원과 협조가 절대적으로 필요한 것이었지만 자칫 국가주의적이고 독점적인 경제의식의 반영이 아닌가하는 의구심을 받기도 했다.

한편, 노무현 정부는 적극적으로 열방과의 FTA를 체결하였다. 이미 1995년 이후 한국이 세계무역기구의 회원국이 되면서 자유무역주의는 피할 수 없는 상황이었다. 특히 수출이 경제성장의 중요한 요소였던 우리로선 WTO 관행에 대한 존중과 기존의 농업방면에 대한 보조금 및 각종 보호주의 정책을 걷어내야 하는 고민도 함께 따랐다. 그런데 노무현 정부시기에는 그러한 WTO 무역체제를 넘어 특정한 국가와 시장을 통합하는 자유무역협정(FTA)이 활발히 체결될 상황이었다. 먼저 2004년 4월에는 칠레와 FTA를 체결하였다. 이어서 2006년 3월에는 싱가포르, 9월에는 유럽자유무역연합(EFTA:스위스, 노르웨이, 아이슬란드, 리히텐슈타인 등 4개국)과의 FTA를 발효시켰다. 이어서 한미 FTA 협상이 타결되었고(2007.4.2), 캐나다·인도와의 협상, 그리고 유럽연합(EU)과의 협상도 전개되었다. 이는 수출주도형인 우리 경제가 성장을 유지하려면 세계적으로 확산되고 있는 지역주의 추세에 대응할 필요가 있다는 점에서 협상이 가속화된 것이었다.[22]

칠레와의 FTA 협상은 1999년 12월 1차 협상을 시작으로 2002년 10월 제6차 협상까지 약 3년간 진행되었으며, FTA로 인한 피해를 우려한 농민단체들의 반대로 말미암아 4차례 비준시도 끝에 2004년 4월 1일 정식 발효되었다.

그리고 한미 FTA 협상은 2006년 2월 3일 한미간 자유무역협정 협상 출범을 공식 선언한 이후, 2006년 3월 6일, 4월 17~18일 두 차례의 비공식 사전협의를 통해 협상일정, 협상 진행방식, 협상 문서의 공개 등을 합의하면서 본격화되었다. 양측은 모두 17개의 분과와 2개의 작업반을 구성하기로 했으며 협상의 공식영문 명칭은 KORUS FTA로 확정하였다. 문서의 공개시점은 한국의 제안으로 '협상타결 3년 후'로 정했다. 이후 정부는 우리 측 협상 목표 및 협정문 초안을 작성(2006.5.12)하여 국회에 보고하고 미국과 협정문 초안을 교환했다. 우리 측 협정문 초안은 상품무역 관련 6개, 서비스 · 투자 관련 6개, 기타 분야(경쟁, 정부조달, 지적재산권, 노동, 환경) 5개, 일반사항(정의, 투명성, 분쟁해결 등) 관련 5개 등 모두 22개의 장으로 구성되었다.

이에 제1차 협상(2006.6.5~9, 워싱턴)에서는 양측 협정문안에 대한 입장 교환 및 통합협정문을 작성했으며, 제2차 협상(7.10~14, 서울)에서는 관세양허안 작성의 기본틀을 합의하였고, 제3차 협상(9.6~9, 시애틀)에서는 관세양허안을 교환했다. 제4차 협상(10.23~27, 제주)에서는 관세양허안 불균형 문제를 개선하였고, 제5차 협상(12.4~8, 몬타나)에서는 상품양허안, 원산지, 서비스, 금융, 지적재산권 등 분야에서 진전이 있었다. 제6차 협상(2007.1.15.~19, 서울)에서는 핵심 쟁점에 대한 양측의 합의가 진전되었고,

---

22/ 2007년 3월 현재 전 세계적으로 체결된 지역무역협정은 194개에 달하였다(참여정부 정책보고서 2-13, 『자유무역협정(FTA) 체결 확대』, 2008, 5쪽).

제7차 협상(2.11~14, 워싱턴 DC)에서는 상품양허안을 개선하고(즉시 철폐율 85%) 노동, 환경, 경쟁 등 실질적 타결의 기반을 마련하였다. 제8차 협상(3.8~12, 서울)에서는 경쟁, 통관, 정부조달 타결 등 주요 분야에서 진전이 있었고, 이어서 제1차 고위급 협상(3.19~21, 워싱턴 DC)과 제2차 고위급 협상(3.26~4.2, 서울)에서 협상 타결을 선언하였다.

일본과 FTA 추진 논의는 1998년 12월부터 2000년 4월까지 수행된 민간 기관간 공동연구 이후 2001년 3월 및 2002년 1월 두 차례 양국 경제인간 한일 FTA 비즈니스포럼이 개최되었으며, 2002년 7월부터 2003년 10월까지 8차례에 거쳐 한일 FTA 산관학 공동연구회(Korea-Japan FTA Joint Study Group)회의가 이루어지면서 한일 FTA 협상 여건이 구축되었다. 마침내 2003년 10월 20일 방콕 APEC 정상회의시 개최된 한일 정상회담에서 양국 정상이 2005년 내 실질적으로 타결할 것을 목표로 양국간 FTA 협상 개시를 선언함에 따라 2003년 12월 22일 제1차 한일 FTA 협상이 시작되었으며, 2004년 말까지 6차례의 협상이 진행되었다. 이에 제1차 협상(2003.12.22, 서울)에서는 협상 추진을 위해 7개 분과 설치를 합의했고, 제2차 협상(2004.2.23~25, 도쿄)에서는 협상분야별 양측 기본입장 교환이 있었다. 그리고 제3차 협상(4.26~28, 서울)에서는 협정문 초안 교환 및 의견 교환이 있었고, 제4차 협상(6.23~25, 도쿄)에서는 상품양허안 전반적인 수준을 협의하였다. 그리고 제5차 협상(8.23~25, 경주)에서는 양허안 교환 이전에 공산품 및 농수산물 양허 수준 관련 준비회의 개최에 합의하였고, 제6차 협상 사전회의(10.20, 서울)에서는 양측 양허수준 제시되었다. 여기서 한국은 공산품(95%), 농수산물(90%)을 일본은 공산품(99%) 수준을 제시하였다. 그러나 일본은 농수산물 분야의 양허수준을 제시하지 않았다. 이에 제6차 협상(11.1~3, 도쿄)을 고비로 일본의 농수산물 양허수준 등에 대한 입장차이로 이후 협상이 교착상태에 빠졌다.

후속조치로서 정부는 「제조업 등의 무역조정 지원에 관한 법률」(2007. 4)을 만들어 FTA 이행에 따라 피해를 입게 될 무역조정기업과 무역조정근로자에 대하여 10년간 2조 8,000억 원을 지원하기로 했다. 무역조정기업은 정보제공, 단기경영자금 융자, 경영·기술상담, 기술개발 및 설비투자 자금 등의 경쟁력 확보자금, 융자지원 및 기업구조조정조합 출자지원 등 구조조정의 모든 과정에서 지원을 받게 된다. 한편, 무역조정근로자의 경우 산업별 특성 등을 고려한 특화된 전직 및 재취업 지원서비스를 제공 받게 되었다.

■ 경제 위기의 시대

1990년대 초반까지 6~8%를 기록하던 한국의 경제성장률은 1990년대 중반 이후 2000년까지 4% 중반에 머물렀으나 다시 노무현 정부 때는 5% 대로 약간 회복하였다. 또한 2006년에는 GDP는 세계 13위권, 1인당 소득은 18,000달러로 상승하여 세계 30위권에 랭크되었다.

〈표〉 기업 부채비율 추이(전산업, %)

1997 말	1998	2001	2002	2003	2005	2006
424.6	336.4	195.6	144.7	131.3	110.9	105.3

*비고 : 상장등록법인 부채비율 : 2007년 6월말 86.2%
　출전 : 대통령 비서실, 『선진국 도약의 10년』(2007. 11. 21), 7쪽

또한 외환보유액도 IMF 직후(1997.12.18) 39억 달러에서 2002년 말은 1,214억 달러로 그리고 2006년 말에는 2,390억 달러, 2007년 6월에는 2,507억 달러에 달하게 되었다. 나아가 제철·조선·자동차·전기·전

자 · 반도체 등은 세계 굴지의 경쟁력 보유하게 되었다. 다만, 여전히 일본의 기술과 자본에 지배를 받는 한편, 원천기술의 후진성과 생산기술의 역동성이 교차하는 형태의 경제성장이 지속되었다.

이러한 경제위기 극복을 향한 노력에도 불구하고 여전히 한국 경제는 다양한 위험에 노출되어있다. 예를 들어 한때 35%에 달하던 투자율이 1997년 이후 국민소득의 10% 이하로 하락했으며, 2005년도 1,000개 기업의 자금유보율이 300조에 달해 기업이 투자 보다는 금융자산 운용에 더 큰 관심을 두고 있는 것으로 드러났다. 생산성 측면에서도 1961~1987년간 총 소요생산성은 5~7%에 달했으나, 이후 평균 3~4%에 머물렀다.

〈그림〉 도시 근로자의 빈곤율 추이

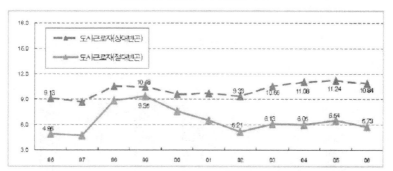

* 비고 : (1) 절대빈곤 – 최저 생계비 기준(3년마다 재계측), 최저 생계비가 인상되면 절대 빈곤율 증가 (2) 상대빈곤 – 중위소득 기준(OECD : 중위소득 50% 기준), 빈곤층 소득이 증가해도 상대빈곤율 증가
출전 : 대통령 비서실, 『선진도약의 10년』(2007.11.21). 11쪽

또한 종업원 300인 이상 대기업 수도 1997년 1,300여 개에서 1997년 700개 정도로 줄었으며, 그 이하의 중소기업도 2002년에는 11만 개에 달했으나 이후 정체하였다. 나아가 제조업 취업인구도 1999년 252만이었으나 2005년에도 288만 명에 머물렀다. 신용불량자도 1998년에는 193만 명이

었으나 2002년에는 264만 명으로 오히려 늘었고, 2003년에는 372만 명으로 최고조에 달했으나 이후 감소하여 2007년 9월에는 266만 명으로 하락하였다. 개인파산신청자 수도 2002년 1,335명에서 2004년 12,317명으로 늘었고, 2007년 8월에는 146,654명에 달했다. 물론 이는 개인파산신청의 행정절차를 간소화한 결과로 폭증한 것이다.

무엇보다도 비정규직 노동자 문제와 청년 실업 문제는 심각하였다. 먼저 비정규직의 경우 2001년에는 전체 노동자의 23.8%인 363만 명 정도였지만 2007년에는 35.9%인 670만 명에 달하였다. 청년(15~29세) 실업의 경우 2000년 8.1%대에서 2007년에도 여전히 7.4%의 고공행진을 계속했다. 청년실업률은 당시 전체 실업률의 평균 2배 내외로 항구적인 청년실업 상황이 연출되었다.

〈그림〉 비정규직 노동자 추이

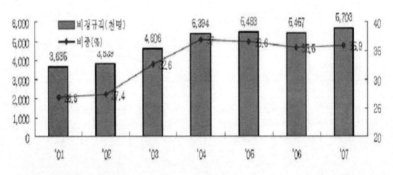

출전: 대통령 비서실, 『선진도약의 10년』(2007.11.21). 30쪽

이러한 통계적 측면에서 불안 요소가 잠재한 위에 여전히 금융기구의 부실 문제도 잠재하고 있었다. 즉, 그간의 다양한 은행 민영화 조치에도 불구

하고 해지펀드 개입이나 금융정책 당국의 안이한 대응으로 외환은행 헐값 매각과 같은 국가적 출혈이 비일 비재하였으며, 자금대부도 양도, 단기수익 률이 높은 가계 및 주택금융에 집중하는 반면, 중소기업에 대해서는 단기상 업금융이 많았고, 장기산업금융 비중은 적었다. 그리고 기업 평가에 의한 대부보다는 담보 수준에 기초한 대부가 중심이어서 산업 금융 본래의 의미 가 퇴색되고 말았다. 또한 산업금융의 역할을 증권·채권시장이 소화하지 못함으로써 대기업 신규투자가 위축되었고, 나아가 외국자본으로부터 경 영권 방어를 위해 자사주 매입에 나서게 되면서 산업자본 유출이 심화되는 등의 문제가 발생하였다.

■ 이명박 정부의 경제 동향

이명박 정부는 선거 공약에서 747(7%성장, 소득 4만달러, 7대 강국)을 주장하면서 신자유주의와 실용성을 강조하였다. 이에 이명박 정부가 2008 년 2월 출범하자마자 100달러를 넘어 150달러에 육박하는 국제 유가와 국 제 원자재 가격 상승 그에 수반되는 국내의 급격한 물가상승으로 경제 운용 에 여러 가지 어려움이 닥쳤다. 아울러 중국 및 인도, 그리고 동남아 국가에 의한 시장 잠식이 증가하는 등 경제 여건이 급속히 악화되면서 2007년 말 부터 무역수지가 계속해서 적자를 보였다. 또한 전국적으로 기승을 부린 조 류독감(AI) 및 미국산 쇠고기 수입에 따른 광우병 파동 등으로 양계 및 축산 농가가 타격을 입었다.

이러한 상황에서 우리나라 총외채는 2007년 말까지 총 3,807억 달러에 달했고, 이중 단기외채는 2005년 말 659억 달러에서 2007년 말에는 1,588 억 달러로 늘어났다. 전체 외채 가운데 40% 이상이 단기외채였다. 이는 2008

년 4월 말 현재 외환 보유액 2,605억 달러의 60%를 넘는 수준으로 그 원인으로 조선업계 등의 수주대금선물환 때문이라는 분석도 있지만, 기본적으로 미국의 서브프라임 모기지사태 이후 국제 금융시장 불안이 여전한 상황에서 국제시장에서 외화 조달이 여의치 못한 점, 우리나라 경상수지 적자가 확대되고 있는 점, 국내외 금리차가 크고 외국인 채권 매입이 증가하고 있는 점 등이 이유로 지목되었다. 이에 대해 국민 일부에서는 제2의 외환위기에 대한 우려도 나왔다. 이러한 어려운 환경 속에서 이명박 정부는 한미 FTA를 발효하고 대운하 사업으로 국내 경기를 부양하고자 하였으나 국내외의 다양한 반대에 처하였다.

이명박 정부에 대한 국민들의 염증은 종합부동산세 개정과 같은 부자감세 정책이 중요한 역할을 했다. 즉, 2009년부터 주택 종부세는 헌법재판소의 위헌판결에 따라 세대별 6억 원에서 개인별 6억 원으로 부과기준을 변경하였다. 이와 함께 세율도 1~3%에서 0.5~2%로 낮추었다. 특히 1세대 1주택자는 최대 70%까지 세액공제를 받을 수 있어서 세부담이 대폭 줄었다.

〈표〉 종부세 개정내용(2009)

	개정					비고
기준금액	인별 공시가격 6억원(1세대 1주택 단독명의시 9억원)					
과세표준과 세율	과표	6억 이하	6억~12억	12억~50억	50억~94억	94억 초과	
	세율	0.5%	0.75%	1%	1.5%	2%	
	※ 과표적용율: 80%					
1세대1주택 세액공제	장기보유: 5년 이상−20%, 10년 이상−40%					최대 70%
	고령자: 60세 이상−10%, 65세 이상−20%, 70세 이상−30%					

국민들의 염증은 CEO 출신인 점에서 비롯된 경제살리기에 대한 기대가 좌절되면서 증폭되었다. 특히 고유가, 고환율 정책 등 유산계층에 유리한

정책으로 대기업은 쉽게 유가와 원가부담에서 벗어난 반면, 중소기업과 서민들은 고통을 고스란히 덮어 쓰게 되었다. 실제로 재벌 등은 고환율 정책에 따른 환차익도 막대했지만 높은 물가와 원자재 가격상승으로 서민과 중소기업은 아우성을 질렀고 정부에 대한 불만이 커졌다.

위기에 처한 이명박 정부는 내외의 퇴진압력을 받는 강만수 기획재정장관을 끝까지 경질하지 않은 채 기존의 성장지향정책만 수정하여 물가안정책으로 전환할 것을 시사하였다. 또한 고환율 정책도 수정하여 정부와 한국은행이 합작으로 환율시장에 개입하도록 했다. 그 결과 2008년 7월 중순을 경과하면서 환율이 정상화 경향이 보이고 물가상승도 어느 정도 주춤했으나 가진 자를 우선한다는 정부에 대한 국민의 불신은 좀처럼 가라앉지 않았다. 그러나 8월에는 국제유가가 급락했음에도 다시 환율이 상승하고 무역적자가 심화되는 등 내외의 경제위기에 대한 고민이 커지기 시작했다.

2010년을 기준으로 이명박 정부 5년간 경제 지표를 정리하면, 경제성장률은 2008년 2.3%에서 2010년 6.1% 수준으로 상승하였고, 1인당 국민소득 2008년 1만 9,296달러에서 2010년 2만 610달러로 3년간 1,314달러 증가하였다. 소비자 물가 상승률은 2008년 4.7%에서 2010년 2.9%로 3년간 평균 3.5%, 취업자는 2008년 14만 5천 명 증가에서 2009년에는 오히려 7만2천 명이 감소했고, 2010년 32만 3천 명으로 3년간 39만 6천 명 정도 증가하였다. 설비투자증가율(전년대비)은 2008년 -2.0% 그리고 2009년 -8.9%로 감소폭이 컸다. 그러면서 민간소비증가율 2008년 0.9% 2009년 0.2% 수준이었다. 제조업 부채비율은 2007년 98%에서 2009년 123%로 계속 증가하였고, 교육비(명목)는 2007년 35조 9,493억 원에서 2008년 40조 5,248억 원으로 사상 첫 40조 원을 돌파하였다. 반면, GDP 대비 사회복지 지출은 2008년 10.95%로 멕시코를 제외하고 OECD 최하위를 기록하였다.

실업률은 2008년 3.2%에서 2010년 3.7%로, 특히 청년실업률은 2008년 7.2%에서 2010년 8.0%로 3년간 평균은 7.76%였다. 최저임금 상승률은 2008년 8.3%에서 2010년 2.75%, 상대적 빈곤율은 2008년 12.5% 2009년 13.1%, 도시 가구 월평균 소득은 2007년 358만 7,022원(5.8%)에서 2009년 383만 6,372원(0.5%)이었다. 그런데 가계대출은 2007년 595조 원에서 2009년 692조 원으로 급증하였고, 가계이자비용도 2007년 5만 4,497원에서 2010년 1분기 7만 3천 원으로 증가하였다. 또한 소득대비 이자비용 비율(매년 2분기기준) 2007년 1.75%(5만 3,712원)에서 2009년 2.0%(6만 5,932원)로 증가하였다.

특히 주목되는 국가채무는 노무현 정부 마지막 해 2007년 299.2조원 (GDP대비 30.7%)에서 이명박 정부 시기는 2008년 309조 원(30.1%) 2009년 359.6조 원(33.8%), 2010년 약 392조 원(약 40%)으로 상승하고 있다. 재정수지(순재정수입-순재정지출)의 경우 2008년 11.9조 원(1.2%) 2009년 -17.6조 원(-1.7%) 으로 부자감세와 재정지출 확대로 적자로 전환하였다.

2012년 현재 2008년 2,000억 달러 수준이던 외환보유액은 3,200억 달러 규모로 늘었다. 잠재성장률은 3%대, 하우스푸어가 양산되고, MB물가라 불리는 생필품 가격의 앙등 현상이 나타났다.

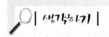 생각하기

17. 21세기 한국 경제의 진로

한국 경제의 문제를 가장 극명하게 드러내는 것은 무엇일까. 근대화론·주변부자본주의론·제3세계론·세계체제론 같은 거시적인 측면에서 한국경제를 보려는 경향이 있는 반면, 기업신용 하락·부실금융·부실경영 등의 계량적 측면에서 현상적 모순을 지적하는 논의 등 다양하다. 그러한 면과 더불어 보다 역사적인 측면에서 오랜 기간의 군사독재라든가 재벌의 방만한 선단식 경영 혹은 과도한 외채문제나 관료주의적 정책 결정 구조, 대외여건의 변화 등이 강조되기도 하고, 그 해법으로는 기업 구조조정 문제 니, 인력감축이니, 국가경쟁력 등이 열거되기도 한다.

최근 우파 경제학자들이 주장하는 선진국 따라잡기 모델(캐취 업)은 그동안 독점자 본의 모순 일변도로 한국경제사를 진단한 태도에 대한 깊은 반성의 기회를 주었지만, 여전히 소수의 특정한 이해집단의 이익선 유지에 필요한 사회구조의 정착을 지속적으 로 요구하는 태도에서 전혀 벗어나지 못했다. 그런 면에서 여러 가지 논의의 한계를 느 끼게 한다. 왜냐하면 현재 우리가 아파하는 부분에 대한 아무런 언급이 없이 우리가 성 취한 것에 대한 이론적 표창장 수여에 급급하기 때문이다.

물론 자유무역이 중요시되고, 리스크를 끌어안을 줄 아는 폭넓은 도전의식과 무한경 쟁을 강요하는 세계화에 대한 적극적인 대응 자세를 새롭게 다질 필요는 크다. 그렇다 고 모든 경제운용의 논리를 그러한 싸움판의 경제학으로 전환할 때 과연 우리는 행복 한 사회를 유지하거나 안전한 사회를 지탱할 수 있을지 의구심이 든다.

그런 의미에서 몇 십 년 인간의 족적을 탐구한 역사가로서의 감이 담긴 현실 경제 에 대한 고민을 말하고 싶다. 태평양전쟁 이후 미국의 적극적인 개입에 의해서 세계 경제체제 안으로 한층 강하게 편입된 한국자본주의는 1970년대 중반 이후 형성된 신 국제분업 질서 속으로 재편되면서 그에 조응하는 산업구조의 재조정을 추진했다. 특 히 70년대 두 번에 걸친 석유파동을 계기로 하여 기왕의 고에너지 의존산업 중심구 조에서 점차 반도체 · 유전자 · 우주항공 등 과학기술혁명에 기반을 둔 첨단산업이 확산되었고, 그 과정에서 한국경제도 세계경제의 피조물로서 새로운 국제분업 체제 로 전환했다.

그것은 미국은 첨단군수산업, 일본 · 유럽은 첨단민수산업, 그리고 한국 등 신흥개 발국들은 첨단산업의 하청 및 재래식 중화학공업으로 특화된 것이었다. 가마우치 낚 시법의 비유와 같이 이러한 분업질서는 한국경제의 외형적 성장을 촉발하였고, 형성 된 이윤의 일부는 상시적으로 선진자본주의 국가의 자본과 기술의 통로를 통하여 선 진국에 이전되었다. 아울러 대내적으로 몇몇 기업이 발 빠르게 첨단 · 외국상품의 부 품공장 혹은 조립공장화하는 속에서 그에 상응하는 자본의 집중과 집적이 강화되었 다. 이러한 현상은 일면 한국 경제의 성장에 많은 기여를 한 것이 사실이다.

그럼에도 일부 대기업 등은 정경유착을 통하여 국가로부터 특혜적 지원으로 투자 재원을 확보하는 한편 중소기업들의 성장을 저해하면서 이들을 독점자본의 지배구조 속으로 묶는 패권주의적 독점자본화의 과정을 걸었다. 그 시기에는 여기에 신음하던 국민들은 마침내 1987년 6월 항쟁을 벌였고, 뒤이은 노동자 투쟁은 저임금 노동자 계급의 현실에 대한 각성을 심화시켜 나갔다. 그 어느 시기보다 자본과 노동 사이의 갈등은 심화되었다. 이러한 과정에서 임금 부문에서 어느 정도 노동자의 이해가 관철되는 듯싶더니, 1990년대 한국경제가 안고 있는 외연적 모순인 외채문제가 결정적인 변수가 되어 IMF가 초래되었다. 이후의 일련의 과정은 여러 가지 평가가 있을 수 있지만 적어도 외연적 모순인 외채문제만큼은 해소되었다는 평가가 지배적이다. 하지만 한국 자본주의가 안고 있는 기본적인 장애는 과연 해결이 되었는가. 현 시점에서 본다면 그러한 문제는 오히려 더욱 심화되고 있다.

90년대 이후 다양한 개혁정책에서 우려되는 부분은 선진국 의존형 산업구조의 장점과 제약 요소를 식별하고 해결하는 방안을 마련하기 보다는 지난 시절의 '흡수 능력'을 맹신한 나머지 시장지상주의적인 이해가 만능열쇠처럼 여겨지는 것이라 할 것이다. 자율이라는 명분 아래 제한된 빵을 둘러싸고 강자와 약자가 뒤범벅이 된 채 무조건적 경쟁상황으로 내몰리고 있다는 점이다. 혹자는 이러한 경쟁이 우리를 더욱 강한 존재로 키우게 할 것이라고 하겠지만 그것을 달성하기 위해선 무엇보다도 약자에 대한 시혜가 아니라 공정한 경쟁이 이뤄질 수 있는 판을 짜는 것이 중요하다. 그것을 바탕으로 기업 전문화와 같은 처방은 물론이고 산업구성의 재조정 즉 업종간의 통폐합[이른바 기업정비] 혹은 노동력 감축 등이 제기능을 발휘할 수 있을 것이다.

외국 돈도 우리나라에서 돌면 우리 돈이라는 식의 경제이론은 자본의 불평등 이 외에는 모든 것이 자유라는 근대주의자들의 자본주의 찬미론과 하등 다를 것 없는 거짓말이다. 물론 한국 돈이 미국에서 돌면 미국 돈일 수 있다. 자본은 생명력을 가진 화폐로서 화폐와의 궁극적인 차이는 그 자체로 새끼를 친다는 것이다. 자본의 유기체성은 결국 자본에 의한 사회구성이며, 자본에 의한 패권이다. 우리 땅에서 미국 돈이 도는 것은 일정 정도 국가경제에 도움이 되는 것은 사실이지만 장기적으로는 국가 잉여의 상당 부분 이전이 불가피한 상황에 처한다는 경고이기도 하다. 그것은 외국의 대단한 문화를 소화할 만한 우리 문화에 대한 식견이 요구되는 것과 흡사하다.

혹자는 자원도 없는 나라에서 대외지향적 수출드라이브는 중요한 정책과제가 될 수 있으며 후진국 가운데 우리나라만큼 선진기술의 흡수 능력이 뛰어난 후발자본주의국은 없었다면서 이러한 생각을 반박할지도 모르겠다. 물론 내실 있는 산업구조를 바탕으로 한 한국경제의 대외지향성은 잘못되었다고 볼 수 없다. 아울러 그 해결책으로서 주체적인 의사결정이 가능할 만큼 산업구조가 전문화되고 자본의 총체적 모순체인 재벌체제의 변혁을 통해 균형있는 국민경제를 건설할 수 있는가 여부에 그치는 것이 아니다. 오히려 근본적으로 실패도 두렵지 않은 공정한 룰이 작동한다는 우리 경제에 대한 신뢰가 우선적인 해결책일 것이다. 국민들이 두려운 것은 열심히 해도 자신을 지켜줄 최소한의 사회적 장치조차 독점그룹에 의해서 조종당하고 있다는 불신일 것이다.

그렇다면 한국경제의 희망은 있는가. 반드시 그렇다고 대답할 수 있다. 그것은 민족경제의 자립성과 내실을 높여줄 많은 한국형 경제이론가들의 확대, 그리고 대단한 한국 어머니들의 교육열, 무엇보다도 무언가 목적이 주어지면 확실히 끝을 보는 민족적 전통이 존재하고, 더불어 우리 자신의 발전모델을 가지고 미래를 설계할만한 제3의 세대들이 점점 커오고 있다는 점이 그것이다. 그러므로 우리는 재벌개혁이나 독점 견제라는 사회적 정의 차원의 정책을 마치 재벌 타도, 독점자본주의 파괴라는 좌익의 사회혁명과 등치되는 것으로 착각할 필요가 없다.

진정 우리 경제가 21세기에도 살아남을 길을 역사학자로서 말한다면 그저 복지를 늘리고, 노동자 임금을 올려주자는 말이 아니다. 그저 주머니에 작은 돈이 있어도 적극적으로 사회적 투자에 나서고 싶은 마음이 저절로 생기는 그런 사회를 만들기 위한 조건, 즉 공정한 게임을 할 수 있고 실패해도 후회하지 않는 정의로운 판이 열리는 그런 사회를 만들자는 그런 제안의 다양한 표현 중 하나일 뿐이다.

■ 북측의 경제개발과 경제난

해방 직후 북측에서는 인민민주주의라는 과도적 단계를 거쳐 사회주의로 이행하려는 전략을 수립했다. 인민민주주의는 제국주의에 저항하거나 반反제국주의적 성격이 강한 민족자본에 대한 배려와 일정기간 자본주의 경제요소를 포함한 혼합경제구조를 유지하는 것이며, 자연스럽게 시장을 통한 경쟁질서도 온존하도록 하는 전략이었다.

이렇게 안정적인 전략이 가능했던 것은 뉴 라이트 계열에서 주장하듯이 각종 경제지표상의 난맥을 보인 남측과는 달리 북측은 비교적 안정된 경제 환경을 유지하고 있었다는 점에서 원인을 찾을 수 있다. 즉, 기본적으로 통제 및 계획경제를 유지하는 사회주의 체질상 자유주의화에 따른 혼란을 견제할 수 있었다는 점, 원래 일제가 북한 지역에 건설한 공업은 현지의 원료와 동력에 기초한 자급적인 것이었다는 점, 전쟁 말기에 비축한 원자재 재고가 넉넉했다는 점, 게다가 낮은 인플레 수준, 일본인 기술자의 억류 및 소련의 기술원조 등이 복합적으로 작용함으로써 상대적 '안정'을 가져왔다는 것이다.

이러한 환경에서 북측은 대대적인 농업분야 개혁을 추진했다. 즉, 해방 직후부터 북측은 일제 · 친일파 · 월남자의 토지를 수용하고 농민에게 경작권을 분배하는 등 토지개혁을 실시하고자 하였다. 이에 1946년 2월에 수립된 북조선임시인민위원회는 소련 고문단의 지도 아래 3월에 「토지개혁법」을 공포하고 6월에 「노동법」, 7월에 「남녀평등법」, 8월에 「중요산업 국유화법」을 정비하여 인민민주주의 혁명의 경제적 기반조성 계획을 수립하였다.

북한의 토지개혁은 4%의 지주가 전체 농지의 58%를 소유하고 소작농이 전체 농민의 73%를 차지하던 북한의 농촌경제를 개조하기 위하여 무상몰수 · 무상분배 방식으로 이뤄졌다. 몰수대상 토지는 일본인과 민족반역자 그리고 5정보 이상의 토지를 가진 지주의 땅이었으며 몰수된 땅을 노동력의 차이에 따라 무전無田농민에게 분배하였다. 북측의 토지개혁은 세계사에 유래 없이 급속한 것이었다. 1946년 3월 5일부터 약 20일에 걸친 '개혁'을 통하여 일본인 소유지와 조선인 지주의 소작지 등 100만 정보를 몰수하여 농지가 없거나 적은 농민들에게 분배하였다. 특히 농경지 이외의 토지도 국유화하거나 분배함으로써 명실상부 토지개혁의 의미가 있었다.

여기서 고농·빈농 중심의 5~9인의 위원으로 구성된 농촌위원회가 일체 사무를 관장하였다. 개혁의 결과 약 90만 정보의 토지가 42만 호로부터 몰수되어 72만 호의 농가에 분배되었다. 이는 북한 총경지의 53% 지주토지의 80% 이상이 몰수·분배된 것이다. 이러한 조치로 많은 자본가·지주 등이 자산을 잃었다. 여기서 남측의 농지개혁이 3정보상한제를 바탕으로 둔 데 비해 북측은 5정보로 제한을 둔 것은 남북간의 토질이나 생산력 차이를 반영한 것이다.

1946년 8월에는 「중요산업의 국유화령」이 공포되어 기업소, 광산, 산림, 어장, 발전소, 철도, 운수, 체신, 은행, 상업, 문화 관계 산업 등을 국유화하였다. 당시 일본인과 친일인사가 소유하던 기업체는 전체 산업의 90%로 이 중에서 1,034개 시설이 일거에 국유화되었다. 이러한 과정을 거쳐 북측은 농업의 협동화와 개인 상공업의 사회주의적 개조를 표방했지만, 6·25전쟁으로 잠시 유보되었다.

한편 생산력 진흥을 위하여 1947년 인민경제의 부흥발전계획과 1948년 인민경제계획을 집행하였으나 1949~1950년에 구상된 계획은 전쟁으로 진행되지 못했다. 대체로 6·25전쟁 직전 북측의 경제는 크게 진작되었는데, 북측의 발표에 의하면 1949년 알곡생산량은 1944년에 비해 9.8% 늘었고, 공업생산은 1946년의 3.4배 증가하여 해방 이전 수준을 회복했다고 한다. 그 과정에서 소련의 경제·기술원조, 산업설비 및 풍부한 전력·비료 등의 자원은 남측에 비해 산업생산의 회복에 유리하게 작용하였다.

6·25전쟁은 남북 모두에게 엄청난 피해를 입혔고, 특히 북측은 8,700여 개의 공장이 파괴되고 37만 정보의 전답이 손상된 것으로 발표했다. 북측

은 1953년 이후 복구건설 사업의 방향을 둘러싼 당내의 반발을 제거하고 이후 독자노선을 추구하는 한편 북한경제의 사회주의적 개조에 착수하였다. 이에 1953년 8월 당 중앙위원회에서 '인민경제복구발전 3개년계획'의 수행을 결의한 다음 1954년 4월 최고인민회의에서 법령으로 채택하였다. 본 '3개년 계획'이 추진되면서 당시 북측은 연평균 20%에 육박하는 급속한 경제성장을 이뤘고, 1956년까지는 공업과 농업부문에서 어느 정도 전쟁 이전 수준으로 회복했다는 발표가 있었다.

또한 1956년 4월에 개최된 조선노동당 제3차 대회에서는 제1차 5개년 계획기간 중에 '농업의 협동화'를 완성한다는 방침을 세웠고, 농업협동화와 함께 개인 상공업의 사회주의적 개조를 1958년 8월에 완수했다고 천명했다. 그런데 '8월 종파사건'[연안파 숙청]으로 실행이 지연되었다. 그러나 1958년 6월에 인민경제발전 제1차 5개년계획(1957~1961)이 실질적인 법령으로 채택되었고, 1959년 4월부터 천리마작업반운동을 사회주의 건설에서의 '당의 총 노선'으로 격상시키면서 사회주의적 개조사업은 박차가 가해졌다. 그 위에 북측은 7개년 계획(1961~1967), 6개년 계획(1971~1976), 2차 7개년 계획(1978~1984) 등을 추진하면서 사회주의 공업화와 인민생활의 향상, 인민경제의 현대화를 추진했다.

우선, 7개년 계획은 기존의 사상혁명·기술혁명·문화혁명등 '3대 혁명 노선'이 그대로 관철되는 가운데 '자주노선'이 추가되었다. 이는 북측이 인적·물적 자원의 결핍 속에서 사람과 목적의식적 활동을 사회·경제 발전의 기본 동력으로 파악한 결과였다.

1960년대 이후 북측의 경제관리는 소위 청산리 방법으로 운영되었다. 청산리 방법이란 상위 조직이 아래 조직을 잘 도와주고 문제해결의 올바른 방도를 알려주면, 대중은 자각적인 열성과 창의성을 동원하여 생산력을 진홍하자는 논의였다. 이에 공업부분은 대안의 사업체계를, 농업부문은 군 협동농장경영위원회를 기본으로 하는 새로운 농업지도체계를 도입하였다.

또한 중공업과 경공업, 공업과 농업 사이의 심각한 불균형을 시정하는 데 중점을 두기로 하고 경공업과 농업의 동시발전 전략을 채택했다. 이에 제1차 7개년 계획 기간은 경공업 및 농업투자를 확대했고, 지방 공업을 육성하고자 하였다. 그 결과 1961~1971년간 지방공업, 기업소는 수적으로 2배, 생산액은 3배 증가했으며, 1957~1970년까지 공업생산은 연평균 19.1% 성장하여 1970년의 공업총생산액이 1956년의 11.6배에 달했다. 공업비중도 1956년 25%에서 1969년 65%로 높아져 사회주의 공업국 수준으로 발돋움했다고 북측은 공포하였으나 실제 성과는 그보다 못 미친 듯하다.

그런데 60년대부터 경제성장이 확연히 둔화되었다. 이는 기본적으로 북측의 국방건설 노선이 강화되는데 기인한다. 이에 수세적인 혁명근거지 지키기 전략인 4대 군사노선으로 전 국토와 전 인민을 무장화하는 한편, 모든 저작에 김일성 교시를 게재하는 등 김일성의 일방적 지도에 기초한 사회주의 건설에 매진하고자 했다. 이러한 경향은 외부로는 한일협정에 따른 한미일 안보체제 구축 등 공세적인 대북 노선이 작동한 점 그리고 내부적으로도 중국에서 문화혁명이 발발하면서 김일성을 수정주의자로 지목하는 등 조중 관계가 악화되고, 소련에서도 흐루시초프의 수정노선으로 체제 위기감이 커진 점에 따른 것이었다. 남측으로서도 5·16군사정권이 종래의 북진통일, 멸공통일론을 그대로 계승하는 등 전쟁 위기감이 커지고 있던 점도 한몫을 했다.

경제적으로도 산업생산이 위축된 이유로 과도한 군사비 지출과 소련에서의 원조 격감 등을 들 수 있다. 당시 국방비는 북측 세출 예산에서 항상 30% 이상을 차지했는데, 중소분쟁의 여파로 사회주의권의 원조가 격감한 것이다. 이런 상황에서 중 · 소 사이의 등거리 전략이 강조되고 대내적으로 주체사상을 더욱 공고화했다.

1970년대의 북한 정권은 사회주의제도를 더욱 공고히 하며 공업의 주체를 한층 강화한다는 입장에서 6개년 계획(1971~1976)을 입안하고, 사회주의 공업화의 완성과 그것을 진작시킬 기술혁명의 필요성을 표방했다. 이에 중노동과 경노동 차이의 이해, 농업노동과 공업노동 차이의 해소, 여성의 가사노동 해방 등을 등 3대 기술혁명으로 파악하였다. 이것을 통하여 모든 부문에서 근로자를 힘든 노동에서 해방시키고자 했다. 아울러 사회주의 시장 이외에도 자본주의 시장으로 적극적인 진출이 강조되면서 대서방 접근이 추진되고 실제로 북측의 대외무역 가운데 선진 자본주의국과의 무역이 급증했다[20%→37%].

1970년대 초반 잠시 활로를 얻던 북한경제는 다시 70년대 중반의 오일쇼크 여파와 주력 수출품인 비철금속 가격의 급락 나아가 자본재 수입의 급증 등으로 타격을 받아 차관의존율을 높였다. 이러한 어려운 국면을 타개하기 위해 1973년 이후 대학생 · 당 간부 등을 생산현장에 동원하여 3대혁명을 지도하는 3대혁명 소조운동을 전개하고, 1974년 2월에는 '온 사회의 주체사상화'를 당 최고 강령으로 선포하는 한편, 1975년 12월에는 새로운 집단적 혁신운동으로 '3대 혁명 붉은기 쟁취운동'을 개시하였다.

1978년부터 착수된 제2차 7개년계획의 기본과제는 인민경제의 주체화 · 현대화 · 과학화를 통하여 사회주의 경제제도를 더욱 강화하고, 인민생활을 한 단계 높이는 것이었다. 대체로 농 · 공 비율은 1953년도에 각각 41.6%와 30.7%인데, 1983년도에는 각각 10.1%와 66.0%로 변한 것으로 조사된다. 하지만 1980년대 초반 이후 계획은 지지부진하였고, 성장 또한 북측이 구체적으로 밝히지 않을 정도로 둔화된 것으로 보인다.

1980년대 북측의 과제는 당시까지의 농공農工결합 노선을 더욱 강조하고, 더 높은 기술혁명을 통하여 주민복지를 만족할 만한 수준으로까지 끌어올리는 데 있었다. 하지만 자본의 부족과 기술의 낙후 그리고 과도한 국방비 지출 등으로 경제발전에 어려움을 겪었다. 심각한 경제침체에 처한 북측은 80년대 중반부터 각 기업별 독립채산제를 강화하고, 연합기업소체제를 도입하는 등(1985) 기존의 계획 관리체제의 문제점을 개선하고자 했다. 하지만 중앙관리시스템이 전혀 바뀌지 않은 상황에서 기업별 자발성을 끌어내기란 대단히 힘들었다. 또한 그동안 중공업 우선정책이 지속됨에 따라 생활필수품의 절대 부족이 가시화되었다. 이에 북측은 1984년 이후 '8 · 3인민소비품 생산운동'을 전개하여 소비재 생산을 확대하는 조치를 취했다. 그리하여 1984~1989년간 이 운동에 따른 판매유통액은 연평균 20.8% 성장하였다.

1987년부터 착수된 제3차 7개년계획은 '인민경제의 주체화 · 현대화 · 과학화를 통하여 사회주의의 완전승리를 위한 물질적 기술적 토대를 마련'하는데 목표를 두고 공업 생산은 1.9배, 농업 생산은 1.4배, 국민소득은 1.7배 향상을 목표로 했다. 하지만 1980년대 말 소련과 동구 사회주의권의 붕괴로 인해 대외수출입 활로가 막히고 특히 구상무역 대신에 구소련 등이 현금결제 방식을 요구하면서 북측의 타격은 매우 컸다.

이런 경제적 위기를 극복하기 위하여 북측은 외국인 투자를 적극 유치하기도 했다. 그리하여 1991년 12월에 나진 · 선봉지역을 자유경제무역지대로 운영할 것을 선포하고, 1992년 10월에는 「외국인투자법」 · 「외국인기업법」 · 「합작법」 등을 제정하고, 1993년 1월에 「외국인 투자기업 및 외국인 세금법」 · 「외화관리법」 · 「자유경제무역지대법」 등을, 1994년 1월에는 「합영법」을 제정함으로써 투자유치계획을 구체화하였다. 하지만 1993

년에 종료된 제3차 7개년 계획은 북측이 자인한 것처럼 이상의 목표를 달성하기에는 역부족이었다.

사실 1990년대 북측의 경제침체는 구사회주의권의 몰락에 따른 경제적 고립이 가장 큰 원인이었다. 결국 북측은 그러한 위기를 스스로 조선민족제일주의를 제창함으로써 그리고 "수령님을 모시고 있는 조선민족이 가장 세상에서 행복하다"는 정신 무장을 통하여 극복하고자 하였다.

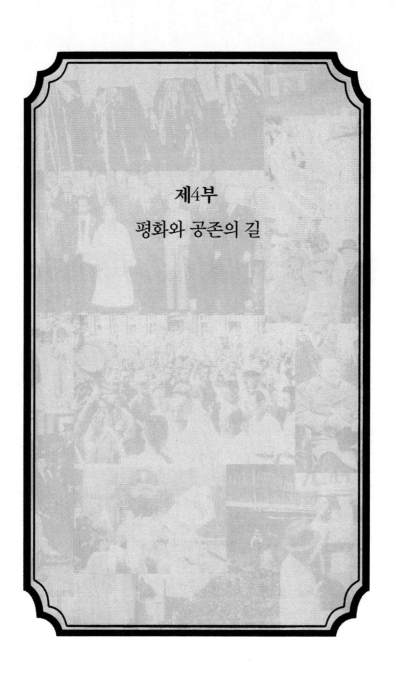

제4부

평화와 공존의 길

제4부 평화와 공존의 길

■ 멸공통일에서 평화통일 노선으로

1960년대 박정희 정부의 대북정책은 철저한 반공주의 아래서 북한의 무력남침에 대비한 군사력 확충정책에 토대를 두고 있었다. 그러나 1970년대 이후 미소의 양극체제가 다극체제로 전환하고 해빙무드가 확대되자 1970년 8월 15일 북측에 남북간의 대화를 제안하였다(8.15선언). 이어서 1971년 대한적십자사는 북측에 대해 남북이산가족찾기 회담을 제의하였고(1971.8.12) 이에 북측이 동의함으로써 적십자赤十字회담이 개최되었다. 그 과정에서 양 당국자가 비밀접촉을 벌인 결과 1972년 7월 4일 서울과 평양에서 동시에 '7·4남북공동성명'이 발표되었다. 여기서 평화통일이 확고한 양자의 입장임이 확인되었고, 그것을 수행하는 3대원칙으로 민주통일, 평화통일, 민족적 대단결이 표방되었으며 이것을 협의하기 위한 남북조절위원회의 설치에 합의하였다. 이후 판문점, 서울, 평양을 차례로 돌면서 조절위원회 공동위원장 회의가 개최되었다.

그러나 1973년 우리 정부가 남북한의 유엔동시가입과 모든 국가에 대한 문화개방을 천명하는 6·23선언을 발표하자 북측은 고려연방공화국이라는 단일회원국으로 유엔에 가입하자는 제의를 하면서 남측의 6·23선언은 "분단을 고착화시키는 선언이고 반민족 행위"라고 하여 철회를 요청하였다(1973.8.28). 이후 남북대화는 중단되었고, 정부는 남북불가침 협정 및 평화통일 3대원칙 등을 제의했으나 북측의 대응은 미온적이었다. 이후 육영수 영부인 살해사건 및 판문점 미군도끼살해사건 등이 불거져서 남북간 긴장은 계속 고조되었다.

10·26사태 이후 서울이 잠시 민주화되던 시기 북측은 모스크바 올림픽 남북단일팀 참가를 제의했으나(1979.12.20), 남측은 이를 거부하는 대신 남북 친선교환경기를 개최하자고 했다(1980.1.11). 이는 당시 아프가니스탄에 대한 소련침공을 비난하면서 서방 진영이 모스크바 올림픽 보이콧 움직임을 보이고 있었기 때문이었다. 이어서 북측은 총리회담을 제의했고, 이에 남측이 화답함으로써 그해 9월 말까지 10여 차례의 실무자 접촉이 있었으나 합의에 이르지 못하고 불발하였다. 이후 북측은 다시 고려민주연방공화국 창설안을 발표(10.10)하여 "남북간 현존 사상과 제도를 인정한 위에 북과 남이 동등하게 참가하는 민족통일정부를 구성하고 그 예하에 남과 북이 같은 권한과 의무를 가진 지역자치제를 실시"하자고 했다.

이에 남측에서는 고려민주연방공화국안은 "남한을 적화통일하기 위한 통일전선 이상은 아니다"라고 비난(1980.10.15)하고 대신 남북한 당국 최고책임자의 상호방문(1981.1.12) 및 민족화합민주통일방안(1981.1.22)을 제의하였다. 이 방안은 "남북대표가 민족통일협의회를 구성하고 이 협의회가 민족의 민주, 자유, 복지의 이상을 추구하는 통일민주공화국을 실현하기 위한 통일헌법을 기초하고 남북한 전역에 걸쳐서 민주방식에 의한 자유로운 국민투표를 실시하여 통일헌법을 확정 공포하며 그 헌법에 정하는 바에 따라 총선거를 실시하여 통일국회와 통일정부를 구성하자"는 것이었다. 북측은 이를 거부하면서 다시 남북 각각 50명으로 구성된 남북정치인연합회의를 제의하였다(1981.2.10).

아웅산 묘소 폭발사건(1983.10.9)이 있은 후 북측에서 3자회담 개최와 남북간의 불가침선언 등을 제의하였다(1984.1.10). 남측에서는 이전과 같이 남북한 당사자 직접 대화를 요구했고, 제23회 올림픽에서는 올림픽 단일팀 구성을 서로 기대하였으나 성과를 이루지 못했다. 이후 남측에서 수해를 입자 북측은 쌀, 의약품, 시멘트 등의 구호물자를 보내왔다(1984.9.14). 이처럼 전두환 정권 시기의 통일정책은 사실상 서로의 방안과 선언을 심도 있게 이해하기보다는 '일방적인 자기 방안의 선언'과 '상대방 방안의 일방적 거부'라는 선언서 경쟁에 머물렀고, 이러한 소모전은 80년대 내내 계속되었다. 북측의 각종 제안은 남측은 적화통일의 저의를 의심하거나 미국의 극동정책에 영향으로 거부되기 일쑤였고, 반대로 남측의 각종 제안은 매년 한국군과 미군이 합동으로 군사훈련을 하는 팀스피리트를 북침 연습이라 하면서 거부하였다.

한편, 노태우 정부 시기 사회적 민주화 바람과 함께 통일정책도 새롭게 일신되었다. 일단 노태우 정부는 취임하기 직전 남북각료회의와 남북한 협력공동체 구성 등을 새로운 통일정책을 구상하였다. 북측도 남북불가침 선언 및 팀스피리트 훈련 중지, 올림픽 남북 공동개최, 남북당국자 포함 정당 사회단체 대표 연석회의 개최 등을 주장했다(1988.1.1).

물론 남측은 이 연석회의가 정부간 대화를 희석시키려는 전략이라 하여 거부했다. 그러나 남측에서 전대협이 6·10 남북청년학생회담과 8·15학생회담을 추진하는 등 통일열기가 높아지고 경찰과 충돌하자 정부는 통일운동의 창구가 일원화되지 못한 이유라고 하고 "자주·평화·민주·복지의 원칙에 입각하여 민족구성원 전체가 참여하는 사회·문화·경제·정치 공동체를 이룩함으로써 민족자존과 통일 번영의 새 시대를 열어나갈 것임을 약속한다"는 6개항의 대북정책인 '민족자존과 통일번영을 위한 대통령

특별선언'(7·7 선언)을 발표하였다.1/

이에 북측의 화답으로 1990년 9월에는 남북고위급회담 총리회담이 서울에서 개최되었다. 그해 12월 제5차 고위급회담(1991.12.13)에서 '남북사이의 화해 불가침 및 교류 협력에 관한 기본합의서'가 교환되었고. 1992년 8월에는 부속합의서까지 협정을 완료하였다. 평양에서 열린 제6차 남북고위급회담에서는 발효되었다(1992.2.19). 내용은 서문과 남북화해, 남북불가침, 남북교류, 협력, 수정 및 발효 등 4개 장 25개 조로 구성되었다.

서문에서 "분단된 조국의 평화적 통일을 염원하는 온 겨레의 뜻에 따라, 1972년에 채택된 7·4남북공동성명에서 천명된 조국통일 3대 원칙을 재확인하고 정치군사적 대결상태를 해소하여 민족적 화해를 이룩하고, 무력에 의한 침략과 충돌을 막고 긴장완화와 평화를 보장하며, 다각적인 교류·협력을 실현하여 민족공동의 이익과 번영을 도모하며, 쌍방 사이의 관계가 나라와 나라 사이의 관계가 아닌 통일을 지향하는 과정에서 잠정적으로 형성되는 특수 관계라는 것을 인정하고, 평화통일을 성취하기 위한 공동의 노력을 경주할 것을 다짐한다"고 선언하였다. 여기서 통일 이전의 남북 관계를 '잠정적 특수관계'로 규정한다는 점이 주목된다. 이는 기본합의서가 통

1/ 6개항의 실천방안을 보면, ① 정치인·경제인·언론인·문화예술인·체육인·학자 및 학생 등 남북동포간의 상호교류를 적극 추진하며, 해외동포들이 자유로이 남북을 왕래하도록 문호를 개방한다. ② 남북적십자회담이 타결되기 이전이라도 인도주의적 견지에서 가능한 모든 방법을 통해 이산가족들간에 생사·주소 확인, 서신왕래, 상호방문 등이 이루어지도록 적극 주선·지원한다. ③ 남북간 교역의 문호를 개방하고, 남북간 교역을 민족내부교역으로 간주한다. ④ 남북 모든 동포의 삶의 질을 향상시킬 수 있도록 민족경제의 균형적 발전이 이루어지기를 희망하며, 비군사적 물자에 대해 우리 우방들이 북한과 교역을 하는 데 반대하지 않는다. ⑤ 남북간의 소모적인 경쟁·대결 외교를 지양하고, 북한이 국제사회에 발전적 기여를 할 수 있도록 협력하며, 또한 남북대표가 국제무대에서 자유롭게 만나 민족의 공동이익을 위하여 서로 협력할 것을 희망한다. ⑥ 한반도의 평화를 정착시킬 여건을 조성하기 위하여 북한이 미국·일본 등 우리 우방과의 관계를 개선하는 데 협조할 용의가 있으며, 한국도 소련·중국을 비롯한 사회주의 국가들과의 관계개선을 추구한다 등이었다.

일에 이르는 과도적 기간 중 남북 간의 기본관계를 규정한 잠정협정의 성격을 담은 합의서라는 점을 말한다. 그리고 이러한 전제하에 남북한은 1992년 3월 18일 이전에 정치, 군사, 교류·협력 등 3개 분과위원회를 각기 구성, 남북간 평화체제 정착과 군축 및 교류·협력 방안 등을 협의하도록 하였다. 또한 5월 18일 이전에 판문점에는 상호 연락사무소를 설치하며 남북군사공동위원회 및 경제교류·협력위원회를 비롯한 부문별 공동위원회를 구성하기로 하였다. 그리고 1992년 9월 16일부터 평양에서 개최된 제8

〈1990년 3월 팀 스피리트 도하훈련〉

차 남북고위급회담에서 이 합의서의 부속합의서인 <남북화해의 이행과 준수를 위한 부속합의서>, <남북불가침의 이행과 준수를 위한 부속합의서>, <남북교류·협력의 이행과 준수를 위한 부속합의서>를 채택 발효시켰다. 이러한 남북 화해의 무드는 남측이 북방정책을 과감하게 추진하는데도 도움이 되었다. 노태우 정부는 1989년 동유럽의 헝가리 폴란드와 수교하고, 소련과도 영사관계를 맺었으며, 1991년 4월 소련 공산당 서기장 고르바초프의 내한과 중국과 수교(1992.8)라는 실효를 거두었다.

그러나 이러한 노력에도 불구하고 남측에서는 팀스피리트 훈련이 재개되고 북측에서는 핵개발에 나섬으로써 기본합의서의 합의사항은 지켜질 수 없었다. 이후 오랫동안 북측의 핵문제는 남북관계의 진전에 큰 장애가 되었으며, 북한이 국제사회에서 고립되는 계기가 되었다. 그러나 일부 의견에서는 북측이 핵을 개발하지 않았다면 정권의 생존조차 불투명했을 것이며, 핵을 정치적 무기화하여 생존의 출로를 찾은 결과였다는 점을 지적하기도 했다.

18. 무기 수입 논란과 군축의 역사성

1990년대 이른바 율곡사업이라 하여 무릇 10조 원대 예산을 놓고 차세대전투기 구매사업을 벌였다. 당시 공군에서는 F-16보다는 F-18을 구매해야 한다는 의견을 국방부에 올렸다. 그러나 공군의 염원과는 달리 노태우 정권은 F-16을 선정했고, 공교롭게도 그에 반대하는 공군총장이 독직혐의로 구속되고 말았다. 많은 의문을 낳은 이 사업은 예후마저 좋지 않아서 고가로 구입한 F-16은 우리 공군의 주력기종이 되기는 했어도 '맹물전투기사건'을 비롯하여 각종 니어미스나 시스템 불량, 혹은 의문의 추락사건이 해마다 끊이지 않아 국방행정에 대한 항간의 불신을 가중시켜 왔다.

이제 세월이 흘러 지난 30년간 미 공군의 주력기인 F-15를 한국형으로 교체하여 구매하는 문제, 그리고 그동안 미국 조기경보기에 의존하던 경보체제를 자주적으로 바꾸기 위해 조기경보기를 구입하는 문제와 관련하여 여론의 동향도 예사롭지 않다. 그러다 보니 항간에는 왜 하필이면 미국제품이냐, 라팔이나 유로파이터가 나을 것이다 라는 등의 '대안론'이 나오는가 하면, 반대로 일부는 기존 한국공군의 주력기가 보잉사의 F-○○계열이니 그동안 우리 군의 운영체계를 보존할 수 있는 F-15가 현실적이라는 '옹호론'도 적지 않다. 또한 이스라엘제 조기경보기가 수입가격이 싸고 탁월한 기능도 좋으며 국지전에 유리하니 미국 위주의 경보체제에서 이제 벗어나자는 이야기도 들린 반면, 미국 대사의 구매 압력이 거세다는 후문도 만만치 않다.

F-15 구매나 이스라엘제 조기경보기 수입을 둘러싼 찬반론이 격돌하는 상황을 보면서 아쉬운 것은 설사 옹호론이 우세하든 대안론이 우세하든 우리 민족의 미래와 관련하여 그러한 논쟁들이 바람직한 결과를 가져오겠는가 하는 점이다. 한때 우리 사회 일각에서는 우리도 핵무장을 해야 한다고 하면서 마치 핵능력이 선진국 혹은 강대국으로 가는 지름길인 양 여기는 경향들이 있었다. 덕분에 박정희 정권 말년의 핵무장 계획을 영웅시 하는 소설이 밀리언셀러가 되기도 하고, 이스라엘이 핵무기를 가진 것을 부럽게 여기기도 했다. 과연 핵무장은 필요했을까?

우리는 해방정국에서 민족을 두 동강이 낸 신탁통치 찬반문제를 놓고 생각할 것이 있다. 많은 사람들은 찬탁이 옳았다고 말하기도 하고, 어떤 사람은 반탁이야말로 애국과 독립의 지표라고 말하기도 한다. 그런데 찬·반탁을 통해서 우리가 얻었던 것은 민족의 분열이었고, 반민족 세력[소위 친일파]이 당당하게 남한사회에서 활보하게 만든 비참한 결과만 남았을 뿐이었다.

한때 반탁이 바른 길이라고 보기도 했고, 한때 우리도 핵무장을 해야 한다고 믿었던 적이 있었다. 그러나 그런 세월을 지나 곰곰이 돌아보면 핵을 가진다고 혹은 찬탁이나 반탁을 한다고 한들 우리 역사의 얽힌 매듭을 푸는데 별반 도움이 되지 못했다. 역사적 정답에 가까운 길이 있었다면, 찬탁이니 반탁이니 하는 열강들이 만든 무대에 꼭두각시 춤을 추는 것이 아니라, 민족주의이든 사회주의이든 민족자주 세력이 대동단결하여 일제에 협력한 친일매국 세력을 축출하고, 더불어 민족이 단합하여 미소강대국의 협조를 받아내어 통일임시정부를 구성하는 이른바 국제협력을 바탕으로 한 민족자주화운동을 벌여나가는 길이 긴요했다.

아울러 국가보위란 단순히 군사력이나 화력만으로 담보되는 것이 아니라는 사실이다. 핵이 있다고 해서 수백 수천 개 핵을 보유한 열강들과 힘으로 대적할 수는 없을 것이다. 진정 외세로부터 우리를 지키는 길은 민주적인 사회운영 원리와 경제적 평등이 보장되는 가운데 해당 구성원들이 자신의 나라에 대한 애정을 쌓아가는 것에서 비롯된다. 그것은 자본의 폭정에서 벗어난 바람직한 공동체의 확충이자, 부정과 투기로 만연된 사회체제를 개혁하여 국민본위의 사회정의를 실현하는데 있다. 그것을 통하여 삶의 질이 향상되는 한편 양질의 사회정의가 사회운영의 기폭제가 될 때 비로소 강한 국가 보위력을 가질 수 있다는 말이다.

만약 우리가 F-15를 보유하게 된다면, 북한의 경우 다시 북한 인민들의 고혈로 군비증강을 기획해야 한다. 그렇다면 다음 차례는 우리가 보다 고급의 기종으로 바꿔야 한다. 결국 한반도의 군비증강은 남한은 혈세로 북한은 고혈로 소중한 국민들의 피와 땀을 전쟁무기화하려는 위험한 책동이다. 혹자는 100년 전 우리가 군비가 모자라 군대가 약해서 일제의 식민지가 된 것처럼 생각하기도 한다. 하지만 그것은 착각이다. 군비가 모자라서가 아니라 당시 조선은 국가의 주권이 왕에게 일임되고 전제주의적 봉건통치 위에 군림하는 왕실만 구워삶으면 총칼로 쉽사리 한반도 병탄이 가능했기 때문이다.

대한제국이 당시로는 거대한 3천 톤급 구축함을 도입했던 사실을 아는 사람은 극히 드물다. 하지만 빈약한 봉건정부는 그것을 운영할 능력도 없었고, 결국 고철로 처분되고 말았다. 만약 당시 국가운영권이 국민의 손에 달려 있고, 민의를 바탕으로 한 근대 민족국가가 조속히 우리 힘으로 달성되었다면 강한 군비보다 훨씬 쉽게 식민지를 피할 수도 있었다고 본다. 물론 고가의 구축함도 제 기능을 발휘했을지도 모른다.

F-15구매와 관련한 청년학생의 역사인식은 바로 불평등한 사회구조를 탈바꿈하고, 올바른 민족의 자주의식을 함양하여 자신의 운명을 스스로 관장할 수 있을 때 다시는 '군비증강에 의한 전쟁억지론' 같은 파시즘적 발상이 발호하지 않을 것이라는 점이다. 우리는 군비증강을 반대할 필요가 있으며, 군축을 향한 역사적 요구가 가일층 간절해 지는 시점에 서 있음을 자각할 필요가 있다.

■ 햇볕 정책과 6 · 15 남북 정상회담

남북 정상회담은 이미 1989년에 김일성 주석이 신년사를 통하여 "남북 최고위급회담 실현의 조건과 분위기 마련을 위해 노력을 기울일 것"을 발 표한데서도 알 수 있듯이 북측이 강하게 주장하던 사안이었다. 당시 노태우 정부도 '한민족 공동체 통일방안'을 통하여 "남북 정상회담이 빨리 열릴 것을 희망한다"고 발표했다. 그러나 오랫동안 북핵 문제로 좀처럼 돌파구 가 열리지 않았고, 특히 북측의 핵확 산금지조약(NPT) 탈퇴선언(1993)으로 비롯된 1994년의 위기국면 아래서 미

〈1994년 7월 김일성 사망을 대서특필하는 당시 신문들〉

군에 의한 북폭北爆의 가능성이 타진되는 등 전쟁기운마저 감돌았다. 이러 한 긴장의 와중에서 김영삼 대통령과 김일성 주석이 허허실실한 대화로 남 북정상회담에 대한 의지를 보여, 마침내 1994년 7월 25일 평양에서 1차 회 담을 개최하기로 합의하였다. 그러나 7월 8일 김일성 주석이 돌연 사망함

으로써 정상회담이 무산되었다. 이렇게 남북대화는 아슬아슬한 국제정세의 줄타기 속에서 자주 왜곡되고 변질되었다. 이에 국민의 정부시절에는 종래의 선언적이고 문구 중심의 남북화해가 제스처 수준을 넘어 실질적인 관계 진전과 물적·인적 교류 형태로 나타났다.

물론 북측은 1997년 10월 김정일이 국방위원장으로 취임하면서 종래 당 중앙중심체제에서 군중심체제로 전환을 하기 시작하고, 미국·일본과 핵 및 미사일 문제로 갈등을 빚기도 했다. 또한 1997년에는 정전협정을 대체하는 평화협정을 체결하기 위한 4자회담이 개최되었으나, 북미평화협정 체결과 주한미군철수를 주장하는 북측과 남북 주도의 평화협정 체결을 주장하는 남측 입장의 차이로 인해 합의에 이르지 못하였다.

그러다가 1998년 6월 16일과 10월 27일 두 번에 걸친 현대그룹 정주영 회장의 소떼 방북을 기화로 물꼬가 트이기 시작했다. 이후 현대 아산을 중심으로 금강산 관광사업이 시작되었고, 정부는 햇볕정책의 일환으로 적극 지원함으로써 이후 친지 방문이나 각종 명목의 방북이 러시를 이루었다. 이리하여 1998년 한 해에만 북한을 다녀온 인사가 3,317명에 달했다. 그러나 뜻하지 않게 1999년 6월 11일과 15일에 연평도 부근 북방한계선(NNL)에서 꽃게잡이 어선들을 보호하던 북한 해군경비정이 한계선을 넘어오면서 남북 해군사이의 무력충돌이 발생하였다(제1차 연평해전).

이러한 위기국면에도 불구하고 12월에는 평양에서 통일음악회가 서울에서는 남북농구팀의 친선경기대회가 열리는 등 민간의 화해 무드가 조성되었고, 마침내 평양에서 김대중 대통령과 북측의 김정일 국방위원장간의 정상회담이 실현되었다(2000.6.15). 여기서 통일문제의 자주적 해결, 통일을 위한 연합제와 연방제의 공통성 인정, 이산가족 방문단 교환과 비전향장기수 문제해결, 경제협력을 통한 민족경제의 균형적 발전과 각 분야의 교류

협력, 합의사항 실천을 위한 당국사이의 대화 등 5개항에 걸친 남북공동선언이 있었다. 이후 합의사항 이행을 위한 장관급 회의가 이어졌고, 7월 30일에는 경의선 연결 등 6개 항이 구체적으로 합의되었으며, 그와 함께 9월 15일에는 시드니 올림픽에 남북선수단의 동시입장이 있었다. 다만, 6 · 15선언으로 남북관계가 호전되었음에도 불구하고 아직은 경제 · 사회문화 분야 중심의 교류가 지배적이었고, 정치 · 군사 분야의 교류는 북측의 소극적 태도로 활성화되지 못했다.

북미관계도 호전되었다. 2000년 10월에는 북측이 미국에 특사를 파견하여 장거리 미사일 개발의 포기를 선언하고 그 대신 경제지원과 체제보장 약속을 받아내었다. 당시 미국의 클린턴 대통령은 북한을 방문하기 위해 먼저 10월 23일 올브라이트 국무장관을 평양에 보내 김정일 위원장과 면담을 갖기도 했다. 이제 남북 및 북미관계가 더없이 순탄한 국면에 다달았고, 북한의 개방 속도도 점차 빨라져 2001년 2월 26일에는 김정일은 상해를 방문하여 천지가 개벽했다는 언질을 통해 북한의 본격적인 개방 가능성을 암시하기도 했다.

이에 전통적인 한 · 미 · 일 삼각동맹체제가 흔들리는 대신 민족공조 기운이 고조하였고, 특히 2001년 8월 15일에 거행된 8 · 15 민족통일대축전에서는 방문단 중 몇몇 인사가 북한에서 「국가보안법」을 저촉하는 행위를 한 것이 드러나 구속되면서 남북관계의 미래에 여러 가지 장애가 예견되기도 했다.

실제로 한국이 9 · 11테러 이후 테러대비 군사경계를 강화하자 북측은 제6차 장관급회담을 결렬시키면서(2001.11.9) 남북 관계도 다시 냉각되었다. 그러나 곧바로 2002년 2월 부시 대통령이 방한하여 "북침은 없다"고 공언하고 9월에 고이즈미 일본 수상이 방북하는 등 일시 북미, 북일 간의 유화국면이 조성되자 남북관계도 안정되었다. 그런데 2002년 한일 월드컵 3~4위전 경기가 있는 날 연평도에서 북측의 선제공격으로 아군 4명이 사망하고, 16명이 부상하는 등 큰 희생이 발생했다(제2차연평해전, 2002.6.29).

그러나 곧바로 북측의 사과가 있었기에 급속한 남북관계의 냉각은 없었다. 이어서 장관급회담이 속개되었고, 9월 27일에는 경의선·동해선 복구 기공식이 열렸으며, 9월 29일에 열린 부산아시안게임에는 북측의 응원단이 와서 이목을 끌었다. 이어서 10월 26일에는 북측 경제시찰단 15명 내한 하였다. 그러나 이러한 남북 관계의 안정에도 불구하고 북측은 금강산관광 사업을 외화벌이 중심으로 이해하고, 불바다 발언 등 각종 고압적 자세로 한국의 국민들의 보수적 정서를 자극하였다. 그리고 북한 핵무기 보유는 북측에 대한 국민적 불신을 증폭시켰다.

어쨌든 김대중 정부는 '햇볕정책'을 남북 간의 공존과 화해의 길을 열기 위한 노력으로 보고 현실적으로 북측에 대한 흡수통일 역량이 부족한 상황에서 햇볕정책으로 남북 간의 군사적 긴장을 완화할 수 있다고 보았다. 뿐만 아니라 궁극적으로 한국의 도움으로 북측을 개혁개방으로 이끌 수 있다고 생각했다. 그러나 뉴 라이트 측은 기본적으로 김정일은 국제사회의 트러블 메이커일 뿐이며, 그들이 신봉하는 주체사상과 유일사상은 일종의 미신이며 개방과 양립할 수 없다는 입장이었다. 1970년대 이전 북한경제가 남한보다 앞선 것은 일제로부터 받은 물적 기반이 컸기 때문이며, 이후 사회주의화로 사회 인프라와 생산체제가 완전한 붕괴 조짐이 나타났다고 했다.

아울러 현재의 금강산관광 및 개성공단 등은 외화벌이 수단으로 전락한 것일 뿐 개방과는 상관이 없으며, 실제로 북한에서는 배급제가 강화될 움직임을 보이고 있다는 것이다. 그러므로 햇볕 정책은 북한에 대한 선의의 지원이 결국 북한을 변화시킨다는 낙관주의에 기초한 환상일 뿐이라는 평가이다. 아울러 김대중 정부도 결국 5억 달러를 북한에 송금하고 정상회담 구걸하는 등 많은 역기능을 보였으며, 그나마 북측으로 넘어간 자금도 북한 인민에 대한 도움보다는 핵개발자금으로 쓰였다고 주장했다.

뉴 라이트 측에서 보는 김대중 정부의 대북정책은 퍼주기, 대북저자세, 북한 눈치 보기, 친북좌파의 주동이라는 언술로 정리되고 있다. 이에 햇볕 정책은 북한을 변화시키기보다는 오히려 남한을 혼란스럽게 했다는 것이므로 이후 엄격한 정부간 상호주의가 필요하며, 북한의 인권과 민주주의 개선 조치와 교환할 필요성을 언급했다. 따라서 북한이 자율사회, 정상사회로 복귀하지 않으면 햇볕정책은 의미 없다는 것이다. 하지만 이런 뉴 라이트의 통일 관련 논의는 겉으로는 북한의 인권 등을 문제 삼고 있지만 전체적으로 북핵 문제 일변도의 해법만 제시하고 있고, 엄격한 상호주의를 강조하는 등 남북이 처한 현실 극복을 위한 적절한 돌파구를 제시하는 데 한계가 있다는 평가가 많다.

■ 제2차 북핵 위기와 대북 포용정책

2002년 10월 켈리 미 국무부 차관보의 방북에서 북측이 고농축 우라늄(HEU) 프로그램을 가졌음을 시인하면서 제2차 북핵 위기가 발생했고 새 정부의 대북 정책은 어려움에 처했다. 당시 핵폐기를 주장하는 미국에 대하여 강석주 북한 외무성 제 1부상은 "대북 적대정책을 포기하고 북한 체제 안전을 보장하면 미국의 '안보상 우려사항'을 해결할 수 있다"고 주장했다.

그러나 미국이 주도가 된 KEDO 집행이사회에서는 대북 중유제공 중단을 결정하였다(2002.11.14). 여기서 미국은 북한이 핵개발을 지속함으로써 제네바 합의와 NPT(핵확산금지조약), IAEA(국제원자력기구) 안전협정, 한반도 비핵화 공동선언을 위반했다고 주장하고 새로운 협상 가능성을 일축했다. 이에 맞서 북측은 핵동결 해제조치를 개시하였고(2002.12.21), 곧바로 NPT를 탈퇴하고(2003.1.10), 영변 핵시설을 재가동하였다(2.26).

북측의 NPT 탈퇴로 햇볕정책은 시험대에 올랐다. 미국은 우리 정부에 대북 교류를 제한하도록 요구했다. 이에 제9차 남북장관급회담(2003.1.21)에서도 남측은 핵문제를 제기했으나 북측이 경제협력 및 남북공조 문제를 우선 의제로 제기하면서 성과를 거두지 못했다. 이어서 김대중 정부는 임동원 대통령 특사를 북으로 보내서 김대중 대통령의 친서를 전달하고 김영남 최고인민회의 상임위원장과 면담하는 등 핵문제 해결을 도모하였다(2003.1.27~29).

그러던 중 NPT 탈퇴 3개월만인 2003년 4월부터 중국의 중재로 북미간 대화가 개시되었고, 북한의 핵무기가 1~2기 존재하는 것으로 확인되면서 우리 국민들은 북핵 문제는 종래 관념적인 형태가 아니라 실질적인 우리 안보를 위협하는 중대 문제임을 인식하게 되었다. 또한 북측은 미국과 단독대화를 통해 핵을 포기하는 대신 평화협정을 맺어 체제를 보장받고, 전폭적인 경제원조를 기대하였다.

그러나 미국은 다자간 대화를 통해 북한을 경제·군사적으로 압박하는 정책을 추구하여 긴장이 계속되었다. 6자회담이냐 북미 협상이냐를 놓고 북미 관계는 냉각을 겪었다. 결국 북측이 6자회담(한, 북, 미, 중, 러, 일)의 틀을 수용함으로써 2003년 8월부터 6자회담이 개시되었다. 그리고 2004

년 2월에는 제2차 6자회담이 개최되어 미국은 고농축 우라늄 프로그램을 포함한 모든 핵개발 계획을 검증 가능하고 되돌릴 수 없는 방법으로 완전히 폐기할 것을 주장했다. 우리 정부는 6자회담과 마찬가지로 남북대화를 정례화·체계화하며 6자 회담을 현안 해결의 상시적 창구로 활용하자고 했다.

2003년 2월에 출범한 노무현 정부의 대북 정책은 종래 김대중 정부가 추진하던 햇볕정책을 계승하는 것이었다. 이에 노무현 대통령은 취임사(2003.2.25)에서 남북간 평화 번영의 필요성을 강조하고, 첫째 대화를 통한 문제해결, 둘째 상호 신뢰우선과 호혜주의, 셋째 남북 당사자 원칙에 기초한 국제협력, 넷째 정책의 투명성 제고와 국민과 함께 하는 정책 등을 제시하였다.

실제로 노무현 대통령은 "외교적 전술이나 기교를 가지고 북한을 대하려 하지 말고 원칙과 신뢰, 그리고 합리적 관계를 기본으로 할 것"을 외교안보장관회의에서 천명하기도 하였다(2003.4.23). 이후 노무현 정부는 한반도에서의 전쟁을 우려하여 다각적으로 북미관계 개선에 노력하였다. 그러나 2003년 5월에 노무현 대통령이 미국을 방문하여 북핵 선결조건으로 군사적 경제적 압박의 필요성에 동의하는 바람에 진보 진영으로부터 친미親美적이라는 비판을 받기도 했다.

2003년 4월에 개최된 제10차 남북장관급회담에서는 북측은 전쟁 유관국인 미·북·중 3자회담을 강조했고, 남측은 평화번영정책의 기조를 설명하면서 상호 신뢰관계를 구축하기 위하여 군사적 신뢰구축과 남북관계 제도화 등을 강조하였다. 그해 7월에 개최된 제11차 남북 장관급회담에서는 핵문제와 함께 남북관계 진전을 병행하자는 입장을 피력했고, 남북한과 미·일·중 등 관련 당사자가 참여하는 다자회담의 필요성이 강조되었다.

10월에 개최된 12차 장관급회담에서도 남북경협의 추진과 사회문화 분야의 교류확대 제도화 등의 논의가 오갔으며 2004년 2월과 5월에 각각 개최된 제13차, 제14차 회담에서도 북측의 6자회담 참가와 경협을 위한 협력방안, 그리고 군사당국자 회담 개최 등을 요구하였다.

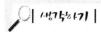 생각하기

19. 싸우면 같은 민족이 못된다

우리는 민족이라고 하면 한 핏줄, 같은 언어, 같은 문화를 가진 핏줄 공동체인줄 생각한다. 하지만 같은 한반도에 산다는 공통점 이외 같은 핏줄이라는 근거가 어디 있으며, 같은 문화라는 근거도 믿기 어렵다. 우리는 항상 한겨레라고 우리를 말하지만 정작 같은 핏줄이 아니라는 사실은 우리나라 주요한 성씨의 기원이나 시조가 주로 난생(卵生)이었다는 점에서도 알 수 있다. 고구려 시조인 고주몽도 알에서 났으며, 신라 시조인 박혁거세도 알에서 태어났다. 가야의 기원인 6가야의 시조들도 모두 알에서 태어났고, 경주 김씨 시조인 김알지도 알에서 태어났다. 급기야 후백제의 견훤도 지렁이 출신이며, 용비어천가에서 조선의 시조는 모두 용이었다. "해동에 여섯 마리의 용이 날아다니니"라고 시작되는 용비어천가를 볼 때 적어도 우리는 단군 할아버지를 제외하고 대부분은 난생이었다.

그런데 왜 모두들 같은 민족이라 보는가?

적어도 신화를 보면 우리는 난생 종족이 대부분이다. 난생이 많다는 것은 태양신을 섬기는 종족이 많았다는 것이고, 이는 태양신이 경험과 생육의 연속성을 보장하는 역할을 한다는 두루 퍼진 우리 민족의 보편적인 믿음에서 나왔다. 농사를 지어 생명을 연장시키는 최고의 기술자인 아버지! 아버지에 대한 존경심이 우리 사회에서 '태양=밥=아버지'라는 의식을 만들었고, 하나님도 아버지로 만들었으며, 모든 생명의 연장이나 안녕을 기원할 때 예를 들어 산신령조차도 아버지 혹은 할아버지였다. 어쨌든 혈통의 전통은 종족적인 가치는 존재할지언정 민족을 언급하기에는 불충분한 요소이다.

그렇다면 문화가 같으면 같은 민족인가? 이 점도 알고 보면 우리가 왕족이니 귀족이니 하는 그룹과 일반 백성의 삶과 문화 패턴이 지극히 달랐다는 점을 염두에 둬야 한다. 모두 같이 김치를 먹고 다른 반찬이 '한국적'이라고 해서 그들의 문화가 같다고 보면 오해다. 같은 김치를 먹어도 김치를 접하는 이해는 너무나 다르기 때문이다. 살기 위해서 먹는 문화와 먹는 것을 즐기면서 사는 문화는 같은 것은 아니다. 언어가 같으면 같은 민족인가? 우리는 같은 한국말을 쓰면서도 수많은 언어적인 벽을 실감할 경우가 많다. 아무리 미사여구를 사용하거나 논리적으로 이야기한들 서로 신뢰와 연대감이 없다면 서로의 이해관계에 합의하는 것이 얼마나 어려운 지는 살면서 느낄 것이다.

사랑한다는 말이 사랑 그자체로 보이지 않는 현실, 100마디 말보다 따뜻한 느낌으로 상대방을 고민하는, 이른바 감동을 좋아하는 민족이 우리 민족이다. 느낌과 감성 그리고 인간간의 신뢰는 같은 문화에서만 도출되는 것이 아니다. 외국인이라도 친구가 될 수 있다. 민족이란 여러 가지 이론이 있지만 적어도 역사학자로 보기엔 우리 한반도 주민과의 인간적인 관계가 어떤가에 따라서 민족인지 외적(外敵)인지 구분되었다. 즉, 생활 현실에서 생성된 서로의 호의나 갈등의 수준에 따라서 언제든지 같은 민족이 될 수 있고 다른 민족이 되었다. 을지문덕 장군이 고구려 종족이 아니라고 할지라도 혹은 말갈족이 고구려 종족이 아니라고 할지라도 대당전쟁, 대수전쟁에서 말갈이 우리 편이었다면 그들은 우리 민족이었다.

그런데 한 때 고구려와 손잡았던 말갈은 고구려가 망하자 당나라 편에 들었고, 신라를 침공하여 675년 10월 말갈군 20만 명이 의정부 매소성에서 신라군과 접전하였다. 이 매소성 전투가 말갈이 우리 역사와 다른 별개의 민족으로 여겨지는 결정적인 계기가 아닐까? 나아가 발해 민족도 마찬가지다. 항간에는 발해가 고구려 유민이 세운나라다. 혹은 지배층은 고구려 종족이라고 하여 우리 민족인 듯 말하지만, 걱정스러운 것은 바로 여요전쟁(고려와 거란의 전쟁) 당시 발해주민들이 거란의 앞잡이가 되었다는 점이다. 그 덕분에 고려 사람들은 발해를 같은 종족 혹은 민족이라는 동질의식에서 배제시켰다. 삼국사기를 쓴 김부식이 왜 고구려를 삼국에 포함하면서 발해를 배제했는지 다시금 곰곰이 생각해보아야 한다.

발해나 고구려나 비슷한 다종족 국가였다. 하지만 고구려는 나중에 나당전쟁 당시 신라를 지원하는 반당(反唐) 혹은 항당 세력으로 신라와 연대하였다. 그런 동지의식이 고구려를 우리 역사 혹은 우리 민족으로 만든 것이다. 여진족도 마찬가지다. 여진족은 조선 초기까지 조선왕실과 깊은 인연을 맺었고, 조선건국에 큰 기여를 했으며, 퉁두란이라는 사람은 이성계의 의형제로서 왕숙 대접을 받기도 했으며, 위구르 사람인 설장수는 영의정을 역임했다.

그러나 세조 정권에 반대한 이징옥의 난 이후 그러한 우호관계는 단절되고 이후 조선과 화평할 날이 없었다. 남이장군의 유명한 '장부가'나 신숙주의 여진정벌기 그리고 이순신의 여진격퇴기 등은 이후 여진과 조선간의 관계가 극도로 악화된 당시의 현실을 말한다. 역사학자로서 무엇이 완전한 민족의 원형인지 알 수 없다. 하지만 적어도 우리 민족 형성과정에서 한반도 주민과 싸움을 벌인 수많은 만주지역 종족들은 우리와 별개 종족으로 각인되었다.

하지만, 우리와 호혜하고 연대한 종족(예를 들어 함경도 주민, 제주도 주민)은 우리 민족 취급을 받았다. 역사학자로서 6 · 25 남침을 가한 북한 지역에 대한 우리의 동족적 감정이 얼마나 오래갈 것인지 벌써 걱정이 된다. 서로 공존하고 호혜관계를 유지하지 않는 한 아무리 같은 말을 쓰고, 같은 혈통을 논하더라도 결국은 다른 민족으로 변질할 뿐이라는 것이 역사의 교훈이다. 그러니 이웃과 친구들에게 서로 공존하고 함께 가는 길을 끊임없이 모색하는데서 우리 민족의 모습이 만들어진다. 민족은 현재진행형이며, 언제고 내 이웃과 다른 민족이 될 변화무쌍한 것이다. 역사적으로 보아. 서로 인정하지 않고 싸우기만 하면 반드시 남이 되는 법이다. 민족이라고 별다른 원리가 있는 것이 아니다. 서로 공존해야 함께 갈 수 있다.

■ 남북경협을 통한 북한 지원

이러한 북핵위기 속에서도 국민의 정부 이후 남북 경협은 지속적으로 확대되었다. 금강산관광(1998.11.18)은 시작한지 1년 만에 14만 명을 넘었고, 2000년에는 월 평균 18,000명이 다녀갔으나 2001년부터는 관광객이 월 3천 명 수준으로 급감했다. 이에 금강산 관광 사업자인 현대그룹이 자금난을 겪게 되고 월 1,200만 달러씩 북측에 지불하던 관광대가를 지불할 수 없게 되었다. 현대는 관광 활성화 시점까지 관광대가 지불방식을 '1인당 100달러'로

하고 육로관광 실시와 금강산 관광특구 지정 등의 조치를 북측에 요청했다.

이와 함께 정부에서는 한국관광공사를 금강산 관광사업의 공동사업자로 참여시키기로 하고(2001.6.20) 남북협력기금 900억 원 대출과 함께 금강산 지역에 외국상품판매소를 허용하고, 학생, 교사, 이산가족, 국가유공자, 장애인, 통일교육 강사 등의 금강산 관광경비를 지원하는 등 다양한 조치를 취했다.

아울러 금강산관광 활성화를 위한 당국간 회담(2002.9.10~12)에서 그해 11월부터 육로관광을 시작하기로 합의했고, 이어서 금강산에서 열린 남북철도 · 도로 실무협의회 제1차 회의(2002.9.17)에서 동해선 임시도로 개

〈육로로 가는 금강산 여행〉

설을 합의하면서 동해선 임시도로 연결 공사를 완료하였다(2002.12.11). 이에 따라 남북 당국도 제7차 남북군사실무회담(2003.1.27)을 개최하여 '동서해 지구 임시도로 통행의 군사적 보장을 위한 합의서'를 채택하였다. 금강산 육로 관광을 위한 사전답사가 이뤄지고, 각계 인사 400여 명이 참가하여 육로시범관광이 실시되었다(2003.2.5~6). 그것과 연계하여 정부는 금강산 육로 관광을 위한 속초 · 고성 도로를 개설하여 일차적으로 제6차 남북이산가족 금강산 상봉을 육로로 추진하였다 (2003.2). 마침내 2003년 9월부터 육로 관광이 정례적으로 실시되었다.

이러한 남북 교류의 붐 속에서 2003년 11월에 열린 제5차 적십자 회담에서는 남측이 주도하여 금강산 이산가족 면회소를 설치 운영하기로 합의하였다. 또한 매년 비료를 지원하면 식량차관을 제공하는 한편, 2004년 4월에 발생한 용천 재해를 복구하기 위하여 정부와 민간에서 총 648억 원 상당

의 물품을 지원하였다. 2004년 7월 2일에는 금강산 호텔이 개관하였으며, 국제적 수준의 골프장 건설을 위해 국내투자를 유치하였다.

〈연도별 남북 왕래인원〉

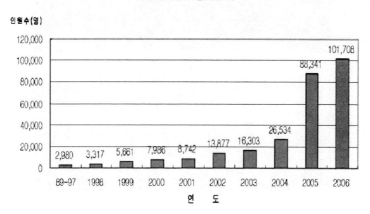

북측도 2004년 10월 「부동산규정」을 발표하여 한국과 해외 동포, 외국 기업 및 개인이 북한의 토지 이용권을 획득하고 건물을 소유할 수 있도록 하여 금강산 지역에 대한 투자활성화의 법적 근거를 마련하였다. 2003년 육로관광 실시 이후 관광객이 다시 증가하여 2005년에는 298,247명이 금강산을 방문함으로써 누적 관광객이 100만 명을 돌파하였다(2005.6). 2007년 6월부터는 내금강에 대한 관광이 실시되었고, 금강산특구종합개발계획에 대한 협의가 진행되었다.

노무현 정부는 그동안 지지부진했던 개성공단 사업을 본격적으로 실행하였다. 즉, 개성공단 사업은 2000년 8월 22일 남측의 현대 아산과 북측의 아태, 민경련이 '개성공단 개발에 관한 합의서'를 체결하면서 시작되었다.

〈개성공단 개발에 따른 1단계 부지의 변화상〉

2004년 11월 시범단지 조성당시 전경

2007년 10월 1단계 부지 전경

개성공단 개발전 부지전경

　그러나 2002년 남북 당국이 개성공단 사업 추진에 합의할 때까지 제대로 진행되지 못했는데, 주된 이유는 남북간 왕래에 필요한 군사보장 문제였다. 이에 따라 정부는 육로 통행과 제도적 보장 문제를 북측에 지속적으로 요구하였고, 그 결과 '남북간 임시도로 통행에 관한 군사보장 합의서'(2003.1.27)가 타결되었다. 이어 남북 철도를 연결하기 위한 실무자 회담이 개성에서 열렸고(2003.6) 이때 서울에서 출근하여 저녁에 돌아오는 새로운 형태의 회담 방식이 채택되었다. 또한 2003년 6월 30일에는 역사적인 개성공단 착공식이 있었으며 이후 1년 만에 시범단지가 완공(2004.6.30)되어 그해 12월 15일 첫 제품이 생산되었다. 2004년에는 '개성공업지구와 금강산 관광지구 출입 및 체류에 관한 합의서'와 '남북사이 차량의 도로 운행에 관한 기본합의서'(2002.12.6 체결, 2004.9.23 국회 통과), 그리고 '남북 사이의 열차운행에 관한 기본합의서'(2004.4.13 체결, 2004.12.9 국회 통과)를 체결하여 제도적 기반을 마련하였으며, '2004년도 청산결제 합의서'를 채택하여 청산결제 시행의 기반을 마련하였다.

또한 통일부 산하에 개성공단사업의 정부 지원조직인 「개성공단사업지원단」이 신설되었고(2004.10.5), 개성공단을 실질적으로 관리·운영할 개성공업지구관리위원회가 개소되었다(2004.10.20). 이는 북측 법률에 따라 북측에 세워진 법인이면서도 우리 개발업자가 설립 운영하는 특성을 가졌다. 이어서 개성공단 1단계 100만 평 조성공사와 시범단지 2만 8천 평 조성공사가 진행되었고, 북측도 「부동산규정」(2004.8.25)과 함께 「보험규정」(2004.10.11)을 발표하였다.

시범단지 조성사업이 끝난 2004년 6월 14일에는 시범단지에 입주할 15개 기업과 입주계약을 체결하고 공장 착공을 시작하였으며, 마침내 2004년 12월 15일 입주 기업인 (주)리빙아트가 개성공단 시제품으로 이른바 개성냄비를 생산하기 시작했다. 2005년 3월 16일에는 한국전력이 개성공단 시범단지에 전력공급(1.5만 kw)을 개시하였다. 이어서 2005년 9월 12일부터 본 단지 1차 5만평에 대한 분양계약이 체결되어 입주가 시작되었다. 2005년 10월 28일에는 개성에서 남북경제협력협의사무소가 개소하였다.

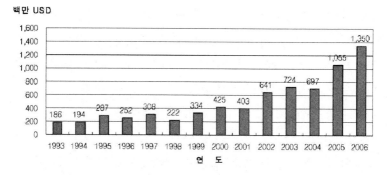

〈연도별 교역액〉

백만 USD

2005년은 남북관계 제도화의 원년이었다. 먼저 우리측은 「남북교류협력법」을 개정하여(2005.5.3) 남북교류에 대한 규제를 대폭 축소하였고, 9개 경협합의서를 발효하였다.2/ 또한 기존의 「남북교류협력법」이 일반법으로서 지나치게 협력을 위한 분야별 절차 등 실무적인 사항을 내용으로 하고 있어, 그 전제가 되는 남북 관계 등 기본적이고 포괄적인 사항을 규정하는 일반법적 지위를 갖출 필요가 있었다. 이에 「남북관계 발전 기본법」(2005. 12.29 국회 통과, 2006.6.30 시행)3/은 남북합의서의 발효절차, 남북회담 대

2/ 노태우 정부 시절에 제정된 「남북교류협력에 관한 법률」(1990.8.1)은 남북간의 왕래나 접촉, 교역 등의 협력 사업을 할 경우 남북교류협력 촉진 및 한반도의 평화통일에 기여라는 목적을 가지는 한에는 국가보안법 등 다른 법률에 우선하여 이 법을 적용을 받도록 하여 남북 교류를 국내법 테두리 내에서 추진될 수 있도록 했다.

3/ 본 법은 모두 4장 22조 부칙으로 구성되었고, 주요 내용은 첫째, 남한과 북한의 관계를 국가간의 관계가 아닌 통일을 지향하는 과정에서 잠정적으로 형성되는 특수관계로 규정하고, 남한과 북한 간의 거래는 민족내부의 거래로 본다(제3조). 둘째, 한반도 평화증진, 남북경제공동체 구현, 민족 동질성 회복, 인도적 문제 해결, 북한에 대한 지원, 국제사회에서의 협력증진, 재정상의 조치 등을 남북관계 발전과 정부의 책무로 규정하였다(제6조 내지 제12조). 셋째, 정부는 남북관계발전의 중·장기적인 비전제시를 위해 5년마다 남북관계발전 기본계획을 수립하며 남북관계발전위원회에서 이를 심의 확정토록 하였으며, 다만 예산이 수반되는 기본계획은 국회의 동의를 얻도록 하였다(제13조). 넷째, 중요사항에 관한 교섭 또는 회담에 관한 남북회담대표는 통일부장관이

표의 법적 위상 등을 규정함으로써 대북정책 추진의 합법성과 절차적 정당성을 확보하고자 했다. 특히 본 법 시행 전에 국회동의를 받아 체결한 남북합의서도 이 법에 의한 국회동의 절차를 거친 것으로 간주함으로써 기존 13개 남북경협 관련 합의서에 대한 국내법적 효력이 발생하였다. 북측도 「북남경제협력법」(2005.7)을 제정하여 경협의 법적 기반을 마련하였다.

■ 유무상통의 남북경협으로 전환

6·17 면담(2005)의 결과 남북관계가 급진전하면서 농수산업 방면의 경협도 활성화되었다. 이후 남북 경협은 종래와 달리 두 가지 측면에서 특성이 나타났다. 하나는 유무상통의 남북경협이 확대된 것이다. 종래에는 일방적으로 남측의 경제지원과 북측의 '정치적 양보'라는 틀에서 진행되어 사실상 퍼주기 논란에서 자유롭지 못했다. 그러나 이제는 본격적으로 남북의 자본 기술 그리고 자원의 비교우위에 기초하여 서로 호혜적인 경제협력과 상업적 성격의 대차관계가 수립된 것이다. 둘째는 종래 일방적인 물자 지원 형태에서 북측의 경제적인 곤란을 근본적으로 해결하고 자생력을 강화하기 위한 경협으로 전환한 것이다.

이러한 변화는 바로 농업분야에서 시작되었다. 종래 일방적인 식량·비

제청하고 국무총리를 거쳐 대통령이 임명하고, 기타 남북회담대표는 통일부장관이 임명하도록 하였다(제15조). 다섯째, 정부는 남북관계의 발전을 위하여 필요한 경우 공무원을 일정기간 북한에 파견하여 근무할 수 있도록 하였으며, 통일부장관은 남북회담대표 및 파견공무원의 임무수행, 남북회담 운영에 관하여 필요한 지휘·감독을 하도록 하였다(제16조, 제18조). 여섯째, 남북합의서는 국무회의 심의를 거쳐 대통령이 체결·비준하는 것은 원칙으로 하되, 국회동의 절차까지를 거치도록 하는 경우와 국무회의 심의를 거치지 않고 남북회담대표 등의 서명만으로도 발효되는 경우를 규정하였으며(제21조), 이 법 시행 전에 국회의 동의를 받아 체결비준한 남북합의서는 이 법에 의한 남북합의서로 간주하도록 하였다(부칙). 특히 남북합의서의 체결 및 발효 규정(제21조, 제22조)은 남북합의서의 국내법적 효력에 관한 그 동안의 논란을 입법적으로 해결하였다.

료 지원을 넘어 북측이 스스로 식량 문제를 해결할 수 있는 방안을 마련하고자 했다. 이에 제15차 장관급 회담(2005.6.21~24, 서울)에서 농업협력을 협의할 당국간 회담체인 '남북농업협력위원회' 구성에 합의하였고, 남북농업협력위원회 제1차 회의(2005.8.18~19, 개성)에서는 협동농장 운영, 종자정선시설 지원, 양묘장 조성과 산림병해충방제 협력 등에 합의하였다.

한편 경공업과 지하자원 협력을 결합시킨 독특한 방식의 사업을 추진하였다. 즉, 남북경제협력추진위원회 제10차 회의(2005.7.9~12, 서울)에서는 쌍방이 가지고 있는 자원, 자본, 기술 등을 결합시켜 새로운 방식으로 경제협력 사업을 추진해나가자는 원칙을 세우고, 대표적인 사업으로 경공업 원자재 제공과 지하자원 협력을 추진하기로 합의했다. 남측이 의복류, 신발, 비누 등의 원자재를 제공하고 북측은 이에 대해 아연, 마그네사이트 등 생산물과 지하자원개발권 등으로 상환하기로 한 것이다.

제12차 남북 철도도로연결 실무접촉(2006.5.11~12)과 제4차 남북경제협력추진위원회 위원급 실무접촉(2006.5.18~19)에서는 5월 25일부로 열차시험 운행을 합의했으나 운행 하루 전인 5월 24일 북측의 일방적인 연기 통보로 무산되었다. 문제는 군사적 보장 문제였는데 일시적으로 남북관계가 경색되었다.

이리하여 제12차 남북경제협력추진위원회(2006.6.3~6, 제주)에서는 열차시험운행 무산에도 불구하고 '남북 경공업 및 지하자원개발 협력에 관한 합의서'를 채택하였다. 그 내용은 남측이 미화 8천 만 달러 상당의 경공업 원자재를 북측에 제공하고, 북측은 당해년도에 3%를 상환하며 잔여분을 5년 거치 10년 동안 연이자율 1%로 상환한다는 것이다. 그리고 경공업 원자재 제공 문제와 열차시험운행을 연계하여 북측을 설득한 결과 마침내 2007년 5월 17일 열차시험운행이 성사되었다.

이어 '남북 경공업 및 지하자원개발 협력에 관한 합의서' 및 '수정 · 보충 합의서'가 발효되었고(2007.5.22), 이 사업 추진을 위해 남북 각기 이행기구 (남측 : 남북교류협력지원협회, 북측 : 민경련 → 명지총회사)가 만들어졌다. 그리고 2007년 7월 25일 경공업 원자재를 실은 배(섬유 500톤)가 인천항을 출발하였다. 이 과정에서 낮은 가격으로 더 많은 물량을 확보하기 위해 북측과 6차례 가격협상을 진행했고, 결국 북측은 남측의 가격결정 체계를 수용하였다. 또한 신발, 비누 등의 경우 원재료 대신에 남측 기업이 1차 가공한 형태로 제공하기로 합의하였다. 경공업 원자재 제공의 대가로 주어질 지하자원 조사를 위하여 2007년 7월 28일부터 8월 11일까지 함경남도 단천 지역의 3개 광산(검덕, 룡량, 대흥)에 대한 현지조사를 실시하였다.

한편 제15차 장관급회담과 남북경제협력추진위원회 제10차 회의의 합의에 따라 2005년 7월 25일부터 3일간 개성에서 남북수산협력실무협의회 제1차 회의가 열렸다. 이 회의에서 남북은 서해 공동어로 실시, 제3국 어선 불법어로 방지 활동, 제3국 어장 공동진출 등의 합의를 이루었다. 그러나 2006년 3월 2일부터 이틀간 열린 장성급군사회담에서 북측이 서해 해상경계선(NLL) 문제를 들고 나오면서 남북 간의 갈등이 예고되었다. 이밖에 정전협정의 적용으로 그동안 관리되지 못했던 한강 하구 지역을 활용하고자 하는 노력도 전개되었다. 이 사업 또한 2006년 4월 개최된 제18차 남북장관급회담에서 원칙적으로 합의하였으나 군사적 보장 문제에 대한 합의가 어려워 가시적인 진전이 없었다.

이러한 경제교류를 배경으로 남북 교역액은 날로 증가하였다. 1993년에 1억 86백만 달러였던 것이 2003년에는 7억 24백만 달러로, 그리고 2005년에는 최초로 10억 달러를 넘어섰고, 2006년에는 13억 5천만 달러에 달했다. 여기서 2004년의 교역액이 전년에 비해 감소한 것은 국내 생산자 보호를 위해 일부 농수산물에 대한 교역 한도물량 설정 및 내수 부진에 따른 위탁가공무역의 축소 등 때문이었다.

⟨13개 경협 합의서⟩

합의서	체결	국회동의	발효
남북 사이의 투자보장에 관한 합의서	'00.12.16	'03.6.30	'03.8.20
남북 사이의 소득에 대한 이중과세방지 합의서			
남북 사이의 상사분쟁해결절차에 관한 합의서			
남북 사이의 청산결제에 관한 합의서			
남북 사이 차량의 도로운행에 관한 합의서	'02.12.6	'04.9.23	
개성공업지구 통관에 관한 합의서	'02.12.8	'04.9.23	
개성공업지구 검역에 관한 합의서			
개성공업지구 통신에 관한 합의서		'04.12.9	
남북상사중재위원회 구성·운영에 관한 합의서	'03.10.12	'04.9.23	'05.8.1
개성공업지구와 금강산관광지구의 출입 및 체류에 관한 합의서	'04.1.29	'04.9.23	
남북 사이의 열차운행에 관한 기본합의서	'04.4.13		
남북해운합의서	'04.5.28	'04.12.9	
남북해운합의서의 이행과 준수를 위한 부속합의서			

전체적으로 남북 간의 인적 왕래 규모도 커졌다. 즉 2005년 1년간의 왕래인원만 보더라도 분단 이후 2004년까지 60년간의 왕래인원인 85,400명을 앞질러 88,384명에 이르렀다. 또한 2005년에 3,151명의 이산가족이 상봉하여 이산가족 상봉자수가 1만 명을 돌파하여 13,151명에 이르렀으며, 6,955명이 생사를 확인함으로써 생사확인자수도 3만 명을 넘어서서 30,901명

에 이르렀다. 아울러 비료 35만 톤과 식량 50만 톤을 북측에 지원하여 북측의 어려운 식량난을 해결하는데 큰 도움이 되었다.

이처럼 노무현 정부 시절에는 국민의 정부가 착수한 3대 경협사업이 본격화되었고, 그 과정에서 군사적 긴장도 크게 완화되었다. 개성공단과 금강산관광 사업은 남북이 모두 이익을 예상하는 경협이었다. 뿐만 아니라 군사적 긴장완화에도 큰 효과가 있었다. 개성은 6·25전쟁 당시 북측의 주요 침공 루트였고, 금강산 지역의 장전항에는 북측의 잠수함기지가 있었다. 그런데 두 사업으로 인해 두 지역에 주둔하고 있던 인민군 부대가 북쪽으로 이동하고 휴전선의 통문이 열렸다. 남북 철도·도로 연결도 마찬가지였다. 철도·도로 연결과 운행은 남북이 군사적으로 첨예하게 대치하고 있는 군사분계선을 가로지르는 사업이기 때문에 군사적 안전보장 조치가 필요했다. 나아가 노무현 정부는 서해 평화협력지대 구상을 통하여 NLL지역의 공동어로구역과 평화수역 설정, 해주 경제특구 개발, 한강하구 공동이용 등을 추진하였는데 이 모두 경제적 이익과 군사적 긴장완화를 동시에 가져주는 사업으로 기대를 모았다.

■ 신뢰를 만들어가는 남과 북

2002년부터 김대중 정부가 남북정상회담을 추진하면서 산업은행에서 대출한 3억 달러를 현대상선을 통해 북측에 지원했다는 의혹이 불거졌다. 이것은 미 의회 조사국(CRS)의 래리 닉쉬 연구원의 보고서(2002.3.25)에서 처음 의혹이 제기되었으며, 2002년 하반기 국회에서 폭로가 이어졌다. 결국 감사원의 산업은행 감사가 착수되었다(10.14). 감사 결과 2,235억원의 대북송금 사실이 확인되었고, 이를 기화로 야당인 한나라당은 대북송금 특검 법안을 발의하였다(2003.2.3). 문제가 확대되자 김대중 대통령은 5억 달러의 대북 송금 및 정부기관의 편의 제공을 인정하였고(2.14) 이틀 후에는 정몽헌 현대 회장도 5억 달러의 대북 송금사실을 시인하였다.

「대북송금특검법」이 국회를 통과하자(2.26) 청와대는 정치권이 요구를 받아들이면서(3.26) 송두헌 특검을 임명하였다. 3개월에 걸친 특검조사 결과 남북 정상회담을 전후하여 현대가 편법 대출받은 4억 5천만 달러를 「외국환거래법」을 거치지 않고 북에 송금했다는 사실을 밝혀졌고, 이중에서 1억 달러는 정상회담과 관련한 정부의 정책적 지원금이라는 사실이 밝혀졌다. 이러한 사태를 보면서 사회적으로 남북 관계의 참다운 모습이 무엇인가에 대한 여론이 환기되었다. 나아가 민주당 집권 세력에 대한 국민적 신뢰가 크게 손상되는 계기가 되었다.

1999년과 2002년에 발생한 두 차례의 무력충돌(연평해전)로 서해 해상에서 남북간의 군사적 긴장 완화는 대북 정책에서 중요한 현안이었다. 이에 정부는 남북 군사당국자 회담을 추진하였으나 북측이 제2차 남북 국방장관 회담 개최에 합의했으면서도 적극적으로 회담에 나서지 않았다. 그러나 2004년 5월 평양에서 개최된 제14차 남북 장관급 회담에서 주요 현안이 극적으로 타결되어 금강산에서 장성급 군사회담이 개최되었다(2004.5.26).

회담이 지속되면서 서해상의 우발적 충돌방지를 위한 국제상선 공통망 활용, 불법조업선박 정보교환을 비롯하여 군사분계선 지역에서의 선전활동 중지 및 선전 수단 제거를 위한 방법 시기 등을 합의하였다. 양측은 '서해 해상에서 우발적 충돌 방지와 군사분계선 지역에서의 선전활동 중지 및 선전 수단 제거에 관한 합의서'(6·4 합의서)를 발효시켰다(2004.6.4). 그리고 6월에는 실무대표 회담을 통하여 상기 합의서의 구체적 조치에 합의하고 부속합의서를 채택하였다.

<〈「6·4 합의서」주요내용〉

■ 서해해상에서 우발적 충돌방지

① 서해에서 함정이 서로 대치하지 않도록 철저히 통제

② 함정과 선박에 대한 물리적 행위 금지

③ 쌍방 함정간 교신시 국제상선 공통망 활용

④ 기류 및 발광신호 규정 제정

⑤ 제3국 불법조업선박의 통행 관련 정보교환

⑥ 2004.8.15까지 서해통신연락소 설치

■ 군사분계선 지역에서의 선전활동 중지 및 선전수단 제거

① 2004.6.15부터 군사분계선지역에서 방송과 게시물, 전단 등을 통한 모든 선전활동 중지

② 2004.8.15까지 군사분계선 지역에서 모든 선전수단을 3단계로 나누어 제거

③ 단계별 선전수단 제거가 완료되면 그 결과를 상대측에 통보, 각각 상대측의 제거결과를 자기측 지역에서 감시하여 확인하되, 필요시 상호검증도 가능

④ 단계별 선전수단 제거가 완료되면 그 결과를 언론에 공개

⑤ 향후 선전수단 재설치 및 선전활동 재개 금지

이렇게 군사적 긴장완화를 향한 장성급 회담이 진행되고 여러 가지 군사적 긴장완화 조치가 추진되었지만, 2004년 하반기부터 다시 남북관계는 냉각되었다. 즉, 2004년은 김일성 주석 사망 10돌 조문단의 방북 무산(2004.7.8)과 탈북자 대량 입국(2004.7.27~28)으로 북측이 남북관계 발전에 의구심을 보이기 시작했다. 특히 탈북자의 한국 이송은 북의 체제를 위협하는 것으로 인식했다. 북측은 이미 2004년 1월의 문익환 목사 10주기 기념행사(2004.1.16~19)에 민화협 주진구 부회장을 비롯하여 7명의 추모단을 보내 애도의 뜻을 표한 바 있는데, 이를 김일성 주석 사망 10주기에 조문해야 할 일종의 '빚'으로 생각하였다. 그러나 조문단의 방북이 무산되자 북측은 제5차 남북해운협력실무접촉(2004.7.13 예정) 및 장성급 군사회담 제3

차 실무대표회담(7.19 예정), 장관급 회담(8.3 예정), 제10차 경추위(9.1 예정) 등을 전면 보이콧하였다.

또한 북미 간의 불화로 6자회담은 교착 상태에 처했다. 2004년 6월에 개최된 제3차 6자회담에서는 북미 모두 북핵 문제에 대한 적극적인 해결의지가 보였으나 핵 폐기의 범위, 고농축우라늄(HEU) 문제, 검증 방법 등에서 견해차가 컸다. 특히 「북한 인권법」(2004.10.18)이 미 하원을 통과하고 대량살상무기 확산방지구상(PSI) 문제 등으로 북미관계가 다시 경직되었다. 2005년 1월에는 미국의 라이스 국무장관이 북한을 '폭정의 전초기지'라고 발언하여 물의가 빚어졌다. 이에 대응하여 북측은 2005년 2월 10일 외무성 대변인 성명을 통하여 핵보유 사실을 시인하고 6자회담 무기한 참가 연기를 통보했으며, 5월 11일에는 8,000개의 핵 연료봉을 추출하여 플루토늄을 생산할 것이라고 주장했다.

이리하여 2005년 6월까지 사실상 남북대화 및 6자회담이 중단되었다. 이렇게 당국간 대화가 어려워졌지만 빈번한 민간 교류를 통해서 어려운 관계가 점차 용융되었다. 남북관계가 본격적인 경색국면에 접어들기 직전인 2004년 6월 14일부터 17일 사이에 인천에서 개최된 6·15공동선언 발표 4주년 기념행사는 민간차원의 남북공동행사가 지방에서 처음 개최되는 사례였다. 또한 7월에는 남북 교사들의 교류행사, 8월에는 아테네 올림픽에서 남북한이 공동 입장하였으며, 11월에는 민족공동위원회 결성을 위한 준비회의가 개최되었다. 또한 조계종이 추진하는 금강산 신계사 복원사업과 대웅전 낙성식이 있었다(2004.11). 그리고 2005년 2월에는 남북의 국어학자들이 겨레말큰사전 편찬위원회 결성식을 개최하였다. 민간차원에서 주도한 6·15 4주년 행사에는 남북예술공연과 6.15km 통일마라톤대회가 함께 열리기도 하여 인천시민들도 적극적으로 참여하였다. 또한 경의선·동해선 도로연결공사가 착실히 진행되었고, 가능한 구간의 철도 시범운행에 필요한 공사를 완료하였다. 이어서 6·15공동선언 5주년 기념 통일대축전을 준비하기 위한 공동위원회가 평양에서 결성되었고(2005.3.3~5) 이는 당국간 대화의 물꼬를 트는 역할을 했다.

이에 남북 차관급 회담(2005.5.16~19)이 성사되었고, 2005년 6월 15일에 '6·15통일대축전'이 평양에서 열렸다. 이 행사는 처음 민간에서 시작하였으나 남북 당국이 처음으로 함께 하는 축전으로 남북교류의 새로운 장을 연 것이었다. 6월 14일, 남측 대표단 300명과 해외대표단 100명이 평양 시내에서 민족통일대행진을 하는 동안 연도에는 10만 이상의 평양시민들이 대표단을 환영하였다. 6월 15일에는 평양 4·25 문화회관에서 민족통일대회가 개최되어 공동선언 이행과 조국통일을 향한 전민족의 결심을 담은 민족통일선언문을 채택하였다.

이 기간 동안 정동영 통일부 장관은 대북 특사 자격으로 김정일 위원장과 면담(2005.6.17)하여 '핵문제의 평화적 해결의지 및 한반도 평화증진과 남북관계 발전'에 관한 노무현 대통령의 메시지를 전달하였다. 이에 김정일 위원장은 "한반도 비핵화는 고 김일성 주석의 유훈으로 여전히 유효하며, 북한은 핵무기를 가져야 할 이유가 없지만, 다만 미국이 업수이 보기 때문에 자위적 차원에서 그리 했다"고 밝혔다. 따라서 미국이 북한을 인정하고 존중한다면 7월 중에라도 6자회담에 복귀하겠다고 했다. 나아가 핵물질 이전 금지는 물론 핵문제 해결시 NPT 복귀 및 IAEA(국제원자력기구)의 철저한 사찰을 수용하겠다고 언급하였다. 아울러 북미 수교가 이뤄지면 장거리 미사일조차 폐기할 용의가 있음을 표명하였다. 그리하여 제3차 6자회담(2004.6.23~26) 이후 13개월 동안 중단되었던 6자회담이 재개되었다. 또한 6·17면담에서는 2004년 하반기부터 중단되었던 이산가족 상봉을 조속히 재개하는 한편 첨단 IT 기술을 활용한 화상상봉 방식을 도입하여 광복 60주년인 2005년 8월 15일부터 실시하기로 합의하였다.

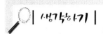| 생각하기 |

    역사적 진실이란 무엇일까. 역사에 대한 강의를 하면서도 늘 역사란 무엇인가에 대한 판에 박힌 논의밖에 할 수 없었다. 그동안 모범 답안에 의하면 그저 역사란 '인류생활의 과거에 일어난 일'이거나 '모든 역사는 현재의 역사'라는 두 가지 경향이다. 이렇게 놓고 보면 역사란 전자의 경우는 각 시대별 단계의 역사적 사건의 순수한 복원을 말하는 것과 같고, 후자는 현재의 문제를 해결하기 위한 실천적 시각으로서의 과거사의 연구라고 볼 수 있다. 이에 전자는 보수적인 뉴라이트 역사학의 관점에서 애용되는 것이고, 물론 식민지 시대 친일 역사가의 그것과 유사하다. 그리고 후자는 소위 현실참여적인 역사학, 통일지향의 역사학에서 말하는 것과 같다. 이처럼 거대한 시대의 흐름에 대한 두 가지 상반된 인식이 난무하는 데서 정작 실종되는 것은 역사의 '진실'이다.

    우리가 살면서 경험한 것들이 역사의 진실에 가깝다고 말할 수는 없다. 백문이 불여일견이라는 말이 있듯이, 내가 현재 살고 있는 현재에 대해선 '지금 살고 있는 우리가 가장 잘 안다는 것인가?' 그 대답은 '그렇지 않다'이다. 그렇다면 역사적 진실은 어디에 있는가. 왜 역사적 진실은 먼 훗날이 되어야만 진실의 모습을 보이게 되는가. 그것은 현대사 연구(박사학위 논문 기준)가 아직도 1960년대 이상으로 올라오지 못하는 이유이면서, 역사가 왜 필요한가를 말하는 중요한 단서이다.

    역사적 진실은 잘 보이지 않는다. 그것이 비록 스스로 경험했다고 하더라도, 역사적 사실에 대한 직설적이고 객관적인 복원은 사실상 불가능하다. 왜냐하면 당대에 살고 있다 하더라도 그 사람은 '진실'을 깨닫기 어려운 경우가 많기 때문이다. 나뭇가지에 달린 수많은 나뭇잎들은 주변의 나뭇잎의 우연적이고 임의적인 좌충우돌 삶의 깊이에 얽매여 있다. 마찬가지로 사람도 바글바글한 나뭇잎들처럼 좌충우돌하는 삶에서 벗어나 자신의 삶을 규정하는 나뭇가지와 둥지 모습을 정확히 보기 힘들다.

사실 우리는 사회생활을 하면서 그저 돈 벌고 밥 먹고 잠자는 일들을 반복하는 듯 보이지만 구석구석 여러 가지 사회 속에 내재하는 개념과 상징, 그리고 다양한 삶의 지향이나 각종의 논리나 염원, 여망과 같은 감각에 좌우되기 일쑤이다. 즉, 누구나 가지는 자기의 추상능력과 상징능력이 사회에 대한 자신의 고유한 이해와 자신에 대한 존재감을 형성하며 그럴 경우 이미 무념무상의 사회상은 존재하지 않고 개념과 자신의 스펙트럼이 반영된 사회와 인간관계만 보이게 된다. 이 말은 바로 파시즘체제하에 살던 국민들이 아편을 맞은 듯 신들린 군국주의자들에게 열광하게 된 이유이다. 그리고 자본주의에 찌든 사람들이 본능적으로 사회주의에 대한 메카시즘의 시각으로 무장하여 붉은 색만 보아도 빨갱이를 연상하는 이치와 같다.

어쩌면 우리 모두에 해당되는 이야기겠지만, 나무잎과 같이 우연적인 임의의 삶속에 사는 사람들은 나뭇가지와 둥지가 곧게 자라 하늘로 올라가서 전체적 구조와 체계, 그리고 필연성과 논리를 만들어가는 것은 등한시하기 쉽다. 역사적 진실이 제대로 보이지 않는 것은 바로 진실이 움직이고 흔들리는 시간과 공간 축소의 어느 좌표에 존재하기 때문이다. 따라서 만약 역사적 진실이 수학적 차원에서 설명이 가능하고 어떤 사건이 절대적인 수치로서 배열된 X축(공간)과 Y축(시간)의 도표상에 정확히 표시할 수 있다면 그것을 추적하기 쉬울 것이고, 굳이 역사학자가 필요 없을 것이다.

문제는 진실이 시공간이라는 두 축에 존재하되, 그 두 축은 절대적으로 고정된 것이 아니라는 점이다. 인간을 둘러싼 다양한 상징체계, 감각, 관습, 이해관계, 환경, 개념, 염원, 종교적 감성 등 환경의 영향으로 늘 축 자체가 요동치고 있다는 것이다. 마치 파도치는 배 위에서 파도 위에 놓인 사과를 활로 쏘아 맞추는 것이 역사공부이다. 그렇기에 '흔들리는' 시공간의 축 속에 어느 지점엔가 존재하는 역사적 진실은 가물가물하여 금방 파악하기 어려운 경우가 많다.

그러므로 우리는 역사적 진실을 추구할 때 다시금 생각해야 할 대목이 있다. 그것은 역사의 진실이란 결코 획일적 이념이나 몰가치한 복원 일변도의 추구에서는 보이지 않는 사물과 사건에 내재하는 사회적 의미라는 점이다. 나아가 역사적 진실은 스스로 인간의 고급추상과 이해관계, 그리고 논리와 다양한 개념의 복합에서 발생하는 것이라 맨눈으로 그냥 보아서는 보이지 않는다. 맨눈 즉 실증 일변도의 눈으로 그냥 보다보면 오히려 역사는 왜곡된다. 당대 여론을 그냥 보면 신탁통치는 반대해야 진정 민족을 위한 것인 듯하고, 미국을 경계하면 좌익으로 보이며, 한일합방 문제는 융회 황제의 도장이 찍힌 국가 간의 정식 문서일 뿐일 것이다. 그리고 독도 관련 자료는 일본에 많으며, 박정희만이 유일하게 우리나라를 먹고 살게 한 반공과 건설의 대통령일 것이다.

일제침략을 말하면서 표면적인 진실에 대한 접근만 고려하는 듯하고, 북한에 대해서도 겉으로 드러난 그들의 문제점에 대한 비난이나 분석에 치중할 때가 많다. 역사적 진실은 그래서 '인간 내면성에 비치는 외면성의 그림자'라는 말처럼 외면적 실체의 내면적인 의미를 추구하는 데서 나온다. 그 그림자는 단순한 역사적 사실 자체의 반영이 아니라 그 사실에 대한 각각의 의식과 고민 그리고 다양한 이해관계의 반영이다. 그래서 다양한 스펙트럼과 이념의 실험을 통하여 현미경의 줌과 역사적 진실이 광학기계의 초점처럼 합치될 때 즉, 인간사의 여러 사건과 맞아 들어가는 그 순간이 바로 역사적 진실이 발견되는 모습이다. 이것을 위해선 진실을 향한 다양한 이념이 과거 역사에 투영되어야 하고, 색안경을 통하여 진실에 접근하는 길을 열어야 한다. 이것이 역사의 아이러니이다.

요즘 역사학자가 아닌 연구가들이 단편적인 지식으로 식민지는 일제에 의해 근대화되었고, 대한민국은 친미반공이 국시이며, 빈익빈 부익부는 천부의 철칙이라는 주장을 펼쳐 내심 참으로 놀랍고 개탄스럽다. 하지만 그에 대한 진정한 역사학자의 대응은 또 다른 대립각을 세운 이념 공세로 나타나서는 결코 안될 것이다. 그들의 실증적 연구 성과를 역사라는 종합적 틀에서 취사선택함으로써 역사가 종합적 학문이고, 다양한 틀의 실험 속에서 요동치는 역사적 진실의 좌표에 접근하는데 기여하도록 유도하는 것이 우선이다. 그래야 뉴 라이트의 북한적대론이나 반공 매카시즘에 대한 대중적 경각심을 높여가고, 그들의 헛된 종교적 열망을 잠재우게 할 것이다. 50년 전 아무도 신돈을 혁명가로 보지 않았지만 다양한 시각들이 경합하고 논의한 결과, 이제는 요승이 아니라 혁명가의 모습으로 등장하고 있다. 이처럼 모든 것은 진실을 향해 나아가는데 기여하는 것이며, 이에 공존하고 합의하기 위한 노력을 요구한다.

역사학자로서 예측하건데, 그러한 진실을 향한 수많은 노력이 모인다면 언제가는 친일반공주의자들이 조국의 해방과 민족 통일을 고민했던 많은 사람들을 일방적으로 빨갱이라고 몰아 억압하고 사회의 부를 독점하여 오늘까지 이르렀다는 잘못된 역사에 종지부를 찍을 수 있을 것이다. 뉴 라이트류의 변종 역사학이 스스로 고립된 이념의 틀 안에서 마치 진실의 수학적 좌표를 얻은 것처럼 주장한다고 하더라도, 진정 바른 역사학자는 요동치는 시공간의 틀 속에서 가물거리는 역사적 진실을 향해 다양한 개념적, 이념적 실험을 수행하고, 그럼에도 어느 특정 이념에 정체하지 않는 자세로 나아갈 필요가 있다.

6·15 민족통일대축전이 진행되고 있다. 우리가 어떤 이념의 볼모가 아니라 역사적 진실의 진정한 숭배자가 되려 한다면 해방 이후 우리 스스로 자행했던 우리와 우리 이웃에 대한 역사적 과오를 겸손히 반성하는데 인색해선 안 된다. 그래야 우리 역사학이 뉴 라이트 계열의 변종 역사학조차 포용하는 마음에서 역사적 진실이 열리듯이, 포용을 바탕으로 한 상대에 대한 이해가 진정한 남북 관계를 만들고, 남북의 신뢰와 공존 가능성을 키울 것이다. 서로 이해할 수 없는 언술의 격차에도 불구하고, 그것으로 적대와 반목을 이어가지 않고서 포용하는 것, 이것이 진정 대한민국을 사랑하는 사람이 북한을 바라보는 올바른 태도일 것이다.

■ 돌이킬 수 없는 고개 길을 넘어

정동영 특사 방북 이후 남북 당국자간 대화도 재개되었다. 먼저 공전되었던 제15차 남북장관급 회담(2005.6.21~24)에서는 우선 북측이 한반도 비핵화는 김일성 주석의 유훈으로 최종목표라는 입장을 재차 표명하였다. 그리고 양측은 남북장관급회담을 분기별로 정례화하며, 북한의 식량난을 근본적으로 해결하고, 서해 평화정착 및 수산협력을 구체적으로 추진하기 위해 농업협력위원회와 수산협력실무협의회를 개최키로 하였다. 또한 이산가족 상봉을 재개하여 8월 26일 실시하며, 금강산 면회소 건립 및 8.15 계기 이산가족 화상상봉 시범실시 등 인도주의적 현안해결에도 합의하였다.

〈9·19 공동성명 주요 내용〉

■ 1조 : 북핵 폐기 및 북한의 안보 우려 해소
  − 북한은 모든 핵무기와 현존 핵 프로그램 포기, NPT 및 IAEA 안전조치로의 조속한 복귀 공약
  − 미국은 핵무기 혹은 재래무기에 의한 대북 공격·침공 의사 불보유 확인
  − 남한 내 핵무기 부재 확인
  − 북한은 평화적 핵이용 권리 보유, 여타국은 이를 존중하고 적절한 시기에 경수로 제공문제 논의에 동의
■ 2조 : 관계정상화
  − 미·북간 상호 주권존중, 평화적 공존, 관계정상화 조치
  − 일·북 관계정상화 조치
■ 3조 : 대북 국제적 지원
  − 에너지, 교역 및 투자 분야 경제협력 증진
  − 대(對)북한 에너지 지원 제공 용의 표명
  − 한국은 2백만kw 전력공급 제안 재확인
■ 4조 : 한반도 및 동북아 안정과 평화 비전 제시
  − 직접 당사국들간 별도 포럼에서 한반도 평화체제 협상 개최
  − 동북아 안보협력 증진 방안 모색
■ 5조 : 이행 원칙
  − '공약 대 공약', '행동 대 행동'원칙에 입각, 단계적으로 상호 조율된 조치
■ 6조 : 차기 회담(11월 초 베이징)

　아울러 을사조약 날조 100년을 계기로 남북이 공동으로 이 조약의 원천 무효를 확인하며, 북관대첩비 반환 및 안중근 의사 유해 공동발굴사업 추진에 합의하였다. 그동안 껄끄로웠던 납북자 및 국군포로 문제에 대해서도 북측에 촉구하여 이후 적십자회담에서 '전쟁 시기 생사를 알 수 없게 된 사람'들의 생사확인을 진행하도록 했다. 이처럼 성공적인 6·17평양면담을 가

져온 6 · 15 통일대축전에 이어 서울에서 8 · 15민족대축전(2005.8.14~17)
이 개최되었다.

6 · 17면담으로 개최된 제4차 1단계 6자회담(2005.7.26~8.7)에서는 한반도 비핵화 목표에 합의하였으나 평화적 핵이용권 문제로 최종합의에 이르지 못했고, 제4차 2단계 6자회담(2005.9.13~9.19)에서 비로소 한반도 비핵화의 목표와 원칙에 합의함으로써 북핵 문제 해결의 돌파구인「9.19 공동성명」이 채택되었다.

본성명의 발표전에 평양에서 열린 제16차 남북장관급회담(9.13~9.16)에서도 남측이 미국과 일본의 대북 메시지를 전달하여 6자회담 타결에 측면 지원했으며, 남북간 경제사회분야 교류협력의 성과를 바탕으로 군사적 긴장완화조치 및 군사당국자간 대화 등 한반도 평화정착을 위한 본격적인

〈국립현충원을 참배하는 북측 815민족대축전 대표단〉

협력조치를 제의하였다. 본 회담의 합의에 따라 제12차 이산가족 상봉행사(11.5~10) 및 제2 · 3차 화상상봉(11.25~26, 12.8~29)도 진행되었다.

「9 · 19 공동성명」의 구체적 이행을 위해 제5차 1단계 6자회담(2005.11.9~11)가 개최되었는데, 방콕델타아시아은행(BDA) 문제가 발목을 잡았다. 곧이어 개최된 제17차 남북장관급회담(2005.12.13~16)에서는 국군포로 · 납북자 · 이산가족 문제 등이 의제가 되었고,「9 · 19 공동성명」의 조속한 이행과 군사당국자회담의 조속한 개최에 합의하였다. 이런 흐름은 2006년도 상반기까지 안정적으로 유지되었다. 제18차 남북장관급회담(4.21~24)에서는 한반도 평화의

제도화, 호혜적 경협구조 창출, 인도주의 문제 해결 및 남북협력의 저변확대 등이 논의되었고, 여기서 정부는 6자회담 재개가 지연되는 상황에서 한반도 평화정착을 위해 북한의 6자회담 복귀와 9 · 19 공동성명의 조속한 이행을 통한 북핵문제의 평화적 해결이 중요하다는 점을 설득하였다. 군사 분야에서 는 제3차 장성급 군사회담(2006.3.2~3)가 개최 되어 서해상 평화정착 문제를 협의하였으나 의견차가 컸고, 5월 16일부터 18일까지 제4차 장성급 군사회담(2006.5.16~18)에서도 의견차를 좁히지 못했다.

〈화상상봉 실시현황〉

구분	생사확인자 수	상봉자 수	사진교환 수
1차 (05.8.15)	※ 총 1,140명 - 생존 871명, 사망 327명	※ 총 40가족, 215명 - 남145명, 북70명	
2차 (05.11.24~25)	※ 총 1,198명 - 생존 871명, 사망 327명	※ 총 79가족, 547명 - 남333명, 북214명	※ 총 665매 - 남272매, 북393매
3차 (05.12.8~9)		※ 총 80가족, 561명 - 남324명, 북237명	※ 총 791매 - 남312매, 북479매
4차 (06.2.27~28)	※ 총 1,303명 - 생존 644명, 사망 659명	※ 총 80가족, 553명 - 남334명, 북219명	※ 총 789매 - 남340매, 북449매
5차 (07.3.27~29)	※ 총 3,242명 - 생존 1,523명, 사망 1,719명	※ 총 120가족, 819명 - 남389명, 북430명	※ 총 1,088매 - 남449매, 북639매
6차 (07.8.13~14)		※ 총 80가족, 550명 - 남258명, 북292명	※ 총 869매 - 남469매, 북400매
7차 (07.11.14~15)	※ 총 1,089명 - 생존 629명, 사망 460명	※ 총 78가족, 503명 - 남238명, 북265명	※ 총 576매 - 남338매, 북238매
총계	■ 총 7,972명 - 생존 4,300명, 사망 3,672명	■ 총 557가족, 3,748명 - 남1,767명, 북1,981명	■ 총 4,778매 - 남2,180매, 북2,598매

<이산가족상봉행사 실시 현황>

('07.11 현재)

차수	방식	총 상봉자	비고(동반가족)
1~5차(00.8~02.12)	금강산 순차상봉	1,000가족 5,360명	
6차(03.2.20~25)	금강산 순차상봉	198가족 850명	
7차(03.6.27~7.2)	금강산 순차상봉	200가족 899명	10명
8차(03.9.20~25)	금강산 순차상봉	200가족 942명	43명
9차(04.3.29~4.3)	금강산 순차상봉	200가족 969명	47명
10차(04.7.11~16)	금강산 순차상봉	200가족 957명	49명
11차(05.8.26~31)	금강산 순차상봉	199가족 908명	46명
12차(05.11.5~10)	금강산 순차상봉	199가족 903명	44명
13차(06.3.20~25)	금강산 순차상봉	199가족 907명	49명
14차(06.6.19~30)	금강산 순차상봉	392가족 1,775명	96명
15차(07.5.9~14)	금강산 순차상봉	198가족 910명	49명
16차(07.10.17~22)	금강산 순차상봉	190가족 831명	29명
총계		3,376가족 16,211명	

제17차 남북장관급회담 합의에 따라 개최된 제7차 남북적십자회담
(2006.2.21~23)에서는 북측이 그동안 부정해오던 전쟁 이후 시기 행방불
명자 문제를 이산가족 문제에 포함시켜 해결하기로 합의하였다. 이 회담의
결과로 제13 · 14차 이산가족 상봉(2006.3.20~25, 6.19~30)이 실시되었
는데, 제14차 상봉(6.15 특별상봉행사, 6.19~30, 금강산)규모는 납북된 것
으로 추정되는 일본인 요코다 메구미의 남편이자 1978년 8월 6일 군산 선
유도에서 납북된 고교생 김영남을 포함하여 400명에 달했다. 종전의 두배

에 달하는 인원이었다. 그런데 제20차 남북간 장관급 회담에서는 18차 회담에서 사실상 합의가 되었던 당국에 의한 납북자, 국군포로문제 해결원칙이 다시 이산가족 문제로 환원되고 말았다.

2006년의 6·15 민족통일대축전(2006.6.14~17)은 전남 광주에서 진행되었다. 이때 북측 안경호 민간대표단 단장이 한나라당을 비난하는 파문이 있었다. 그러나 제18차 남북장관급 회담에서는 국군포로·납북자 문제에 대한 당국 차원의 해결 노력에 합의하였다.

■ 북측의 핵 실험

BDA 문제로 북핵문제 해결이 교착상태를 벗어나지 못하고 있는 상황에서 북측은 2006년 7월 5일 대포동 미사일 1기를 포함한 7기의 미사일을 발사하였다. 이에 제19차 장관급회담(7.11)에서는 북측의 미사일 발사문제와 6자회담 복귀 문제를 핵심의제로 삼았으나 북측은 장관급회담은 군사회담이 아니기 때문에 논의할 사안이 아니라고 주장하고 쌀 50만 톤 차관제공 문제만 협의하자고 했다. 이때 유엔은 안보리를 소집하여 북한의 미사일발사를 규탄하고 북한에 대한 미사일 및 대량살상무기 관련 물자와 재정적 지원을 금지하는 안보리 결의 제1695호를 안보리 15개 이사국의 만장일치로 채택하였다.

그러나 북측은 2006년 10월 3일 외무성 성명을 통해 핵실험 실시계획을 발표하고 뒤이어 10월 9일 핵실험을 감행하였다. 유엔은 재차 안보리를 소집하여 미사일·여타 대량 살상무기 관련 품목, 기술 및 자산의 거래와 이전을 금지하는 안보리 결의 제1718호를 만장일치로 채택하였다. 남측은 안보리 결의 이행계획을 담은 안보리 결의 이행계획보고서를 만들어 유엔안보리 제재위원회에 제출하였다(2006.11.13). 또한 북측의 미사일 발사로 인해 정부가 취했던 당국 차원의 쌀 및 비료 지원을 유보하기로 하고, 개성공단 1단계 2차 분양도 보류하기로 하였다. 남측이 쌀 50만 톤 제공을 유보하자 북측은 이산가족 상봉 중단 및 금강산 이산가족면회소 건설인력 철수 등으로 대응하여 남북관계는 다시 경색되었다. 뿐만 아니라 경공업 및 지하자원 개발협력의 이행 지연, 북한 지역 철도 연결을 위한 자재제공 중단 등 남북 당국이 합의한 경제협력사업도 차질을 빚었다.

긴장국면으로 치닫던 북핵 문제는 베이징에서 북·미·중 6자회담 수석대표 접촉(2006.10.31)을 통해 6자회담 재개에 합의함으로써 해결 가능성이 열렸다. 이를 계기로 제5차 6자회담 3단계 회의를 통해 북한 핵문제에 관한 '9·19 공동성명 이행을 위한 초기조치'(2007.2.13)에 합의하기에 이르렀다(2·13합의). 따라서 남북관계도 제20차 남북장관급회담(2007.2.27, 평양)을 기점으로 회복되었다. 이후 북측의 2·13합의 이행 문제와 남측의 쌀 50만 톤 제공 시기 문제를 쟁점으로 한 제21차 장관급회담(2007.5. 29~6.1)이 있었으나 성과 없이 끝났다. 하지만 다시 8월 10일 남북정상회담을 합의함으로써 남북관계는 다시 진전되었다.

■ 사회·문화 교류의 다양화

2004년 하반기 이후 10개월간 경색되었던 남북교류는 남북관계 복원으로 봇물 터지듯 폭발적으로 증가하였다. 2005년 사회문화교류를 위해 남북을 왕래한 인원은 2004년 3,557명의 3배인 10,777명으로 크게 증가하였다. 사회문화 협력사업 승인 건수도 47건으로 전년도의 16건에 비해 크게 늘었다. 특히 9월과 10월에는 7,300여 명의 남측 주민이 아리랑공연 참관을 위해 평양을 방문하는 기록을 세우기도 하였다.

노무현 정부시기에도 정치 분야에서 남측 특정정당의 북측 정당과의 교류는 제대로 실현되지 못했지만, 2005년 민주노동당이 김혜경 대표를 포함한 20명의 대표단을 평양에 파견하였다. 그런데 방문제한지역인 북한의 애국열사릉을 방문함으로써 국내에서 보수와 진보 간의 갈등이 촉발되었다. 대중문화 분야에서는 가수 조용필의 평양 공연(2005.8.23)이 있었고, 남북 교류 사상 최초로 북한의 무용수 조명애가 한국의 이효리와 함께 TV 광고 모델로 출연하기도 했다.

2005년 8월 말에는 분단 이후 처음으로 남북 공동마라톤대회가 평양에서 개최되어, 남북 선수들이 함께 평양 시내를 달렸다. 2004년 10월 중국 심양대회부터 시작된 남북 간의 권투대회는 2005년 3월(심양), 6월(평양 1차), 10월(평양 2차), 2006년 6월(금강산)에 이어 2007년 10월 개성에서 개최되었다. 특히 류경 정주영체육관에서 개최된 두 차례의 평양대회에는 각각 1만 명이 넘는 관중이 운집한 가운데, 미국 선수도 참가하여 북한 지역에서 최초로 미국기가 게양되기도 하였다. 남북 태권도부분 협력차원에서 남측이 주도하는 세계태권도연맹(WTF)과 북측이 주도하는 국제태권도연맹(ITF)간 협력을 위해 4차례(2004.6, 2005.8, 2006.2, 2006.11) 실무접촉을 진행하였다. 또한 세계태권도연맹과 국제태권도연맹 간의 통합조정위원회 제1차 본회의를 2007년 3월 31일 북경에서 개최하였다. 그리고 국제태권도연맹 서울지부 창립식 행사 참석차 북측 태권도 시범단 일행 48명이 방문하여(2007.4.6~9) 서울과 춘천에서 태권도 시범행사를 했다.

이어서 2007년 8월 7일에는 한국에서 열리는 2007 FIFA청소년(U-17) 월드컵대회에 참가하고자 북한대표팀 31명이 입국하여 전남 광양에서 전지훈련하였다. 본 대회 이전인 2007년 4월에는 남측 남북체육교류협회와 북측 4·25체육단이 '남북 유소년축구팀 상호교환경기'를 향후 5년간 매년 상·하반기에 각각 1회씩 남북왕래 형식으로 진행하는 것에 합의하였다. 이 사업의 일환으로 북측 15세 이하 유소년팀 34명 및 26명이 2007년 6월 1일부터 6월 14일까지, 10월 13일부터 10월 25일까지 전남 강진에서 남측 중등연맹 등과 친선경기를 하였고, 남측은 2007년 6월 23일부터 7월 3일까지 12세 이하 유소년팀 26명이 평양에서 북측과 친선경기를 가졌다.

역사학계에서는 중국 여순 감옥에서 순직한 안중근 의사의 유해를 봉환하기 위해 남북이 4차례 실무접촉을 가졌고, 2006년 6월에는 남북이 공동으로 중국 현지의 유해매장 추정지에 대한 공동조사를 실시했다. 이어서 2007년 4월 10일 남북이 공동으로 발굴에 착수하기로 합의하였다. 그리고 북한 개성지구 역사유적의 세계문화유산 등록을 위해 2007년 5월 개성 만월대에 대한 남북공동발굴조사를 실시하였고, 계속해서 개성 역사유적 보존사업을 추진하기로 했다. 분단으로 이질화된 남북의 언어를 정비하기 위한 「겨레말 큰 사전 편찬사업」은 2007년 4월까지 9차례의 편찬회의를 개최하고 공동언어조사 및 연구를 진행하고 있다.

■ 제2차 남북 정상의 만남

'2·13 합의' 이후 2007년 3월 뉴욕에서 개최된 북미 관계 정상화 실무그룹회의에서 BDA 문제, 테러지원국 해제, 고농축 우라늄(HEU) 문제 등 폭넓은 사안이 다루어졌다. 몇 차례의 공전 끝에 2007년 4월 미국의 북한 자금 동결을 해제한다는 발표가 있었고, 6월에 마침내 BDA 문제가 해결되었다. BDA 문제가 해결되자 북측은 즉각 감시·검증 준비를 위한 IAEA 실무단을 초청하였고, 이에 따라 남측은 중유 5만 톤을 북측에 지원하였다.

BDA 문제 등 '2·13 합의'의 초기단계 조치가 완료되자, 2007년 6월에는 크리스토퍼 힐 6자회담 미국측 수석대표가 방북하고, IAEA의 올리 하이노넨 사무차장 등 실무대표단이 방북하여 영변 5MWe 원자로, 방사화학실험실, 영변 50MWe 원자로, 태천 200MWe 원자로, 핵연료 제조공장에 대한 사찰을 합의하였다. 2007년 7월 남측의 중유 5만t 지원이 개시되자, 북측은 영변 핵시설의 가동 중단을 정식으로 발표하였고, IAEA의 사찰관도 이를 공식 확인함으로써 '2·13 합의'의 초기 단계 조치는 완전히 이행되었다.

2007년 9월에 개최된 북미 관계정상화 실무그룹회의에서 북측은 연말까지 핵프로그램 신고 및 핵시설 불능화를 완료하겠다는 의지를 표명하였고, 미·중·러 북핵 불능화 기술팀의 방북에 동의하였다. 이 기술팀은 9월에 방북해 영변 핵시설을 시찰하고 구체적인 불능화 방안을 마련하였다. 곧바로 9월 말 개최된 6자회담에서 각국 대표들은 북한 핵시설 불능화를 2007년 연말까지 완료하는 것을 주요 내용으로 하는 이른바 10·3 합의를 달성하였다. '10·3 합의'로 한반도 비핵화를 위한 6자회담은 또다시 탄력을 받았다.

2·13 합의 및 10·3합의 이후 남북관계도 재개되었다. 남북은 북측의 핵실험 이후 7개월만인 2007년 2월에 제20차 남북장관급회담을 개최하여 2·13합의의 원만한 이행과 상반기 내 열차시험운행 재개 등에 합의하였다. 또한 남북관계의 모든 문제들을 쌍방 당국간 회담을 통해 협의 해결하기도 하고 남북 당국의 6·15 및 8·15 민족통일대축전 적극 참가 등을 합의하였다. 인도적 사업재개와 이산가족 문제와 관련해서는 이산가족 화상상봉 및 상봉행사 실시, 이산가족 면회소 건설 관련 적십자 실무접촉 실시, 남북적십자 회담 개최 등에 대해 합의하였다. 또 남북경제협력 확대 발전을

위해 남북경제협력추진위원회 개최, 군사적 보장조치가 취해짐에 따라서 상반기내 열차시험운행 실시, 개성공단 건설 활성화와 필요한 제반조치 이행에도 합의하였다.

　2007년 4월에는 제13차 남북경제협력추진위원회를 열어 2006년 북측 군부가 독단적으로 무산시킨 경의선·동해선 열차 시험운행을 5월에 실시하고, 시험운행 이전에 군사적 보장조치를 취하기로 합의했다. 열차시험운행에 대한 군사적 보장조치를 논의하기 위해 남북은 2007년 5월 제5차 장성급 군사회담을 개최하였으며, 이 회담에서 일회성이기는 하지만 열차시험운행에 대한 군사보장 잠정합의서를 채택하였다.

〈경의선 남북철도 궤도 연결행사〉　　　　〈동해선 남북철도 궤도 연결행사〉

　이에 따라 2007년 5월 17일 남측의 경의선 '통일열차'는 문산역을 출발하여 북으로, 북측의 동해선 '통일열차'는 금강산역을 출발하여 남으로 각각 군사분계선을 통과하는 역사적인 열차 시험운행이 실현되었다. 시험운행에는 남측에서 100명, 북측에서 50명 등 모두 150명씩이 각각 탑승해 역사적인 순간을 함께 하였다. 또한 문산—봉동간 화물열차 정기운행에 합의하여 2007년 12월 11일부터 문산역과 판문역간 매일 1회 정기운행이 시작되었다.

<表> 남북철도도로 연결 구간

구분		남측구간	북측구간	총 연결구간
경의선	철도	문산-임진강-도라산 -군사분계선(12km)	개성-손하-관문 -군사분계선(15.3km)	27.3km
	도로	통일대교 북단 -군사분계선(5.1km)	개성-군사분계선(7km)	12.1km
동해선	철도	제진-군사분계선(7km)	금강산-삼일포-강호 -군사분계선(18.5km)	25.5km
	도로	송현리-군사분계선(4.2km)	북고성-군사분계선(20km)	24.2km

〈남방한계선을 통과하는 남측 열차〉　　〈제진역에 도착하는 북측 열차〉

이후 '2·13 합의' 초기 조치의 이행지연과 6자회담 틀에서의 대화가 중단된 상황 속에서도 제21차 남북장관급회담(2007.5.29~6.1)이 열렸으나 여러 여건상 구체적 합의 도출에는 이르지 못하였고 다만 남북관계 지속성을 확인하였다.

긴장된 북핵 정국 아래서도 북측은 지속적으로 북미간 평화협정 체결을 강조했다. 2005년 7월 9일에는 북측의 김계관 외무성 부상이 "북미관계가 적대관계가 아님을 증명하기 위해서는 평화협정이 체결되어야 한다"고 하고, 7월 22일 외무성 담화를 통해 "평화체제 수립은 비핵화 실현을 위해 반드시 거쳐야 할 노정"이라고 주장하였다. 또한 제4차 6자회담 1단계 회의(2005.7.26~8.7)에서도 "정전상태에서는 핵 포기가 불가능하며, 평화체제가 구축되어야 미국의 대북 적대정책이 철회된 것으로 인정가능"하다고 주장하는 등 평화협정 체결을 강하게 주장하였다.

　이 문제는 북측의 명분이 확실했기에 2005년 7월과 8월의 한미 외교장관회담에서도 미국 라이스 국무장관은 한반도 비핵화 달성시 평화체제 수립 필요성을 언급하였고 미국의 부시 대통령도 2006년 11월 APEC 한미 정상회담에서 북핵 폐기시 상응하는 조치로 대북경제지원, 체제안전보장 (security arrangements) 등 인센티브를 제공할 것이며, 여기에는 한국전쟁 공식 종료선언도 포함될 수 있다고 언급하였다. 이에 제4차 6자회담 2단계 회의(2007.9.13~19)에서 '직접 당사자들이 적절한 별도의 포럼을 통해 한반도 평화체제 문제를 논의'한다는 합의를 도출하게 되었다.

　이러한 평화체제 구축의 염원은 2007년 10월 남북정상선언에서 확고하게 천명되었다. 즉, "남과 북은 현 정전체제를 종식시키고 항구적인 평화체제를 구축해나가야 한다는데 인식을 같이 하고, 직접 관련된 3자 또는 4자 정상들이 한반도 지역에서 만나 종전을 선언하는 문제를 추진하기 위해 협력해 나가기로 하였다"(2007.10.4, 남북정상선언 4항). 더불어 9 · 19 공동성명과 2 · 13 합의가 순조롭게 이행되도록 노력하기로 했다. 이처럼 핵문제 진전으로 다시 한반도에 평화를 정착시킬 수 있는 기회가 다가오고 있었다.

　본래 노무현 대통령은 남북정상회담을 그 자체의 목적으로 삼지 않겠다는 언명을 자주 하였으며, 기본적으로 북핵문제를 풀고 남북 관계를 진전시키는 위에 그 가능성을 열어두도록 했다. 그러던 차에 2007년 8월 2일 10 · 3합의 이후 남북관계 진전 및 현안사항 협의를 위해 김만복 국가정보원장이 비공개로 방북했다. 이때 북측의 김양건 통전부장은 김정일 국방위원장의 위임에 따른 중대제안 형식으로 "8월 하순 평양에서 수뇌상봉을 개최하자"고 제의하면서 정상회담이 본격적으로 추진되었다. 이에 재차 방북한

국정원장은 노무현 대통령의 의중을 전달하고 남북정상회담을 8월 28~30일간 평양에서 개최하기로 합의했다.

그러나 정상회담 발표 이후 예상치 못한 집중호우로 인해 북한 지역에 많은 피해가 발생하였다. 특히 육로방북을 앞두고 개성과 평양 등의 피해가 심각하였다. 북측은 부득이 정상회담의 연기를 요청하였고, 남측은 북측의 피해상황을 감안하여 회담 일자를 10.2~4로 연기하기로 최종 합의하였다.

이에 정부는 유관부처 총괄협의체인 남북정상회담 추진위원회(위원장: 대통령 비서실장)와 준비기획단(단장: 통일부장관) 및 사무처(처장: 통일부차관)를 발족시켜 회담을 준비하는 한편, 남북정상회담의 사전실무접촉(8.14)으로 대표단 규모, 왕래절차, 체류일정 등을 논의하였다. 이어서 남북정상회담 자문위원단 간담회(2007.9.5)를 가지고, 선발대가 방북(9.18~10.1)하여 경호 · 의전 · 통신 · 보도 등 구체적인 절차를 협의하였다.

〈노무현 대통령 숙소를 방문한 김정일 위원장〉

마침내 10월 2일 노무현 대통령은 육로로 평양으로 출발하면서 "이번 정상회담에서는 한반도의 평화정착과 남북 간의 경제발전을 함께 가져갈 수 있는, 실질적이고 구체적인 진전을 이루는데 주력할 것"이라는 성명서를 발표했다. 남북정상회담 방북단은 대통령 부처를 비롯하여 수행원 150명(공식수행원 13명, 특별수행원 49명, 일반수행원 88명), 기자단 50명, 지원인원 100여 명 총 300명으로 구성되었다.

노무현 대통령 일행은 육로로 평양까지 가서 김정일 위원장과 회담하였다. 방북 성과는 '남북관계 발전과 평화번영을 위한 선언'(10 · 4선언)으로 정리되었다. 2000년 '6·15 남북공동선언'이 대립과 반목의 남북관계를 화해와 협력, 상호존중관계로 전환시켰다면 '2007 남북정상선언'은 화해협력과 상호존중을 토대로 남북이 '한반도 평화경제공동체'를 건설하기 위한 포괄적인 합의와 구체적인 방안을 담았다고 평가되었다.

대한상공회의소는 "북측 기반시설 확충, 자원개발 추진, 해주지역 경제특구 건설, 남포 조선협력단지 건설, 경의선 화물철도 운행, 3통 애로 해소를 위한 제도완비 등 구체적 현안들이 합의됨에 따라 향후 남북간의 경제협력 강화를 위한 여건이 개선되고, 실질적인 투자도 확대될 것으로 기대한다"고 밝혔고, 한국무역협회도 "서해평화협력지대, 공동어로, 조선협력단지, 북한 철도 및 도로 공동이용 등은 대북 교역업체가 지속적으로 건의한 숙원과제를 담은 합의이며, 남북관계를 획기적으로 발전시키게 될 것"이라고 언급하였다. 물론 일부 뉴 라이트 계열 및 국민들 사이에는 민주진보 진영이 사실상 다가오는 대통령 선거에서 패배가 자명해지자 이를 타개하기 위한 수단이라는 비판을 보냈지만 대체로 국민들은 정상회담을 지지하였다.

〈10.4 정상선언에 서명하는 노무현 대통령과 김정일 국방위원장〉

남북정상회담 이후 정부는 합의사항 이행을 위한 범정부적인 추진체계를 마련하여 정상선언 후속조치를 준비해 나갔다. 먼저 국무총리가 위원장이 되어 정상선언 이행을 총괄·조정하기 위한 2007 남북정상선언 이행 종합대책위를 구성하였고, 그 예하에 2007 남북정상선언이행 종합기획단(단장 : 통일부 장관)과 2007 남북정상선언이행 사무처(처장 : 통일부 차관)를 설치하였다.

정상선언에 따라 제1차 남북총리회담(2007.11.14~16, 서울)이 개최되었다. 총리회담에서는 8개 조 49개 항의 합의서를 채택하고 종료하였다. 특히 서해평화협력특별지대 추진위원회 및 남북경제협력공동위원회 구성·운영에 관한 합의서도 체결하였다. 경제 분야에서는 개성공단 3통 문제 등 경제협력 과정에서의 장애요인들을 극복해 나갈 것을 북측에 주문하였으며 경협의 폭을 자원개발, 농·수산, 보건의료, 과학기술 등의 분야로 확대하기로 합의했다.

제2차 남북국방장관회담(2007.11.27~29)에서는 군사적 보장문제를 협의하고 해결하는 성과가 마련되었다. 아울러 국방장관회담 산하에 군사공동위와 장성급회담, 군사실무회담 등 그동안 산

〈군사 분계선을 넘는 노무현 대통령 부부(2008.10.2)〉

발적으로 진행되어 왔던 군사분야의 대화를 체계화하기로 했다. 제9차 적십자회담(2007.11.28~30)에서는 두 정상이 합의한 이산가족 상봉확대를 위한 구체적 방안 마련을 협의했으며, 북한의 김양건 통전부장이 서울을 방문하여(2007.11.29~12.1) 통일부장관 및 국정원장과 정상선언 이행에 관한 논의를 진행하였다. 그리고 2007년 12월 5일에는 개성 본관광이 시작되었고, 12월 11일에는 남북 철도 연결의 성과를 체감할 수 있는 문산~봉동 간 철도화물 수송이 개시되었다.

이러한 남북대화와 교류의 활성화로 남북간 왕래 인원은 2003년 한해에 16,303명이었으나 2004년에는 26,534명, 2005년에는 88,341명 2006년에는 101,708명, 그리고 2007년 10월 말 118,208명에 달하고 있다. 2007년에는 하루 평균 2,300명 내외의 남측 주민이 북측에 체류하고 있는 상황이 되었다.

■ 이명박 정부 출범과 남북대화 경색

이명박 정부는 이미 대통령 인수위원회 시절부터 기존의 민주당 정부가 추진한 통일정책(햇볕정책)에 대한 전면적인 재검토를 공약으로 내걸었다. 기존의 정책은 원칙이 없고 일방적인 대북 유화정책이기에 이를 벗어나 북한의 실질적 변화를 유도하는 전략적인 '대북 개방정책'을 마련해야 한다는 것이다. 그리하여 취임하자마자 6·15 공동선언 및 10·4 정상선언의 계승을 거부하는 한편 1992년 남한과 합의한 '한반도 비핵화에 관한 공동선언'의 조속한 이행을 촉구하였다.

아울러 이명박 정부는 대북 굴욕외교의 본산이라고 하여 통일부 폐지를 결의했다. 하지만 통일부 폐지 문제는 여론의 질타에 밀려서 후퇴하였으며, 정상간 선언보다 장관급 선언(기본합의서)을 우선시하는 해프닝을 연출했을 뿐 아니라, 결국 김하남을 앞세워 북측의 인권 문제 등 민감한 사안을 건드리는 등 기왕의 10년 동안 쌓은 남북간의 신뢰체제를 위축시키고 남북 정권간의 대결 국면을 조장하는 상황으로 나아갔다. 특히 대북식량원조도 북측의 요청(구걸)을 기다려 시행할 것을 천명하는 등 인도주의 지원에서의 무조건적 성격이 강조되는 국제관례에 벗어난 정책을 추진하여 국내외로부터 질타를 받았다.

또한 새로운 남북관계 설정을 표방하면서 「비핵개방 3000」 방안을 제시하였다. 이 방안은 북측이 핵을 포기하고 미국과 일본과 수교하는 등 개방하면 300만 달러 이상 수출기업 100개 육성, 30만 산업인력 양성 지원, 400억 달러 상당 국제협력자금 조성, 신경의고속도로 건설, 식량 및 의료지원을 통한 절대빈곤 해소 등을 통해 10년 후 북한의 1인당 국민소득을 3,000달러로 만든다는 내용이었다. 이에 대한 북측의 반응은 냉담해서 '반북대결 국면을 조장하는 것'으로 이해되어 남북대화가 급속히 단절되었다. 그리하여 북핵 문제는 완전히 미국과 북한의 당사자 대화로 풀어야 될 과제로 전환되면서 북한 핵문제 해결에 남한의 역할이 부정되었고, 미국이 전적으로 북한과 외교적으로 소통하는 이른바 통미봉남의 외교형세가 촉발되었다. 이어서 이명박 정부는 개성공단 사업 대신에 한강 하구 모래톱에 인공섬을 지어 남측 자본과 북측 노동력을 결합하는 방안을 제시하면서 개성공단 사업의 가치를 폄훼하자 개성지역에 입주한 기업이 경제난에 처하는 등 남북 경협에도 악영향이 나타났다.

이처럼 2008년 2월에 출범한 이명박 정부의 통일 정책은 철저한 한미동맹을 기반으로 하여 북핵 문제의 해결을 전면에 내걸고 북한의 인권 문제를 이유로 대북 우위의 통일 헤게모니를 장악하겠다는 전략이었다. 이틈에 일부 한나라당 의원은「북한인권법」을 제정하고자 기도했다(2008.6.28). 그러나 이러한 움직임으로 남북관계는 오히려 경색되고 주변의 4강 외교는 정체되었다. 나아가 대북 문제에서 주도권을 완전히 상실하여 사실상 남북 화해와 신뢰축적의 역사적 흐름을 대결적 국면으로 되돌리는 상황으로 나아갔다.

이러한 상황에서 2008년 4월 말부터 개시된 미국산 쇠고기 수입 파동으로 촉발된 국민적 저항(촛불시위)이 반통일적 수구적 통일정책에 대한 저항으로 확장되는 도화선이 되었다. 이런 남북대화의 단점을 타개하고자 이명박 대통령은 2008년 7월 11일 제18대 국회 개원 연설에서 기존의「비핵 해방 3000」방안을 후퇴하면서 언제든지 즉각적인 남북대화를 촉구하는 한편 이전 정부에서 체결한 6·15 남북공동선언과 10·4 정상선언을 존중한다는 메시지를 전달했다.

그러나 같은 날 금강산관광특구에서 남측 관광객을 북측 초병이 피격 사망하게 하는 사건이 발생하여 이명박 대통령의 제안을 무색하게 만들었다.

이에 정부는 금강산관광은 물론 개성관광조차도 중단하려는 극단적인 조치를 준비했다. 북측은 피해자의 무분별한 행위를 내세우며 남측정부의 현장조사 요구를 완강하게 거부하였다. 그러자 정부는 국제공조로 문제를 해결하고자 아세안안보포럼(ARF)에 참가 중인 미국·중국·싱가폴 외무장관 등과 연쇄접촉을 가졌으나, 오히려 의장국 성명에서 이명박 정부가 사실상 계승을 거부하는 10·4 정상선언의 조속한 이행이 강조되면서 이명박 정부의 외교력이 시험대에 올랐다(2008.7.26).

결국 정부는 싱가폴에 '10·4선언' 대목의 삭제를 요청했고, 싱가폴이 대신 금강산 사건 대목을 삭제할 것을 제의하면서 논란은 일단락되었다(7.28). 이와 같은 이명박 방식의 외교는 국가 간의 그리고 정상 간의 약속을 정권이 바뀌었다고 휴지화하는 모습으로 비춰지면서 국제사회로부터 큰 불신을 얻기에 충분한 것이었다. 이에 분개한 북측은 더욱 강경하게 변하여 금강산 지구의 불필요한 남측 인원을 추방할 것이라는 성명을 내었고(8.4), 때마침 한국을 방문한 부시 대통령과 이명박 대통령이 정상회담을 가진 후 북한의 인권개선을 강조하는 성명을 발표하면서 남북관계는 더욱 미궁으로 빠지고 있다(8.6). 8월 10일부터 본격적으로 금강산 지역 남측 관계자에 대한 추방이 시작되었다.

2009년 4월 5일 오전 11시 30분 북한 함경남도 무수단리 발사장에서 미사일이 아닌 인공위성 광명성 2호를 탑재한 은하 2호를 발사하였다. 그러나 태평양에 떨어지고 궤도진입에는 실패했다. 이렇게 남북이 경색되는 상황에서도 김대중 대통령이 서거(2009.8.18)하자 북측은 조문단을 파견해왔다.

국제연합(UN) 안전보장이사회 산하 제재위원회가 북한의 로켓 발사에 대한 대응으로 북한 기업 3곳을 자산동결기로 했음에도 5월 25일 북한은 풍계리에서 2차 핵실험에 성공하였고, 단거리 미사일 3발도 발사하였다. 7월 2일에는 4발의 지대함 미사일을, 7월 4일에도 6발의 스커드 미사일을 동해상으로 발사하는 등 매달 핵실험과 미사일 실험을 계속하였다.

■ 천안함 사건과 연평도 포격

2010년 3월 26일 백령도 인근 해상에서 해군 2함대 소속 1,200톤 급 초계함 천안함이 북한 어뢰의 공격으로 침몰하다. 3월 30일에는 특수전여단 한주호 준위가 천안함 침몰 현장에서 생존장병 구조활동을 벌이다가 의식을 잃고 사망하였다. 4월 15일에는 천안함 함미가 인양되어 시신 36구를 발견하였으나 9명은 찾지 못하였다. 4월 24일에는 함수가 인양되어 시신 1구 발견하였다. 결국 실종된 6명은 산화 처리되었다. 4월 29일에 천안함 희생 장병 46명의 영결식이 엄수되었다.

사고 직후 정부는 천안함 침몰 원인을 규명할 민간·군인 합동조사단을 구성하였고, 한국을 포함한 오스트레일리아, 미국, 스웨덴, 영국 등 5개국에서 전문가 24여 명으로 구성된 합동조사단은 2010년 5월 20일 천안함이 북한의 어뢰공격으로 침몰한 것이라고 발표하였다. 이러한 조사 결과 발표는 미국과 유럽 연합, 일본 외에 인도 등 비동맹국들의 지지를 얻어 국제 연합 안전보장이사회의 안건으로 회부되었으며 안보리는 천안함 공격을 규탄하는 내용의 의장성명을 채택하였다. 2011년 3월 27일 해군이 백령도 연화리 해안에서 김성찬 해군참모총장 주관으로 '천안함 46용사 위령탑' 제막식을 가졌다. 5월 24일에는 북한의 천안함 폭침에 대응하여 북한선박의 한국해역운항금지 남북교역중단, 국민의 방북불허, 북한에 대한 신규투자 금지 등의 내용을 담은 '5·24조치'를 시행하였다.

그런데 북측은 조사 결과에 대해 모략극이라고 주장하였다. 천안함의 침몰 원인을 규명하는 과정에서 언론과 각계 인사들을 통해 다수의 가설 또는 의혹들이 제기되었으나 명쾌히 해명되지 않은 사항들이 있어서 섣부른 결론을 내리지 못하였다. 이 사건으로 인해 남북간의 긴장이 고조되었고, 군사적 대치가 더욱 심화되었다.

연평도 일원에는 일촉즉발의 전운이 감돌고, 군비가 급속히 증강되었다. 결국 11월 23일 북측은 연평도에 해안포 포격을 가하였다. 이 사건으로 인해 남측 해병대원 전사 2명(서정우 하사, 문광욱 일병), 중경상 16명, 민간인 사망 2명(김치백, 배복철), 중경상 3명의 인명 피해가 있었고 시설 및 가옥 파괴로 막대한 재산 피해를 입었다. 남측 해병대 소속의 연평 부대는 피격 직후 대응사격을 가하였으며 국군은 서해 5도에 진돗개 하나를 발령한 뒤 북한의 도발임이 명확해지자 전군으로 진돗개 하나를 확대 발령하였다. 11월 28일 서해상에서는 한국과 미국의 연합 훈련이 사상 최대 규모로 4일간 실시되었다. 미 해군이 보유한 USS 조지 워싱턴 항공모함이 참여하여 작전 반경이 1,000km로 북측의 영토 전부와, 중국의 베이징, 상하이 등의 주요 지역까지 작전 반경안에 들어갔다. 이에 중국은 반대 입장을 표명했다. 또한 북측도 반대입장을 표명하며 군사적 위협을 가했다.

다시 12월 20일 한국이 연평도에서 사격훈련을 개시하였다. 이날 훈련에서 K-9 자주포, 105mm 견인포와 해안포, M48전차, 81mm 박격포 등이 동원되어 130여 발의 포탄이 북방한계선 NLL에서 남쪽으로 10km 이상 떨어진 곳을 향해 발사되었다. 주한미군도 U2 정찰기를 출격하는 등 훈련에 참여했다. 또한 서해상의 조업이 중단되었으며, 민통선에서 민간인이 다시 통제되고, 개성공단 직원들이 북측으로 가지 못하였다.

2011년 2월 2일에는 북측이 백령도 인근에 고속 상륙침투가 가능한 새

공기부양정 기지를 건설 중인 것으로 밝혀졌다. 이어서 2월 8일과 9일, 판문점 평화의 집에서 남북군사실무회담이 열려서, 남북고위급군사회담의 의제와 일정 등을 논의했지만 합의에 이르지 못하고 북측이 일방적으로 퇴장하면서 회담은 종료되었다.

2월 5일 북측 주민 31명이 어선을 타고 연평도 동북쪽 북방한계선을 넘어와 귀순 의사를 밝힌 것으로 알려졌다. 3월 3일 통일부는 이들 가운데 4명이 귀순 의사를 밝혔다고 하고, 귀순희망자 4명을 제외한 27명을 판문점을 통해 송환하고, 선박은 서해 북방한계선(NLL) 해상에서 북측에 인계하였다.

2월 29일 북측은 미국과 회담을 가져 우라늄농축 일시 중지·미사일 발사 중지 등의 합의를 이끌었다. 그러나 4월 13일 북측이 제12기 5차 최고인민회의를 하면서 국제사회의 우려와 비난 속에 은하 3호 미사일 발사를 강행했으나 1~2분 정도 비행하다 공중 폭발했다. 이에 4월 19일 버락 오바마 미국 대통령이 대對북한 제재와 관련한 행정명령을 발효하였다. 이날 발표된 행정명령에 따라 북한의 상품, 서비스, 기술 등은 직접적이든 간접적이든 미국으로의 수입이 전면 금지되었다. 또한 미국 내에서 혹은 미국인이 이같은 명령을 위반하거나 위반하려고 시도하는 것도 금지되며, 이를 위반하기 위한 음모도 원천적으로 금지시키고 이를 어기면 제재를 받게끔 하였다.

4월 8일에는 북측 대남기구인 조선아시아태평양평화위원회가 현대그룹의 금강산 관광사업 독점권의 효력을 취소한다고 밝혔다. 그리고 5월 30일에는 북측 국방위원회가 대변인 성명을 통해 천안함 사건과 연평도 사건에 대해 사과를 요구하는 대한민국 정부의 원칙론을 비난하고 대한민국과는 더 이상 상종하지 않을 것이라고 했다. 이어 실제적인 행동 조치로 동해지구 군 통신선과 금강산 지구 통신연락소를 차단하겠다고 했으며, 대북 심리

전에 대해서는 '임의의 시간에 임의의 대상을 목표로 물리적으로 대응하게 될 것'이라고 위협했다. 그리하여 8월 22일 북측 금강산국제관광특구지도국 대변인이 금강산 내 남측 재산에 대해 법적 처분을 하겠다고 밝혔다. 또한 금강산 국제관광특구에 남아 있는 남측 성원들은 72시간 안에 나가야 한다고 하였다. 그리하여 다음날 금강산 관광지구에 남아 있던 한국인 14명이 동해선 남북출입사무소를 통해 남측으로 돌아왔다. 정부는 북측의 일방적 조치는 받아들일 수 없고 철회해야 한다는 입장을 밝혔다.

그러나 2011년 12월 17일 북한의 김정일 국방위원장이 오전 8시 30분 열차에서 급성 심근경색, 심장마비(쇼크) 등 합병으로 사망하였고, 김정은이 권력을 세습하였다. 이미 2011년 9월 28일 북측은 평양에서 제3차 당대표자회를 소집하고 김정은, 김경희, 최룡해 등 6명에게 조선인민군 대장 칭호를 부여하는 등 김정은을 후계자로 공식화하는 작업이 진행하였기에 혼란은 없었다.

그리고 김정일 사후 처음 열린 제4차 당대표자회(2012.4.11)에서는 김정은을 당 제1비서로 추대하였고, 김정일은 '영원한 당 총비서'로 추대되었다. 7월 18일에는 김정은에게 원수 칭호를 수여하였고, 곧바로 조선중앙TV는 김정은의 부인이 리설주임을 공식적으로 밝혔다. 또한 7월 16일에는 군부 실세인 리영호 총참모장을 조선로동당 중앙정치국 상무위원에서 해임하였고, 11월에는 처형되었다는 설이 무성했다. 지속적인 숙청의 과정에서 김정은 체제가 점차 공고해지고 있다.

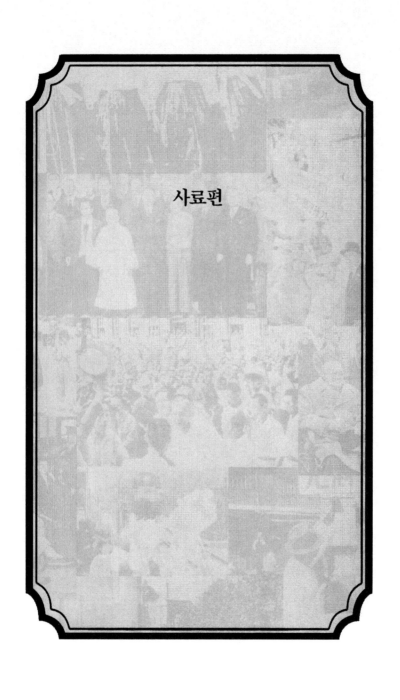

사료편

사료편

1. 치쓰짜꼬브 대장의 포고문 〈1945년 8월〉

조선인민들에게!

조선인민들이여! 붉은 연합국군대들은 조선에서 일본약탈자들을 구축하였다. 조선은 자유국이 되었다. 그러나 이것은 오직 신조선역사의 첫 페이지가 될 뿐이다. 화려한 과수원은 사람의 노력과 고려의 결과이다. 이와 같이 조선의 행복도 조선인민이 영웅적으로 투쟁하며 꾸준히 노력하여야만 달성할 수 있다. 일제의 통치하에서 살던 고통의 시일을 추억하라! 담위에 놓인 돌멩이까지도 괴로운 노력과 피땀에 대하여 말하지 않는가? 당신들은 누구를 위하여 일하였는가? 왜놈들이 고대광실에서 호의호식하여 조선사람들을 멸시하며 조선의 풍속과 문화를 모욕한 것을 당신들이 잘 안다. 이러한 노예적 과거는 다시 돌아오지 않을 것이다. 진저리나는 악몽과 같은 그 과거는 영원히 없어져 버렸다.

조선사람들이여! 기억하라! 행복은 당신들의 수중에 있다. 당신들은 자유와 독립을 찾았다. 이제는 모든 것이 죄다 당신들에게 달렸다. 붉은 군대는 조선인민들이 자유롭게 창작적 노력에 착수할 만한 모든 조건을 지어 주었다. 조선인민 자체가 반드시 자기의 행복을 창조하는 자로 되어야 할 것이다. 공장제조소 및 공작소 주인들과 상업가 또는 기업가들이여! 왜놈들이 파괴한 공장과 제조소를 회복시켜라! 새 생산기업체를 담보하며 그 기업소들의 정상적 작업을 보장함에 백방으로 원조할 것이다. 조선노동자들이여! 노력에서의 영웅심과 창작적 노력을 발휘하라! 조선사람의 훌륭한 민족성 중 하나인 노력에 대한 애착심을 발휘하라! 진정한 사업으로써 조선의 경제적 및 문화적 발전에 대하여 고려하는 자라야만 모국조선의 애국자가 되며 충실한 조선사람이 된다.

해방된 조선인민 만세!

붉은 군대는 무슨 목적으로 조선에 왔는가?

조선인민들이여!

세계에는 두 개의 침략국이 있었나니 그는 즉 파시스트 독일과 제국주의적 일본이 그것이다. 이 두 나라는 남의 영토를 점령하며 다른 나라 인민들을 정복할 목적으로 연합국들을 반대하여 전쟁하였다. 붉은 군대는 영미군들과 협력하여 히틀러 독일을 영영 격멸하였으며 항복시켰다. 히틀러 독일이 격파를 당하고 항복한 이후에 일본이 전쟁 계속을 그냥 주장하는 유일한 국가이었다. 전반적 평화의 회복을 촉진시키기 위하여 소련은 일본과의 전쟁에 들어섰다. 당시에 소련정부가 성명하였으되 『자기의 정책이 평화를 가까이 오게 할 수 있으며 인민들을 앞으로 있을 희생에서와 고통에서 해방시킬 수 있는 유일한 방책이다…』라고 하였다. 이 극동에 또는 전세계에 평화를 수립하기 위하여는 죄악과 억압 불행과 전쟁의 마지막 발원지인 일본제국주의를 박멸하여야 할 것이었다. 제국주의적 일본은 중국과 소련을 반대하기 위한 전쟁을 오래 전부터 준비하였다. 1910년에 일본이 조선을 합병하여 자기의 식민지로 만들었으며 소련을 반대하는 전쟁을 위한 위험한 연병장을 조선 내에 만들어 놓았다.

조선인민들이여!

소련인민은 조선인민이 일본한테 압제를 받는 것과 조선인민이 일본의 예속에서 해방되도록 그에게 방조를 주어야 할 것을 기억하였다. 때문에 붉은 군대는 극동에서의 전쟁의 발원지를 없이 하여 자기의 국가를 일본의 위혁(威嚇)로부터 위험이 없도록 하며 압박받는 조선인민에게 자유와 독립을 찾아주도록 그를 방조하였다. 붉은 군대는 위대한 스탈린대원수의 영솔하에서 이 과업을 영예롭게 실행하였다. 그는 조선지역에 들어와서 일본침략가들을 박멸하였다. 붉은 군대의 역량과 위력은 위대하다. 그러나 이 역량과 위력은 언제든지 다른 인민들을 정복하려는데 사용하지 않았으며 또는 사용하지 않을 것이다. 이에 대하여 소련인민의 위대한 수령 스탈린 대원수는 아래와 같이 말씀하였다. 『우리에게는 구라파의 인민들과 영토에 대하여서나 혹은 아세아인민들과 영토에 대하여 말할 것 없이 남의 영토를 점령하려거나 또는 다른나라 인민들을 정복하려는 그런 전쟁목적이 없으며 또 있을 수 없다』. 붉은 군대는 독일한테 정복되었던 구라파국가들을 해방시켰다.

지금은 이 여러나라의 인민들이 자기생활을 제손으로 건설한다. 위대한 스탈린 대원수는 그들에 대하여 말씀하시기를 『우리의 목적은 그 인민들의 해방투쟁에 있어서 그들을 방조하며 다음에는 그들이 자기소원대로 자기 땅에서 자유로운 생활을 하도록 하는 것이다』라고 하였다. 스탈린의 이 말씀은 구라파 여러나라들에게서 벌써 실천되었다. 이 말씀이 조선에 있어서도 원만하게 실천되고 있다.

조선인민들이여!

1945년 8월은 조선인민사에 새 기원의 시초로 기입될 것이다. 1945년 8월에 붉은 군대는 조선인민을 일본침략가들의 압제에서 해방시키고 그에게 자유와 독립을 찾아주었다. 그래서 조선인민은 자기 땅에서 자기 소원대로 생활을 조직할 수 있는 가능성을 받았다. 조선인민은 자유의 태양을 다시 보고있다.

전세계 피압박인민들의 해방군인 붉은 군대 만세!

조선의 자유와 독립 만세!

조선남녀들이여!

35년 동안이나 전 조선은 혹독한 놈들의 주권 하에서 신음을 하였다. 35년 동안이나 왜놈들은 조선인민들을 압제하였고 조선 부원(富源)을 강탈하여 갔으며 조선사람들의 언어 문화 및 모든 생활제도를 능욕하여 왔다. 조선은 35년 동안이나 눈물과 주림의 나라로 있었습니다. 자기 조국의 자유와 독립을 위한 투쟁에서 조선의 애국열사들은 수많이 죽었다. 오직 자기의 조국을 사랑하였으며 그의 행복을 원한다고 용감스럽고 충직한 조선 사람들을 수많이도 왜놈들이 죽여 버렸다. 자유와 행복에 대한 갈망과 증오스러운 왜놈들이 구축하기를 기다리던 갈망은 조선인민들의 마음속에서 사라지지 않았다.

조선사람들이여!

이 선명한 갈망은 실현되었다. 당신들의 위력한 인접국인 소련인민들이 조선인민들을 후원하려고 왔다. 왜놈들은 조선에서 영영 구축되다. 붉은 군대의 위력은 크고도 크다. 그러나 그는 이 위력을 어느 때든지 다른나라 인민들을 정복함에 이용하지 않았으며 또는 이용하지 않을 것이다. 이에 대하여 소비에트인민들의 위대한 수령인 스탈린 대원수가 무엇이라고 말씀하신 것을 들어 보라…『우리에게는 구라파의 인민들과 영토에 대하여서나 혹은 아세아의 인민들과 영토에 대하여서나 말할 것 없이 남의 영토를 점령하려거나 또는 다른나라 인민들을 정복하려는 그런 전쟁 목적이 없으며 또 있을 수 없다……』라고 하였다.

붉은 군대는 독일약탈자들을 박멸하고 그놈들이 약탈하였던 소비에트 조국의 지역을 해방시킨 것뿐만 아니라 히틀러 강도배한테 압박받던 구라파 모든 인민들에게도 해방을 가져왔다. 붉은 군대는 독일에 정복되었던 구라파의 여러나라들을 해방시키고 지금 이 나라인민들은 자기로서 자국생활을 건설하고 있다. 위대한 스탈린 대원수는 그들에게 대하여 다음과 같이 말씀하였다…『우리의 목적은 인민들의 해방투쟁을 도와주며 그 다음에는 그들이 자기의 땅에서 자기 소원대로 자유스럽게 생활하도록 하려는 것이 그것이다』라고 하였다.

스탈린 대원수의 말씀은 지금 실현되었다. 스탈린 대원수의 이 말씀은 죄다 조선에서도 역시 실현되고 있다. 붉은 군대는 조선 내에 있는 모든 반일적 민주주의적 당들과 단체들의 광범한 협동의 기본 위에서 자기 민주주의적 정부를 창조함에 조선인민들에게 보조를 준다.

조선사람들이여! 기억하시오!

당신에게는 유력하고 정직한 친우인 소련이 있다. 당신들의 해방군인 붉은 군대에 백방으로 방조하시오 도시와 농촌에서는 안전한 생활을 계속하며 붉은 군대가 들어오기 전에 하던 그곳에서 그대로 사업을 계속하시오. 지방당국에서 사회적 질서를 유지함에 백방으로 후원하시오

조선의 자유와 독립 만세!

조선의 발흥을 담보하는 조선과 소련 친선 만세!

(『원자료로 본 북한』(1945~1988), ≪신동아≫ 1989년 1월호 별책부록)

2. 대한독립촉성국민회 성명서(1946)

독립자주의 성업을 완수함은 3천만 한인의 요구요 희망이요 의무요 책임이다. 8.15 해방의 종소리와 함께 터져나온 만세의 함성은 이 민족혼의 폭발이요 이 애국열의 비등이 아니고 무엇이었던가.

그러나 슬프다. 정당은 난립하고 민족은 분열의 위기에 함께 빠지게되어 국내에는 희망이 소산되고 국외에는 의빙이 첩생케 되었다. 때마침 우리 혁명의 원로 이승만 박사께서 미주로부터 환국하시와 "먼저 한덩어리가 되어 국토를 찾자"고 외치신 말씀에 감격하여 일어난 독립촉성 중앙협의회는 각도 각군에 걸치어 계통있는 국민운동을 전개하여오던 중 소위 인공(인민공화국)계통의 일부분자가 분리하여 나가게 된 것은 매우 유감스러운 일이었다. 또한 작년 12월 28일 발표된 막사과(모스크바) 3상회의의 조선신탁 통치설은 실로 청천벽력 같은

흥보였다. 그러나 우리는 전화위복의 문자를 빌어 민족통일의 호기로 삼고자 사상의 좌우, 이해의 다소를 초월하야 거민족적 운동으로 탁치반대국민총동원회를 결성한 이래 각도 각군에 지부를 조직하고 민족의 의사통일과 민족의 역량집결을 위하여 맹활동을 계속하여왔다.

회랴. 호사다마하여 역연 인공계통이 불과 수일만에 탁치를 지지한다고 반민족적 행동을 하게 되었으니 이 점에 대하여는 단조(단군조상)의 피를 받고 근역에 생을 누린 한인으로서 누구나 의분을 금치 못할 바이다. 일방으로 독립촉성 중앙협의회와 탁치반대 국민총동원회는 똑같은 목적하에 전개된 국민운동임에도 불구하고 상대되는 성격을 가진듯이 오해 또는 중상이 있는지도 모르고 대중의 욕망도 또한 동일한 국민운동에 명칭만이라도 둘이 싫다는 점이 절실히 나타나게 되었다.

이때에 마침 '중협(독립촉성중앙협의회)'에서 소집한 지방대표대회를 기회로 이승만 박사. 김구 주석 양 영수의 승인을 받아 중협과 반탁이 무조건 합체를 단행하여 이에 대한독립촉성국민회라는 명칭으로 재출발을 하게 되었다. 본회는 정당이 아니오 순연한 국민운동단체임을 이 기회에 천명하는 동시에 임시정부 주최인 비상국민회의와 대립하는 단체도 아님을 다시금 언명한다. 이와 같이 본회는 자주독립을 목적하는 순진한 국민운동으로 특별이 강령을 가지지도 아니함을 부언한다.

국가를 사랑하는 국민이여 모이라!!

민족을 살리려는 동포여 모이자!!

노동자 농민대중이여!! 조국이 없이는 계급도 사상도 행복도 아무것도 없다.

청년이여!! 학생이여!! 건국의 대도는 그대들의 앞에 열리었다.!!

모이라 대한독립촉성국민회의 깃발 아래로!!

선언

단조의 성혈이 얽히고 가갸의 문자로 연하는 3천만 동포의 혼을 통하여 우리는 다음의 몇 가지를 엄숙히 선언함.

1. 우리는 대한의 완전 자주 독립을 위하여 최후까지 싸울 것을 선언함.

2. 우리의 운동은 정당 정파를 초월한 순연한 국민운동임을 선언함.

3. 우리는 남북과 좌우의 결합을 기하여 지역적으로나 사상적으로나 통일완수를 위하여 사력을 다할 것을 선언함.

대한민국 28년 (1946) 2월 8일
출전: ⟨http://historia.tistory.com 역사전문블로그 히스토리아⟩

3. 북조선 토지개혁에 대한 법령

제1조 북조선 토지개혁은 역사적 또는 경제적 필요성으로 된다. 토지개혁의 과업은 일본인 토지소유의 조선인지주들의 토지소유 급 소작제를 철폐하고 토지이용권은 경작하는 자에게 있다. 북조선에서의 농업제도는 지주에게 예속되지 않은 농민의 개인소유인 농민경리에 의거된다.

제2조 몰수되어 농민소유지로 넘어 가는 토지들은 여하(如下)함.

　ㄱ. 일본국가 일본인 급 일본인 단체의 소유지.

　ㄴ. 조선민중의 반역자 조선민중의 이익에 손해를 주며 일본제국주의자의 정권기관에 적극 협력한 자의 소유지와 또는 일본압박 밑에서 조선이 해방될 때에 자기지방에서 도주한 자들의 소유지.

제3조 몰수하여 무상으로 농민에게 소유로 분여(分與)하는 토지는 여하함.

　ㄱ. 농호(農戶)에 5정보 이상 소유한 조선인 지주의 소유지.

　ㄴ. 자경(自耕)치 않고 전부 소작주는 소유자의 토지.

　ㄷ. 면적에 부관(不關)하고 계속적으로 소작 주는 전(全) 토지.

　ㄹ. 5정보 이상으로 소유한 성당 승원 기타 종교단체의 소유지.

제4조 할양되지 않는 토지는 여하함.

　ㄱ. 학교, 과학연구회, 병원소유지.

　ㄴ. 북조선인민위원회의 특별한 결정으로 조선의 자유와 독립을 위하여 반일본침략투쟁에서 공로있는 자들과 그의 가족에 속하는 토지, 조선민족 문화발전에 특별한 공로자들과 그의 가족에 속하는 토지.

제5조 제2조 제3조에 의하여 몰수한 토지 전부는 농민에게 무상으로 영원한 소유로 양여함.

제6조

　ㄱ. 몰수한 토지는 고용자, 토지없는 농민, 토지 적은 농민에게 분여하기 위하여 인민위원회 처리에 위임함.

　ㄴ. 자기 노력에 의하여 경작하는 농민의 소유지는 분할치 아니함.

　ㄷ. 자기노력으로 자경하려는 지주들은 본 토지개혁에 대한 법령에 의하여 농민들과 같은 권리로서 다만 타향에서 토지를 가질 수 있다.

제7조 토지를 농민소유로 분여하는 식은 도인민위원회가 토지소유권에 대한 증명서를 교부하며 차(此)를 토지대장에 등록함으로서 완료됨.

제8조 본 본령에 의하여 농민에게 준 토지는 일반부담에서 면제함.

제9조 본 법령에 의하여 토지를 할양당한 지주에게서 차용한 고용자와 농민의 일체의 부채는 취소함.

제10조 본 법령에 의하여 농민에게 분여된 토지는 매매치 못하며 소작주지 못하며 저당하지 못함.

제11조 지주의 축력(畜力) 농업기구 주택의 일체 건축물 대지(垈地) 등은 제3조 「ㄱ」항에 의하여 몰수되어 인민위원회의 처리에 위임하되 인민위원회는 본 법령 제6조에 의하여 토지가 적은 농민, 고용자, 토지없는 농민에게 분여함.

몰수된 일체 건물은 학교 병원 기타 사회기관의 이용으로 넘길 수 있음.

제12조 일본국가 일본인 급 일본인일체 단체의 과수원 기타 과목들은 몰수하여 도인민위원회에 맡김. 본 법령 제3조 「ㄱ」항에 의하여 토지를 몰수당한 조선인지주의 소유인 과수원 기타 과목들은 몰수하여 인민위원회에 보류됨.

제13조 농민들이 소유한 적은 산림을 제외하고 전 산림은 몰수하여 북조선임시 인민위원회의 처리에 위임함.

제14조 본 법령에 의하여 토지를 몰수당한 소유자에게 소유된 관개시설의 전부는 무상으로 북조선임시인민위원회의 처리에 위임함.

제15조 토지개혁은 북조선임시인민위원회의 지도 하에서 실시됨. 지방에서 토지개혁을 실시할 책임은 도, 군, 면 인민위원회에 부담되며 농촌에서는 고용자 토지없는 소작인 토지 적은 소작인들의 총회에서 선거된 농촌위원회에 부담됨

제16조 본 법령은 공포한 기시(其時)부터 실행력을 가짐.

제17조 토지개혁 실행은 1947년 3월 말일 전으로 완료할 것.

　　　토지소유권 증명서는 금년 6월 20일 전으로 교부할 것.

　　　　　　　　　　1946년 3월 5일 북조선 임시인민위원회
　　　　　　　　　　　　　위원장 김일성
　　　　　　　　　　　　　서기장 강양욱 (康良煜)

4. 삼천만 동포에게 경고함.

친애하는 동포 여러분!

내가 입국한 지도 벌써 14개월이 지났다. 재덕이 부족한 나는 이 긴 동안에 있어 여러분의 열렬한 애호와 다정한 격려를 추호도 보답하지 못하였다. 그러나 그 동안에 기구한 객관적 정세의 발전은 외로 국제관계에 별 호전이 없고, 내로 인민이 도탄에서 신음하고 있게 되었다. 가슴을 부둥켜안고 통곡을 한들 시원할 것이 무엇이랴마는 노안에서 뜨거운 눈물이 떨어짐을 금할 수 없다.

그러나 눈물만이 우리를 구할 수는 없는 것이다. 오직 과거를 엄정하게 비판하여서 전민족이 일심일덕으로 정확한 전로를 개척하기에 공동 분투함에서만 우리의 생존 발전은 있을 것이다. 나도 자기의 과거를 검토하여 뉘우치는 바가 하도 많다. 그러나 지폭관계로 일일이 제기하여 여러분에게 드리지 못함은 유감이다. 이 점에 대하여는 여러분의 관용과 용서를 청하는 바이다.

나는 앞으로 분골쇄신을 할지라도 잔명을 조국에 바치어 장공속죄를 하기로 결심하고, 우선 다섯 가지를 들어 여러분께 협력을 간구한다. 공명함이 계시거든 간단없이 현명한 고견과 담백한 책려를 주시는 동시에 공동 노력하심을 아끼지 아니하시기를 절망한다.

1. 독립진영의 재편성

이 문제에 대하여는 일전에 비상국민회의, 독촉국민회, 민통 및 각 정당 단체의 제위 동지에게 고하는 글에서 이미 진술한 바가 있거니와 재작년 8월 15일 이후의 우리 독립운동은 성취보다 실패가 더 많았다. 공심보다 사심의 표현이 더 컸고, 이지보다 기분의 충동이 더 강하였다고 하여도 과언이 아니라고 할 수 있다. 앞으로도 이 현상을 계속하면 결국 민중과 격리될 위험이 있는 것이다. 이와 같은 위기에 임하여서도 실패를 실패로 인정하지 못하고 독립진영을 재편하지 아니하면 즉각에 우리는 수습할 수 없는 국면에 봉착할 것이다.

그러므로 우리는 시급히 수십 년래의 독립운동의 법통을 계승한 비상국민회의에 독촉국민회와 민통을 합류하게 하여서 독립진영 최고기구로 삼는 동시에, 각 정당과 단체의 권위있는 대표를 참가하게 하여 그 기구를 확대 강화하는 것이 필요하다. 그 기구는 명칭을 무엇이라고 하든지 독립운동의 최고 방략을 정하며, 그것을 운영하기 위하여 독립운동을 위한 각 정당과 부문 단체들을 지휘, 명령할 수 있는 권력을 가져야 할 것이다. 그리고 그 신기구 산하에 움직이고 있는 각 집단은 그 명령에 의하여 신속히 민중 속으로 깊이 들어가, 그들에게 선전하고 그들을 훈련하고 그들을 조직하여서 독립진영을 민중의 기초 위에 확립하도록 하여야 할 것이다.

2. 합작위원회

우리는 전민족 통일을 수요하는 것이다. 전민족 통일을 수요함으로써 좌우 합작을 필요로 하는 것이다. 우리가 자립하는데 내부통일이 절대 필요하지만, 정치이념이 부동한 양개국에게 분단 점령을 당한 금일이 있어서 우리 독립과 자유를 쟁취하는데는 더욱 그러한 것이다. 독립을 완성하기는 곤란한 것이다. 그러므로 현시에 있어서 민주의원에서 합작위원을 소환한 진의는 결단코 좌우합작을 불필요로 인한다든가 혹은 단념하는 까닭이 아니다. 다만 합작위원회가 그 임무 수행 중에 있어서 돌연히 좌익의 배반을 입어 그 목적을 달성할 희망이 없게 되었고, 또 이 회에서 발표한 7원칙 중에 반탁에 관한 조항이 최근에 문제되고 있는 하지 중장의 작년 12월 24일 서한의 내용과 이 달 5일 성명에 의하여 수포가 되고 만 까닭이다.

그러나 이 회를 취소한다 하여서 합작 공작을 위하여 진심으로 노력한 몇 분에 대한 우리의 경의는 감할 바가 아니거늘, 일시 감정상 충동으로써 그들에게 매욕을 가하려 하는 것은 천만부당한 것이다. 더구나 이 회를 영도하는 김규식 박사는 독립운동을 위하여 일생을 희생하였고 탁치 반대자로는 누구보다 철저한 터인데, 그를 찬탁자로 몰아넣으려는 것은 일종의 공심을 떠난 모략으로밖에 인정할 수 없다.

우리는 각별히 이런 점에 주의하여야 할 것이다. 또 한 가지 부언할 것은, 근일에 세간에서 운위하는 바 중간 노선은 정치 이상으로 있을 수 있는 것이며, 이것을 이상으로 하는 중간당도 있는 것이다. 그러나 좌우합작의 사명을 가지고 노력하던 합작위원들이 좌도 버리고 우도 버리고 중간만을 취한다면, 그것은 당파를 하나 더 만들어 내는 것밖에 아무것도 아니거니와, 이것은 결국 자기의 사명을 저버리는 분파행동이 되고 말 것이다. 그러므로 현존한 합위는 해체하고 별개의 좌우합작을 강구하지 않으면 아니될 것이다.

3. 신탁

우리에게 독립을 약속하고 신탁을 실시하려는 것은 마치 병주고 약주는 셈이다. 본래 우리나라에 신탁을 적용하려는 것은 금차 대전의 목적에도 위반되는 일이다. 그러므로 그들은 우리에게 모욕되는 구실을 만들어 건강부회하려 하는 것이다. 우리에게 신탁을 적용할 임무를 가지고 제일선에 선 미 소 양국도 그 불합리한 것을 잘 요해하고 있는 듯하다. 그러므로 그들의 해설도 불일 갈피를 잡을 수 없다.

먼저 소련측은 신탁을 후견이라고 말하였다. 그러나 국제연맹 규약에 의하면 위임 통치와 후견은 동일하다고 규정되어 있다. 하지 중장은 신탁이 무엇인지는 자기도 모르나 신탁이 원조라고 말하였다. 그러나 기왕 원조할 바에는 자기도 모르고 우리도 원하지 아니하는 신탁으로만 원조할 필요는 없는 것이 아니냐? 말이 이에 이르면 삼척동자라도 그중에 명랑치 못한 무엇이 잠재한 것을 짐작할 수 있을 것이다.

과연 최근 논한 바 "미국이 태평양 도시를 신탁 관리한다는 것은 합병과 같다"고 한 단안에 의하면 한국에 대한 4국 신탁관리는 4국 공동합병이라는 결론에 이르고 말 것이다. 그러면 신탁을 반대하는 자가 의인이며 애국자가 될지언정 독립 방해자나 반동분자가 될 이유가 어디 있으랴. 이것이야말로 신일지회를 산출할 가능을 가진 위험한 논법이다. 그러므로 신탁설을 전해 온 최초의 방향은 우리 전국, 전민족이 총궐기하여 생명을 걸고 일치하게 반대하였다.

그러나 불행히도 소수 인사가 북쪽으로부터 오는 괴류에 휩싸여 3일 만에 돌연히 표변하여 반탁을 반대한 것뿐이다. 기실 신탁이 좋다고 감히 정면으로 찬성한 자는 하나도 없었다. 이 정황을 목도한 아놀드 소장은 귀국하는 즉시로 워싱턴에서 "한국 인민은 절대 다수가 탁치를 반대한다"고 언명하였다. 그런뒤 몇 달이 못되어 윌리암 씨가 "한국 인민 중에는 탁치를 좋은 것으로 이해하는 자가 날로 늘어난다."고 한 것은 한인을 격분시킬 뿐 아니라, 세계를 현혹케 하지 않을 수 없는 일이다.

우리 동포 중 일부 인사가 실망적 상태에서 신탁정부라도 성립되었으면 민생 문제가 다소 해결되리라는 막연한 관념을 가지는 경향도 아주 없지는 아니한 듯. 그러나 이것은 갈증을 풀기 위하여 독약이라도 마시려는 위험한 착각이다. 우리 생존은 자주 독립에서만 구할 수 있는 것이다. 그래서 워싱턴 선생도 "자유가 아니면 죽음이다"고 고함 친 것이다. 그러므로 필리핀도 미얀마도 월남도 인도네시아도 인도도 모두 독립을 위하여 투쟁하고 있나니, 어찌 한국만이 예외가 될 수가 있으랴.

자주 독립을 위하여 영국과도 감히 전쟁을 한 미국은 누구보다도 우리를 충분히 이해할 것이다. 또 일부 인사 중에는 본심으로는 신탁을 반대하면서도, 그것이 국제적으로 규정된 기정 사실이므로 약한 우리로서는 반대한다 하여도 도리어 역효과밖에 내지 못하리라는 착오 인식을 가지고, 오직 복종으로써 그들이 호의를 획득하여 약속한 5년 후에나 틀림없이 독립을 주기를 애걸하자는 주장하는 듯하다.

그러나 다른 약소국들은 자기의 손으로 조인해놓은 국제조약도 억울한 것이면 불평등 조약 취소를 세계에 호소하여서 필경 목적을 관철하거든, 우리만이 위의 사정을 세계에 호소하지 못할 이유가 어디 있으랴. 사형선고를 받은 죄인도 상고할 자유가 있거늘, 우리를 원조하는 맹우들이 우리의 독립을 위하여 정하였다는 방법이 우리의 원하는바가 아닐진대, 그들을 이해시키기 위하여 호소도 하며 반대도 하지 못할 것이 무엇이랴. 하물며 당사자인 우리는 알지도 못하게 자기네끼리 정한 것이니, 그들도 양심상으로는 우리에게 동정할 것이다. "구하는 자에게 복이 오고 두드리는 자에게 문은 열리나니, 우리는 가장 냉정하고 평화로운 수단으로써 정의와 진리에 호소하여 신탁을 반대하자."

흑노 해방이라는 정의를 위하여는 동족전쟁까지 일으킨 미국의 자녀와, 10월혁명 이래 연합군의 시베리아 출병을 반대하며 그외에 누차의 외국간섭을 피하기 위하여 투쟁하던 쓰라린 경험을 가지고 있는 소련의 자녀들이 우리의 정당한 요구를 거절할 이유가 없는 것이다. 이와 같이 양개 우방의 인민이 우리에 대한 이해와 동정이 일증월가하면 양국의 정책도 자연 호전될 수 있는 것이다.

더구나 미소 공위가 그 사명을 있는 이행치 못함으로 인하여 3상회의 결정까지도 효과를 내지 못하고 있는 이상, 우리가 우리 문제를 UN 또는 3월 10일 모스크바에서 개최될 4상회의에 호소하여서 정당한 해결을 구하고자 하는 것은 당연한 일인 것이다. 그 회의에 참가할 영불은 미소 양국과 같은 우리의 우방이며, 또한 4상회의 후 조만간 중국이 참가하는 4상 혹은 5상회의도 있을 수 있는 것이다.

중국이 우리에게 동정할 것은 언급할 필요도 없거니와, 현시에 미얀마와 인도에 독립을 허하려는 영국도 반드시 우리에게 동정할 것이다. 그리고 불란서도 중영에 못지 아니하게 동정할 것이다. 불란서는 3.1운동 이후 우리 독립운동에 특별 동정하여 우리 임시정부가 10여 년간 상해 프랑스 조계에서 안전히 활동하도록 보호하여 주었으며 또 1945년 1월에는 불란서정부가 우리 임시정부와 사실상 외교관계를 건립하기로 하였던 것이다.

설령 국제관계가 오열하더라도 우리의 독립운동은 잠시도 정지할 수 없거늘, 이와 같이 절호한 기회를 앞에 놓고 어찌 노력하지 아니하랴. 전도의 희망이 뚜렷하니 오직 우리는 일치단결하여 신탁을 끝까지 반대하자. 우리의 생존은 독립에서 오는 것이요 우리의 독립은 반탁에서 오는 것이다.

4. 38선

대전이 종료된 지도 벌써 18개월, 세계는 영구한 평화의 수립을 위하여 노력하고 있는 이때, 우리나라에는 우리의 적을 적으로 하던 양개 우방의 군대가 분단 점령을 하고 있다. 이 얼마나 모순되는 일이냐? 더구나 워싱턴 방면에서 오는 외전에 의하면, 권위있는 문무관원들이 언명하기를 아국과 일, 독에 군대를 주둔하는 것은 세계평화 유지에 필요하다고 하였다. 일, 독에 군대 주둔이 필요하다는 것은 해석을 요하는 바이다.

한국 자신이 일, 독과 같이 평화에 위협을 준다는 것은 누구나 믿을 수 없는 것인즉, 문제는 우리 본신에 있지 아니한 것이 분명하다. 그러면 군대 주둔 자체가 도리어 평화에 위협을 줄 것밖에 없다. 만일 이것을 부정하고 군대를 계속 주둔시킨다면 이로 인하여 생기는 후과로 말미암아 한국에는 상상하기도 어려운 불행이 올 가능성이 있는 것이니, 이것은 우리에게 독립을 약속한 우방도 원하는 바가 아닐 것이다. 그러므로 우리가 미소 양군의 철퇴를 주장하는 것은 한국의 독립만을 위하는 것이 아니요 실로 세계 평화 건설을 위해서도 큰 공헌이 있는 것이다.

일부 인사가 무슨 형식의 정부든지 한국에서 성립되는 즉시 38선이 철폐되리라는 관념을 가지고 있는 듯하나, 이것은 일종의 희망뿐이다. 38선을 즉시 철폐시키는 유일한 길도 자주독립정부를 수립하는 데만 있을 것이니, 우리는 남북통일과 자주독립을 위하여 미소 양군의 철퇴로써 남북통일과 자주독립을 완성하기에 일치 노력하여야 하겠다.

5. 국제관계

한반도 국제의 일환인 만큼 국제관계를 떠나서 존재할 수 없는 것이며, 국제도 이 환절을 무시하고는 평화를 유지할 수 없는 것이다. 과거의 유명한 정치가는 말하기를, "국제간에는 영원한 우인도 없고 영원한 적인도 없다." 하였지만, 우리가 앞으로 영구한 평화를 수립하려면 피차 간에 영원한 우인이 됨에서만 그 목적을 달성할 수 있는 것이다. 그러므로 현시에 있어서도 위는 모든 우방에 대하여 똑같이 친선을 도모할 것뿐이다.

그런데 호상 우인이 되는 요결은 힘의 강약, 물의 빈부 또는 색의 여하에 구애됨이 없이 절대 평등한 지위에서 호상 동정, 양해, 협조함에 있다. 그러므로 우리는 마땅히 국제간의 내왕과 유무상통을 환영하며, 또 우방에서 우리를 협조하기 위하여 각 방면에 있어서 기술을 제공하며 고문이 되어 주는 것을 요구도 할 것이다. 그러나 우리는 불평등하게 대우하는 것을 절대로 거절할 것이다. 우리는 국제적 평등을 얻을 때까지 투쟁을 계속하여야 할 것이다. 그러나 우리가 완전히 절망하지 아니할 때까지는 우리의 투쟁은 평화적이며, 이지적이며, 거족적이어야 할 것이다. 평화적임에서 동정을 획득할 수 있으며, 이지적임에서 치밀한 계획을 가질 수 있으며, 거족적임에서 역량을 발휘할 수 있는 것이다.

요컨대 전민족이 일치 단결하여 유리한 국제관계는 차에 순응하여서 완전 파악할 것이며, 불리한 국제관계는 진리로써 투쟁하며 화기롭게 유도하여서 호전시켜야 할 것이다.

대한민국 29년(1947) 2월 10일
김 구

5. 반민족행위처벌법 [제정 1948.9.22 법률 제3호 전부처]

第1章 罪

第1條 日本政府와 通謀하여 韓日合倂에 積極協力한 者, 韓國의 主權을 侵害하는 條約 또는 文書에 調印한 者와 謀議한 者는 死刑 또는 無期懲役에 處하고 그 財産과 遺産의 全部 或은 2分之 1以上을 沒收한다.

第2條 日本政府로부터 爵을 受한 者 또는 日本帝國議會의 議員이 되었던 者는 無期 또는 5年以上의 懲役에 處하고 그 財産과 遺産의 全部 或은 2分之 1以上을 沒收한다.

第3條 日本治下獨立運動者나 그 家族을 惡意로 殺傷迫害한 者 또는 이를 指揮한 者는 死刑, 無期 또는 5年以上의 懲役에 處하고 그 財産의 全部 或은 一部를 沒收한다.

第4條 左의 各號의 1에 該當하는 者는 10年以下의 懲役에 處하거나 15年以下의 公民

權을 停止하고 그 財産의 全部 或은 一部를 沒收할 수 있다.

1. 襲爵한 者
2. 中樞院副議長, 顧問 또는 參議되었던 者
3. 勅任官以上의 官吏되었던 者
4. 密偵行爲로 獨立運動을 妨害한 者
5. 獨立을 妨害할 目的으로 團體를 組織했거나 그 團體의 首腦幹部로 活動하였던 者
6. 軍, 警察의 官吏로서 惡質的인 行爲로 民族에게 害를 加한 者
7. 飛行機, 兵器 또는 彈藥等 軍需工業을 責任經營한 者
8. 道, 府의 諮問 또는 決議機關의 議員이 되었던 者로서 日政에 阿附하여 그 反民族的 罪跡이 顯著한 者
9. 官公吏되었던 者로서 그 職位를 惡用하여 民族에게 害를 加한 惡質的 罪跡이 顯著한 者
10. 日本國策을 推進시킬 目的으로 設立된 各團體本部의 首腦幹部로서 惡質的인 指導的 行動을 한 者
11. 宗敎, 社會, 文化, 經濟 其他 各部門에 있어서 民族的인 精神과 信念을 背反하고 日本侵略主義와 그 施策을 遂行하는데 協力하기 爲하여 惡質的인 反民族的 言論, 著作과 其他 方法으로써 指導한 者
12. 個人으로서 惡質的인 行爲로 日帝에 阿附하여 民族에게 害를 加한 者

第5條 日本治下에 高等官 3等級以上, 勳5等以上을 받은 官公吏 또는 憲兵, 憲兵補, 高等警察의 職에 있던 者는 本法의 公訴時效經過前에는 公務員에 任命될 수 없다. 但, 技術官은 除外한다.

第6條 本法에 規定한 罪를 犯한 者 改悛의 情狀이 顯著한 者는 그 刑을 輕減 또는 免除할 수 있다.

第7條 他人을 謀陷할 目的 또는 犯罪者를 擁護할 目的으로 本法에 規定한 犯罪에 關하여 虛僞의 申告, 僞證, 證據湮滅을 한 者 또는 犯罪者에게 逃避의 길을 協助한 者는 當該 內容에 該當한 犯罪規定으로 處罰한다.

第8條 本法에 規定한 罪를 犯한 者로서 團體를 組織하는 者는 1年以下의 懲役에 處한다.

第2章 特別調査委員會

第9條 反民族行爲를 豫備調査하기 爲하여 特別調査委員會를 設置한다.

特別調査委員會는 委員10人으로써 構成한다.

特別調査委員은 國會議員中에서 左記의 資格을 가진 者를 國會가 選擧한다.

　　1. 獨立運動의 經歷이 있거나 節介를 堅守하고 愛國의 誠心이 있는 者

　　2. 愛國의 熱誠이 있고 學識, 德望이 있는 者

第10條 特別調査委員會는 委員長, 副委員長 各1人을 互選한다.

委員長은 調査委員會를 代表하며 會議에 議長이 된다.

副委員長은 委員長을 補佐하고 委員長이 事故가 있을 때에는 그 職務를 代理한다.

第11條 特別調査委員은 其 在任中 現行犯 以外에는 特別調査委員長의 承認이 없이 逮捕審問을 받지 않는다.

第12條 特別調査委員會는 事務를 分擔하기 爲하여 서울市와 各道에 調査部, 郡府에 調査支部를 設置할 수 있다.

調査部責任者는 調査委員會에서 選擧하여 國會의 承認을 받아야 한다.

第13條 特別調査委員會에서 採用하는 職員은 親日謀利의 世評이 없는 者라야 한다.

第14條 調査方法은 文書調査, 實地調査의 2種으로 한다.

文書調査는 官公文書, 新聞 其他 出版物을 調査하여 被疑者名簿를 作成한다.

實地調査는 被疑者名簿를 基礎로 하고 現地出張 其他 適當한 方法으로 證據를 蒐集하여 調査書를 作成한다.

第15條 特別調査委員會로부터 調査事務를 執行하기 爲하여 政府 其他의 機關에 對하여 必要한 報告記錄의 提出 또는 其他 協力을 要求할 때에는 이에 應하여야 한다.

第16條 特別調査委員이 職務를 遂行할 때에는 特別調査委員長의 信任狀을 所持케 하며 그 行動의 自由를 保有하는 特權을 가지게 된다.

第17條 特別調査委員會가 調査를 完了할 때에는 10日以內에 委員會의 決議로 調査報告書를 作成하고 意見書를 添附하여 特別檢察部에 提出하여야 한다.

第18條 特別調査委員會의 費用은 國庫負擔으로 한다.

第3章 特別裁判部構成과 節次

第19條 本法에 規定된 犯罪者를 處斷하기 爲하여 大法院에 特別裁判部를 附置한다. 反民族行爲를 處斷하는 特別裁判部는 國會에서 選擧한 特別裁判部部長1人, 部長裁判官3人, 裁判官12人으로써 構成한다.

前項의 裁判官은 國會議員中에서 5人, 高等法院以上의 法官 또는 辯護士中에서 6人, 一般社會人士中에서 5人으로 하여야 한다.

第20條 特別裁判部에 特別檢察部를 竝置한다.

特別檢察部는 國會에서 選擧한 特別檢察部檢察官長1人, 次長1人, 檢察官7人으로써 構成한다.

第21條 特別裁判官과 特別檢察官은 左의 資格을 가진 者 中에서 選擧하여야 한다.

　　1. 獨立運動에 經歷이 있거나 節介를 堅守하고 愛國의 誠心이 있는 法律家

　　2. 愛國의 熱誠이 있고 學識, 德望이 있는 者

第22條 特別裁判部部長과 特別裁判官은 大法院長 및 法官과 同一한 待遇와 報酬를 받고 特別檢察官長과 特別檢察官은 檢察總長 및 檢察官과 同一한 待遇와 報酬를 받는다.

第23條 特別裁判部의 裁判官과 檢察官은 그 在任中 一般裁判官 및 一般檢察官과 同一한 身分의 保障을 받는다.

第24條 特別裁判部의 裁判官과 檢察官은 그 在任中 國會議員, 法官과 檢察官 以外의 公職을 兼하거나 營利機關에 參與하거나 政黨에 關與하지 못한다.

第25條 特別裁判部에 3部를 두고 各部는 裁判長1人과 裁判官4人의 合議로써 裁判한다.

第26條 特別檢察官은 特別調查委員會의 調查報告書와 一般檢察事實을 基礎로 하여 公訴를 提起한다.

特別檢察官은 檢察上 必要에 依하여 特別調查委員 또는 司法警察官을 指揮命令할 수 있다.

第27條 特別檢察官은 特別調查委員會의 調查報告書를 接受한 後 20日以內에 起訴하여야 하며 特別裁判部는 起訴된 事件에 對하여 30日以內에 公判을 開廷하여야 한다. 但, 特別裁判部는 不得已한 事情이 있을 때에는 期間을 延長할 수 있으되 30日을 超過할 수 없다.

第28條 本法에 依한 裁判은 單審制로 한다.

訴訟節次와 刑의 執行은 一般刑事訴訟法에 依한다.

附則 <제3호, 1948.9.22>

第29條 本法에 規定한 犯罪에 對한 公訴時效는 本法 公布日로부터 起算하여 2年을 經過하므로써 完成된다. 但, 逃避한 者나 本法이 事實上 施行되지 못한 地域에 居住하는 者 또는 居住하던 者에 對하여는 그 事由가 消滅된 때로부터 時效가 進行된다.

第30條 本法의 規定은 韓日合倂前後부터 檀紀 4278年 8月 15日以前의 行爲에 이를 適用한다.

第31條 本法에 規定한 犯罪者로서 大韓民國憲法 公布日로부터 以後에 行한 그 財産의 賣買, 讓渡, 贈與 其他의 法律行爲는 一切無效로 한다.

第32條 本法은 公布日로부터 施行한다.

반민족행위처벌법 [폐지 1951.2.14 법률 제176호 전부처]

法律 第3號 反民族行爲處罰法과 同改正法律第13號, 第34號 및 第54號는 廢止한다.

附則(반민족행위처벌법등폐지에관한법률) <제176호, 1951.2.14>

本法은 公布日로부터 施行한다.

廢止된 法律에 依하여 公訴 繫屬中의 事件은 本法 施行日에 公訴取消된 것으로 본다.

廢止된 法律에 依한 判決은 本法 施行日로부터 그 言渡의 效力을 喪失한다.

6. 조국통일 민주주의전선 중앙위원회 호소문

– 우리조국 남북반부의 전체민주주의정당·사회단체들에게, 전체조선인민들에게–

친애하는 동포들!

찬애하는 남북반부의 전체 민주주의 정당 사회단체 당원들과 맹원들!

친애하는 형제자매들!

조국통일 민주주의전선은 작년 6월에 우리 조국의 평화적 통일방책을 제의하였다.

그러나 이 제의는 오늘날까지 실현되지 못하고 있다. 우리는 역사적 8·15 해방 5주년을 미구에 맞이하게 된다. 그러나 인공적인 38선은 의연히 남아 있어 우리 나라를 두 지역으로 분열하고 있다. 소련군대가 장구한 일제통치로부터 우리 조선인민을 해방시킨 지 벌써 5년이 지났음에도 불구하고 우리나라는 통일되지 못하고 의연히 분열된 채로 남아 있다.

누가 우리 조국의 통일을 방해하는가?

분열은 누구의 이익을 위하여 계속되는가?

우리들이 다 아는 바와 같이 리승만 매국도당은 자기 상전인 미제국주의자들의 지시를 따라 전체 조선인민이 갈망하여 마지 않는 조국의 평화적 통일을 반대하여 온갖 수단과 흉책을 다하여 이 통일을 방해하였으며 또한 방해하고 있다. 리승만 반동도당들은 왜 조국의 평화적 통일을 방해하는가? 그들은 조선인민을 국가관리에 참여시키려고 하지 않는다. 이 반동 매국 도배들은 자기 인민을 두려워하며 우리 조국 남반부에 인민들이 증오하는 반동친일 흡혈귀 들이 경찰제도를 보존하려고 발악하고 있다. 그렇기 때문에 리승만 반동도배들은 자기의 상 전 미제국주의자들의 지시에 따라 조선인민의 이익을 배반하고 38선을 영구화하며 그를 국 경으로 만들려고 한다. 이 매국역도들은 자기들의 탐욕적 이익을 위하여 우리 조국과 우리 인 민을 미제국주의자들의 식민지 노예로 팔아 먹고 있다.

만일 조선에 관한 모스크바 3상회의 결정을 미제와 리승만 도당이 반대하지 않았다면 조 선은 수년 전에 벌써 민주주의 독립국가로 통일되었을 것이다. 만일 조국통일민주주의전선 에서 제안한 조국의 평화적 통일을 미제국주의자들과 그 주구 리승만 역도들이 방해하지 아 니하였더라면 작년에 우리나라는 벌써 통일되었을 것이다.

이와 같이 우리 조국이 분열된 채 통일이 달성되지 못한 것은 오로지 미제국주의자들과 그 종복 리승만들에게 그 책임이 전적으로 있는 것이다. 이미 우리가 다 아는 바와 같이 미국 인들은 소·미 공동위원회 사업을 고의로 파탄시킨 후 조선문제를 유엔총회에 제기하였다. 그러나 이것은 우리 조국의 통일에 도움을 준 것이 아니라 도리어 조국의 통일을 방해하였을 뿐이다. 소련정부는 1947년 9월에 조선에 주둔하였던 소·미 양국군을 동시에 철퇴함으로 써 조선문제 해결을 조선인민 자체에게 맡기자고 제안하였다.

그러나 미국인들은 이 정당한 제의를 거부하였다. 미국정부는 조선인민과 소련의 반대에 도 불구하고 유엔총회내 자기들에게 순종하는 거수기 다수를 이용하여 조선으로 「유엔 위원 단」을 파견하였다. 유엔총회에서 파견된 소위 유엔 조선위원단이란 것은 조선에 와서 무엇 을 하였는가? 이 「위원단」은 조선인민의 이익을 위하여서가 아니라 미제국주의자들의 이익 을 위하여 조선인민의 이익에 전연 배치되게 활동하였기 때문에 조선에서 완전히 실패하였다. 이「위원단」은 조선인민의 요망에는 귀도 기우리지 않으며 리승만 매국도배들과 친일파들과의 밀접한 연계하에서 활동하고 있다. 이「위원단」은 리승만 괴뢰도배들이 실시하는 파시스트적 정책들을 지지했다.

「유엔 조선위원단」은 리승만 괴뢰도배들이 진보적 인사들과 민주주의적 정당 사회단체들에 대하여 강행하는 야수적 탄압과 인민들에 대한 테러, 무차별적 대량 학살행위와 인민운동에 대한 토벌을 공공연히 지지하고 있다. 그렇기 때문에 전체 조선인민들은「유엔 위원단」의 활동에 대하여 격분하고 있으며 그를 조선으로부터 즉시 철거할 것을 요구하면서「유엔 위원단」을 반대하여 투쟁하고 있다.

경애하는 동포 여러분!

우리 조국이 38선으로 양분되어 있기 때문에 조선 경제는 그 발전상 큰 손실과 지장을 받고 있다. 국내의 풍부한 모든 자연자원들은 인민의 이익을 위하여 완전히 이용되지 못하고 있다. 우리 조국 북반부에서 전력 석탄 비료 금속과 공업 생산품들이 풍부히 생산되며 생산력이 날로 성장 발전되고 있다. 그러나 우리 조국 북반부에서 생산되는 이 부원들을 조국이 분열된 조건하에서 남반부 인민들은 이용하지 못하고 있다. 우리 조국 남반부에서는 생산이 정지되고 대부분의 공장 제조소들이 폐쇄되고 실업자의 수는 150만 이상을 산하며 농민들은 오늘날까지도 토지를 얻지 못하고 있으며 인민들은 기아에서 헤매고 있다. 두말할 것 없이 이러한 사태는 리승만 매국도당과 그 주인 미국인들이 범한 죄에 그 원인이 있는 것이다.

월가의 상인들은 우리 조국의 남반부를 조선 산업이 능히 생산할 수 있는 자기들의 상품을 수출할 시장으로 화하고 있다. 미국인들은 우리 조국 남반부의 공업을 고의로 파괴시키며 우리 나라에 필요한 쌀, 중석 흑연 등 허다한 자연자원들을 헐값으로 가져오고 있다. 우리 조국 북반부에는 인민들의 자발적 창의로 인민정권인 인민위원회들이 창설되었고 인민을 위한 민주주의적 자유가 완전히 보장되고 있다. 하부로부터 상부에 이르기까지 인민정권은 벌써 두 번이나 선거를 실시하였다.

또한 중앙정권기관은 우리 조국 남북반부 인민들의 통일적 선거에 의하여 선거되었다. 선거는 일반 평등 직접적 기초위에서 비밀투표로 행행되었다. 노동자 농민 인테리 기업가 상인 할 것 없이 다만 친일파 민족 반역자들을 제외한 전 인민의 각계 각층은 모두 이 민주선거에 참가하였다. 이와 반대로 우리 조국 남반부에는 인민에 의하여 선거된 정권이 없다.

거기에는 일본제국주의 지배시대의 통치제도가 그대로 남아 있다. 거기에서는 도지사와 군수가 여전히 독단적으로 인민들을 통치하고 있다. 1948년 5월 10일 망국 단선으로 조작하여 낸 「국회」라는 것은 리승만의 충실한 종복들만으로써 구성되였었다. 이 「국회」에는 대지주와 반동적 자본가들뿐이 들어 있고 노동자 농민의 대표는 한 사람도 들어가지 못하였다. 그런데도 리승만은 이 「국회」에서 로일환 리문원 김약수 등 10수명 대의원들을 체포 투옥하였다.

미국의 강압에 의하여 실시된 5·30 망국 「국회」선거도 자유로운 선거가 아니였다. 리승만에게 불리한 많은 입후보자들과 자기의 의사를 자유로 표현하려고 시도한 자들은 탄압 투옥을 당하였다. 선거당시에 남반부에 횡행하고 있은 위협, 기만, 테러의 결과 소위 국회에 당선된 자들은 그 절대 다수가 반인민적 분자들이다. 때문에 금번의 「국회」도 이번의 그것과 마찬가지로 인민의 대표기관으로 되지 못한다. 리승만 반동배들은 우리 조국 남반부에 경찰 제도를 수립하고 조국의 통일과 민주를 위한 투사들을 탄압 학살하고 있다. 1947년 조선인민의 애국자 려운형은 조국의 통일과 민주를 위하여 투쟁하였다하여 학살당하였고 1949년에는 우익 정당 지도자 김구가 남북제정당 사회단체 지도자 연석회의에 참가하고 조국의 평화적 통일을 주장하였다 하여 리승만에 의하여 학살당하였다.

이와 같은 이유로써 또한 남반부 우익 정당지도자 중 김규식은 정치무대로부터 고립당하고 있다. 1950년에는 우리 조국의 우수한 애국자이며 인민의 위업과 조국의 통일을 위한 투사인 김삼룡 리주하 선생들이 투옥되였다. 인민의 위업을 위하여 리승만 도당에 의하여 감옥에서 죽었거나 신음하고 있는 투사들과 우리 조국의 진정한 애국자들의 수는 막대하다. 이러고보니 양심분자들과 우국지사들과 심지어 반동진영의 일부에서도 리승만 괴뢰의 멸망을 염원하며 리승만과 협조하고 있는 당의 어떤 인사들은 감히 노골적으로 행동하기를 두려워하고 침묵을 지키면서도 기회만 보고 있는 것이다. 물론 인민들은 이러한 자들의 비겁한 태도에 분개하는 것이다. 애국지사라면 어찌 조국과 인민의 이익보다 자기 개인의 안일을 더 생각할 수 있겠는가? 어찌 박해를 두려워 정의를 버릴 수 있겠는가? 남반부에서는 실로 인민의 민주주의적 자유란 그림자조차 찾아볼 수 없는 것이다.

우리 조국 남반부에는 리승만 매국노들에게 복종하는 대한국민당 민주국민당(한민당)과 같은 친일적 반동적 정당들에게만 자유가 보장되고 그 외의 모든 민주주의적 정당 사회단체들에 대하여는 언어도단의 탄압을 감행하고 그의 당원 맹원들을 비법적으로 체포 투옥하며 또한 재판도 없이 학살하는 것이다. 노동자들과 농민들은 아주 무권리하다. 그리고 도시의 소

시민들에게도 역시 권리가 없다. 자유는 오직 리승만 도배들에 의거하고 있는 한줌도 못되는 극소수의 친일파 민족반역자들에게만 있는 것이다. 또한 남반부에서 우리 민족문화는 여지없이 파탄되었다. 우리 인민의 고유한 모든 것들은 말살되어 버리고 미국식 퇴폐적인 썩은 양키문화를 수입하여 장려한다. 갱스터리즘과 쿠쿠락쓰 살인적 만행과 강간과 흑인학대를 보여주는 영화를 수입 장려하여 조선인민들의 양습과 도덕을 파괴하기에 노력하고 있다.

친애하는 형제자매들!

리승만 괴뢰도배들은 자기 상전 미국인들과 자기 개인의 더러운 사욕을 위하여 우리 조국 남반부를 미국에 복종시키고 있다. 전체 조선인민들은 과거 5년간에 국토의 인공적 분열이 얼마만한 불행과 재해를 우리 인민들에게 주었는가를 뼈아프게 체험하였다. 우리는 38선을 결코 국경으로 인정하지 않았으며 또 인정할 수도 없다. 우리 조국 남북반부의 인민들은 통일을 일일천추로 갈망하며 경제적 문화적 정치적으로 통일된 국가에서 살기를 희망한다.

조국통일민주주의전선 중앙위원회는 전체 민주주의정당 사회단체들과 전체 조선 인민들에게 우리 조국의 평화적 통일에 대하여 또다시 한번 제의 호소한다. 닥쳐오는 8·15 해방 5주년 기념을 우리 조국 남북반부 인민들은 조국의 통일로써 기념하여야 할 것이며 통일된 민주주의 독립국가의 인민으로써 함께 기념하여야 할 것이다. 조국의 평화적 통일을 급속히 실현할 목적으로 조국통일민주주의전선 중앙위원회는 자기 조국을 사랑하는 전체 민주주의정당 사회단체들과 전체 애국적 인사들에게 다음과 같이 제의한다.

1. 8월 5일-8일에 우리 조국 남북반부의 전 지역을 통하여 총선거를 실시하고 통일적 최고 입법기관을 창설할 것.
2. 8월 15일 일제통치로부터 해방된 5주년 기념일에 이 총선거에 의하여 선거된 최고입법기관 회의를 서울에서 소집할 것.
3. 8월 15일-17일에 기하여 조국의 평화적 통일을 원하는 남북반부의 전체 민주주의정당 사회 단체 대표자협의회를 38연선 해주시 혹은 개성시 어느 한 도시에서 소집할 것.

이 협의회에서는 다음과 같은 문제들을 토의하고 결정들을 채택할 것.

(가) 조국의 평화적 통일을 위한 제조건
(나) 조선 최고입법기관 총선거 실시의 절차
(다) 총선거를 지도할 중앙지도위원회의 창설
4. 조국통일민주주의전선 중앙위원회는 남북반부의 민주주의 제정당 사회단체 대표자협의

회 참가 조건들을 다음과 같이 제의한다

(가) 조국의 평화적 통일을 파탄시킨 범죄자들인 리승만 리범석 김성수 신성모 조병옥 채병덕 백성욱 윤치영 신흥우 등 민족 반역자들을 남북대표자협의회에 참여시키지 말 것.

(나) 조국통일사업에 「유엔 조선위원단」의 간섭을 용허하지 말 것.

조선인민은 외국의 간섭이 없이 반드시 자력으로 조국의 통일문제를 해결할 것.

5. 남북대표자협의회 사업기간과 총선거 실시기간에 우리 조국 남북반부의 양정권 당국은 사회질서보장에 대한 책임을 질 것.

조국통일민주주의전선 중앙위원회는 조국의 이익을 귀중히 여기는 전체 민주주의정당 사회단체 당원들과 맹원들과 조국의 평화적 통일을 갈망하는 전체 조선인민들이 사랑하는 우리 조국의 평화적 통일을 급속히 현현시키기 위한 우리의 제의를 열광적으로 지지하리라는 것을 확신한다.

민주주의 통일조선 만세! 통일된 조선인민 만세!

조선통일민주주의전선 중앙위원회
1950년 6월 7일

7. 공화국 남반부 지역에 토지개혁을 실시함에 관하여

제1조 미제국주의자와 리승만 괴뢰정부의 악독한 통치로부터 해방된 공화국 남반부 농민들에게 자유와 행복을 주며 낙후한 농촌경리를 급속히 발전시킬 목적으로 조선민주주의 인민공화국 헌법 제7조에 의거하여 공화국 남반부에 토지개혁을 실시한다.

토지개혁은 무상몰수 무상분여의 원칙에 의거한다.

제2조 미제국주의자와 리승만 괴뢰정부 및 그의 기관(회사를 포함한다)들이 소유하고 있는 토지는 전부 몰수한다.

조선인 지주의 소유토지와 면적이 다과를 불문하고 계속적으로 소작주는 자(기관을 포함한다)의 소작 주는 토지는 일체 이를 몰수한다.

소작제도는 영원히 폐지한다. 소작 주지 않고 자작하는 농민의 토지(자작지)는 5정보 또는 20정보까지 몰수하지 않는다.

리승만 괴뢰정부 및 그의 기관들과 지주들에서 연부로서 매입하여 자경하는 토지도 또한 몰수하지 않는다.

제3조 몰수한 토지는 자기 노력으로 경작하는 고용농민과 토지 없는 농민 및 토지 적은 농민들에게 무상으로 분여한다.

토지는 자기의 노력으로 경작하는 자만이 가질 수 있다. 분여한 토지는 분여 받은 농민의 영구한 소유로 된다.

분여받은 농민은 그 토지를 매매할 수 없으며 소작주지 못하며 저당할 수 없다.작자와 본 법령에 의하여 분여받은 토지에 대한 토지소유권은 이를 법적으로 보장한다.

제4조 몰수한 토지의 분여정량과 방법은 매개 동(리)의 고용농민과 토지 없는 농민 및 토지 적은 농민들의 총회에서 결정한다.

총회의 결정은 지방인민위원회 비준을 얻은 후에 실시한다.

제5조 토지에 관계되는 일체 부채는 이를 폐기한다.

연부로 매입한 토지대금은 이를 지불하지 않는다. 자작지로서 저당한 토지에 대한 부채도 또한 변상하지 않는다.

제6조 토지에 대한 종래의 지세 기타 일체 세금과 부담금은 이를 폐기한다.

농민들은 다만 공화국 북반부와 동일한 비율의 현물세를 국가에 납부한다. 그러나 1950년에 있어서는 피폐한 남반부 농민들의 생활을 급속히 개선시킬 목적으로 이를 현저히 경감할 것을 공화국 내각에 위임한다.

제7조 현물세를 납부한 나머지의 농작물은 농민들의 자유처분에 맡긴다.

공출제도는 일체 폐지한다.

조선민주주의 인민공화국 내각은 노력 농민의 이익을 특히 보호하며 경제적 정책이 허하는 여러 가지 방법으로 그들을 방조한다.

제8조 토지개혁을 실시하기 위하여 매개 동(리)에 농촌위원회를 조직한다.

농촌위원회는 고용농민 토지 없는 농민 토지 적은 농민들의 총회에서 선거된 5명 내지 9명의 성원으로 구성한다.

농촌위원회는 자기 동(리)내의 농민들이 경작하고 있는 제2조에 해당하는 몰수대상토지를 조사·통계하고 토지분여안을 작성하여 총회를 통과한 후 지방인민위원회의 승인을 얻어 분여를 실시한다.

제9조 토지의 분여는 도인민위원회가 토지소유권 증명서를 농민에게 교부하며 이를 토지대장에 등록함으로써 완료된다.

제10조 본 법령을 실시한 데 대한 시행 세칙을 제정할 것을 공화국 내각에 위임한다.

제11조 본 정령은 공포일로부터 이를 실시한다.

조선민주주의 인민공화국 최고인민회의 상임위원회 위원장 김 두 봉
조선민주주의 인민공화국 최고인민회의 상임위원회 서기장 강 양 욱
1950년 7월 4일 평양시

8. 대한민국과 미합중국간의 상호방위조약(한미상호방위조약, 1953)

본 조약의 당사국은 모든 국민과 모든 정부와 평화적으로 생활하고자 하는 희망을 재확인하며 또한 태평양 지역에 있어서의 평화기구를 공고히 할 것을 희망하고, 당사국 중 일국이 태평양 지역에 있어서 고립하여 있다는 환각을 어떠한 잠재적 침략자도 가지지 않도록 외부로부터의 무력공격에 대하여 그들 자신을 방위하고자 하는 공통의 결의를 공공연히 또한 정식으로 선언할 것을 희망한다.

또한 태평양 지역에 있어서 더욱 포괄적이고 효과적인 지역적 안전보장 조직이 발달될 때까지 평화와 안전을 유지하고자 집단적 방위를 위한 노력을 공고히 할 것을 희망하여 다음과 같이 동의한다.

제1조 당사국은 관련될지도 모르는 어떠한 국제적 분쟁이라도 국제적 평화와 안전과 정의를 위태롭게 하지 않는 방법으로 평화적 수단에 의하여 해결하고 또한 국제관계에 있어서 국제연합의 목적이나 당사국이 국제연합에 대하여 부담한 의무에 배치되는 무력의 위협이나 무력의 행사를 삼갈 것을 약속한다.

제2조 당사국 중 어느 일국의 정치적 독립 또는 안전이 외부로부터의 무력공격에 의하여 위협을 받고 있다고 어느 당사국이든지 인정할 때에는 언제든지 당사국은 서로 협의한다. 당사국은 단독적으로나 공동으로나 자조와 상호원조에 의하여 무력공격을 방지하기 위한 적절한 수단을 지속하며 강화시킬 것이며 본조약을 실행하고 그 목적을 유지할 적절한 조치를 협의와 합의하에 취할 것이다.

제3조. 각 당사국은 타 당사국의 행정지배하에 있는 영토와 각 당사국이 타 당사국의 행정 지배하에 합법적으로 들어갔다고 인정하는 금후의 영토에 있어서 타당사국에 대한 태평양지 역에 있어서의 무력공격을 자국의 평화와 안전을 위태롭게 하는 것이라고 인정하고 공통한 위험에 대처하기 위하여 각자의 헌법상의 수속에 따라 행동할 것을 선언한다.

제4조. 상호적 합의에 의하여 미합중국의 육군, 해군과 공군을 대한민국의 영토 내와 그 부근에 배치하는 권리를 대한민국은 이를 허여하고 미합중국은 이를 수락한다.

제5조. 본조약은 대한민국과 미합중국에 의하여 각각 헌법상의 수속에 따라 비준되어야 하며 그 비준서가 양국에 의하여 워싱턴에서 교환되었을 때에 효력을 발생한다.

제6조. 본조약은 무기한으로 유효하다. 어느 당사국이든지 타 당사국에 통고한 후 1년에 본조약을 종지시킬 수 있다.

이상의 증거로서 하기 전권위원은 본조약에 서명한다. 본 조약은 1953년 10월 1일 워싱턴에 서 한국문과 영문으로 두 벌로 작성됨.

대한민국을 대표하여 변영태
미합중국을 대표하여 존 포스트 덜레스

9. 대학 교수단 - 시국선언문 1960. 4. 25

이번 4·19의거는 이 나라의 정치적 위기를 극복하기 위한 중대한 계기이다. 이에 대한 철저한 광정(匡正)이 없이는 이 민족의 불행한 운명을 도저히 만회할 길이 없다. 이 비상시국 에 대처하여 우리는 이제 전국 대학 교수들의 양심에 호소하여 좌와 같이 우리의 소신을 선언 한다.

1) 마산, 서울, 기타 각지의 학생데모는 주권을 빼앗긴 국민의 울분을 대신하여 궐기한 학생 들의 순진한 정의감의 발로이며 부정과 불의에 항거하는 민족정기의 표현이다.

2) 이 데모를 공산당의 조정이나 야당의 사주로 보는 것은 고의의 곡해이며 학생들의 정의 감의 모독이다.

3) 평화적이요 합법적인 학생데모에 총탄과 폭력을 기탄 없이 남용하여 대량의 유혈참극을 빚어낸 경찰은 '민주와 자유'를 기본으로 한 국립경찰이 아니라 불법과 폭력으로 정권을 유지하려는 일부 정치집단의 사병이었다.

4) 누적된 부패와 부정과 횡포로써 민족적 대참극, 대치욕을 초래케 한 대통령을 위시하여 국회위원 및 대법관 등은 그 책임을 지고 물러나지 않으면 국민과 학생의 분노는 가라앉기 힘들 것이다.

5) 3.15선거는 불법선거이다. 공명선거에 의하여 정·부통령 선거를 다시 실시하라.

6) 3.15부정선거를 조작한 주모자들을 중형에 처해야 한다.

7) 학생살상의 만행을 위에서 명령한 자 및 직접 하수자를 즉시 체포 처벌하라.

8) 모든 구금 학생은 무조건 석방하라. 그들 중에 파괴 또는 폭행자가 있다 하더라도 그것은 동료피살에 흥분된 비정상 상태 하에의 행동이요 폭행 또는 파괴가 그 본의가 아닌 까닭이다.

9) 정치적 지위를 이용 또는 권력과 결탁하여서 부정축재한 자는 관·군·민을 막론하고 가차 없이 적발 처단하여 국가기강을 세우라.

10) 경찰의 중립화를 확고히 하고 학원의 자유를 보장하라.

11) 학원의 정치도구화를 배격한다.

12) 곡학아세하는 사이비 학자와 정치도구화된 소위 문인, 예술인을 배격한다.

13) 학생제군은 38선 너머 호시탐탐하는 공산괴뢰들이 군들의 의거를 선전에 이용하고 있음을 경계하라. 그리고 이남에서도 반공의 이름을 남용하던 방식으로 군들의 피의 효과를 정치적으로 악용하려는 불순분자를 조심하라.

14) 시국의 중대성을 인식하고 국가의 장래를 염려하여 학생들은 흥분을 진정하고 이성을 지켜 속히 학업의 본분으로 돌아오라.

10. 전태일 편지

여러분, 오늘날 여러분께서 안정된 기반 위에서 경제 번영을 이룬 것은 과연 어떤 층의 공로가 가장 컸다고 생각하십니까? 물론 여러분의 애써 이루신 상업기술의 결과라고 생각하시겠습니다만은 여기에는 숨은 희생이 있다는 것을 명심하셔야 합니다. 즉, 여러분들의 자녀들의 힘이 큰 것입니다.

성장해 가는 여러분의 어린 자녀들은 하루 15시간의 고된 작업으로 경제발전을 위한 생산계통에서 밑거름이 되어 왔습니다. 특히 의류 계통에서 종사하는 어린 여공들은 평균 연령이 18세입니다. 얼마나 사랑스러운 여러분들의 전체의 일부입니까? 가장 잘 가꾸어야 할, 가장 잘 보살펴야 할 시기입니다. 정신적으로 육체적으로 어느 면에서나 성장기의 제일 어려운 고비인 것입니다.

이런 순진하고 사랑스러운 동심들을 사회생활이라는 웅장한 무대는 가장 메마른 면과 가장 비참한 곳만을 보여주고 있습니다. 메마른 인정을 합리화시키는 기업주와 모든 생활 형식에서 인간적인 요소를 말살 당하고 오직 고삐에 메인 금수처럼 주린 창자를 채우기 위하여 끌려다니고 있습니다.

곧 그렇게 하는 것이 현 사회에서 극심한 생존경쟁에서 승리한다고 가르칩니다. 기업주들은 어떠합니까? 아무리 많은 폭리를 취하고도 조그마한 양심의 가책을 느끼지 않습니다. 합법적이 아닌 생산공들의 피와 땀을 갈취합니다. 그런데 왜 현 사회는 그것을 알면서도 묵인하는지 저의 좁은 소견은 알지를 못합니다. 내심 존경하시는 근로감독관님. 이 모든 문제를 한시 바삐 선처 있으시기를 바랍니다.

1969년 12월 19일 전태일

11. 7·4 남북공동선언

최근 평양과 서울에서 남북관계를 개선하며 갈라진 조국을 통일하는 문제를 협의하기 위한 회담이 있었다. 서울의 이후락 중앙정보부장이 1972년 5월 2일부터 5월 5일까지 평양을 방문하여 평양의 김영주 조직지도부장과 회담을 진행하였으며 김영주 부장을 대신한 박성철 제2부수상이 1972년 5월 29일부터 6월 1일까지 서울을 방문하여 이후락 부장과 회담을 진행하였다.

이 회담들은 쌍방은 조국의 평화적 통일을 하루빨리 가져와야 한다는 공통된 염원을 가지고 안고 허심탄회하게 의견을 교환하였으며 서로의 이해를 증진시키는데서 큰 성과를 얻었다.

이 과정에서 쌍방은 오랫동안 만나지 못한 결과로 생긴 남북 사이의 오해와 불신을 풀고 긴장의 고조를 순화시키며 나아가서 조국통일을 촉진시키기 위하여 다음과 같은 문제들에 완전한 합의를 보았다.

1. 쌍방은 다음과 같은 조국통일원칙들에 합의를 보았다.

　첫째, 통일은 외세에 의존하거나 외세의 간섭을 받음이 없이 자주적으로 해결해야한다.

　둘째, 통일은 서로 상대방을 반대하는 무력행사에 의거하지 않고 민족으로서 민족적 대단결을 도모하여야 한다.

　셋째, 사상과 이념, 제도의 차이를 초월하여 우선 하나의 민족으로서 민족적 대단결을 도모하여야 한다.

2. 쌍방은 남북사이의 긴장상태를 완화하고 신뢰의 분위기를 조성하기 위하여 서로 상대방을 중상비방하지 않으며 크고 작은 것을 막론하고 무장 도발을 하지 않으며 불의의 군사적 충돌사건을 방지하기 위한 적극적인 조치를 취하기로 합의하였다.

3. 쌍방은 끊어졌던 민족적 연계를 회복하며 서로의 이해를 증진시키고 자주적 평화통일을 촉진시키기 위하여 남북 사이의 다방면적인 제반 교류를 실시하기로 합의하였다.

4. 쌍방은 지금 온 민족의 거대한 기대 속에 진행되고 있는 남북적십자회담이 하루빨리 성사되도록 적극협조하는데 합의하였다.

5. 쌍방은 돌발적 군사사고를 방지하고 남북 사이에 제기되는 문제들을 직접 신속 처리하기 위하여 서울과 평양 사이에 상설 직통전화를 놓기로 합의하였다.

6. 쌍방은 이러한 합의 사항을 추진시킴과 함께 남북 사이의 제반문제를 개선 해결하며 또 합의된 조국통일원칙에 기초하여 나라의 통일문제를 해결할 목적으로 이후락 부장과 김영주 부장을 공동위원장으로 하는 남북조절위원회를 구성하기로 합의하였다.

7. 쌍방은 이상의 합의사항이 조국통일을 일일천추로 갈망하는 온 겨레의 한결같은 염원에 부합된다고 확신하면서 이 합의사항을 성실히 이행할 것을 온 민족 앞에 엄숙히 약속한다.

　서로 상부의 뜻을 받들어

1972년 7월 4일
이후락, 김영주

12. 박정희 대통령 특별 선언문

친애하는 국민 여러분!

나는 우리 조국의 평화와 통일, 그리고 번영을 희구하는 국민 모두의 절실한 염원을 받들어 우리 민족사의 진운을 영예롭게 개척해나가기 위한 나의 중대한 결심을 국민 여러분 앞에 밝히는 바입니다.

지금 우리를 둘러싼 국제정세는 심대한 변화를 일으키고 있습니다. 나는 인류의 평화와 번영을 위해 긴장완화의 흐름에 긍정적인 자세로 임해야 한다는 것을 이미 오래 전부터 밝힌 바 있습니다. 그러나 긴장완화의 본질은 아직까지도 열강들의 또하나의 새로운 문제해결 방식에 지나지 않으며, 이 지역에서는 불행하게도 긴장완화가 아직 정착되지 못하고 있는 것으로 나는 보고 있습니다. 그렇기 때문에 긴장완화라는 이름 밑에 이른바 열강들이 제3국이나 중소국가들을 희생의 제물로 삼는 일이 충분히 있을 수 있다는 점을 우리는 경계해야 할 것입니다.

지금 우리 한반도를 둘러싼 열강들의 기존 세력균형 관계에는 커다란 변화가 일고 있습니다. 나는 이 변화가 우리 안전보장에 직접적 또는 간접적으로 위험스러운 영향을 끼치게 될 것으로 보고 있습니다. 왜냐하면 그 같은 변화는 곧 아시아의 기존질서를 뒤바꾸는 것이며 지금까지 이곳의 평화를 유지해온 안보체제마저도 변질시키려는 커다란 위협을 내포하고 있기 때문입니다. 그 누구도 이 지역에서 다시는 전쟁이 재발하지 않을 것이라고 장담할 수 없는 것이 또한 우리의 솔직한 현황인 것입니다.

국제정세가 이러할진대 작금의 변화는 확실히 역사상 그 어느 때보다도 뚜렷하게 우리의 운명은 우리 스스로의 힘으로 지키고 개척해나가지 않을 수 없다는 것을 엄숙히 가르쳐주고 있습니다. 이 같은 상황속에서 전화의 재발을 미연에 방지하고 평화로운 조국통일의 길을 모색하기 위해 우리는 27년간의 기나긴 불신과 단절의 장벽을 헤치고 하나의 민족으로서 남북간의 대화를 시작한 것입니다. 이 대화는 결코 우리가 지금까지 추구해 온 기본 정책을 근본적으로 뒤바꾸려는 것이 아닙니다. 오히려 우리가 오래도록 추구해 온 평화통일과 번영의 터전을 굳게 다져나가려는 민족적 결의의 재천명인 것입니다.

지금부터 2년 전인 1970년 8월 15일 나는 광복절 제25주년 경축사를 통해 조국의 평화통일을 위한 기반조성과 관련하여 북한 당국자들에게 무력과 폭력의 포기를 요구하고 그 대신 남과 북이 각기 평화와 번영을 위해 선의의 경쟁을 할 것을 제안한 바 있습니다. 그로부터 2 년이라는 시일이 지난 오늘 남북 사이에는 많은 사태의 진전이 이루어졌습니다. 금년 5월 2 일 이후락 중앙정보부장이 나의 뜻에 따라 평양을 방문하여 북한의 최고 당국자들과 만나 조 국의 평화통일 방안을 포함하는 남북간의 현안문제들에 관하여 서로 의견을 교환한 뒤 지난 7월 4일에는 역사적인 남북공동성명이 서울과 평양에서 동시에 발표되었습니다.

남북적십자회담은 우리 대한적십자사의 제의에 따라 예비회담이 작년 9월 20일부터 판문 점에서 개막된 뒤 금년 8월 11일 그 대단원을 이루어 본회담을 각기 평양과 서울에서 개최한 바 있으며, 제3차 본회담이 금년 10월 24일 평양에서, 그리고 제4차 본회담이 금년 11월에 서 울에서 계속 열리게 되어 있습니다.

이제 남북간에는 남북조절위원회와 남북 적십자회담이라는 서로 차원을 달리한 두 개의 대화의 길이 마련되어 있습니다. 그러나 이 대화도 위헌이다 위법이다 하는 법률적 또는 정치 적 시비마저 없지 않습니다.

친애하는 국민 여러분!

남북간의 이 대화는 흩어진 가족을 찾아야겠다는 1천만 동포의 대화이며, 전쟁의 참화를 방지하고 조국을 평화적으로 통일해야 하겠다는 5천만 민족의 대화입니다.

우리는 조국의 강토 위에서 다시는 동족상잔의 비극적인 총성이 들리지 않게 하겠으며 흩 어진 1천만의 이산가족은 한시바삐 재결합되어야 하겠으며 분단된 조국은 기어코 평화적으 로 통일해야 하겠습니다. 이 모든 것은 우리 민족의 긍지와 명예를 위하여 마땅히 성취되어야 할 우리 민족의 대과업인 것입니다. 이 민족의 과업을 이룩하기 위해서는 비록 이념과 체제가 다르다 하더라도 우리는 북한 공산주의자들과 대화를 계속해나가야 한다는 것이 나의 소신 입니다. 나는 한반도의 평화, 이산가족의 재결합, 그리고 조국의 평화통일, 이 모든 것이 민족 의 소명에 따라 남북의 성실한 대화를 통해서만 이루어질 수 있는, 진정으로 민족중흥의 위대 한 기초작업이며 민족웅비의 대설계라고 믿습니다.

그러나, 국민 여러분!

지금 우리의 주변에서는 아직도 무질서와 비능률이 활개를 치고 있으며 정계는 파쟁과 정 략의 갈등에서 좀처럼 헤어나지 못하고 있습니다. 그뿐 아니라 이 같은 민족적 대과업마저도 하나의 정략적인 시비거리로 삼으려는 경향마저 없지 않습니다. 이처럼 민족적 사명감을 저 버린 무책임한 정당과 그 정략의 희생물이 되어온 대의기구에 대해 과연 그 누가 민족의 염원인 평화통일의 성취를 기대할 수 있겠으며 남북대화를 진정으로 뒷받침할 것이라고 믿겠습니까?

우리는 지금 국제정세의 거센 도전을 이겨내면서 또한 남북대화를 더욱 적극적으로 과감하게 추진해나가야 할 중대한 시점에 처해 있습니다. 이같은 시점에서 우리에게 가장 긴요한 것은 줄기찬 예지와 불퇴전의 용기, 그리고 철통같은 단결이며 이를 활력소로 삼아 어렵고도 귀중한 남북대화를 굳게 뒷받침할 수 있는 모든 체제의 시급한 정비라고 믿습니다. 우리 헌법과 각종 법령 그리고 현체제는 동서 양극 체제하의 냉전시대에 만들어졌고, 하물며 남북의 대화 같은 것은 전연 예상치 못했던 시기에 제정된 것이기 때문에 오늘과 같은 국면에 처해서는 마땅히 이에 적응할 수 있는 새로운 체제로의 일대 유신적 개혁이 있어야 하겠습니다.

국민 여러분!

이제 일대 개혁의 불가피성을 염두에 두고 우리의 정치현실을 직시할 때 나는 정상적인 방법으로는 도저히 이 같은 개혁이 이루어질 수 없다는 판단을 내리게 되었습니다. 오히려 정상적인 방법으로 개혁을 시도한다면 혼란만 더욱 심해질뿐더러 남북대화를 뒷받침하고 급변하는 주변정세에 대응해나가는 데 아무런 도움이 될 수 없다고 믿었기 때문입니다. 따라서 나는 국민적 정당성을 대표하는 대통령으로서 나에게 부여된 역사적 사명에 충실하기 위해 부득이 정상적 방법이 아닌 비상조치로서 남북대화의 적극적인 전개와 주변정세의 급변하는 사태에 대처하기 위한 우리 실정에 가장 알맞은 체제개혁을 단행해야 하겠다는 결심을 하기에 이르렀습니다.

나는 오늘 이 같은 결심을 국민여러분에게 솔직히 알리면서 나의 충정에 대하여 깊은 이해를 구하고자 하는 것입니다.

이번 비상조치는 결코 한낱 정권의 입장에서가 아니라 국권을 수호하고 사상과 이념을 초월한 성실한 대화를 통해 전쟁재발의 위험을 미연에 막고 나아가서는 5천만 민족의 영광스러운 통일과 중흥을 이룩하려는 실로 우리 민족의 운명과도 직결되는 불가피한 조치라고 확신합니다.

이에 나는 평화통일이라는 민족의 대염원을 구현하기 위하여 우리 민족진영의 대동단결을 촉구하면서 오늘의 이 역사적 과업을 강력히 뒷받침해주는 일대 민족 주체세력의 형성을 촉진하는 대전기를 마련하기 위해 다음과 같은 약 2개월간의 헌법 일부 조항의 효력을 중지시키는 비상조치를 앞에 선포하는 바입니다.

1. 1972년 10월 17일 19시를 기하여 국회를 해산하고 정당 및 정치활동의 중지 등 현행헌법의 일부조항 효력을 정지시킨다.
2. 일부 효력이 정지된 헌법조항의 기능은 비상국무회의에 의하여 수행되며 비상국무회의의 기능은 현행 헌법의 국무회의가 수행한다.
3. 비상국무회의는 1972년 10월 27일까지 조국의 평화통일을 지향하는 헌법개정안을 공고하며 이를 공고한 날로부터 1개월 이내에 국민투표에 부쳐 확정한다.
4. 헌법개정안이 확정되면 개정된 헌법절차에 따라 늦어도 금년 연말 이전에 헌정질서를 정상화시킨다.

친애하는 국민여러분!

나는 지금 이상과 같은 비상조치를 국민여러분에게 선포하면서 이 나라의 자유민주주의를 더욱 건전하고 알차게, 그리고 능률적인 것으로 육성, 발전시켜야겠다는 나의 확고한 신념을 밝혀두고자 합니다.

우리는 자유민주 체제보다 더 훌륭한 제도를 아직 갖지 못했습니다. 그러나 아무리 훌륭한 제도라 하더라도 이를 지킬 수 있는 능력이 없을 때에는 이 민주체제처럼 취약한 체제도 또한 없는 것입니다.

나는 지금 우리 민주체제에 그 스스로를 지켜나가며 더욱 발전할 수 있는 활력소를 불어넣어주고 이를 바탕으로 하여 남북대화를 굳게 뒷받침해 줌으로써 남북대화를 평화통일과 번영의 기틀을 마련하고자 이 개혁을 단행하는 것입니다. 조국의 통일과 번영을 바라는 그 마음으로 우리 국민 모두가 한마음 한뜻이 되어 이 비상조치를 지지할 것으로 믿기 때문에 나는 앞에서 밝힌 제반개혁이 공약한 시일 내에 모두 순조로이 완결될 것으로 믿어 마지 않습니다.

그러나 만일 국민여러분이 헌법 개정안에 찬성치 않는다면 나는 이것을 남북대화를 원치 않는다는 국민의 의사표시로 받아들이고 조국통일에 대한 새로운 방안을 모색할 것임을 아울러 밝혀 두는 바입니다.

이번 비상조치는 근본적으로 그 목적이 제도의 개혁에 있는 것입니다. 따라서 국민의 일상 생업과 활동에는 아무런 지장이나 변동도 없을 것을 확실히 밝혀둡니다. 모든 공무원들은 국민에 대한 공복으로서의 사명감을 새로이 하고 맡은 바 직책에 가일층 충실할 것을 촉구합니다. 정부는 국민의 명랑한 생활을 보장하기 위해 사회질서 확립에 각별한 관심을 기울일 것이며, 경제활동의 자유 또한 확고히 보장할 것입니다. 새마을운동을 국가시책의 최우선 과업으로 정하며 이 운동을 통해 모든 부조리를 자율적으로 시정하는 사회기풍을 함양하여 과감한 복지균점 정책을 구현해나갈 것입니다. 그리고 이번 비상조치에 따라 개혁이 진행중이라하더라도 한반도의 평화화와 민족의 지상과제인 평화통일을 위한 남북대화는 계속 추진하겠다는 것이 정부의 입장임을 아울러 밝혀두는 바입니다.

친애하는 국민여러분!

나는 이번 비상조치의 불가피성을 다시금 강조하면서 오늘의 성급한 시비나 비방보다는 오히려 민족의 유구한 장래를 염두에 두고 내일의 냉엄한 비판을 바라는 바입니다. 나 개인은 조국통일과 민족중흥의 제단 위에 이미 모든 것을 바친 지 오래입니다. 나 개인은 이 특별선언을 발표하면서 오직 민주제도의 건전한 발전과 조국통일의 영광된 그날만을 기원하고 있으며 나의 이 기원이 곧 우리 국민 모두의 기원일 것으로 믿고 있습니다.

우리 모두 일치단결하여 이 기원이 성취되는 그날까지 힘차게 전진을 계속합시다. 그리하여 통일조국의 영광 속에서 민주와 번영의 꽃을 영원토록 가꾸어 나아갑시다.

1972년 10월 17일
대통령 박정희
출전 : http://historia.tistory.com 티스토리 역사블로그 – 히스토리아

13. 조선민주주의 인민공화국 사회주의헌법 〈1972년 12월 27일〉

제1장 정 치

제1조 조선민주주의 인민공화국은 전체 조선인민의 이익을 대표하는 자주적인 사회주의 국가이다.

제2조 조선민주주의 인민공화국은 노동계급이 영도하는 노농동맹에 기초한 전체인민의 정치사상적 통일과 사회주의적 생산관계와 자립적 민족경제의 토대에 의거한다.

제3조 조선민주주의 인민공화국은 제국주의 침략자들을 반대하며 조국의 광복과 인민의 자유와 행복을 위한 영광스러운 혁명투쟁에서 이룩된 빛나는 전통을 이어받은 혁명적인 정권이다.

제4조 조선민주주의 인민공화국은 맑스-레닌주의를 우리 나라의 현실에 창조적으로 적용한 조선로동당의 주체사상을 자기활동의 지도적 지침으로 삼는다.

제5조 조선민주주의 인민공화국은 북반부에서 사회주의의 완전한 승리를 이룩하며 전국적 범위에서 외세를 물리치고 민주주의적 기초 우에서 조국을 평화적으로 통일하며 완전한 민족적 독립을 달성하기 위하여 투쟁한다.

제6조 조선민주주의 인민공화국에서는 계급적 대립과 인간에 의한 인간의 온갖 착취와 압박이 영원히 없어졌다. 국가는 착취와 압박에서 해방된 노동자, 농민, 병사, 근로인테리의 이익을 옹호하며 보호한다.

제7조 조선민주주의 인민공화국의 주권은 노동자, 농민, 병사, 근로인테리의 이익을 옹호하며 보호한다.

제7조 조선민주주의 인민공화국의 주권은 노동자, 농민, 병사, 근로인테리에게 있다.
근로인민은 자기의 대표기관인 최고인민회의와 지방 각급 인민회의를 통하여 주권을 행사한다.

제8조 군인민회의로부터 최고인민회의에 이르기까지의 각급 주권기관은 일반적, 평등적, 직접적 원칙에 의하여 비밀투표로 선거한다.
각급 주권기관의 대의원은 자기 사업에 대하여 선거자들 앞에 책임진다.

제9조 조선민주주의 인민공화국에서 모든 국가기관들은 민주주의 중앙집권제 원칙에 의하여 조직되며 운영된다.

제10조 조선민주주의 인민공화국은 프로레타리아독재를 실시하며 계급노선과 군중노선을 관철한다.

제11조 국가는 내외 적대분자들의 파괴책동으로부터 사회주의제도를 보위하며 사상혁명을 강화하여, 온 사회를 혁명화, 노동계급화한다.

제12조 국가는 모든 사업에서 우가 아래를 도와주고 대중의 의견을 존중히 하며 정치사업, 사람과의 사업을 앞세워 대중의 자각적 열성을 불러일으키는 위대한 청산리정신, 청산리방법을 관철한다.

제13조 조선민주주의 인민공화국에서 천리마운동은 사회주의 건설의 총노선이다.
국가는 천리마운동을 끊임없이 심화 발전시켜 사회주의건설을 최대한으로 다그친다.

제14조 조선민주주의 인민공화국은 전인민적, 전국가적 방위체계에 의거하며 자위적 군

사노선을 관철한다. 조선민주주의 인민공화국의 무장력의 사명은 노동자, 농민을 비롯한 근로인민의 이익을 옹호하며 사회주의제도와 혁명의 전취물을 보위하며 조국의 자유와 독립과 평화를 지키는데 있다.

제15조 조선민주주의 인민공화국은 해외에 있는 조선동포들의 민주주의적 민족권리와 국제법에서 공인된 합법적 권리를 옹호한다.

제16조 조선민주주의 인민공화국은 대외관계에서 완전한 평등권과 자주권을 행사한다.

국가는 우리 나라를 우호적으로 대하는 모든 나라들과 완전한 평등과 자주성, 호상존중과 내정불간섭, 호혜의 원칙에서 국가적 및 정치, 경제, 문화적 관계를 맺는다.

국가는 맑스-레닌주의와 프로레타리아 국제주의 원칙에서 사회주의 나라들과 단결하고 제국주의를 반대하는 세계 모든 나라 인민들과 단결하며 그들의 민족해방투쟁과 혁명투쟁을 적극 지지성원한다.

제17조 조선민주주의 인민공화국의 법은 노동자, 농민을 비롯한 근로인민의 의사와 이익을 반영하고 있으며 모든 국가기관, 기업소, 사회협동단체 및 공인들에 의하여 자각적으로 준수된다.

제2장 경 제

제18조 조선민주주의 인민공화국에서 생산수단은 국가 및 협동단체의 소유이다.

제19조 국가소유는 전체 인민의 소유이다.

국가소유권의 대상에는 제한이 없다.

나라의 모든 자연부원, 중요 공장과 기업소, 항만, 은행, 교통운수 및 체신기관은 국가만이 소유한다.

국가소유는 조선민주주의 인민공화국의 경제발전에서 주도적 역할을 한다.

제20조 협동단체소유는 협동경리에 들어 있는 근로자들의 집단적 소유이다.

토지, 부림짐승, 농기구, 고기배, 건물 등과 중소 공장, 기업소는 협동단체가 소유할 수 있다.

국가는 협동단체 소유를 법적으로 보호한다.

제21조 국가는 사회주의적 협동경리제도를 공고히 발전시키며 협동단체에 들어 있는 전체 성원들의 자원적 의사에 따라 협동단체 소유를 점차 전인민적 소유로 전환시킨다.

제22조 개인소유는 근로자들의 개인적 소비를 위한 소유이다.

근로자들의 개인소유는 노동에 의한 사회주의분배와 국가 및 사회의 추가적 혜택으로 이루어진다.

협동농장원들의 터밭경리를 비롯한 주민의 개인부업경리에서 나오는 생산물도 개인소유에 속한다. 국가는 근로자들의 개인소유를 법적으로 보호하며 그에 대한 상속권을 보장한다.

제23조 국가는 인민들의 물질문화생활을 끊임없이 높이는 것을 자기 활동의 최고원칙으로 삼는다.

조선민주주의 인민공화국에서 끊임없이 늘어나는 사회의 물질적 부는 전적으로 근로자들의 복리증진에 돌려진다.

제24조 조선민주주의 인민공화국에 마련된 자립적 민족경제의 토대는 나라의 부강발전과 인민생활 향상이 물질적 담보이다.

조선민주주의 인민공화국에서는 공업화의 역사적과업이 빛나게 실현되었다.

국가는 공업화의 성과를 공고발전시키며 사회주의의 물질기술적 토대를 더욱 튼튼히 하기 위하여 투쟁한다.

제25조 국가는 기술혁명을 추진하여 중노동과 경노동의 차이, 농업노동과 공업노동의 차이를 없애고 근로자들을 힘든 노동에서 해방하며 육체노동과 정신노동의 차이를 점차적으로 줄인다.

제26조 국가는 도시와 농촌의 차이, 노동계급과 농민의 계급적 차이를 없애기 위하여 군의 역할을 높이며 농촌에 대한 지도와 방조를 강화한다.

국가는 협동농장들의 생산시설과 농촌문화주택을 국가부담으로 건설하여 준다.

제27조 근로대중은 역사이자 창조자이며 사회주의, 공산주의는 수백만 근로대중의 창조적 노동에 의하여 건설된다.

우리 나라 근로자들은 모두 다 노동에 참가하며 조국과 인민과 자신을 위하여 자각적 열성과 창발성을 내여 일한다.

국가는 근로자들의 정치사상 의식을 끊임없이 높이면서 노동의 양과 질에 의한 사회주의 분배원칙을 정확히 적용한다.

제28조 근로자들의 하루 노동시간은 8시간이다. 국가는 노동의 힘든 정도와 특수한 조건에 따라 하루 노동시간을 이보다 짧게 적용한다.

국가는 노동조직을 잘하고 노동규율을 강화하여 노동시간을 완전히 이용하도록 한다.

제29조 조선민주주의 인민공화국에서 공민이 노동하는 나이는 만 16살부터이다. 국가는 노동하는 나이에 이르지 못한 소년들의 노동을 금지한다.

제30조 국가는 생산자 대중의 집체적 힘에 의거하여 경제를 과학적으로, 합리적으로 관리 운영하는 선진적 사회주의 경제관리 형태인 대안의 사업체계와 농촌경리를 기업적 방법으로 지도하는 새로운 농업지도체계에 의하여 나라의 경제를 지도관리한다.

제31조 조선민주주의 인민공화국의 인민경제는 계획경제이다.

국가는 사회주의적 경제발전법칙에 따라 축적과 소비의 균형을 옳게 잡으며 경제건설을 다그치고 인민생활을 끊임없이 높이며 국방력을 강화할 수 있도록 인민경제 발전계획을 작성하고 실행한다.

국가는 계획의 일원화, 세부화 방침을 관철하여 생산장성의 높은 속도와 인민 경제의 균형적 발전을 보장한다.

제32조 조선민주주의 인민공화국은 인민경제 발전계획에 따르는 국가예산을 편성하여 집행한다.

국가는 모든 부문에서 증산과 절약투쟁을 강화하고 재정통제를 엄격히 실시하여 국가축적을 체계적으로 늘리며 사회주의적 소유를 확대발전시킨다.

제33조 국가는 낡은 사회의 유물인 세금제도를 완전히 없앤다.

제34조 조선민주주의 인민공화국에서 대외무역은 국가가 또는 국가의 감독 밑에서 한다.

국가는 완전한 평등과 호혜의 원칙에서 대외무역을 발전시킨다.

국가는 자립적 민족경제를 보호하기 위하여 관세정책을 실시한다.

제3장 문화(생략)

제4장 공민의 기본 권리와 의무

제49조 조선민주주의 인민공화국에서 공민의 권리와 의무는 <하나는 전체를 위하여 전체는 하나를 위하여>라는 집단주의 원칙에 기초한다.

제50조 국가는 모든 공민에게 참다운 민주주의적 권리와 자유, 행복한 물질문화생활을 실질적으로 보장한다.

조선민주주의 인민공화국에서 공민의 권리와 자유는 사회주의제도의 공고발전과 함께 더욱 확대된다.

제51조 공민의 정치, 경제, 문화 등 국가사회생활의 모든 분야에서 누구나 다같은 권리를 가진다.

제52조 만 17살 이상의 모든 공민은 성별, 민족별, 직업, 거주기간, 재산 및 지식정도, 당별, 정견, 신앙에 관계없이 선거할 권리와 선거받을 권리를 가진다.

군대에 복무하는 공민도 선거할 권리와 선거받을 권리를 가진다.

재판소의 판결에 의하여 선거할 권리를 빼앗긴 자, 정신병자는 선거할 권리와 선거받을 권리를 가지지 못한다.

제53조 공민은 언론, 출판, 집회, 결사 및 시위의 자유를 가진다.

국가는 민주주의적 정당, 사회단체의 자유로운 활동조건을 보장한다.

제54조 공민은 신앙의 자유와 반종교선전의 자유를 가진다.

제55조 공민은 신소와 청원을 할 수 있다.

제56조 공민은 노동에 대한 권리를 가진다.

노동능력 있는 모든 공민은 희망과 재능에 따라 직업을 선택하며 안정된 일자리와 노동조건을 보장받는다.

공민은 능력에 따라 일하며 노동이 양과 질에 따라 분배를 받는다.

제57조 공민은 휴식에 대한 권리를 가진다. 이 권리를 8시간노동제, 유급휴가제, 국제비용에 의한 정휴양제, 계속 늘어나는 여러 가지 문화시설 등에 의하여 보장된다.

제58조 공민은 무상으로 치료받을 권리를 가지며 나이 많거나 병 또는 불구로 노동 능력을 잃은 사람들, 돌볼 사람이 없는 늙은이들과 어린이들을 물질적 방조를 받을 권리를 가진다. 이 권리는 무상치료제, 계속 늘어나는 병원, 요양소를 비롯한 의료시설, 국가 사회보험 및 사회보장제에 의하여 보장된다.

제59조 공민은 교육을 받을 권리를 가진다. 이 권리는 선진적인 교육제도와 무료의무교육을 비롯한 국가의 인민적인 교육시책에 의하여 보장된다.

제60조 공민은 과학과 문학예술 활동의 자유를 가진다.

국가는 창의고안자와 발명가들에게 배려를 돌린다.

저작권과 발명권은 법적으로 보호한다.

제61조 혁명투사, 혁명열사가족, 애국열사가족, 인민군후방가족, 영예군인들은 국가와 사회의 특별한 보호를 받는다.

제62조 여자는 남자와 똑같은 사회적 지위와 권리를 가진다.

국가는 산전산후휴가의 보장, 여러 어린이를 가진 어머니들을 위한 노동시간의 단축, 산원, 탁아소 및 유치원망의 확장, 그밖의 시책을 통하여 어머니들과 어린이들을 특별히 보호한다.

국가는 여성들을 가정일의 무거운 부담에서 해방하며 그들이 사회에 진출할 온갖 조건을 보장한다.

제63조 결혼 및 가정은 국가의 보호를 받는다.

국가는 사회의 세포인 가정을 공고히 하는 데 깊은 배려를 돌린다.

제64조 공민은 인신 및 주택의 불가침과 서신의 비밀을 보장받는다.

법에 근거하지 않고는 공민을 체포할 수 없다.

제65조 해외에 있는 모든 조선공민들은 조선민주주의 인민공화국의 법적 보호를 받는다.

제66조 조선민주주의 인민공화국은 평화와 민주주의, 민족적 독립과 사회주의를 위하여 과학, 문화의 자유를 위하여 투쟁하다가 망명하여 온 다른 나라 사람들을 보호한다.

제67조 공민은 국가의 법과 사회주의적 생활규범, 사회주의적 행동준칙을 철저히 지켜야 한다.

제68조 공민은 집단주의정신을 높이 발양하여야 한다.

공민은 집단과 조직을 사랑하며 사회와 인민의 이익, 조국과 혁명의 이익을 위하여 몸바쳐 일하는 혁명적 기풍을 세워야 한다.

제69조 노동은 공민의 신성한 의무이며 영예이다.

공민은 노동에 자각적으로 성실히 참가하며 노동규율과 노동시간을 엄격히 지켜야 한다.

제70조 공민은 국가재산과 공동재산을 아끼고 사랑하며 온갖 탐오 낭비현상을 반대하여 투쟁하며 나라의 살림살이를 주인답게 알뜰히 하여야 한다.

국가 및 사회협동단체 재산은 신성불가침이다.

제71조 공민은 제국주의자들과 우리 나라 사회제도를 반대하는 온갖 적대분자들의 책동에 대하여 혁명적 경각성을 높이며 국가비밀을 엄격히 지켜야 한다.

제72조 조국보위는 공민의 최대의 의무이며 영예이다.

공민은 조국을 보위하여야 하며 법이 정한데 따라 군대에 복무하여야 한다.

조국과 인민을 배반하는 것은 가장 큰 죄악이다.

조국과 인민을 배반하는 자는 법에 따라 엄중히 처벌한다.

제5장 최고인민회의

제73조 최고인민회의는 조선민주주의인민공화국의 최고 주권기관이다.
입법권은 최고인민회의만이 행사한다.

제74조 최고인민회의는 일반적, 평등적, 직접적 선거원칙에 의하여 비밀투표로 선출한 대
의원들로 구성한다.

제75조 최고인민회의의 임기는 4년으로 한다.
최고인민회의 새 선거는 최고인민회의 임기가 끝나기 전에 최고인민회의 상설회의 결정에
따라 진행한다. 불가피한 사정으로 선거를 하지 못할 때에는 선거를 할 때 까지 그 임기를 연
장한다.

제76조 최고인민회의는 다음과 같은 권한을 가진다.

    1. 헌법 및 법령을 채택 또는 수정한다.

    2. 국가의 대내외정책의 기본원칙을 세운다.

    3. 조선민주주의 인민공화국 주석을 선거한다.

    4. 조선민주주의 인민공화국 주석의 제의에 의하여 조선민주주의 인민공화국 부주
       석, 중앙인민의원회 서기장, 위원들을 선거 및 소환한다.

    5. 최고인민회의 상설회의 의원들을 선거 및 소환한다.

    6. 조선민주주의 인민공화국 주석의 제의에 의하여 정무원 총리를 선거 및 소환한다.

    7. 조선민주주의 인민공화국 주석의 제의에 의하여 국방위원회 부위원장을 선거 및
       소환한다.

    8. 중앙재판소 소장을 선거 및 소환하며 중앙검찰소 소장을 임명 및 해임한다.

    9. 국가의 인민경제 발전계획을 승인한다.

    10. 국가예산을 승인한다.

    11. 전쟁과 평화에 대한 문제를 결정한다.

제85조 최고인민회의 상설회의는 최고인민회의의 상무기관이다.

제87조 최고인민회의 상설회의는 다음과 같은 임무과 권한을 가진다.

    1. 최고인민회의 휴회중에 제기된 법안을 심의결정하고 다음번 최고인민회의의 승인
       을 받는다.

    2. 최고인민회의 휴회중에 현행법령을 수정하고 다음번 최고인민회의 승인을 받는다.

3. 현행법령을 해석한다.

4. 최고인민회의를 소집한다.

5. 최고인민회의의 대의원선거사업을 실시한다.

6. 최고인민회의 대의원들과의 사업을 한다.

7. 최고인민회의 휴회중에 최고인민회의 의원들과의 사업을 한다.

8. 지방인민회의 대의원선거사업을 조직한다.

9. 중앙재판소 판사, 인민참심원을 선거 및 소환한다.

제6장 조선민주주의 인민공화국 주석

제89조 조선민주주의 인민공화국 주석은 국가의 수반이며 조선민주주의 인민공화국 국가주권을 대표한다.

제90조 조선민주주의 인민공화국 주석은 최고인민회의에서 선거한다.

조선민주주의 인민공화국 주석의 임기는 4년으로 한다.

제91조 조선민주주의 인민공화국 주석은 중앙인민위원회를 집적 지도한다.

제92조 조선민주주의 인민공화국 주석은 필요에 따라 정무원회의를 소집하고 지도한다.

제93조 조선민주주의 인민공화국 주석은 조선민주주의 인민공화국 전반적 무력의 최고사령관, 국방위원회 위원장으로 되며 국가의 일체 무력을 지휘 통솔한다.

제94조 조선민주주의 인민공화국 주석은 최고인민회의 법령, 중앙인민위원회 정령, 최고인민회의 상설회의 결정을 공포한다.

조선민주주의 인민공화국 주석은 명령을 낸다.

제95조 조선민주주의 인민공화국 주석은 특사권을 행사한다.

제96조 조선민주주의 인민공화국 주석은 다른 나라와 맺은 조약을 비준 및 폐기한다.

제97조 조선민주주의 인민공화국 주석은 다른 나라 사신의 신임장, 소환장을 접수한다.

제98조 조선민주주의 인민공화국 주석은 자기 사업에 대하여 최고인민회의 앞에 책임진다.

제99조 조선민주주의 인민공화국 부주석은 주석의 사업을 돕는다.

제7장 중앙인민위원회

제100조 중앙인민위원회는 조선민주주의 인민공화국 국가주권의 최고 지도기관이다.

제101조 중앙인민위원회 수위는 조선민주주의 인민공화국 주석이다.

제102조 중앙인민위원회는 조선민주주의 인민공화국 주석, 부주석, 중앙인민위원회 서기장, 위원들로 구성한다.

중앙인민위원회 임기는 4년으로 한다.

제103조 중앙인민위원회는 다음과 같은 임무과 권한을 가진다.

    1. 국가는 대내외 정책을 세운다.

    2. 정무원과 지방 인민회의 및 인민위원회 사업을 지도한다.

    3. 사법, 검찰기관 사업을 지도한다.

    4. 국방 및 국가정치보위 사업을 지도한다.

    5. 헌법, 최고인민회의 법령, 조선민주주의 인민공화국 주석 명령, 중앙인민위원회 정령, 결정, 지시, 집행정형을 감독하며 그와 어긋나는 국가기관의 결정, 지시를 폐지한다.

    6. 정무원의 부문별 집행기관인 부를 내오거나 없앤다.

    7. 정무원 총리의 제의에 의하여 부총리, 각 부장, 그밖의 정무원 성원들을 임명 및 해임한다.

    8. 대사와 공사를 임명 및 소환한다.

    9. 중요 군사간부를 임명 및 해임하며 장령 군사칭호를 수여한다.

    10. 훈장, 명예칭호, 군사칭호 및 외교직급을 제정하며 훈장 명예칭호를 수여한다.

    11. 대사를 실시한다.

    12. 행정구역을 새로 내오거나 고친다.

    13. 유사시에 전시상태와 동원령을 선포한다.

제104조 중앙인민위원회는 정령과 결정을 채택하여 지시를 낸다.

제105조 중앙인민위원회에는 대내정책위원회, 대외정책위원회, 국방위원회, 사법안전위원회 등 중앙인민위원회 사업을 돕는 부문별 위원회를 둔다.

중앙인민위원회 각 위원회 성원은 중앙 인민위원회가 임명 및 해임한다.

제106조 중앙인민의원회는 자기 사업에 대하여 최고인민위원회 앞에 책임진다.

제8장 정무원

제107조 정무원은 최고 주권기관의 행정적 집행기관이다.

정무원은 조선민주주의 인민공화국 주석과 중앙인민위원회의 지도 밑에 사업한다.

제108조 정무원은 총리, 부총리, 부장들과 그밖에 필요한 성원들로 구성한다.

제109조 정무원은 다음과 같은 임무와 권한을 가진다.

    1. 각 부, 정무원 직속기관, 지방행정 의원회 사업을 지도한다.

    2. 정무원 직속기관을 내오거나 없앤다.

    3. 국가의 인민경제 발전계획을 작성하며 그 실행대책을 세운다.

    4. 국가예산을 편성하며 그 집행대책을 세운다.

    5. 공업, 농업, 대내외상업, 건설, 운수, 체신, 국토관리, 도시경영, 과학, 교육, 문화,
       보건 등의 사업을 조직 집행한다.

    6. 화폐 및 은행 제도를 공고히 하기 위한 대책을 세운다.

    7. 다른 나라와 조약을 맺으며 대외사업을 한다.

    8. 인민무력건설에 대한 사업을 한다.

    9. 사회질서의 유지, 국가의 이익보호 및 공민의 권리보장을 위한 대책을 세운다.

    10. 정무원 결정, 지시에 어긋나는 국가 관리기관의 결정, 지시를 폐지한다.

제9장 지방 인민회의, 인민위원회 및 행정기관(생략)

제10장 재판소 및 검찰소(생략)

제11장 국장, 국기 및 수도(생략)

14. 6·10국민대회 선언문과 결의문(1987.6.10)

선언문

국민합의를 배신한 4·13 호헌조치는 무효임을 전 국민의 이름으로 선언한다. 오늘 우리

는 전세계 이목이 우리를 주시하는 가운데 40년 독재정치를 청산하고 희망찬 민주국가를 건설하기 위한 거보를 전국민과 함께 내딛는다.

국가의 미래요 소망인 꽃다운 젊은이를 야만적인 고문으로 죽여 놓고 그것도 모자라서 뻔뻔스럽게 국민을 속이려 했던 현 정권에게 국민의 분노가 무엇인지를 분명히 보여주고, 국민적 여망인 개헌을 일방적으로 파기한 4 · 13폭거를 철회시키기 위한 민주장정을 시작한다.

오늘, 광주학살에 참여한 정치군인들 사이의 요식적인 자리바꿈을 위한 영구집권의 시나리오가 수만 전투경찰의 삼엄한 엄호 속에 치러졌다. 이번 민정당 전당대회는 국민 전체의 뜻을 배반한 독재자의 결정사항을 요란한 박수소리로 통과시키려는 또 하나의 폭거요 요식적인 국민 기만행위에 지나지 않는다. 따라서 우리는 그와 같은 민정당의 전당대회는 독재세력의 내부행사일 뿐 국민의 민주적 여망과는 아무 관계가 없는 것임을 전 국민의 이름으로 선언한다.

우리 국민은 민정당이 대단한 결단이나 되는 것처럼 강조하는 현대통령의 7년 단임 공약에 큰 기대를 걸고 있지 않다. 현 정권이 제1의 통치명분으로 내세워온 평화적 정권교체라는 것도 실은 현대통령의 형식적 퇴임 이후 친정체제와 수렴청정 하에 광주학살에 참여한 장성들간의 자리바꿈에 지나지 않는다는 것을 지각 있는 국민이라면 상식으로 간주하고 있는 사실이다.

언제부턴가 평화적 '정권교체'라는 말이 '정부이양'이라는 애매모호한 말로 슬쩍 둔갑해버린 것도 저들의 이러한 속셈을 잘 말해주고 있다. 그것은 군부독재의 통치를 영구화하려는 요식 행위에 불과하다.

무엇보다도 우리는 이른바 4 · 13 대통령의 특별조치를 국민의 이름으로 무효임을 선언한다. 이 나라는 전제군주국가가 아니다. 이 나라의 엄연한 주인은 국민이요, 국민이 국가권력의 주체이다. 따라서 전국민적 여망인 민주헌법쟁취를 통한 민주정부의 수립의지를 정면으로 거부한 이 폭거는 결코 인정될 수 없다. 광주학살 이후 계엄령하에서 급조된 현행헌법에서조차 대통령은 오직 헌법개정에 관한 발의권밖에 가지지 못하도록 되어 있다. 그런데도 행정부의 수반이 국민의 대표기관인 국회의 개헌논의 중지를 선언하고 이를 재개하는 자를 의법 조치하겠다고 엄포를 놓은 것은 위헌적인 월권행위요, 민주주의의 요체인 3권 분립을 파기한 폭군적 망동이었다. 헌법개정의 주체는 오로지 국민이다. 국민 이외의 어느 누구도 이 신성한 권리를 대행하거나 파기할 수 없다. 그러므로 국민적 의사를 전적으로 묵살한 4 · 13

폭거는 시대적 대세인 민주화를 거스르려는 음모요 국가권력의 주인인 국민을 향한 도전장이 아닐 수 없다. 결국 민주화를 요구하는 국민의 힘에 밀려, "여야가 국회에서 합의하면 개헌에 반대하지 않겠다"고 한 전대통령의 작년 4·30발언은 영구집권음모를 은폐하기 위한 한낱 속임수에 지나지 않았음이 분명해지고 말았다. 애초부터 개헌의 의사는 눈꼽 만치도 없었으며, 그동안 마치 날치기 통과라도 강행할 것 같던 내각책임제 개헌안도 국민의 대통령 직선제 개헌열망을 무마하고 민주세력을 이간시켜 탄압하면서 원래의 의도인 호헌의 명분을 만들기 위한 위장전술에 지나지 않았다. 따라서 모든 국민의 기대에 찬물을 끼얹고 국민들을 한없는 배신감과 절망으로 몰아간 4·13폭거는 마땅히 철회되어야 한다. 우리는 이러한 4·13조치에 기초하여 현 정권이 영구집권을 위한 시나리오를 강행한다면, 국내외의 조롱과 비난을 면치 못할 것이며 돌이킬 수 없는 엄청난 사태를 스스로 잉태하는 것임을 경고해둔다.

이제 우리 국민은 이 민족의 40년 숙원인 민주화를 달성하기 위해 일어섰다. 이 민주화라는 과제가 88올림픽을 이유로 연기될 수 없다. 인류평화의 제전이요 민족의 축제가 되어야 할 88올림픽이 민주화를 늦추고 현행헌법대로 독재정권을 연장시키는 데 악용되어서는 안 된다. 우리는 민주화라는 '민족적 대사'를 완수한 이후에 전 국민의 압도적 지지 위에 세워진 튼튼한 민주정부 하에서 다가오는 88올림픽을 민주시민의 감격과 긍지를 가지고 치러야 한다.

결의문

우리는 오늘 6·10 고 박종철군 고문치사 은폐조작 규탄 및 호헌철폐 국민대회를 맞아 아래와 같이 우리의 결의를 거듭 밝힌다.

1. 이 땅에서 권력에 의한 고문 테러 불법연행 불법연금 등 여하한 인권 유린도 영원히 추방되어야 한다는 것은 그 누구도 거스를 수 없는 국민적 요구이다. 그러므로 우리는 현 정권하에서 지금까지 헤아릴 수 없이 자행되어온 각종 인권유린 행위의 진상을 낱낱이 파헤칠 것을 다짐함과 동시에 그같은 인권유린의 확산이 마침내 고 박종철군의 고문치사에까지 이르렀음에도 불구하고 아직도 진정으로 뉘우치고 인권유린을 발본색원할 의사를 갖고 있지 않은 현 정권이 앞으로도 자행하게 될 국민의 자유와 권리에 대한 각종 침해에 대해 단호히 거부하고 항거하고 규탄할 것을 결의한다.
2. 우리는 위와 같은 불행한 사태가 소수의 정치군부세력이 국민들의 의사와는 아랑곳없

이 그들의 권력을 제멋대로 휘두르며 국민 위에 군림하려고 하고 또 그 같은 독재권력을 물리적 힘으로 영속화하려는 데서 빚어진다는 범국민적 깨달음에 바탕하여 이 땅에 진정한 민주헌법을 확립하고 진정한 민주정부를 수립하기 위해 온 국민이 참여할 수 있는 평화적인 모든 수단과 방법을 총동원할 것임을 결의한다.

3. 그러므로 우리는 위와 같은 국민들의 민주화에 대한 열망을 일방적으로 짓밟고 정치군부세력의 몇몇 핵심자들끼리 독재권력을 무슨 사유물인 것처럼 주고 받으려는 음모에서 비롯된 이른바 4·13호헌 성명이 무효임을 선언하며 앞으로 현행헌법에 의거한 현 정권과 민정당의 일방적 정치일정의 진행을 철폐하기 위한 범국민적 운동을 더한층 가열화 할 것임을 결의한다.

4. 우리는 또한 이 범국민적 민주화 대장정을 마치 불순분자의 폭력주의인 것처럼 매도하고 박정희 독재정권 이래 현정권에 이르기까지 민주화를 위해 온갖 인권유린과 투옥과 고문도 감수하고 심지어 목숨까지 바친 민주 인사들을 그들이 독재권력을 유지하기 위해 전과자로 몰아놓고는 이제 다시 그 민주인사들의 범국민운동 참여를 국사범 운운하며 매도하는 현 정권의 적반하장을 규탄하며 그들이 앞으로도 국민들의 민주화 열망을 계속 거부할 경우 그들을 반민주적 범죄자로 단죄할 것임을 결의한다.

5. 우리는 경찰 군인 공무원 준공무원 등 모든 공공기관에 종사하는 사람들도 국민의 일원으로서 독재권력에 무조건 맹종할 것이 아니라 그들의 행위가 국민들의 자유와 권리를 보장하고 국민들의 권익을 보호하는 행위인가 아닌가를 판단하고 부당한 지시 명령에는 거부할 줄 알기를 호소하며 모든 국민들은 그들을 무조건 적대시할 것이 아니라 먼저 그들에게 우리들의 행위가 민주주의 민주헌법 민주정부를 위한 불가피한 행위임을 기회 있는 대로 설득함으로써 우리 국민들 중 한 사람이라도 더 민주주의의 대도에 동참할 수 있는 기회를 줄 것을 결의한다.

6. 우리는 6·10 대회로써 이 운동이 비로소 본격화하는 만큼 이 땅에 민주헌법이 서고 민주정부가 확고히 수립될 때까지 지칠 줄 모르게 이 운동을 전개해나갈 뿐만 아니라 그렇게 되었을 때 동장에서부터 대통령까지 국민들의 손으로 뽑게 될 수 있을 때에도 그 소중한 국민주권을 신성하게 행사할 것임을 온 국민의 이름으로 결의한다.

출전: 김삼웅, 『사료로 보는 20세기 한국사』.

15. 한국민족자주선언 - 「통일혁명당 목소리」 방송의 보도 -

〈1985년 8월 9일 로동신문〉

이 땅에 해방의 종소리가 울려퍼지던 때로부터 어언 40주년이 되어 온다.

우리는 오늘도 망국의 비운을 가시지 못한 절통한 상황에서 8·15해방의 그날을 맞게 된다. 감회도 깊은 조국광복의 그날 우리 3천만 동포는 얼마나 격정에 목메여 천하가 동하도록 「독립만세」를 부르고 또 불렀던가. 짓밟힌 민족의 설움을 안고 망국을 통탄하던 우리 겨레에게 있어서 자주독립보다 더 귀중한 것이 없었고 해방보다 더 소중한 것이 없었다.

그러나 이 땅에는 완전한 해방도, 진정한 독립도 오지 않았다. 8·15광복의 그날 우리 민중이 열망한 것은 통일독립된 내 나라에서 내가 주인이 되어 번영하는 민족의 새 역사를 창조하는 것이었으나 이 땅에 펼쳐진 현실은 남이 주인노릇을 하는 새로운 지배와 예속이었다. 참으로 「한국」의 지나온 40년 역사는 민족자활이 아니라 망국의 가속화 과정이었고 독립이 아니라 예속의 확대재생산 과정이었으며 국민복지가 아니라 사회적 재앙의 확산과정이었다. 이 땅에서는 해방의 환호성이 아니라 시일야방성대곡이 지속되고 민족번영의 송가가 아니라 「우리의 8·15를 되찾자」는 민중의 피맺힌 외침이 구천에 사무치고 있다.

「한국」민중의 권익의 옹위자인 우리 「한국민족주의전선」은 저주로운 망국노의 처지와 결별하고 민족웅비의 새 기원을 마중하려는 겨레의 의지를 한데 모아 하루빨리 참된 해방을 성취하기 위한 사명감으로부터 광복 40주년을 맞으며 이 선언을 발표한다. 우리의 「한국민족자주선언」은 진정한 자주권을 찾기 위한 겨레의 절규이다. 오늘 「한국」민중이 나아갈 길은 민족해방이다. 민족해방위업은 「한국」사회의 식민지적 체질에서 흘러나온 필수적 요청이다.

「한국」은 미국의 완전한 식민지이며 과거 만주국의 현대적 재판이다. 「한국」에 대한 미국의 지배는 시종일관 아세아와 세계제패를 위한 전략기지화에 초점을 맞추어 실현되고 있다. 미국은 바로 반공대결을 위한 값싼 전초기지로서 「한국」이 필요하기 때문에 오늘도 직접적인 군사적 강점에 식신민주의 간접통치를 배합하고 「두개 한국」정책에 냉전전략을 결합하여 이 땅을 통치하고 있다. 「한국」에 「독립국」의 명색을 갖춘 「대통령」이 있고 3권분립의 정치체계도 존재 하나 자결권을 가진 것은 어느 하나도 없다. 「한국」의 「헌법」에는 「주권재민」의 명구가 뻐젓이 삽입되어 있지만 우리 국민은 언제 한번 자기 손으로 자기 정권을 세워

본 적이 없고 자기 손으로 대통령을 선출해본 적도 없다.

「한국」에서 주권은 「한국」민에게 있는 것이 아니라 미국에 있으며 「한국」의 정치는 「청와대」가 하는 것이 아니라 백악관이 하고 있다. 「한국」에는 근 백만의 「국군」과 400여만의 「예비군」을 비롯한 과포화 상태의 군사력이 있으나 제 나라 제민족을 지키는 군대가 없고 육해공군장성은 많아도 통수권을 가진 자는 하나도 없다. 「국군」의 군사행동반경은 미군사령부의 작전지도 우에 표시되어 있고 그의 존재 가치는 미군의 총알받이 노릇을 하는 데 있다.

오늘 북미합중국의 「전략적 제1선」으로 공표된 「한국」은 「80년대 힘의 대결」을 위한 극동 최대의 핵기지로 전변되었으며 「한국」민중은 참화의 십자로에 놓이게 되었다. 「한국」경제는 내 것으로 살아가는 민족경제가 아니라 미국자본의 배설물로 신진대사를 하는 식민지 하청경제이다. 「원조」와 「차관」의 이름 밑에 침투한 미국독점자본은 민족자본을 무자비하게 질식시키고 20세기 괴물로 등장한 미 다국적기업은 「한국」경제를 송두리째 집어삼키며 민족의 자결권을 포식하고 있다. 미국의 독점자본이 「한국」의 잉여가치로 비대해질 때 「한국」민은 기아임금에 울고 물가고에 아우성치며 세금에 멍들고 실업에 쫓겨다녀야 한다.

국가가 허물어지는 것도 무서운 일이지만 민족의 넋이 무너지는 것은 더욱 위험한 일이다. 「한국」에서 제도적으로 지배하고 합법적으로 성행하는 것은 숭미사대의식과 반공배족사상이며 양풍왜색이다. 그의 악성적인 병폐속에서 민족자주의식이 짓밟히고 민족내부의 분열과 갈등이 조장되고 있으며 민족문화의 전통성이 이지러지고 민족 자체가 양키식으로 이질화되어 가고 있다.

미국의 식민지통치에서 우리 국민은 골육만 도륙당하고 있는 것이 아니라 지맥과 혈맥까지 잘라우고 있다. 미제에 의한 국토분단으로 우리 민중은 전고미문의 민족적 비애를 곱씹어 왔고 너나없이 무서운 재난을 치르어 왔다. 그런데 남북분단은 끝장나고 있는 것이 아니라 나날이 경직화되고 있으며 통일로 가는 것이 아니라 영구분열로 가고 있다. 영구분열의 길, 그것은 곧 민족의 파멸과 종말에로의 길이다. 이것은 참으로 상상만하여도 몸서리치는 식민지 「한국」민의 참혹한 비극이 아닐 수 없다. 자주권을 말살당한 식민지에서 민족해방위업을 수행하는 것은 그 어떤 물리적 강제로도 억제할 수 없는 불가침의 권리이고 의무이다. 우리 민중이 민족해방위업을 수행하는 것은 지난 40년간의 대중투쟁에서 찾은 피의 교훈이다.

8·15 해방 이후 오늘까지 「한국」민중은 자유와 민주주의, 생존권과 조국통일을 위하여 어느 하루도 투쟁을 멈춘 날이 없고 피를 흘리지 않은 날이 없었다. 우리 민중은 이 격전의 길

에서 4·19의거로 리승만괴뢰정권의 아성을 허물어버리고 10월민주항쟁으로「유신」파쑈통치에 준엄한 선고를 내렸으며 영웅적인 광주봉기를 통하여 80만의 대도시를 해방하고 10일간이나 자유와 민주의 보루-「민주국」을 세운 세계사적 위훈도 남기었다.

그러나 투쟁 속에서 밝아오던 민주의 여명과 조국통일의 서광은 그때마다 광란적인 폭정 속에 가뭇없이 사라지고 이 땅에는 보다 횡포무도한 군사파쑈「정권」이 등장하였다. 이들 반동 뒤에는 언제나 미국의 검은 마수가 뻗치고 있었다. 우리 민중은 이것을 통하여 반미민족해방운동이 없이는 자주권을 위한 그 어떤 성스러운 위업도 실현할 수 없다는 것을 철석같은 신념으로 간직하게 되었다. 오늘 우리 민중이 민족해방운동에서 높이 들어야 할 기치는 반미자주화이다. 반미자주화, 바로 여기에 식민지예속을 끝장내고 빼앗긴 우리 영토와 짓밟힌 내 민족의 자주권을 다시 찾는 참다운 길이 있고 민주와 통일로 가는 첩경이 있다. 반미자주화를 위한 우리 민족해방투쟁은 침략과 피침략과의 대결이고 매국과 애국간의 결전이다. 이 투쟁에서 창끝을 돌려야 할 주타격 대상은 미제국주의 침략세력이다.

미제는 침략과 압제의 괴수이며 역사적으로 우리 겨레에게 재난을 들씌운 철천지 원쑤이다.「한국」의 극소수 사대매국세력은 미제와 함께 제거하여야 할 반미자주화의 투쟁대상이다.「한국」의 매판자본가들과 반동관료배들, 친미분자들은 외세를 끌어들이는 안내자들이며 나라의 자주권을 해치고 팔아먹는 민족반역집단이다. 오늘 식민지「한국」에서 반미자주화투쟁을 밀고 나갈 동력은 노동자, 농민들과 청년학생, 중소상공인을 비롯하여 지성인, 애국적 군인 들과 종교인들은 물론 민족적 자주권을 지향하는 광범위한 민중이다. 여기에서 노동계급은 반미자주화투쟁의 승패를 좌우할 결정적 역량이고 농민은 그의 미더운 동맹자이며 청년학생들은 투쟁의 앞장에서 돌파구를 개척하는 주력부대이다.

영생불멸의 주체사상을 지도이념으로 하는 우리「한국민족민주전선」은「한국」민중의 지향과 의사의 체현자이며 애국적 전위대이다. 반미자주화를 위한 민족해방투쟁에서 우리「한국민족민주전선」과 애국민중이 함께 밀고 나가야 할 역사적 과제는 반파쑈민주화와 조국통일이다. 반미자주화투쟁 속에서 사회의 민주화와 조국통일도 실현될 수 있고 반파쑈투쟁과 조국통일운동에서 자주화가 촉진된다. 미제와 그 앞잡이들을 반대한 우리의 민족해방투쟁에서 승리의 관건적 요체는 민족주체역량의 강화에 있다. 막강한 민족주체역량은 대중의 의식화, 조직화와 군중투쟁의 실천 속에서 준비되고 자라난다. 대중이 민족적으로, 정치적으로 자각하고 자기 운명의 개척자로 역사무대에 등장할 때 그 힘을 당할 자는 이 세상에 없다. 민족주체역량의 위력의 원천은 단결에 있다.

「한국」에서 민족의 의지를 하나로 집약하고 민중의 힘을 효율적으로 조직화하기 위해서는 각당, 각파, 각계각층 애국역량을 망라하는 광범위한 민족통일전선을 결성하여야 한다. 반미자주화투쟁이 민족사적 요청으로 부상된 현 시점에서 애국과 매국을 가르는 기준은 오직 대미관에 있다. 반미는 애국이고 친미는 매국이다. 현실은 애국애족의 일념으로 정파와 당파의 울타리를 뛰어넘고 구국의 단심으로 반미자주화의 길에 나설 것을 촉구하고 있다.

우리 「한국민족민주전선」은 이 땅에 태를 묻은 사람이라면 그가 민족주의자이건, 공산주의자이건, 신자이건 무신론자이건, 해외에서 살건 국내에서 살건, 지난날 조국 앞에 죄를 지은 사람이건 아니건 상관없이 힘있는 사람은 힘을 내고 지혜있는 사람은 지혜를 내고 돈있는 사람은 돈을 내며 민족통일전선에 하나로 뭉쳐 「한국」의 자주화를 위한 일대 반미구국운동에 결연히 나설 것을 호소한다.

반미자주화투쟁의 포성은 이미 울렸으며 대세는 우리 민중의 편에 결정적으로 유리하게 전변되고 있다. 민족적 자주권을 찾기 위한 열전의 시기가 가까워오고 있는 오늘 우리 민중에게는 뒤로 물러설 자리도 없다. 민족해방은 더 이상 지체할 수 없는 역사의 소명이다. 우리는 오늘의 민족해방투쟁에서 물러서면 영영 망국노의 처지에서 벗어날 수 없고 오늘의 위기를 막지 못하면 지구상에서 단일민족과 하나의 삼천리강산마저 잃어버리게 될 것이다. 방관은 죽음이고 주저는 파멸이다. 오늘 우리 시대는 어제날 압박받고 천대받던 민중이 역사의 중심에 들어서서 키를 잡고나가는 자주성시대이다. 지구상에서는 지배정치가 무너지고 자주정치의 물결이 굽이치고 있으며 피압박 민족마다 신생독립하여 자기 운명의 타수로 각광을 받고 있다. 이 격동적인 시대에 나라와 민족을 사랑하고 자주국민으로 살기를 바라는 모든 「한국」 민중은 반미민족해방성전에 분기하자.

우리는 민족자주위업을 수행하기 위하여 다음과 같은 당면 강령을 제기하고 투쟁할 것이다.

　1. 민족자주정권을 수립한다.

　　민족의 자주권은 독립국의 제일 생명이다. 민족의 자결권과 존엄은 자주정권에 의해서만 보장된다.

　　자주독립을 지향하는 각당, 각파, 각계각층의 거족적인 반미운동으로 「한국」에 대한 미국의 군사적 지배와 식민지통치를 청산한다.

노동계급을 중핵으로 하는 광범위한 민족통일전선에 기초하고 극소수 친미, 친일세력을 제외한 각계각층 민중을 위해 복무하는 민족자주정권을 수립한다.

일체 외세의 간섭과 외세의존을 배제하고 정강, 정책을 독자적으로 세우며 국정 전반에서 자주권을 행사한다.

2. 민주정치를 실현한다.

민주정치는 국민의 기본권과 사회적 진보를 위한 전제이다. 민주정치가 구현되어야 자주적이고 창조적인 국민생활이 담보되며 사회의 민주주의적 발전이 이룩된다.

식민지통치의 도구인 군사독재를 매장하고 파쑈적인 폭압기구들과 악법들을 철폐한다. 파쑈독재정치, 정보테로정치를 배제하고 국민대중의 자주성과 창조성이 발양되는 민주주의적인 사회정치제도를 발전시킨다.

언론, 출판, 집회, 결사, 시위 및 신앙의 자유를 보장하고 노동자, 농민들을 위시한 근로민중에게 실제적인 참정권을 부여하며 민주적 정당, 단체들의 자유로운 활동을 보장한다.

부장하게 투옥된 모든 정치범, 양심범들을 전원 무조건 석방한다.

인격존중, 인간평등을 실현하며 감시, 미행, 테로, 폭행, 시합, 고문 등 일체 인권침해 행위와 정치적 보복을 엄금한다.

여성에 대한 정치적 차별과 속박을 근절하고 여권을 신장한다.

3. 자립적 민족경제를 건설한다.

자립경제는 자주독립국의 초석이다. 경제적 자립을 이룩해야 나라의 독립을 굳건히 다지고 민족이 자주적으로 살아나갈 수 있다. 외세의존경제와 매판경제를 배격하고 식민지경제체제를 개혁하여 자립경제의 기반을 닦는다.

국내의 자원, 원료, 자금, 기술에 입각하여 민족산업을 부흥 발전시키며 산업구조를 균형화한다.

채무경제를 지양하고 국내축적을 증대시킨다.

남북간의 경제교류와 협조를 실현하며 남북경제의 통일적 발전을 적극 도모한다.

매판기업가들을 제외한 모든 기업인들과 중소상인들의 사적 소유를 보호하고 그들의 활동을 보장하며 재외교포자본가들의 자유로운 투자와 기업활동을 장려한다.

민족자본의 자본적 성장에 저해되지 않는 외국인들의 투자는 제한되지 않으며 그 이권을 보호한다.

4. 국민생활을 안정시킨다.

국민생활의 안정 향상은 민족자주정권의 기본임무이다. 민생문제의 해결이 없이는 나라의 부강 발전도 기대할 수 없다.

소수 특권층을 비대시키는 부의 편중을 근절하고 소득분배의 공정성을 기하며 근로민중의 생활안정과 복리증진에 우선권을 부여한다.

출혈적 조세정책을 폐지하고 각자의 소득에 따라 적용하는 공평한 세금제를 실시하며 물가를 안정시킨다.

근로자들에 대한 8시간노동제, 최저임근제, 노동보호제, 유급휴가제, 사회보장제를 실행한다.

차별임금제를 폐절하고 동일노동시간에 대한 동일임금을 지불하며 노임체불을 근절한다.

농어민들의 영농조건, 어로조건을 개선한다. 미군용지로 이용하던 농토와 매판 재벌들이 소유했던 농지를 경작지가 없거나 적은 농민들에게 분배하며 농산물 고가정책과 비료, 농기계 등의 저렴가 시책으로 농민생활을 안정 향상시킨다.

어민들에게 어로활동의 자유와 안전을 보장하며 잉여어민들을 위해 어선, 어구, 어업자금을 배려한다.

실업자들에게 직업을 알선해주고 그들의 생활을 안정시킨다. 저렴한 임대료로 근로민중에게 공영주택을 제공하며 무의면을 해소하고 극빈자들에 대한 의료보험제를 실시한다.

5. 민족교육을 발전시킨다.

민족교육은 민족의 장래운명을 좌우하는 위업이다. 민족교육을 발전시켜야 민주사회의 진보를 이룩할 수 있고 민족적 번영의 터전을 마련할 수 있다.

숭미반공교육제도를 청산하고 자주이념에 투철한 민족인재를 양성하는 교육제도를 전면적으로 발전시킨다.

학원의 모리화를 금지하고 등록금, 공납금제도를 폐지한다.

모든 학령하동들에게 중학교까지의 의무교육의 길을 열어주며 모든 대학생들에 국가장학금을 실시하여 학생들의 과중한 학비부담을 덜어준다.

학원의 파쑈화, 군사화를 철폐하고 교육의 민주화를 실현한다.

6. 민족문화를 건설한다.

자주적인 문화건설은 사람들을 위력한 사회적 존재로 키우고 민족을 문명화하는 기본 요건이다. 자주적인 문화를 발전시켜야 나라의 부흥과 발전을 도모할 수 있다.

부패타락한 양키문화를 추방하고 사회의 참신한 발전과 국민의 정신문명생활에 이바지하는 민족문화를 창달한다.

외래문화 모방풍조를 배격하고 주체적인 문화예술을 발전시키며 사대주의와 민족허무주의를 일소하고 국민대중의 민족자주정신과 애국의식을 적극 발양시킨다.

민족의 우수성을 살려 국민들의 민족적 자존심과 자부심을 함양하며 민족문화유산을 발굴하고 보호관리하는 실제적 대책을 강구한다.

짓밟힌 조상전래의 문화전통을 회복하고 자주적인 문화생활을 창조한다.

7. 참신한 사회기풍을 세운다.

전건한 사회기풍의 확립은 말세기적인 식민지 사회악을 일소하고 참신한 생활풍토를 조성하는 긴박한 과제이다. 생신한 사회기풍이 서야 사회의 부패화가 방지되고 국민들의 명랑하고 보람된 삶이 마련된다.

미군기지촌과 소수 특권층의 향락을 위한 퇴폐적인 유흥업소들을 철폐하며 형형색색의 부정부패행위를 근절한다.

인신매매행위를 완전 일소하고 온갖 사회악을 제거한다. 사치와 낭비성향을 막고 건전한 윤리도덕과 창조의식이 전 사회에 넘치게 한다.

청소년들을 선도할 사회적 환경과 제도적 장치를 마련하여 그들의 사회도덕적 탈선을 미연에 방지한다.

8. 자주국방을 실현한다.

자주국방의 실현은 독립국가건설의 근본요체이다. 자위국방을 실현해야 제국주의의 침략과 간섭을 물리치고 민족적 자주권을 지킬 수 있다.

군통수권을 탈환하고「한국」에 대한 미국침략자들의 군사적 지배를 종식시킨다.

주한미군이 설치한 모든 군사기지, 모든 핵기지들을 철폐하고「한국」을 비핵 평화지대로 만든다.

이북과 동족을 반대하는 일체 군사행동과 전쟁준비를 배격하고 타국에 대한 침략을 반대하는 반전반핵운동을 적극 벌린다.

외래침략으로부터 나라와 민족을 지킬 필요한 수의 자위무력을 유지하고 현 병력을 대폭 감군하며 국민의 군사적 부담을 경감한다.

군강제징집제도를 폐지하고 자원병제를 시행하며 반미자주화투쟁에 참여한 장교들을 중용하고 우대한다.

9. 자주외교를 시행한다.

자주외교는 국위를 선양하는 수단이다. 국제사회에서 자주권과 평등권을 행사해야 자주독립국의 존엄과 민족의 영예를 고수할수 있다.

자주, 중립, 평화, 비동맹을 외교정책의 기본이념으로 삼는다. 어떠한 정치군사동맹에도 가담하지 않고 어떠한 강대국에도 기울어지지 않는 중립노선을 확고히 견지한다.

우호와 평등, 불간섭의 원칙에서 다른 나라들과 맺은 수교관계를 재조정하며 자주, 민주, 평화를 지향하는 모든 우호국가들과의 친선협력관계를 증진시킨다.

제국주의, 식민주의를 반대하는 모든 나라, 모든 민족들과 반제반미 공동유대를 강화하고 비동맹운동에 적극 참여하여 세계의 평화와 자주화 실현에 기여한다.

「한」미, 「한」일 간에 체결된 침략적이고 매국적이며 예속적인 일체 「조약」과 「협정」들을 폐기한다.

10. 조국의 자주적 평화통일을 이룩한다.

조국의 자주적 평화통일은 온 겨레의 일치한 숙원이며 민족지상의 절박한 과제이다. 민족통일을 이룩해야 나라의 통일적인 부흥 발전과 후손만대의 번영을 담보할 수 있다. 민족의 영구분열을 막고 자주적이며 민주주의적인 원칙에서 평화적으로 조국통일을 실현한다.

광범위한 국민대중의 통일열의를 고취하고 민족대단결을 도모하며 민족의 총위가 집약된 폭넓은 협상을 통해 연방형식의 통일국가를 건립함으로써 조국통일의 역사적 위업을 수행한다.

우리 민족해방위업은 정의이고 시대의 흐름에 합류한 반미자주화투쟁은 필승불패이다. 친미사대냐 반미자주냐, 우리는 반미자주에 살고 싸우며 승리할 것이다.

반미자주화 만세! 우리의 민족해방위업 만세!

「한국민족민주전선」중앙위원회
1985년 7월 27일 서 울

16. 6 · 29선언

친애하는 국민 여러분!

오늘 저는 각계각층이 서로 사랑하고 화합하여 이 나라의 국민임을 자랑스럽게 여기며, 정부 역시 국민들로부터 슬기와 용기와 진정한 힘을 얻을 수 있는 위대한 조국을 건설하기 위해 비장한 각오로 역사와 국민 앞에 서게 되었습니다.

그러면 저의 구상을 주저없이 말씀드리겠습니다. 이 구상은 대통령각하께 건의를 드릴 작정이며, 당원동지, 그리고 국민 여러분의 뜨거운 뒷받침을 받아 구체적으로 실현시킬 결심입니다.

첫째, 여야합의하에 조속히 대통령 직선제 개헌을 하고 새 헌법에 의한 대통령선거를 통해 88년 2월 평화적 정부이양을 실현토록 해야겠습니다. 오늘의 이 시점에서 저는, 사회적 혼란을 극복하고, 국민적 화해를 이룩하기 위하여 대통령 직선제를 택하지 않을 수 없다는 결론에 이르게 되었습니다. 국민은 나라의 주인이며, 국민의 뜻은 모든 것에 우선하는 것입니다.

둘째, 직선제 개헌이라는 제도의 변경뿐만 아니라, 이의 민주적 실천을 위하여는 자유로운 출마와 공정한 경쟁이 보장되어 국민의 올바른 심판을 받을 수 있는 내용으로 대통령선거법을 개정하여야 한다고 봅니다. 또한 새로운 법에 따라, 선거운동, 투개표과정 등에 있어서 최대한의 공명정대한 선거관리가 이루어져야 합니다.

셋째, 우리 정치권은 물론 모든 분야에 있어서의 반목과 대결이 과감히 제거되어 국민적 화해와 대단결을 도모하여야 합니다. 그러한 의미에서 저는 그 과거가 어떠하였든 간에 김대중씨도 사면 복권되어야 한다고 생각합니다. 그리고 우리와 우리들 자손의 존립기반인 자유민주주의적 기본질서를 부인한 반국가사범이나 살상, 방화, 파괴 등으로 국기를 흔들었던 극소수를 제외한 모든 시국관련 사범들도 석방되어야 합니다.

넷째, 인간의 존엄성은 더욱 존중되어야 하며 국민 개개인의 기본적 인권은 최대한 신장되어야 합니다. 이번의 개헌에는 민정당이 주장한 구속적부심 전면확대 등 기본권 강화조항이 모두 포함되기를 기대합니다. 또한 정부는 인권침해 사례가 없도록 특별히 유의하여야 하며, 민정당은 변호사회 등 인권단체와의 정기적 회합을 통하여 인권침해 사례의 즉각적 시정과 제도적 개선을 촉구하는 등 실질적 효과거양에 주력하여야 할 것입니다.

다섯째, 언론자유의 창달을 위해 관련제도와 관행을 획기적으로 개선해야 합니다. 아무리 그 의도가 좋더라도, 언론인 대부분의 비판의 표적이 되어온 언론기본법은 시급히 대폭 개정되거나 폐지하여 다른 법률로 대체되어야 할 것입니다. 지방 주재기자를 부활시키고 프레스카드 제도를 폐지하며 지면의 증면 등 언론의 자율성을 최대한 보장하여야 합니다. 정부는 언론을 장악할 수도 없고 장악하려고 시도하여서도 아니됩니다. 국가 안전보장을 저해하지 않은 한 언론은 제약받아서는 아니됩니다. 언론을 심판할 수 있는 것은 독립된 사법부와 국민임을 다시 한번 상기합니다.

여섯째, 사회 각 부문의 자치와 자율은 최대한 보장되어야 합니다. 각 부문별로 자치와 자율의 확대는 다양하고 균형있는 사회발전을 이룩하여 국가발전을 이룩하여 국가발전의 원동력이 된다고 믿습니다. 개헌절차에 불구하고 지방의회 구성은 예정대로 순조롭게 진행되어야하고 시, 도 단위 지방의회 구성도 곧이어 구체적으로 검토, 추진하여야 할 것으로 생각됩니다. 학문의 전당인 대학의 자율화와 교육자치도 조속히 실현되어야 합니다. 이를위해 대학의 인사, 예산, 행정에 대한 율성을 보장하고 입시, 졸업제도도 그와 같은 방향으로 개선해나가야 합니다. 그리고 우수한 많은 학생들이 학비조달에 큰 어려움이 없도록 관련제도를 보완하고 예산에 반영하여야 할 것입니다.

일곱째, 정당의 건전할 활동이 보장되는 가운데 대화와 타협의 정치풍토가 조속히 마련되어야 합니다. 정당은 국리민복을 위하여 책임있는 주장이나 정책을 추진함으로써 국민의 정치적 의사를 형성하고 결집하는 민주적 조직체이어야 합니다. 정당이 이러한 목적에 위배되지 않는 건전한 활동을 하는 한, 국가는 이를 보호하고 육성하는 데 전력하여야 할 것입니다.

여덟째, 밝고 맑은 사회건설을 위하여 과감한 사회정화 조치를 강구해야 합니다. 이를 위해 모든 시민이 안심하고 행복한 생활을 누릴 수 있도록 폭력배를 소탕하고 강도, 절도사범을 철저히 단속하는 등 서민생활 침해사범을 척결하고 우리 사회에 잔존하는 고질적인 비리와 모순을 과감히 시정 해나가야 합니다. 근거 없는 유언비어가 추방되고 '지역감정'이나 '흑백논리'와 같은 단어들이 영원히 사라져 서로 신뢰하고 사랑할 수 있는 공동체를 만들어야 합니다. 그리하여 온 국민이 안정된 사회환경 속에 안심하면서 자부심을 가지고 활기찬 생활을 할 수 있도록 해야 할 것입니다. 이러한 사항들이 오늘의 난국을 타개하고 위대한 국가로의 전진을 위한 시급한 당면과제라고 생각합니다.

국민 여러분! 역사의 단절이 아니라 지속적 발전을 바라는 여러분의 기대를 등에 업고 역사와 국민을 두려워하는 겸허한 마음으로 오늘 저는 이 제안을 감히 하는 바입니다. 저는 우국총정에서 나온 이 구상이 대통령 각하와 민주정의당 전 당원은 물론이고 국민 모두의 성원으로 꽃피을 수 있게 되리라 확신합니다.

저의 이 기본구상이 받아들여질 경우에는 앞으로 이에 따른 세부 추가사항들이 추진될 것입니다. 만의 일이라도 위의 제안이 관철되지 아니할 경우, 저는 민정당 대통령후보와 당 대표위원직은 포함한 모든 공직에서 사퇴할 것임을 아울러 분명히 밝혀두는 바입니다

민주정의당 대표 노태우

17. 남북 사이의 화해와 불가침 및 교류협력에 관한 합의서(1991년)

남과 북은 분단된 조국의 평화적 통일을 염원하는 온 겨레의 뜻에 따라 '7·4 남북공동성명'에서 천명된 조국통일 3대원칙을 재확인하고, 정치, 군사적 대결상태를 해소하여 민족적 화해를 이룩하고 무력에 의한 침략적 충돌을 막고 긴장완화와 평화를 보장하며 다각적인 교류협력을 실천하여 민족의 공동의 이익과 번영을 도모하며 쌍방 사이의 관계가 나라와 나라 사이의 관계가 아닌 통일을 지향하는 과정에서 잠정적으로 형성되는 특수한 관계라는 것을 인정하고, 평화통일을 성취하기 위한 공동의 노력을 경주할 것을 다짐하면서 다음과 같이 합의하였다.

제1장 남북 화해

제1조, 남과 북은 서로 상대방의 체제를 인정하고 존중한다.

제2조, 남과 북은 상대방의 내부문제에 간섭하지 아니한다.

제3조, 남과 북은 상대방에 대한 비방중상을 하지 아니한다.

제4조, 남과 북은 상대방을 파괴 전복하려는 일체행위를 하지 아니한다.

제5조, 남과 북은 현정전상태를 남북사이의 공고한 평화상태로 전환시키기 위하여 공동으로 노력하며 이러한 평화상태가 이룩될 때까지 현군사정전협정을 준수한다.

제6조, 남과 북은 국제무대에서 대결과 경쟁을 중지하고 서로 협력하며 민족의 존엄과 이익을 위하여 공동으로 노력한다.

제7조, 남과 북은 서로의 긴밀한 연락과 협의를 위하여 이 합의서 발효 후 3개월 안에 판문점에 남북연락사무소를 설치운영한다.

제8조, 남과 북은 이 합의서 발효 후 1개월 안에 본회담 테두리 안에서 남북정치분과위원회를 구성하여 남북화해에 관한 합의의 이행과 준수를 위한 구체적 대책을 협의한다.

제2장 남북불가침

제9조, 남과 북은 상대방에 대하여 무력을 사용하지 않으며 상대방을 무력으로 침략하지 아니한다.

제10조, 남과 북은 의견대립과 분쟁문제들을 대화와 협상을 통하여 평화적으로 해결한다.

제11조, 남과 북의 불가침 경계선과 구역은 1953년 7월 27일자 군사정전에 관한 협정에 규정된 군사분계선과 지금까지 쌍방에 관할하여 온 구역으로 한다.

제12조, 남과 북은 불가침의 이행과 보장을 위하여 이 합의서 발효 후 3개월 안에 남북군사공동위원회를 구성 운영한다. 남북군사공동위원회에서는 대규모 부대이동과 군사연습의 통보 및 통제문제, 비무장지대의 평화적 이용문제, 군인사교류 및 정보교환문제, 대량살상무기와 공격능력의 제거를 비롯한 단계적 군축실현문제, 검증문제 등 군사적 신뢰조성과 군축을 시련하기 위한 문제를 협의 추진한다.

제13조, 남과 북은 우발적인 무력충돌과 그 확대를 방지하기 위하여 쌍방 군사당국자 사이에 직통전화를 설치 운영한다.

제14조, 남과 북은 이 합의서 발효 후 1개월 안에 본회담 테두리 안에서 남북군사분과위원회를 구성하여 불가침에 관한 합의의 이행과 준수 및 군사적 대결상태를 해소하기 위한 구체적인 대책을 협의한다.

제3장 남북교류협력

제15조, 남과 북은 민족경제의 통일적이며 균형적인 발전과 민족전체의 복리향상을 도모하기 위하여 자원의 공동개발, 민족내부교류로서의 물자교류, 합작투자 등 경제교류의 협력을 실시한다.

제16조, 남과 북은 과학기술 교육 문화 예술 보건 체육 환경과 신문 라디오 텔레비전 및

출판물을 비롯한 출판 보도 등 여러 분야에서 왕래와 접촉을 실현한다.

제17조, 남과 북은 민족구성원들의 자유로운 왕래와 접촉을 실현한다.

제18조, 남과 북은 흩어진 가족 친척들의 자유로운 서신거래와 왕래와 상봉 및 방문을 실시하고 자유의사에 의한 재결합을 실현하며 기타 인도적으로 해결할 문제에 대한 대책을 강구한다.

제19조, 남과 북은 끊어진 철도와 도로를 연결하고 해로 항로를 개설한다.

제20조 남과 북은 우편과 전기통신교류에 필요한 시설을 설치 연결하며 우편 전기 통신 교류의 비밀을 보장한다.

제21조, 남과 북은 국제무대에서 경제와 문화 등 여러 분야에서 서로 협력하며 대외에 공동으로 진출한다.

제22조, 남과 북은 경제와 문화 등 각 분야의 교류와 협력을 실현하기 위한 합의의 이행을 이 합의서 발효 후 3개월 안에 남북경제교류협력 공동위원회를 비롯한 부문별 공동위원회를 구성 운영한다.

제23조, 남과 북은 이 합의서 발효 후 1개월 안에 본회담 테두리 안에서 남북교류협력 분과위원회를 구성하여 남북교류협력에 관한 합의의 이행과 준수를 위한 구체적 대책을 협의한다.

제4장 수정 및 발효

제24조, 이 합의서는 쌍방의 합의에 의하여 수정 보충할 수 있다.

제25조, 이 합의서는 남과 북이 각기 발효에 필요한 절차를 거쳐 그 문본을 서로 교환한 날부터 효력을 발생한다.

1991년 12월 13일
남북고위급회담 남측대표단 수석대표 대한민국 국무총리 정원식
북남고위급회담 북측대표단 단장 조선민주주의인민공화국 정무원총리 연형묵

18. [하나회] (11기부터 20기까지) 회원 명부

육사11기 : ■전두환(대장. 대통령) ■노태우(대장. 대통령) ■김복동(중장. 육사교장. 국회의원) ■정호용(대장. 국방장관. 국회의원) ■최성택(중장. 석유공사사장) ■권익현(대령. 국회의원) ■손영길(준장. 수경사참모장) ■노정기(소장. 필리핀대사) ■박갑룡(대령. 수경사 30경비단장)

12기 : ■박준병(대장. 민정당사무총장. 국회의원) ■박세직(소장. 수경사령관. 안기부장. 국회의원) ■안필준(대장. 보안사령관. 보사부장관) ■장기오(중장. 총무처장관) ■최웅(중장. 특전사령관. 외무부대사) ■황인수(중장. 국방부차관) ■임인식(소장. 방공포사령관) ■정동철(대령. 노동부차관) ■이광근(대령. 공업진흥청차장) (장기오 총무처장관도 서울 출신으로 [하나회]회원이 아니라는 보도가 있음)

13기 : ■윤태균(중장. 국회의원) ■정동호(중장. 청와대경호실장. 국회의원) ■정진태(대장. 비상기획위원장) ■최세창(대장. 국방장관) ■신제기(대령. 국회의원) ■최문규(중장. 육사교장) ■오한규(대령. 국회의원) ■조명기(준장. 수경사헌병단장) ■우경윤(준장. 육본범죄수사단장) ■이우재(준장. 체신장관) ■권영 (소장. 육군수송감) (최세창 국방장관과 권영 육군수송감도 [하나회]회원들과 가깝게 지냈을 뿐 정식회원이 아니라는 보도가 있음.)

14기 : ■이종구(대장. 육참총장. 국방장관) ■이춘구(준장. 내무장관. 4선 의원. 민정당 사무총장. 민자당대표최고의원) ■안무혁(준장. 국세청장. 안기부장) ■장홍열(중장. 조달청장) ■정탁영(소장. 보안사참모부장) ■문영일(중장. 육본작전참모부장) ■장기하(소장. [진로]사장) ■ 배명국 (육사 교수 민정, 민자당 국회의원(11대,12대,14대)국회 건설, 상공위원장

15기 : ■고명승(대장. 보안사령관) ■나중배(대장. 외무부대사) ■이대희(중장. 병무청장) ■이진삼(대장. 육참모총장. 체육부장관) ■민병돈(중장. 육사교장) ■김상구(중령. 호주대사) ■이상수(중장. 국민연금관리 공단이사장) ■권병식(중장. 수방사령관) ■박태진(소장. 방공포사령관) ■김중영(준장. 국방부조달본부차장)

16기 : ■신말업(대장. 3군사령관) ■이필섭(대장. 합참의장) ■장세동(중장. 청와대경호실장. 안기부장) ■최평욱(중장. 보안사령관. 철도청장) ■정순덕(준장. 청와대정무수석. 민정당

사무총장) ■정만길(중장. 국방대학원장) ■김정룡(소장. 보안사참모장) ■양현두(소장. 국방부품질관리소장) ■최원규(소장. 국방부국장) ■이지윤(준장. 정보사부사령관) ■송 응섭(대장. 합참제1차장) (송경변 합참 제1차장과 김정룡 보안사참모장도 [하나회]회 원이 아니라는 보도있음)

17기: ■김진영(대장. 육참총장) ■허화평(준장. 청와대정무수석) ■하삼수(준장. 청와대사정수 석. 현국회의원) ■안현태(소장. 청와대경호실장) ■이현우(중장. 청와대경호실장) ■이 병태(중장. 합참작전본부장. 현보훈처장) ■임인조(중장. 육사교장. 네덜란드대사) ■이 문석(대장. 1군사령관. 총무처장관) ■김태섭(중장. 국방대학원장) ■강명오(소장. 방공 포사령관) ■이해룡(소장. 국군정신전력학교장)

18기: ■조남풍(대장. 보안사령관. 1군사령관) ■김재창(대장. 한미연합사부사령관) ■김정헌 (중장. 육사교장) ■구창회(대장. 3군사령관) ■이학봉(준장. 보안사대공처장. 국회의원) ■성환옥(준장. 헌병감. 감사원사무총장) ■배대웅(준장. 정보사령관) ■이시용(준장. 외 무부대사) ■ 준석(소장. 육본동원참모부장)

19기: ■서완수(중장. 보안사령관. 1군부사령관) ■김상준(중장. 합참작전본부장) ■이택 (중장. 합참전략기획본부장) ■최석립(소장. 청와대경호실장) ■김택수(중장. 3사관학교장. 현 국방부정책자문위원) ■최부웅(소장 합참의장 정책보좌관) ■최준식(중장. 사망) ■장석 규(소장. 보안사참모장) ■최윤수(준장. 안기부부산분실장) ■김정환(소장. 주미무관) ■ 김진선(대장. 2군사령관) (최석립 청와대 경호실장과 장석규 보안사참모장도 [하나회] 회원이 아니라는 보도있음)

20기: ■안병호(중장. 수방사령관) ■김종배(중장. 3군단장) ■김길부(중장. 2군단장) ■함덕선 (중장. 군단장) ■장호경(소장. 기무사참모장) ■이현부(중장. 7군단장. 사망) ■김무웅 (소장. 사단장) ■안광렬(소장. 국방부시설국장) ■허청일(중령. 민정당총재 비서실장. 국회의원) (고 이현부 7군단장도 [하나회]회원이 아니라는 보도있음)

19. 전두환, 노태우 전직 대통령에 대한 징역 판결문 요지

성공한 쿠데타는 처벌할 수 없다는 주장에 대해 변호인의 이 같은 주장의 이론적 근거와 기본규범은 국가 긴급성 이론을 채택한 것이다. 그러나 재판부는 12·12 및 5·18사건을 법이론의 문제가 아닌 법의 실천의 문제로 파악하는 만큼 이 같은 이론을 받아들일 수 없다.

정승화 총장연행이 불법이 아니라는 주장에 대해 육참총장은 대통령이 군통수권을 행사하는데 있어 핵심적인 지위에 있다. 따라서 현직 육참총장을 체포하면 대통령의 군통수권 행사에 결정적이고 치명적인 침해를 가하게 된다.

범죄수사를 위해 총장연행이 필요하다면 대통령이 총장을 해임하거나 직무집행정지조치를 취해 군지휘계통을 이상 없게 한 뒤 체포하여야 하며 상황이 긴급하더라도 해임통보 직후 체포하는 것이 타당하다. 따라서 이 같은 선행조치 없이 합수부장이 육참총장을 체포한 것은 대통령의 군통수권을 침해하고 총장의 권한을 침해한 군사반란에 해당한다. 군통수권이란 대통령으로부터 말단병사에게까지 일사불란하게 유지돼야 하는데, 피고인들은 작당하여 병기를 휴대하고 이 같은 지휘계통을 문란케 한만큼 군사반란에 해당한다.

국헌문란 목적에 대해

피고인들이 취한 비상계엄 전국확대, 국회봉쇄, 정치인 체포, 광주민주화운동 유혈진압 등의 조치는 국헌문란의 목적하에 행해진 형태다. 국헌문란 목적이란 법률에 의하지 않고 헌법과 헌법기관의 기능을 불가능하게 하는 것이라고 법률에 규정한 것은 국헌문란의 대표적 사례를 제시한 것으로 국헌문란의 행위 자체가 구체적 설명이 불가능하기 때문이다. 따라서 예시한 형태에 해당되지 않더라도 이에 준하는 행위로부터 보호받아야 하며, 헌법제정의 권한을 가진 국민이야말로 법률에 규정된 국가기관보다 더 중요한 존재다. 결국 국민이 헌법수호를 위해 결집한다면 이 결집은 헌법기관으로 볼 수 있고, 이 결집을 병력을 동원해 강제진압한 것은 명백한 헌법기관 침해다. 5·18 당시 피고인들이 비상계엄 전국확대, 정치인체포 등의 조치로 국헌을 문란케 한데 대해 광주시민이 대규모로 시위를 벌인 것은 헌법수호를 위해 결집한 것이고, 병력을 동원, 이를 강제 진압해 그 역할을 수행하지 못하게 했다면 국헌문란 행위에 해당한다.

시위진압의 폭동성에 대해

5·18 당시 광주교도소로 접근하는 무장시위대를 계엄군이 발포해 격퇴한 것은 광주교도소가 간첩 등 2천여 명의재소자를 수감하고 있는 국가 주요기관이라는 점을 감안하면 시위

대가 헌법제정 권력의 결집이라 하더라도 불법행위라고 볼 수 있는 만큼 이 같은 불법행위로부터 국가기관 보호를 위해 시위대에게 발포한 조치는 선량하고 합법적인 정부가 취해야 할 당연한 행위이다. 따라서 이를 폭동행위로 본 원심의 판결을 파기한다.

광주재진입 작전과 관련해서 내란목적 살인죄

상무충정작전을 실시해서 도청 재장악을 위해 시위대를 진압해서 시위대와 교전 중 불가피하게 사상자가 발생했다. 피고인들이 그러한 결과를 미리 예측하면서 작전을 지시한 것은 살상행위를 용인할 의사가 분명하다고 보인다. 재진입작전 명령은 시위대의 무장상태와 목표를 고려하면 사격이 필연적이란 것을 고려한 상황하에서 발해진 것이다. 그 안에는 발포명령을 포함해서 당시 피고인이 처한 상황, 즉 광주를 조속히 진압하지 않으면 집권에 성공할 수 없다는 상황논리까지 포함돼 있다. 따라서 집권에 방해가 되는 사람들에 대한 살상은 내란을 위한 행동이므로 재진입 작전시의 살상은 전두환 정호용 황영시 주영복 이희성 등 5명이 내란목적 달성을 위해 이를 지시한 것으로 이들이 책임을 져야 한다. 다른 폭력행위에 대해서 내란목적 살인죄가 적용되는지의 여부는 발포명령이 있었는지를 봐야 한다. 검찰은 공소장에서 피고인들이 자위권 요건의 준수 없이도 강경진압 차원에서 시위를 조속히 진압하고 극도의 공포심을 일으켜 시위를 저지할 목적으로 발포명령을 내렸다고 적시하고 있다. 검찰은 또 피고인들이 필요하다면 비무장시위대에게까지 발포를 용인한 것으로 보고 있다. 이것은 모든 시민들에게 공포심을 주는 것이 목적이므로 비무장시위대에게까지 발포명령을 한 것으로 간주한 것이다. 그러나 자위권 발동 담화문이나 계엄훈령 11호에는 비무장시위대에게까지 발포를 허가하고 있지는 않다. 담화문의 내용은 이성과 질서의 회복을 시위대에게 당부하고 계엄군은 폭력으로 치안을 어지럽히는 행위에 대해서는 부득이 바로잡으라는 것과 자위권을 설명하는 것이다. 그러므로 이것이 비무장시위대에게까지 발포를 하라고 용인했다고 볼 증거는 없다. 5월 21일 밤 8시30분이후 육본으로부터 하달된 자위권 발동 지시내용의 전통은 검찰주장과 유사한지 확인할 자료가 없다. 그 전통 속에 비무장시위대에게까지 발포하라는 내용이 삽입돼 있다고 볼 수는 없다. 따라서 비무장시위대에 대한 발포명령이 피고인 지시에 의해 하달됐다고 볼 정황이 없다. 그러므로 광주교도소 방어시 발포와 광주 재진입 작전시에 발포를 제외한 나머지 광주진압시의 발포는 피고인들로부터 명령이 하달됐다고 볼 수 없다. 나머지는 폭동 중 단순살인으로 보는 것이 타당하다.

내란의 종료시기

내란은 국가와 내란집단 사이의 폭력행위다. 군주국가 시대에는 권력이동이 완료되는 순간 내란이 종료됐다. 그러나 민주주의 사회에선 권력의 승계절차가 헌법에 명시된 대로 이동되고 국민의 완전한 굴복이 내란종료시점을 의미한다. 내란집단에 국민이 저항한다면 국민이 완전히 굴복하기전까지 내란은 완료되지 않는다. 이 사건에서는 80년 광주시위가 바로 국민의 저항에 해당한다. 이러한 저항과 폭동에 대한 진압은 6,29 선언으로 직선제 요구가 받아들여질 때까지 반복, 계속됐다. 87년 박종철 고문치사에 대한 저항, 87년 6월 분신 및 6월항쟁 등이 바로 그러한 저항들이다. 5·17 비상계엄 확대로 시작된 내란은 6·29 선언으로 종결됐다고 봐야 한다. 그 기간 중에 모든 시위진압은 폭동이며 내란이다.

시위진압과 군사반란 - 국무회의장 포위의 건

국무회의가 개최될 때 무장한 병력을 배치한 것은 경호 필요성이 없었고 국회 쪽으로부터 요청받은 적도 없었으며 상부의 승인도 없었다. 통상과 달리 국무회의장에 병력을 배치한 것은 대통령과 국무총리의 정당한 승인 없이 이뤄진 것으로 군통수권에 배치되며 국무위원들을 협박한 것으로 반란에 해당된다.

출전 : http://historia.tistory.com 티스토리 역사블로그 - 히스토리아

20. 노무현 대통령 후보 출마 연설(2002)

조선 건국이래로 600년 동안 우리는 권력에 맞서서 권력을 한번도 바꿔보지 못했습니다. 비록 그것이 정의라 할지라도, 비록 그것이 진리라 할지라도 권력이 싫어하는 말을 했던 사람은, 또는 진리를 내세워서 권력에 저항했던 사람은 전부 죽임을 당했고, 그 자손들까지 멸문지화를 당했고, 패가망신했습니다. 600년 동안 한국에서 부귀영화를 누리고자 하는 사람은 모두 권력에 줄을 서서 손바닥을 비비고 머리를 조아려야 했다 이거에요.

그저 밥이나 먹고 살고 싶으면 세상에서 어떤 부정 저질러도 어떤 불의가 눈앞에서 벌어지고 있어도 강자가 부당하게 약자를 짓밟고 있어도 모른 척하고 고개 숙이고 외면했다. 눈

감고 귀를 막고 비굴한 삶을 사는 사람만이 목숨을 부지하면서 밥이나 먹고살수 있었던 우리 600년의 역사. 제 어머니가 제게 남겨주었던 제 가훈은… "야 이놈아 모난 돌이 정맞는다, 계란으로 바위치기다. 바람 부는 대로 물결치는 데로 눈치보며 살아라" 80년대 시위하다가 감옥 간 우리의 정의롭고 혈기 넘치는 우리 젊은 아이들에게 그 어머니들이 간곡히 간곡히 타일렀던 그들의 가훈 역시 "야 이놈아 계란으로 바위치기다. 그만 둬라. 너는 뒤로 빠져라." 이 비겁한 교훈을 가르쳐야 했던 우리 600년의 역사, 이 역사를 청산해야 합니다.

권력에 맞서서 당당하게 권력을 한번 쟁취하는 우리의 역사가 이루어져야 만이 이제 비로소 우리의 젊은이들이 떳떳하게 정의를 이야기할 수 있고 떳떳하게 불의에 맞설 수 있는 새로운 역사를 만들어낼 수 있다.

출처:
http://serviceapi.nmv.naver.com/flash/NFPlayer.swf?vid=F4ED5EF742E47C1892BCC3C43C7A50E09687&outKey=V1263
29e703f54292e5f6d9962375cea76879c47bb83cd01b5de3d9962375cea76879

21. "민족문제연구소 '친일청산' 자격 없다"

지난 4월 29일, 소위 '친일인명사전 수록대상자 명단발표'기자회견을 주최한 민족문제연구소 그들의 정체성을 한마디로 표현한다면 '친북좌파 성향의 대표적 단체'이다. 민족문제연구소가 왜 친북좌파성향의 단체인가? 그 구성원을 보면 바로 알 수 있다.

소장 임헌영(본명 : 임준열). 그는 1979년 남조선민족해방전선준비위원회(남민전)사건에 연루되어 9년간 복역을 한 자이다. 남민전 사건은 김일성 주체사상과 북의 대남전략에 따라 대한민국 체제 전복을 위해 북과 연계하여 무장 도시게릴라 등을 조직한 70년대 말에 일어난 최대의 지하조직 사건이다. 임소장은 대표적인 친북단체 '통일연대'공동대표와 '전국연합' 소속의 '사월혁명회'연구위원으로도 활동했다.

민족문제연구소 지도위원으로 활동하고 있는 리영희 한양대 교수는 "남한체제의 사회주의적 변화를 통한 통일이 이뤄져야 한다"는 발언을 해 대한민국 체제를 부정한 자이며, 강만길 교수 역시 "미국을 혈맹으로 보면 통일을 이룰 수 없다"는 등의 발언으로 반미선동에 앞장서 온 자이다.

민주노동당 중앙위원이며 민족문제연구소 고문변호사인 김승교 변호사는 북한의 선군정치, 核개발 등을 옹호하면서 김정일을 '북한의 최고지도자, 위대한 영도자' 등으로 미화해 온 단체인 한국민권연구소 소장이기도 하다.

한국민권문제연구소 홈페이지에는 기획다큐영상 "김정일 국방위원장, 그는 누구인가"라는 동영상을 게재해 놓고, 김정일을 "세습이 아닌 추대 받은 지도자" "친애하는 지도자로 불릴 정도로 대중적 지지를 획득하는데 성공한 지도자" 등으로 미화하고 있다. 북의 선군정치를 "국난을 타개하기 위한 국가 전력적 기본노선"으로, 핵실험과 미사일 발사는 "전쟁으로 치닫는 북미관계를 극적으로 전환하고 미국을 협상테이블로 끌어내는데 성공한 것"이라며 북핵을 옹호, 지지하고 있다.

또한 김승교 변호사가 상임대표를 맡고 있는 '남북공동선언실천연대'(이하 실천연대)는 반미친북 성향을 노골적으로 드러내고 있으며, 단체 강령(綱領)에 '반미민족자주운동으로 주한미군을 하루 빨리 철거하고, 미국의 지배양식을 완전히 제거한다(2조)' '민족 공조로 가까운 장래에 6·15공동선언이 지향하는 연합, 연방제 통일을 달성한다(3조)'는 규정이 들어 있다.

친일인명사전편찬위원단 지도위원인 최병모 변호사는 작년 말 일심회 간첩단 사건을 변호하면서 법정에서 대한민국의 건국을 폄훼하고 부정하는 발언을 하기도 했다. 좌파성향으로 널리 알려진 백낙청 교수, 함세웅 민주화운동기념사업회 이사장 등도 지도위원으로 참여하고 있다.

이밖에 민족문제연구소 출신인 김원웅 의원, 김희선 의원, 강정구 동국대 교수 등의 성향이 친북좌파적이라는 것은 설명이 필요없다. 간첩 출신으로 김일성 영생론을 옹호하고 김정일 체제를 미화해 온 김남식 등도 민족문제연구소를 거쳐간 인물이다.

친일명단 발표 기자회견 자리에서 뒷좌석을 지키고 있던 민주주의민족통일전국연합 오종렬 상임의장. 그는 국보법 철폐, 주한미군 철수, 한미 FTA 반대, 이라크 파병반대 등 반미친북 시위를 늘 주도해 온 친북좌파세력의 핵심인물이다.

김일성 추종세력은 한반도의 정통성은 대한민국이 아니라 북한에 있다고 주장한다. 북한이 김일성의 항일투쟁을 과대선전하고 김정일의 출생지를 러시아가 아닌 백두산 밀영이라고 하는 이유도 그 때문이다. 김일성의 항일운동을 했는지 여부는 믿기 힘들지만 김일성이 해방 이후 북한에서 소련의 사주를 받던 꼭두각시였다는 것은 부인할 수 없는 역사적 사실이다. 북한 김일성은 친일(親日)이상으로 비굴하게 친소(親蘇), 친중(親中)노선을 걸어오면서 북한 주민의 자유와 인권을 압살하고 독재자로 군림해 오다가 장남인 김정일에 권력을 상속해 준 것이다.

김대중, 노무현 좌파정권 10년동안 이승만 박정희 정권을 정통성이 없는 친일정권, 군사 정권으로 매도하기 위해 생겨난 각종 위원회와 친북단체들이 수백 아니 수천 개에 달하고 있다. 이들은 대한민국의 건국과 정통성을 부정하고 북 체제에 정통성을 부여하기 위해 해방 63주년 대한민국 건국 60주년을 맞는 시점에 '친일청산'을 들고 나온 것이다. 박정희 대통령 은 대한민국 대통령을 지내면서 오늘날의 경제발전의 초석이 될 많은 공을 남긴 국민들로부 터 가장 존경받는 역사적 인물 중의 한사람이다. 그가 나라를 잃었던 일제 시대에 만주군 청 년장교를 지냈지만 구체적으로 친일행위를 한 정황 증거는 아무것도 없다. 1937년 대구사범 을 나온 후, 문경소학교 교사 시절 몰래 한글을 가르쳤던 그를 친일파로 모는 것은 지나친 견 강부회가 아닐 수 없다.

'애국가'를 작곡한 안익태 선생, '봉선화'를 지은 홍난파, '고향의 봄'을 작사한 이원수 선 생, '선구자'를 작곡, 작사한 조두남, 윤해영 등을 친일명단에 넣은 것도 민족을 이간질시키 려는 친북좌파들의 악의적인 의도가 엿보인다.

애국가는 전 세계적으로 알려진 우리나라 국가이다. 애국가를 친일파가 작곡했다고 하면 애국가에 대한 자긍심보다는 수치심을 불러일으킬 수가 있다. 친북좌파들은 이 점을 노리고 애국가를 부정하기 위해, 나아가 대한민국을 부정하기 위해 애국가를 작곡한 안익태 선생이 구체적으로 친일행위를 한 정황과 증거가 없음에도 단지 일본 관료가 주도한 자리에서 지휘 봉을 잡았다는 이유 하나만으로 친일파로 매도한 것이다.

봉선화, 선구자, 고향의 봄은 일제 때 나라를 잃은 설움을 달래면서 조국의 광복을 염원하 면서 우리 민족 모두가 애창해 온 노래이며, 지금도 국민들과 해외 동포들이 조국을 생각하며 즐겨부르는 애창곡들이다. 그런데 이 민족의 노래를 친일파가 지었다고 단죄함으로 폐기처 분대상으로 만들려는 음모가 친북좌파세력들에 의해 자행되고 있는 것이다.

친일청산은 역사바로세우기 차원에서 계속 이어가야 할 과제인 것은 누구도 부인할 수 없 다. 그러나 역사적 평가는 객관성과 공정성을 갖고 모두가 공감하는 상식선에서 이루어져야 한다. 대부분 대한민국의 정통성을 부정하는 친북좌파 인사들로 구성된 민족문제연구소는 친일청산의 주체가 될 자격이 없다. 민족문제연구소는 '친북좌파 청산'이라는 시대적 요구에 따라 사라져야 할 단체에 불과하다.

친북좌파세력들은 간첩·빨치산 등 대한민국을 적으로 알고 김일성과 김정일에 충성해 온 자들을 민주열사로 미화 포장하고 그들에게 훈장과 보상까지 해주면서도, 반대로 대한민 국의 발전을 위해 기여해온 애국인사들을 친일파 명단에 끼워 넣는 부관참시를 서슴지 않고 있다. 전형적인 공산당 수법이다.

지난 좌파정권 10년동안 대한민국의 정통성을 허무는 일에 광분해 온 자들이 권력에 빌붙어 '민족'이라는 이름 뒤에 숨어서 '과거사 규명'이라는 허울 좋은 미명아래 정권이 바뀐 지금에도 여전히 역사를 왜곡 날조하고 있다. 대한민국 체제전복을 위해 만든 남민전 관련자 중 절도와 총기탈취 등의 범죄행위까지 민주화운동으로 인정하고, 1989년 부산 동의대에서 경찰을 불로 태워 죽인 반인륜적 범죄마저 민주화운동으로 인정한 것도 친북좌파 정권의 산물이다.

지금 가장 서둘러 해야 할 일은 '친일청산'보다 사회 각 부문에서 대한민국 허물기에 앞장 서 활동하고 있는 '친북좌파 청산'이다. 대한민국이 대부분 고인이 된 친일파들에 의해 위협 받는 것이 아니라, 살아서 맹렬히 활동하고 있는 친북좌파들에 의해 최대 위기를 맞고 있기 때문이다.(봉태홍, 라이트코리아 대표, 국가쇄신국민연합 집행위원장)

출전 : 인터넷신문 KONAS(2008.5.2)

22. 남북관계 발전과 평화번영을 위한 선언

대한민국 노무현 대통령과 조선민주주의인민공화국 김정일 국방위원장 사이의 합의에 따라 노무현 대통령이 2007년 10월 2일부터 4일까지 평양을 방문하였다.

방문기간중 역사적인 상봉과 회담들이 있었다.

상봉과 회담에서는 6·15 공동선언의 정신을 재확인하고 남북관계발전과 한반도 평화, 민족공동의 번영과 통일을 실현하는데 따른 제반 문제들을 허심탄회하게 협의하였다.

쌍방은 우리민족끼리 뜻과 힘을 합치면 민족번영의 시대, 자주통일의 새시대를 열어 나갈 수 있다는 확신을 표명하면서 6·15 공동선언에 기초하여 남북관계를 확대·발전시켜 나가 기 위하여 다음과 같이 선언한다.

1. 남과 북은 6·15 공동선언을 고수하고 적극 구현해 나간다.

　　남과 북은 우리민족끼리 정신에 따라 통일문제를 자주적으로 해결해 나가며 민족의 존엄과 이익을 중시하고 모든 것을 이에 지향시켜 나가기로 하였다.

　　남과 북은 6·15 공동선언을 변함없이 이행해 나가려는 의지를 반영하여 6월 15일을 기념하는 방안을 강구하기로 하였다.

2. 남과 북은 사상과 제도의 차이를 초월하여 남북관계를 상호존중과 신뢰 관계로 확고히 전환시켜 나가기로 하였다.

　　남과 북은 내부문제에 간섭하지 않으며 남북관계 문제들을 화해와 협력, 통일에 부합되게 해결해 나가기로 하였다.

　　남과 북은 남북관계를 통일 지향적으로 발전시켜 나가기 위하여 각기 법률적·제도적 장치들을 정비해 나가기로 하였다.

　　남과 북은 남북관계 확대와 발전을 위한 문제들을 민족의 염원에 맞게 해결하기 위해 양측 의회 등 각 분야의 대화와 접촉을 적극 추진해 나가기로 하였다.

3. 남과 북은 군사적 적대관계를 종식시키고 한반도에서 긴장완화와 평화를 보장하기 위해 긴밀히 협력하기로 하였다.

　　남과 북은 서로 적대시하지 않고 군사적 긴장을 완화하며 분쟁문제들을 대화와 협상을 통하여 해결하기로 하였다.

　　남과 북은 한반도에서 어떤 전쟁도 반대하며 불가침의무를 확고히 준수하기로 하였다.

　　남과 북은 서해에서의 우발적 충돌방지를 위해 공동어로수역을 지정하고 이 수역을 평화수역으로 만들기 위한 방안과 각종 협력사업에 대한 군사적 보장조치 문제 등 군사적 신뢰구축조치를 협의하기 위하여 남측 국방부 장관과 북측 인민무력부 부장간 회담을 금년 11월중에 평양에서 개최하기로 하였다.

4. 남과 북은 현 정전체제를 종식시키고 항구적인 평화체제를 구축해 나가야 한다는데 인식을 같이하고 직접 관련된 3자 또는 4자 정상들이 한반도지역에서 만나 종전을 선언하는 문제를 추진하기 위해 협력해 나가기로 하였다.

남과 북은 한반도 핵문제 해결을 위해 6자회담 <9 · 19 공동성명>과 <2 · 13 합의>가 순조롭게 이행되도록 공동으로 노력하기로 하였다.

5. 남과 북은 민족경제의 균형적 발전과 공동의 번영을 위해 경제협력사업을 공리공영과 유무상통의 원칙에서 적극 활성화하고 지속적으로 확대 발전시켜 나가기로 하였다.

남과 북은 경제협력을 위한 투자를 장려하고 기반시설 확충과 자원개발을 적극 추진하며 민족내부협력사업의 특수성에 맞게 각종 우대조건과 특혜를 우선적으로 부여하기로 하였다.

남과 북은 해주지역과 주변해역을 포괄하는 <서해평화협력특별지대>를 설치하고 공동어로구역과 평화수역 설정, 경제특구건설과 해주항 활용, 민간선박의 해주직항로 통과, 한강하구 공동이용 등을 적극 추진해 나가기로 하였다.

남과 북은 개성공업지구 1단계 건설을 빠른 시일안에 완공하고 2단계 개발에 착수하며 문산─봉동간 철도화물수송을 시작하고, 통행 · 통신 · 통관 문제를 비롯한 제반 제도적 보장조치들을 조속히 완비해 나가기로 하였다.

남과 북은 개성─신의주 철도와 개성─평양 고속도로를 공동으로 이용하기 위해 개보수 문제를 협의 · 추진해 가기로 하였다.

남과 북은 안변과 남포에 조선협력단지를 건설하며 농업, 보건의료, 환경보호 등 여러 분야에서의 협력사업을 진행해 나가기로 하였다.

남과 북은 남북 경제협력사업의 원활한 추진을 위해 현재의 <남북경제협력추진위원회>를 부총리급 <남북경제협력공동위원회>로 격상하기로 하였다.

6. 남과 북은 민족의 유구한 역사와 우수한 문화를 빛내기 위해 역사, 언어, 교육, 과학기술, 문화예술, 체육 등 사회문화 분야의 교류와 협력을 발전시켜 나가기로 하였다.

남과 북은 백두산관광을 실시하며 이를 위해 백두산─서울 직항로를 개설하기로 하였다.

남과 북은 2008년 북경 올림픽경기대회에 남북응원단이 경의선 열차를 처음으로 이용하여 참가하기로 하였다.

7. 남과 북은 인도주의 협력사업을 적극 추진해 나가기로 하였다.

남과 북은 흩어진 가족과 친척들의 상봉을 확대하며 영상 편지 교환사업을 추진하기로
하였다.

이를 위해 금강산면회소가 완공되는데 따라 쌍방 대표를 상주시키고 흩어진 가족과 친
척의 상봉을 상시적으로 진행하기로 하였다.

남과 북은 자연재해를 비롯하여 재난이 발생하는 경우 동포애와 인도주의, 상부상조의
원칙에 따라 적극 협력해 나가기로 하였다.

8. 남과 북은 국제무대에서 민족의 이익과 해외 동포들의 권리와 이익을 위한 협력을 강화
해 나가기로 하였다.

남과 북은 이 선언의 이행을 위하여 남북총리회담을 개최하기로 하고, 제1차 회의를
금년 11월중 서울에서 갖기로 하였다.

남과 북은 남북관계 발전을 위해 정상들이 수시로 만나 현안 문제들을 협의하기로 하
였다.

2007년 10월 4일 평양
대한민국 대통령 노 무 현
조선민주주의인민공화국 국방위원장 김 정 일
출전 : 프레시안

23. 한미정상회담 공동성명

이명박 대한민국 대통령과 조지 부시 미 합중국 대통령은 2008년 8월 6일 서울에서
정상회담을 가졌다. 양 정상은 4월19일 캠프데이비드에서의 첫 번째 정상회담이 21세
기 한미 전략동맹 발전의 이정표가 되었음을 상기하였으며, 금번 8· 정상회담에서 한미
동맹의 발전, 한미 자유무역협정(FTA) 비준, 북핵 및 북한 관련 문제, 주요 양자 지역 및
범세계적 문제에 관한 협력 확대방안 등에 대해 심도 있는 논의를 가졌다. 양 정상은 양
국간 전통적 우호관계와 상호 신뢰를 기반으로 한미동맹을 미래지향적으로 발전시켜
나가기로 하였으며, 북핵 문제의 조속한 해결과 한반도 및 동북아에서의 새로운 평화구
조 창출을 위해 양국 간의 전략적 공조와 협력을 일층 강화해 나가기로 하였다.

1. 한미동맹

양 정상은 한미동맹이 지난 50여 년간 한반도와 동북아의 평화와 번영에 기여해 왔음을 확인하였다. 또한 양 정상은 한미 연합방위력을 강화하고, 전시작전통제권 전환 및 주한미군 기지이전과 재배치에 관한 관련 합의를 지속적으로 이행함으로써, 한미동맹의 기본적인 임무를 더욱 발전시켜 나간다는 확고한 의지를 재확인하였다.

양 정상은 21세기 안보환경의 변화와 미래 수요에 보다 잘 대처하기 위해 한미동맹을 전략적이고 미래지향적인 구조로 발전시켜 나가기로 하였다.

양 정상은 한미동맹이 공통의 가치와 신뢰를 기반으로 안보 협력뿐 아니라 정치 경제 사회 문화 협력까지 포괄하도록 협력의 범위가 확대 심화되어 나가야 하며, 지역 및 범세계적 차원의 평화와 번영에도 기여하는 방향으로 발전해 나가야 한다는데 의견을 같이하였다.

2. 한미 자유무역협정(FTA)

정상은 한미 자유무역협정(FTA)이 한미 양국 모두에게 무역을 확대하고, 경제성장을 촉진하며, 일자리를 창출하는 한편 한미 양국간 동반자 관계에 있어 경제 분야의 항구적인 버팀목이 되어줄 것이라는 점을 재확인하고, 한미 자유무역협정(FTA)이 가능한 빠른 시일 내에 비준될 수 있도록 자국의 입법부와 협력해 나가겠다는 의지를 확인하였다.

3. 북한문제

양 정상은 9 · 19 공동성명 이행을 위한 2단계 조치의 진전을 환영하고, 이와 같은 진전이 동북아의 평화와 안정에 기여한다는데 의견을 같이 하였다. 또한 양 정상은 북한이 제출한 핵 신고서의 완전성과 정확성을 확보하기 위해 철저한 검증 체제가 수립되어야 하며, 6자회담 틀 내의 모니터링 체제를 통해 모든 당사국들의 의무 이행이 확보되어야 한다는데 의견을 같이하였다.

양 정상은 9 · 19 공동성명 이행을 위한 2단계 조치의 진전을 환영하고, 이와 같은 진전이 동북아의 평화와 안정에 기여한다는데 의견을 같이하였다. 또한 양 정상은 북한이 제출한 핵 신고서의 완전성과 정확성을 확보하기 위해 철저한 검증 체제가 수립되어야 하며, 6자회담 틀 내의 모니터링 체제를 통해 모든 당사국들의 의무 이행이 확보되어야 한다는데 의견을 같이하였다.

양 정상은 북한이 국제사회의 일원이 되어 한반도 및 동북아의 평화와 번영에 동참할 수 있도록 지원해 나갈 수 있음을 분명히 하고, 북한의 인권 상황 개선에 대한 의지를 재확인하면서, 관계 정상화 과정에서 북한 내 인권 상황 개선의 의미 있는 진전이 이루어져야 한다는데 의견을 같이하였다.

부시 대통령은 북한 비핵화의 지속적인 진전에 맞추어 북한 주민의 경제적 여건 개선을 지원하고 남북한간 상생과 공영의 길을 제시함으로써 궁극적으로 통일의 길을 열어나가고자 하는 이명박 대통령의 구상 및 최근 남북대화 재개 제의에 대한 전폭적인 지지를 재확인하였다. 양 정상은 또한 북한과의 관계와 관련하여 긴밀한 협력과 정책 조율을 계속해 나가기로 하였다. 부시 대통령은 지난 7 · 11 금강산 관광지구에서 발생한 관광객 피격 사망사건에 대해 유감과 조의를 표명하고, 동 사건의 조속한 해결과 이러한 비극의 재발방지를 위해 북한이 남북 당국 간 대화에 응해 나올 것을 촉구하였다.

4. 포괄적 협력

부시 대통령은 이라크 및 아프가니스탄과 여타 분쟁지역에서의 평화 · 재건을 위한 한국의 기여에 대해 깊은 사의를 표명하였다. 양 정상은 범세계적 기후변화의 도전에 대응하기 위해 "주요국 회의 프로세스" 및 "청정개발과 기후에 관한 아 · 태 파트너십" 등에서의 공동 노력을 포함하여, 야심 차고 현실적이며 실현 가능한 방안에 대한 국제적 합의를 도출할 수 있도록 계속 노력해 나간다는 의지를 확인하였다.

양 정상은 테러리즘, 대량살상무기(WMD) 확산, 초국가적 범죄 및 에너지 안보 등 범세계적 문제와 위협에 대처하기 위하여 국제사회의 보다 많은 노력이 필요하다는데 의견을 같이하고, 이와 관련한 협력 방안에 대해 계속 긴밀히 협의해 나가기로 하였다.

양 정상은 민간 우주탐사, 우주과학 및 원자력의 평화적 이용 등의 분야에서 긴밀한 협력을 적극 추진해 나가기로 하였으며 한국 대학생들에게 미국에서의 영어 연수와 취업 및 견문을 넓힐 수 있는 기회를 함께 제공해 줄 수 있는 "대학생 연수취업 프로그램(WEST)"의 신설을 추진해 나감으로써 양 국민간 상호 이해와 우의를 제고해 나가기로 하였다. 아울러 양 정상은 양국 정부가 대한민국의 미국 사증면제 프로그램(VWP) 가입을 위해 그간 많은 진전을 이루었음을 평가하고, 금년 말까지 동 가입이 이루어져, 양 국민간 이미 형성되어 있는 강한 연대가 더욱 공고해질 수 있도록 공동의 노력을 기울 여 나가기로 하였다.

이명박 대통령은 지난 4월 캠프 데이비드 정상회담 및 7월 G-8 정상회의 계기 한미 정상회담에 이어 이루어진 부시 대통령의 방한을 환영하였으며, 부시 대통령은 대한민 국 정부와 국민의 따뜻한 환대에 대하여 감사를 표하였다.

2008년 8월 6일 이명박 대한민국 대통령
조지부시 미국대통령

24. '대운하 참여하는 연구원입니다'

저는 국책연구원에서 환경을 연구하는 사람입니다. 실명은 김이태, 첨단환경연구실 에 근무합니다. 본의 아니게 국토해양부의 연구 과제를 수행하고 있는 사이비 과학자입 니다. 저는 매우 소심하고, 마음이 약한 사람입니다. 한반도 물 길잇기 및 4대강 정비 계 획의 실체는 운하 계획입니다. 저는 본 과제를 수행하는 데에 있어서 소위 '보안 각서'라 는 것을 써 서약 했습니다. 제가 이 얘기를 올리는 자체로서 보안 각서 위반이기 때문에 많은 불이익과 법적 조치, 국가 연구 개발 사업 자격이 박탈될 것입니다. 하지만 소심한 저도 도저히 용기를 내지 않을 수 없습니다. 모든 불이익을 감수할 준비를 하고요.

최악의 경우 실업자가 되겠지요. 그 이유의 첫째는 국토의 대재앙을 막기 위해서입 니다. 제대로 된 전문가 분들이라면 운하 건설로 인한 대재앙은 상식적으로 명확하게 예측되는 상황이라 생각합니다.

저는 요즘 국토해양부 TF 팀으로부터 매일 매일 반대 논리에 대한 정답을 내놓으라 고 요구를 받습니다. 아무리 머리를 쥐어짜도 반대 논리를 뒤집을 대안이 없습니다. 수 많은 전문가가 10년을 연구했다는 실체는 하나도 없습니다. 제대로 일을 하지 못하고 답변을 주지 못하다 보니 '능력 부족', '성의 없음'이라고 질책을 받을 수밖에 없습니다.

도대체 이명박 정부는 영혼 없는 과학자가 되라 몰아치는 것 같습니다. 정부출연연구소 구조 조정 및 기관장 사퇴도 그렇습니다. 정정당당하다면 몰래 과천의 수자원공사 수도권사무실에서 비밀집단을 꾸밀게 아니라, 당당히 국토해양부에 정식적인 조직을 두어 열린 마음으로 다양한 의견을 수렴하는 마음자세로 검토하여야 되는 것 아닙니까?

왜, 오가는 메일 및 자료가 보완을 요구할 필요가 있습니까?

국가 군사작전도 아닌 한반도 물길 잇기가 왜 특급 비밀이 되어야 합니까? 제가 소속된 조직은 살아남기 위해서 정부에 적극적 협조해야 한다는 것은 인정 합니다. 그러나 잘못된 국가 정책은 국책연구원 같은 전문가 집단이 올바른 방향을 근원적으로 제시하여야 하는 게 연구기관의 진정한 존립이유 아닙니까? 이명박 정부가 경제성장률을 6%로 설정하라 해서 KDI에서 그걸 그대로 반영하여야 제대로 가는 대한민국입니까? 이명박 정부에 참으로 실망스러워서 이 같은 글을 올립니다. 기회가 되면 촛불 집회에 나가 한마디 하고 싶습니다. 이 글 때문에 저에게 불이익이 클 것이지만 내 자식 보기 부끄러운 아빠가 되지 않기 위해서 한마디 합니다.

2008년 5월 24일
포털사이트 다음의 아고라

25. 한국의 민주주의 수호를 염원하는
해외거주 한인 학생 및 연구원의 시국선언

거리는 맨손의 시민들로 가득 차 있습니다. 용감한 사람들이 앞장섭니다. 시민들이 행진을 시작합니다. 경찰이 진압을 시작합니다. 방패에 찍히고 곤봉에 맞은 시민들이 길가에 구릅니다. 유혈이 낭자합니다. 맨몸의 시민들이 무장한 경찰에 의해 연행당합니다. 22년 전 암울했던 6월 어느 날 대한민국의 쓸쓸한 모습이었습니다. 하지만 아쉽게도 바로 오늘 서울의 모습이기도 합니다. (중략) 희망컨대 이 선언이 발표되기 전에 대한민국이 우리들의 대한민국으로 복원되었으면 합니다. 또한, 소통과 화해의 정치가 회복되길 진심으로 바랍니다. 하지만, 불행하게도 이 선언이 발표되어야 한다면, 우리 해외 한인학생들은 분연히 일어나 강력한 요구를 할 수 밖에 없습니다. 우리의 요구는 다음과 같습니다.

1. 민주주의 회복을 위한 구체적이고 진실된 국정운영의지를 표명할 것을 강력히 요
구한다. 언론의 자유, 표현의 자유, 집회의 자유 등 민주주의 기본권을 보장하는
구체적이고 진실된 대안을 제시하여 단절과 대립의 정치를 포기하고 소통과 평화
의 정치를 복원하라. 야당과 언론, 시민사회를 국정운영의 파트너로 인정하고 민
주주의의 상징인 6월 정신을 계승하는 정치로 선회하라.

1. 노무현 전 대통령의 서거에 대해 사과할 것을 요구한다. 내각 총사퇴는 정권차원
의 사과의 진정성을 담보하는 구체적 징표가 될 수 있을 것이다.

1. 용산 참사 유가족들에 대한 진심어린 사과와 합당한 보상을 실시할 것을 강력히
요구한다. 법원이 요구한 검찰수사 공개는 진심어린 사과의 첫걸음이 될 것이다.

1. 6 · 15 정신을 계승하여 남북화해에 대한 정책을 입안하여 수행할 것을 요구한다.
불필요한 남북경색 정국을 수습하는 것이 민족의 염원인 통일에 조금이나마 다가
갈 수 있는 길임을 명심해야 할 것이다. 대한민국의 17대 대통령 이명박대통령은
15대 대통령의 국민의 정부를 이어 16대 대통령의 참여정부를 통해 수립 계승된
남북화해와 협력의 정신을 성실히 이행하라. 신자유주의 노동정책을 포기하여,
노동자의 생존권을 보장하고 민주적 노동관계를 수립할 것을 요구한다. 비정규직
개악입법의 포기는 하나의 실천적 대안이 될 것이다.

- 2009년 6월 29일 한국의 민주주의 수호를 염원하는 해외거주 한인 학생 및 연구원 일동
출전 : "<시국선언> 해외 유학생 611명도 시국선언". ≪한겨레≫ 2009-06-28

26. 유엔 의사와 표현의 자유에 대한 특별보고관
프랭크 라뤼 한국 보고서

Human Rights Council

Seventeenth session

Agenda item 3

Promotion and protection of all human rights, civil, political, economic, social and cultural rights, including the right to development

Report of the Special Rapporteur on the promotion and protection of the right to freedom of opinion and expression,

Frank La Rue

Addendum

Mission to the Republic of Korea

Summary

The Special Rapporteur on the promotion and protection of the right to freedom of opinion and expression undertook an official mission to the Republic of Korea from 6 to 17 May 2010. In the present report, he provides a brief overview of the political and historical background in the Republic of Korea, and outlines international legal standards and the domestic legal framework on the right to freedom of opinion and expression. In the main section of the report, the Special Rapporteur focuses on the following issues of concern: defamation, freedom of opinion and expression on the Internet, freedom of opinion and expression before elections, freedom of assembly, restrictions on freedom of expression on the basis of national security, freedom of opinion and expression of public officials, independence of the media, and the National Human Rights Commission of Korea.

The Special Rapporteur commends the progress made over the decades in the Republic of Korea as a vibrant democracy, including the attainment of one of the highest broadband Internet penetration in the world. However, the Special Rapporteur expresses his concern that since the candlelight demonstrations of 2008, there have been increased restrictions on individuals' right to freedom of opinion and expression, primarily due to an increasing number of prosecutions, based on laws that are often not in conformity with international standards, of individuals who express views which are not in agreement with the position of the Government. The Special Rapporteur makes several recommendations on each of the main issues addressed to fully guarantee the right of all individuals to express diverse opinions, both in law and in practice, which would further consolidate the democratic foundations of the Republic of Korea.

유엔 총회(2011년 3월 21일 배포)
유엔인권이사회 17차 회기, 의제 제3호
개발권 및 모든 인권, 시민적 · 정치적 · 경제적 · 사회적 · 문화적 권리의 증진과 보호
프랑크 라 뤼(Frank La Rue),

요약
유엔 특별보고관은 의사와 표현의 자유에 대한 권리의 증진과 보호에 관한 실태 조사를 위해 2010년 5월 6일~17일까지 대한민국을 공식 방문하였다. 이 보고서는 대한민국의 정치적, 역사적 배경을 대략적으로 기술하고 의사와 표현의 자유에 관한 권리에 대한 국제적인 법적 기준과 국내법 체계를 전반적으로 설명하고 있다. 특별 보고관은 이 보고서의 본문에서, 명예훼손, 인터넷상 의사와 표현의 자유, 선거전 의사와 표현의 자유, 집회의 자유, 국가안보를 근거로 하는 표현의 자유 제한, 공무원의 의사와 표현의 자유, 언론매체의 독립성, 대한민국 국가인권위원회 등에 초점을 두고 있다.

특별 보고관은 전 세계에서 가장 높은 광대역 인터넷 보급률을 달성하는 등 대한민국이 지난 수십 년간 역동적인 민주국가로서 이룩한 성과를 높이 평가한다. 그러나, 특별보고관은 2008년 촛불 시위 이후, 정부의 입장과 일치하지 않는 견해를 밝힌 개인들을 국제적 기준에 일치하지 않는 국내 법규에 근거하여 사법 조치하는 사례가 늘어나는 점을 들어 개인의 의사와 표현의 자유에 관한 권리에 대한 제약이 늘어나고 있음을 우려하고 있다. 특별보고관은 대한민국의 민주적 기반이 더욱 공고해 질 수 있도록, 주요 현안 각각에 대해 모든 개인이 다양한 의견을 표현할 수 있는 권리를 법적으로나 실제적으로 전면 보장할 것을 권고하고 있다.

찾아보기

(1)

1·11 대책 | 277

1·31대책 | 277

10·29대책 | 277

10·26사건 | 117

10·26사태 | 115

11·15대책 | 277

12·12쿠데타 | 117

1·21사태 | 237

1천만명개헌서명운동 | 130

(2)

2·13합의 | 349

2007 남북정상선언 | 357

24파동 | 94

2·7구국투쟁 | 60

2·8 불출마선언 | 29

(3)

3·30대책 | 277

3·1제 | 227

3·22총파업 | 60

3·8선 | 223

3·15부정선거 | 95

3개년경제발전계획시안 | 232

3대 기술혁명 | 304

3대 혁명 붉은기 쟁취운동 | 304

3대 혁명노선 | 302

3대혁명 소조운동 | 304

3선개헌 | 107

(4)

4·19혁명 | 232

4·3사건 | 153

4·3진상조사보고서작성기획단 | 153

4·13호헌조치 | 131

4대 군사노선 | 303

(5)

5·10 선거 | 59

5·10단선단정반대투쟁 | 60

5·10선거 | 62

5·16 군사정변 | 98

5·18 특별법 | 143

5·18민주화운동 | 124

5·26정치파동 | 91

5·10선거 | 60

5·26정치파동 | 91

5공 비리 특별수사부 | 136

(6)

6.10 남북청년학생회담 | 311

6.15km 통일마라톤대회 | 338

6·15 남북공동선언 | 189

6·15공동선언 | 338

6·15통일대축전 | 339

6·17 면담 | 331

6·25 | 85

6·25전쟁 | 229

6·29선언 | 128

6·4 합의서 | 336

6·29선언 | 132

6자회담 | 321

(7)

7.4남북공동성명 | 309

7·4공동성명 | 109

(8)

8.15선언 | 309
8.31대책 | 277
80년의 봄 | 119
8·15 민족통일대축전 | 318
8·3인민소비품 생산운동 | 305
8·3조치 | 238
8월 종파사건 | 302

(9)

9·11테러 | 150
9월 총파업 | 55

(A)

ACE-IT | 285
APEC | 355
ATM교환망 | 264

(B)

BcN 서비스 | 285
BDA | 351
BOP(국제수지 조항) | 268
Broadband IT Korea Vision
2007 | 283
B·C급 전범 | 173

(C)

CEO | 294
Cyber Korea 21 | 283
Cyber Korea 21 사업 | 264

(D)

DJP 연대 | 146

(E)

e-Korea Vision 2006 | 283

(F)

F-16 | 314

(G)

GATT | 268

(I)

IMF | 147
IT839 | 284

(N)

NICs | 233

(U)

u-IT839 | 284
u-Korea 기본계획 | 285

(ㄱ)

갑오개혁 | 185
강경대姜慶大 치사사건 | 135
강부자 | 189
강정구 | 180
개성공단 | 329
개성공단 개발에 관한 합의
서 | 327
개성공단 시범단지 | 329
개인파산신청 | 292
개화파 | 31
거품경제 | 257

건국대학교 점거농성사건 | 127
건국동맹 | 48
건국동맹(1943) | 45
건국준비위원회 | 45, 46
경부고속도로 | 236
경의선 | 318
경자유전耕者有田 | 228
경제개발 5개년계획 | 233
경제개발계획 | 233
경제제일주의 | 98
경제협력개발기구 | 145
경제협력개발기구(OECD) |
256
경찰중립화법 | 97
계엄민사부 | 82
고교등급제 | 184
고농축우라늄(HEU) | 338
고려민주연방공화국 | 310
고려연방공화국 | 309
고르바초프 | 313
고소영 | 189
고양 금정굴 사건 | 174
고유업종제도 | 260, 272
공동기술개발컨소시엄사업 |
260
공민권 제한법 | 97
공업발전법 | 259
공장새마을운동 | 241
공정거래위원회 | 149
과거사진상규명위원회 | 174
광대역통합망 구축 기본계획
II | 285
광우병 파동 | 293
광주 민주화 운동 | 120

교사평가제 184
교육민주화선언 130
국가 세우기 25
국가 테러 58
국가경쟁력 188
국가기간전산망사업 251
국가보안법 72
국가보위비상대책위원회 120
국가비상사태 108
국가세우기 29
국가재건비상조치법 99
국군포로 344
국립대학 설치안 74
국민고충처리위원회 157
국민대회준비위원회 48, 55, 56, 57, 58
국민만들기 29
국민방위군 사건 80
국민의 정부 320
국민임대주택 277
국민통합 21 156
국민평화대행진 131
국민혁명 필연론 27
국정원진실위원회 174
국제연합한국부흥위원단 (UNKRA) 231
국제태권도연맹(ITF) 350
국제통화기금(IMF) 257
국제협력노선 47
국토건설계획 98
국회프락치 사건 64
군 협동농장경영위원회 303
군사혁명위원회 99

군의문사 진상규명을 위한 특별법 175
권위주의 12, 30, 32, 131, 148, 149, 157, 184, 189
귀속재산 227
귀속재산처리법 228
균형과 진실 30, 31, 53
균형외교 192
근로감독관 395
근로인민당 57
금강산 이산가족 면회소 326
금강산관광 325
금융감독위원회 266
금융지원위원회 273
기부금품모집규제법 169
기업별 독립채산제 305
긴급조치 113
김대중 내란음모사건 120
김영남 최고인민회의 상임위원장 321
김일성 28, 29, 59, 60, 64, 70, 73, 74, 75, 78, 80, 84, 88, 98, 131, 142, 303, 316, 337, 339, 343, 375, 433, 434, 435, 436
김일성 우상화 29
김일성 종합대학 74
김일성 주석 사망 10돌 조문단 337
김일성사망설 131
김재규 118
김정일 국방위원장 317
김종원 87
김주열 95

김현철 146
김홍업 149
깃발—반깃발 127

(ㄴ)
나라 만들기 25, 27, 95
나주 동박굴재 사건 174
낙동강 78
남만면업 222
남북 경협 325
남북 장관급 회담 322
남북 철도도로연결 실무접촉 332
남북경제협력추진위원회 332
남북고위급회담 312
남북관계 발전 기본법 330
남북교류협력지원협회 333
남북국방장관회담 358
남북군사실무회담 326
남북농업협력위원회 332
남북수산협력실무협의회 333
남북예술공연 338
남북정상회담 316
남북조절위원회 396
남북청치인연합회 310
남북총리회담 358
남조선 노동당 57
남조선 총파업위원회 60
남조선대표민주의원 53
남조선신민당 57
남침 유도설 75
남북협상 98

내각책임제 91
네이산 리포트 231
네트워크론 273
노동자 단체 활동에 관한 임시조치법 99
노사정 위원회 265
노태우 비자금 사건 143
농공農工결합 노선 305
농어업·농어촌 특별대책 위원회 270
농어촌 고리채 정리법 99
농어촌발전위원회 268
농어촌종합대책 268
농업·농촌발전계획 269
농정정책심의회 268
농정개혁위원회 269
농정기획단 270
농지개혁 227
농지개혁법 228
농촌 새마을운동 241
농촌위원회 301
농촌진흥청 244
뉴 라이트 11, 12, 13, 27, 28, 32, 33, 35, 36, 45, 53, 54, 56, 60, 61, 62, 64, 72, 73, 74, 75, 81, 84, 92, 95, 98, 99, 105, 108, 114, 128, 129, 146, 147, 148, 165, 176, 183, 184, 226, 228, 229, 235, 239, 242, 245, 247, 249, 258, 300, 319, 320, 343
뉴 라이트측 184

(ㄷ)
단기상업금융 293
단독정부 67
단독정부론 54
단체수의계약 272
단체수의계약제도 260
담보인정 비율(LTV) 279
당의 총노선 302
대·중소기업 상생협력 박람회 273
대북송금 특검 335
대안교과서 148
대운하 사업 294
대일굴욕외교반대 범국민투쟁위원회 104
대충자금 231
대통령 탄핵소추안 163
대통령직선제 91
덜레스(Dulles) 76
도시새마을운동 241
도하개발 아젠다(DDA) 269
독농가篤農家 240
독립촉성중앙협의회 48
독점규제 및 공정거래에 관한 법률 265
동베를린간첩단사건(동백림사건) 107
동북아경제네트워크 286
동해선 326

(ㄹ)
라이스 국무장관 338
랑케 37
레임덕 155

레지스탕스 33

(ㅁ)
마르크스-레닌주의당 결성사건 130
마름 94, 95, 97, 104
마을회관 240
만주폭격 83
멸공滅共 24
멸공통일론 100
명성그룹 사건 122
명지총회사 333
모스크바 3상회의 52
모스크바 올림픽 310
무림-학림 127
무상몰수-무상분배 73
무전농민 300
무쵸 77
문경 시멘트 공장 232
문명충돌론 24, 31, 38
미국 쇠고기 수입 고시 190
미군정 44
미문화원방화사건 126
미소공동위원회 52, 54
미시사(微時史) 37
민경련 333
민민투 127
민변 191
민자당 145
민정당 중앙정치연수원 점거 방화사건 126
민족공동위원회 338
민족문제연구소 89
민족반역자 300

민족자존과 통일번영을 위한 대통령 특별선언 | 311
민족주의 | 10, 23, 27, 28, 31, 32, 33, 38, 45, 47, 57, 58, 71, 98, 102, 128, 151, 152, 153, 165, 166, 167, 193, 216, 315, 415, 418
민족지상주의 | 25, 27, 152
민족청년당 | 91
민족통일연맹 | 98
민족화합민주통일방안 | 310
민주반역자처리법 | 97
민주정의당民正黨 | 122
민주주의민족전선 | 53
민주화보상법 | 155
민주화추진협의회 | 129
민주화합추진위원회 | 136
민중당 | 105
민중의 바다 | 26

(ㅂ)

박정희 | 11, 23, 29, 30, 36, 99, 100, 104, 105, 106, 107, 108, 109, 110, 111, 112, 114, 115, 116, 117, 119, 146, 148, 165, 169, 174, 184, 233, 235, 236, 238, 239, 242, 243, 245, 247, 249, 250, 252, 259, 268, 281, 309, 314, 342, 397, 401, 414, 435
박종철 고문치사사건 | 131
박종철고문치사사건 | 131
박춘금 | 89

반공 이데올로기 | 85
반공법 | 99
반공주의 | 11, 24, 30, 31, 38, 58
반공포로 | 83
반민법 | 69
반민족행위처벌법 | 68
반민족행위처벌법 기초특별위원회 | 68
반민족행위특별조사위원회 | 228
반민특위 | 68
반상회 | 240
반제동맹당 사건 | 130
반탁 | 23, 52, 53, 54, 314, 315, 373, 377, 378, 380
방첩대 | 63
백담사 | 134
버마 아웅산 묘소 폭발사건 | 122
버블 세븐 | 182
범국민대회 | 131
베트남 파병 | 235
벤처기업 활성화대책 | 274
벤처산업 | 260
보도연맹 | 78
부동산규정 | 327
부동산정책간담회 | 278
부르주아 혁명론 | 47
부산정치파동 | 91
부시 대통령 | 319
부정축재의결법 | 99
부정축재자 처리법안 | 97
부채비율 | 270

부흥계획시안 | 232
부흥부(復興部) | 232
북관대첩비 반환 | 344
북남경제협력법 | 331
북미평화협정 | 317
북방한계선(NNL) | 317
북조선임시인민위원회 | 44
북진통일 | 70, 83
북한 인권법 | 338
분단체제 | 85
분양가 상한제 | 279
분양가규제 | 276
분양권 전매제한 | 276
불공정거래 | 273
불균형 성장전략 | 234
불바다 발언 | 319
붉은 군대 | 370
비교秘敎 | 12, 28, 32
비민분리匪民分離 | 88
비상국무회의 | 110
비상국민회의 | 53
비상사태하의 범죄처벌에 관한 특별조치령 | 80
빨갱이 | 23, 24, 32, 48, 57, 58, 61, 80, 86, 102, 116, 149, 152, 153, 341, 343

(ㅅ)

사극史劇 | 39
사립학교법 개정안 | 179
사북광산 | 118
사사오입 개헌 | 97
사사오입법 | 93
사회안전법 | 111

삼민투쟁위원회三民鬪 | 126
삼백공업 | 231
삼진三盡작전 | 61
삼청교육대 | 121
상품양허안 | 289
새마을운동 | 239
새마을운동 중앙본부 | 242
서북청년단 | 82
서브프라임 모기지 | 294
서울대학교 | 74
서해 평화협력지대 구상 | 335
선건설 후통일 | 104
선발자본주의 | 255
성고문 용공조작 범국민폭로
대회 | 130
세계 초일류 IT 강국 | 285
세계무역기구 | 287
세계문화유산 | 351
세계태권도연맹(WTF) | 350
세풍사건 | 147
소민정 | 44
소양강댐 | 243
소형의무건설비율 | 276
소형의무비율 | 277
송진우 | 48
수입대체산업 | 233
수정주의자 | 303
수출드라이브 | 30, 109, 234,
235, 239, 245, 247, 287,
298
수출입 링크제도 | 235
수출자유지역 | 238
스탈린 음모설 | 74
스탈린대원수 | 370

승공통일 | 234
시장경제 | 28, 124, 222, 256
시장새마을운동 | 241
식민지 근대화론 | 24
신민당 | 97
신민당新民黨 | 107
신식민지 반봉건 사회 | 127
신용불량자 | 291
신전술 | 55, 226
신탁통치반대국민총동원위
원회 | 53
신한공사 | 227
신한국당 | 145
신한민주당 | 129
쌀 공출 | 57

(ㅇ)

아람회 사건 | 174
아웅산 묘소 폭발사건 | 311
악의 축 | 150
안전보장이사회 | 82
안중근 의사 유해 공동발굴
사업 | 344
애치슨라인 | 75
애학투(반외세반독재애국학
생투쟁연합) | 127
얄타 체제 | 75
얄타 회담 | 44
얄타체제 | 47
양곡관리법 | 226
양도소득세 | 276
양민학살 | 84
여권발급전산망 | 262
여소야대 | 134

여운형 | 59
역사(歷史) | 37
역사교과서 | 32, 150
역사바로세우기 | 143
역사의 정치화 | 37
역사주의 | 37
연합기업소체제 | 305
열린전자정부 | 283
영남유격전구 | 76
영변 핵시설 | 321
오송회 사건 | 174
오일 달러 | 237
오일쇼크 | 108, 110, 111,
112, 114, 239
올브라이트 국무장관 | 318
외국환거래법 | 336
우루과이라운드 | 268
원가연동제 | 253
월남파병 | 107, 108, 111,
114, 115
유신維新 | 110
유신헌법 | 110
유엔 | 59
유엔군 | 82
유엔한국임시위원단 | 59
유일사상 | 319
유진오 | 107
율곡사업 | 314
의무교육 | 63
의문사진상규명에 관한 특별
법 | 154
의원 꿔주기 | 149
이민우 구상 | 130
이승만 | 11, 23, 28

이원집정부제 | 118
이인석 상병 | 167
인민경제발전 제1차 5개년
계획 | 302
인민경제복구발전 3개년계
획 | 302
인민공화국 | 49
인민민주의 | 299
인민위원회 | 81
인천상륙작전 | 82
인천소요사건 | 127
인혁당 재건위원회 사건 | 174
일반 정치노선에 대한 결정 |
46
임대차보호법 | 252
임동원 대통령 특사 | 321
임시정부 | 55
임정봉대(臨政奉戴) | 48

(ㅈ)

자립경제의 달성 | 234
자민투 | 127
자본 유치형 국가 | 286
자유경제무역지대 | 305
자유무역주의 | 287
자유무역협정(FTA) | 286
자유민주연합 | 145
자유민주주의 | 11, 25, 28, 72
자유주의 | 38
자주관리운동 | 57
자주노선 | 302
잠정협정 | 313
장개석 정부 | 46
장기산업금융 | 293

장도영 | 99
장성급 군사회담 | 346
재건 국민운동에 관한 법률 |
99
적산敵産 | 222
적십자赤十字회담 | 309
전국경제인연합회 | 99, 131
전국농민조합총동맹 | 226
전국민주청년학생총연맹 |
111
전국학생총연합회 | 126
전두환 | 29, 116, 117, 118,
119, 120, 121, 122, 123,
126, 127, 128, 129, 130,
131, 132, 134, 135, 136,
143, 144, 145, 175, 189,
234, 242, 245, 247, 249,
251, 253, 259, 268, 311,
428, 429, 431
전시작전권 | 185
전자결제 | 273
전조선 정당사회단체 대표자
연석회의 | 59
전태일 분신사건 | 108
전평全評 | 55
전후 복구건설 3개년계획 |
302
점령지역 구제계획(GARIOA)
| 223
정무원 | 411
정보화촉진기금 | 262
정보화추진위원회 | 262, 285
정읍발언 | 29, 54
정치활동정화법 | 100

제1차 연평해전 | 317
제2 연평해전, 2002.6.29 | 319
제국헌법帝國憲法 | 65
제조업 등의 무역조정 지원
에 관한 법률 | 290
제주4·3특별법 | 176
제주도 유격전구 | 76
제주도4·3항쟁 | 60
제헌국회 | 62
제헌의회 | 87
제헌헌법 | 63
조국통일 3대 원칙 | 312
조국통일 민주주의전선 | 385
조기경보기 | 314
조류독감(AI) | 293
조명애 | 350
조선경비대 | 62
조선공산당 | 46
조선인민공화국 | 45
조선인민당 | 46, 57
조선정판사 사건 | 57
졸업정원제 | 123
좌우합작 5원칙 | 55
좌우합작 7원칙 | 55
좌우합작 8원칙 | 55
좌우합작운동 | 55
좌우합작위원회 | 55
좌파 | 11, 12, 25, 26, 27, 32,
33, 34, 45, 53, 57, 58, 61,
63, 64, 71, 88, 89, 98, 108,
115, 128, 129, 148, 149,
177, 216, 320, 433, 434,
435, 436
주민소송제 | 157

주민소환제 | 157

주체사상 | 304, 319

주택 200만 호 건설 사업 | 276

주택자금 소득공제 | 277

주한미군 | 86, 114

중립국감시위원회 | 84

중소기업 경쟁력강화 종합대
책 | 273

중소기업사업조정법 | 259

중소기업제품구매촉진법 |
259

중소기업진흥공단 | 259

중소기업진흥법 | 247, 259

중소기업특별위원회 확대회
의 | 275

중소분쟁 | 109

중심이론 | 37

중앙선관위 | 162

중앙인민위원 | 45

중앙인민위원회 | 410

중요산업 국유화법 | 300

중요산업국유화 | 63

중요산업국유화령 | 301

중진자본주의론 | 24

중화학공업추진기획위원회 |
238

지방인민위원회 | 57

지방자치제법 | 97

지역 경선 | 156

지역이기주의 | 138

지역주의 | 288

진보당 조봉암 사건 | 174

진보당사건 | 93

진보적 민주주의 국가 | 47

진실 화해를 위한 과거사 정
리위원회 | 174

(ㅊ)

참여마당신문고 | 157

창원기계공업단지 | 238

천리마작업반운동 | 302

천주교 정의구현사제단 | 131

청계광장 | 190

청산리 방법 | 302

청와대 습격사건 | 107

초고속정보통신망 | 263

초고속정보통신망구축기획
단 | 262

촛불 시위 | 163

총부채상환비율(DTI) | 279

총액대출한도제 | 260

최고인민회의 | 74

최저임금제 | 249

충정 | 119

충주 비료공장 | 232

친일반민족행위자 | 169

친일반민족행위자재산조사
위원회 | 172

친일반민족행위진상규명위
원회 | 171

친일인명사전 | 168

친일진상규명특별법 | 165

(ㅋ)

카이로 선언 | 44

코스닥시장 | 260

쿠데타적 사건 | 143

클링턴 대통령 | 318

(ㅌ)

타력해방론 | 47

타스카 리포트 | 231

탄핵의결서 | 163

태백산유격전구 | 76

태영호 납북 사건 | 174

태평양전쟁 | 85

택지개발촉진법 | 253

토지개혁 | 300

토지종합정보망 | 262

통일독립촉성회 | 60

통일열차 | 353

통일주체국민회의 | 110

트루만독트린 | 59

팀스피리트 | 311

(ㅍ)

펑더화이 | 84

평화의 댐 | 131

평화통일 | 110

평화협정 | 321

포스트모더니즘 | 37

포츠담 선언 | 44

포항제철 | 236, 238

표퓰리즘 | 109

플라자합의 | 248

(ㅎ)

하나회 | 122

학원자율화 | 118

한·칠레 FTA | 271
한국민주당 | 48
한류韓流 | 39
한미 자유무역협정(FTA) | 179
한미상호방위원조협정 | 76
한미상호방위조약 | 84
한미일 삼각동맹 | 318
한민당 | 49
한민족 공동체 통일방안 | 316
한반도 비핵화 | 339
한반도 평화경제공동체 | 357
한보사태 | 146

한일협정 | 12, 105, 106, 107, 236, 303
함평 11사단 사건 | 174
합동수사본부 | 118
해방전후사의 재인식 | 11, 27
핵실험 | 348
핵확산금지조약(NPT) | 316
햇볕정책 | 317
행정수도 이전 사업 | 181
행정중심복합도시 | 278
헌법재판소 | 132
혁명재판부 조직법 | 99

혁명적 민주기지 | 73
현실의 사회주의 | 35
현재주의 | 37
호남 유격전구 | 76
호헌반대 민주헌법쟁취 국민운동본부 | 131
홉스 봄 | 183, 221
홍범 14조 | 185
화려한 휴가 | 119
화폐개혁 | 230
황금시대 | 103
후발성의 이점 | 234

저자약력

김인호(金仁鎬)

1997년 고려대에서 <일제의 조선공업 정책과 조선인자본의 동향>(1997)으로 박사학위를 받았고, 동경경제대학 객원연구원, 한양사이버대 교양학부 교수 등을 거쳐 현재 동의대학교 사학과 교수로 재직 중이다.

주요 논문으로 「태평양전쟁시기 조선에서의 금속회수 정책」, 「중일전쟁시기 조선에서의 폐품회수 정책」, 「일제의 남방교역정책과 조선인의 남방활동」, 「1945년 부산지역의 도시소개 연구」, 「태평양전쟁기 북방엔블록과 조선간의 경제적 연관」, 「1940년대 조선공업의 대외적 성격과 조선인자본의 중국침략」 등 다수가 있고, 저서로는 공존을 위한 한국현대사(2008), 근대한국 지방사의 이해(2006), 사론과 사실을 함께 한 한국의 역사와 문화(2006), 역사의 경계를 넘는 격정의 기억(2006 공저), 우리 역사와 오늘(2005), 식민지 조선경제의 종말(2000), 태평양전쟁기 조선공업연구(1998) 등 다수가 있다.

공존과 화해의 한국현대사

초판 1쇄 발행일	|	2008년 08월 29일
개정증보판 1쇄 발행일	|	2013년 04월 04일
개정증보판 2쇄 인쇄일	|	2015년 02월 25일
개정증보판 2쇄 발행일	|	2015년 02월 26일

지은이	|	김인호
펴낸이	|	정구형
편집장	|	김효은
책임편집	|	김진솔
편집/디자인	|	김진솔 우정민 박재원
마케팅	|	정찬용 정진이
영업관리	|	한선희 이선건
인쇄처	|	월드문화사
펴낸곳	|	**국학자료원**

등록일 2005 03 15 제25100-2005-000008호
서울시 강동구 성내동 447-11 현영빌딩 2층
Tel 442-4623 Fax 442-4625
www.kookhak.co.kr
kookhak2001@hanmail.net

ISBN	|	979-11-954640-3-6 *93900
가격	|	28,000원